本书幸承

田家炳基金会
东北师范大学教师教育研究院
东北师范大学教师教育省部共建协同创新中心

资助

谨此致谢！

2019年国家社会科学基金教育学重大招标课题"新时代中国教育高质量发展的路径和对策研究"（VFA190004）

中国教师发展报告
2023

师范生发展成就、挑战与愿景

李 广 柳海民 梁红梅 王建平 等◎著

科学出版社
北 京

内 容 简 介

高质量的教育必须依靠高质量的教师队伍，而高质量的教师队伍必须依靠高质量的师范生。

面对新时代师范生培养的新命题与新要求，本书聚焦我国师范生专业发展，对我国师范生发展十年态势进行了剖析，针对我国师范生基本样态、差异表现、面临挑战和趋势特征进行了整体分析，并编制原创性师范生发展研究工具。调研对象涵盖部属师范大学、省属师范院校、综合院校等各级各类高等院校大一至大四年级十万余名师范生，调研内容聚焦师范生角色认同、学习投入、专业能力、职业愿景，对特殊师范生群体进行群像素描。同时，以东北师范大学为案例，对我国师范生的发展进行了分析。本书科学循证了我国师范生发展的历史规律，深刻总结了我国师范生发展取得的成就，全面呈现了我国师范生发展的现实样态、挑战与影响因素，生动描绘了我国师范生发展的未来愿景，并针对我国师范生发展提出了科学有效的改革举措。

本书适合师范生教育研究者、师范生教育政策研制者、开展师范生教育的人员，以及广大师范生和中小学教师阅读。

图书在版编目（CIP）数据

中国教师发展报告 2023：师范生发展成就、挑战与愿景 / 李广等著. ─北京：科学出版社，2024.7
ISBN 978-7-03-078540-4

Ⅰ. ①中⋯ Ⅱ. ①李⋯ Ⅲ. ①中小学-师资培养-研究报告-中国-2023
Ⅳ. ①G635.12

中国国家版本馆 CIP 数据核字（2024）第 099012 号

责任编辑：孙文影　冯雅萌 / 责任校对：王晓茜
责任印制：徐晓晨 / 封面设计：润一文化

科学出版社 出版
北京东黄城根北街 16 号
邮政编码：100717
http://www.sciencep.com

北京建宏印刷有限公司印刷
科学出版社发行　各地新华书店经销
*

2024 年 7 月第　一　版　　开本：720×1000　1/16
2024 年 7 月第一次印刷　　印张：27
字数：510 000

定价：198.00 元
（如有印装质量问题，我社负责调换）

前　言

《中国教师发展报告》关注中国师范生发展

教师是教育发展的第一资源，是国家富强、民族振兴、人民幸福的重要基石。习近平总书记在中共中央政治局第五次集体学习时强调，"强教必先强师。要把加强教师队伍建设作为建设教育强国最重要的基础工作来抓，健全中国特色教师教育体系，大力培养造就一支师德高尚、业务精湛、结构合理、充满活力的高素质专业化教师队伍"[1]。高质量的教育必须依靠高质量的教师队伍，而高质量的教师队伍必须依靠高质量的师范生。近年来，《教育部关于实施国家优秀中小学教师培养计划的意见》（"国优计划"），以及教育部等八部门联合印发的《新时代基础教育强师计划》等政策文件将我国师范生培养提高到了国家战略发展新高度，对我国高质量教师教育体系建设提出了更高要求。面对新时代师范生培养的新命题与新要求，本书聚焦中国师范生专业发展，科学循证中国师范生发展历史规律，全面呈现中国师范生发展现实样态，深刻描绘中国师范生发展

---

[1] 习近平在中共中央政治局第五次集体学习时强调 加快建设教育强国 为中华民族伟大复兴提供有力支撑[EB/OL]．（2023-05-29）[2024-01-24]．https://www.moj.gov.cn/gwxw/ttxw/202305/t20230529_479780.html?qeid=9825d952000398ff0000000664757ed7．

未来愿景，以期推动中国师范生高质量发展，健全中国特色教师教育体系，夯实教育强国建设之基。

一、循证中国师范生发展历史规律

中国师范教育已走过百余年的历程。师范教育在百余年的历史长河中取得了重大的历史成就，但也面临着诸多现实挑战。从政策演进、文献解读、实践经验角度科学循证中国师范生发展的历史规律，有助于把握师范生发展核心议题，明确师范生未来发展方向。

（一）廓清师范生发展政策逻辑

廓清师范生发展的政策逻辑是把握中国师范生发展历史规律的重要基础。本书立足中国师范生百年政策文件，系统、全面梳理中国师范生百年教育政策演进逻辑与基本特征，聚焦中国师范生发展政策的实施现状与发展动向，凝练出我国师范教育经历的 7 个政策演进阶段，即制度化探索阶段、重构与初建阶段、改组与重建阶段、全面改革阶段、改革深化阶段、改革提速阶段与高质量发展阶段，基于不同时期颁布的教师教育政策文件，从师范生政策认同、师范生政策落实效果和师范生政策局限三方面展开讨论，深入剖析师范生发展政策的政治逻辑、历史逻辑、价值逻辑、目标逻辑、理论逻辑与实践逻辑等，旨在揭示我国师范教育百余年取得的重大成就与面临的现实挑战，明确新时代师范生发展的政策取向，把握新时代师范生发展的核心议题。

（二）探究师范生发展学理依据

师范生发展研究的学理依据是反映师范生发展历史规律的有力证据。本书在前期研究阶段系统梳理了浩如烟海的师范生发展文献，从中寻找能够客观呈现师范生发展历史规律的有力依据。研究发现，师范生发展研究主题主要包括师范生从教信念养成、师德修养、学习投入三方面；研究方法主要包括量化研究、质性研究、比较研究等；研究内容包括师范生政策体制变革、培养体系建设、培养模式创新、个人素质提升等。本书通过系统梳理师范生发展重要文献、聚焦师范生发展研究热点问题、探究师范生发展的内在规律，为建设有中国特色的教师教育体系提供坚实的理论支撑与学理依据。

（三）凝练师范生培养实践经验

师范生培养的实践经验是我国师范教育在百余年探索中凝结成的宝贵智慧，也是师范生发展历史规律的实践转化。回首过去，我国师范教育历经百余年创新探索，为国家培养了全面发展的创新型人才、卓越教师与教育家型教师，推动了基础教育的改革与发展，为国家的现代化进程做出了杰出贡献。2007—2023年，中国师范生政策经历了从免费教育到公费教育的全新转型，在师范生公费教育政策实施期间，师范院校基础设施逐步完善，公费师范生培养经验不断积累，实现了从"数量扩张"到"质量提升"的深度转变。立足当下，在教育高质量发展与内涵式发展的时代背景下，凝练当前师范生培养的目标定位、创新模式与有效路径，能够为师范生发展的历史规律提供实践路向，为高素质、专业化、创新型教师队伍建设提供实践参考与智力支持，从而服务国家高质量教师教育发展战略需求。

二、呈现中国师范生发展现实样态

《中国教师发展报告2023：师范生发展成就、挑战与愿景》以习近平新时代中国特色社会主义思想为指导，遵循教育规律和教师成长发展规律，以建设有中国特色的教师教育体系为目标，旨在全面呈现中国师范生发展的真实状况，总结师范生发展面临的现实挑战，探究我国师范生发展的影响因素，为我国师范生发展提出科学有效的改革举措。

（一）聚焦师范生发展核心议题

聚焦师范生发展的核心议题是研究师范生发展情况的前提基础。本书基于大学生发展相关理论基础、剖析师范生教育政策文件、梳理师范生发展研究命题、总结师范生发展的现实困境，由此确定了师范生发展的4个核心议题，即角色认同、学习投入、专业能力、职业愿景。4个核心议题遵循"输入—过程—结果—输出"的研究逻辑，以师范生在大学期间的个人成长轨迹为主线，全面呈现师范生发展的真实样态。同时，本书围绕这4个核心议题，客观呈现中国师范生发展群像素描，在纵向上对不同年级的师范生发展进行比较分析，在横向上对不同性别、不同年级、不同生源地、不同高校类型、不同身份、不同专业类别的师范生进行比较分析，并从教育政策、教师文化、办学理念、课程资源、学生个体、社会舆论等方面系统剖析影响师范生发展的关键因素，以深入了解中国师范生发展的重点与难点问题，为中国师范生发展提供理论支撑与实践参考。

（二）研制原创性本土测评工具

研制原创性本土测评工具是呈现师范生发展现实样态的必要保障。在明确师范生发展的核心主题后，"中国教师发展报告"项目课题组组建了涵括教育学、心理学、统计学等学科领域的专家团队，在充分借鉴国内外相关测评工具的基础上，结合中国师范生发展的特殊性与师范性，研制了师范生发展原创性本土测评工具。课题组从研究主题确定到工具开发、试测到最终确定共耗时逾一年，共研讨10余次。最终，课题组开发了中国师范生发展情况测评工具，形成了中国师范生发展访谈提纲，编制了中国师范生发展情况调查问卷，该问卷包括3部分内容——师范生的背景信息、师范生发展情况量表及开放问题调查，其中，师范生发展情况量表评价指标具体包括角色认同、学习投入、专业能力、职业愿景4个一级指标，以科学呈现师范生发展的真实样态。

（三）开展广谱性实地走访调研

为了更加全面地收集到真实的师范生发展研究数据，课题组采取随机抽样原则，在我国31个省（自治区、直辖市）及港澳台开展大规模调研，针对68所高等院校的师范生开展线上问卷调研，在10所高等院校开展实地调研。网络问卷调研样本包括部属师范大学、省属师范大学、地方师范院校、综合性大学、高等专科学校等各类型院校，涵盖汉语言文学、英语、数学与应用数学、教育学类、地理科学、历史学、美术等学科专业。最终获得的师范生总样本量为80 536人，其中男生有17 954人，女生有62 582人；公费师范生有20 599人，非公费师范生有59 937人；大一至大四师范生分别有28 056人、20 926人、18 970人、12 584人。实地调研样本包括部属师范大学、省属师范大学、地方师范学院与综合性大学4个类型高等院校大一至大四年级共13个专业的88名师范生。课题组问卷调研与实地调研的覆盖面较为广泛，具有一定的典型性与代表性，能够反映中国师范生发展现实样态。

三、描绘中国师范生发展未来愿景

在大力发展中国特色教师教育体系的时代背景下，《中国教师发展报告2023：师范生发展成就、挑战与愿景》梳理并呈现了我国师范生发展的历史规律与现实样态，并以此为锚点勾勒未来发展愿景，擘画师范生发展新蓝图，有助于培养造就一支师德高尚、业务精湛、结构合理、充满活力的高素质专业化创新型教师队伍。

（一）大力弘扬"教育家精神"，培养造就教育家型教师

2023年9月9日，在全国第39个教师节来临之际，习近平总书记致信全国优秀教师代表，首次提出并阐释中国特有的教育家精神，即"心有大我、至诚报国的理想信念，言为士则、行为世范的道德情操，启智润心、因材施教的育人智慧，勤学笃行、求是创新的躬耕态度，乐教爱生、甘于奉献的仁爱之心，胸怀天下、以文化人的弘道追求"[1]。习近平总书记勉励全国广大教师以教育家为榜样，大力弘扬教育家精神。[2]培养造就数以万计的教育家型教师、大力弘扬教育家精神，既是新时代教师队伍建设的目标任务，也是中国式现代化背景下师范生培养的价值追求。未来中国师范生培养应回应新时代高质量教育的需求，以"教育家精神"为核心引领，全面落实立德树人根本任务，加强师范生的师德规范、教育情怀，提高综合素质与专业化水平，培养造就一批面向未来的教育家型教师。

（二）破解师范生发展难点问题，打造高素质教师队伍

中国师范生发展问题关乎中国未来教师的发展，有效破解师范生发展的重点与难点问题能够为师范生高质量与持续性发展保驾护航。师范生发展问题研究应聚焦角色认同、学习投入、专业能力、职业愿景等多维领域，基于定量研究与定性分析，细致深入地对现状成因、影响因素、改革逻辑等师范生发展的理论焦点

---

[1] 大力弘扬教育家精神 为强国建设民族复兴伟业作出新的更大贡献[N]. 人民日报，2023-09-10（001）.
[2] 大力弘扬教育家精神 为强国建设民族复兴伟业作出新的更大贡献[N]. 人民日报，2023-09-10（001）.

与实践难点问题进行逐一破解，为指导新时代师范生培养与教师队伍建设提供坚实的理论支撑与实践指导。此外，师范生发展问题研究应基于客观科学的大数据监测，全面反映新时代师范生发展面临的现实困境，提出促进我国师范生发展的有效策略，为我国教师教育政策研制提供第一手参考资料与政策咨询，从而打造高素质专业化创新型教师队伍、加快推进新时代教师队伍建设。

（三）把握师范生发展趋势特征，推动师范生优质发展

师范生发展是一个多维度、持续性、动态性的专业成长过程。单一的现状调查无法诠释新时代背景下师范生发展的复杂过程，需要将师范生发展置于历时性与共时性的情境中全面审视。中国师范生的发展应突破单一横截面研究的现状描述与问题剖析，基于现状调查科学预测并推断师范生发展未来走向，通过大数据监测与追踪研究，全面把握师范生发展特征及趋势，预见性地规避师范生发展过程中的潜在问题与未来隐忧。此外，师范生发展应具有多主体视角，教育行政部门、教师教育者、师范生自身应深入了解师范生发展的特征及趋势，通过多主体协同合作机制，全面推动师范生优质均衡发展与可持续发展。

目　录

前言　《中国教师发展报告》关注中国师范生发展

绪论　中国式现代化视域下中国师范生发展探析 / 1

　　一、中国式现代化视域下中国师范生发展的逻辑理路 / 2

　　二、中国式现代化视域下中国师范生发展的价值取向 / 3

　　三、中国式现代化视域下中国师范生发展的创新举措 / 5

第一章　中国师范生发展研究：政策循证、范式创新与理论支持 / 9

　　一、中国师范生教育政策循证 / 10

　　二、中国师范生培养实践反思 / 21

　　三、中国师范生专业发展研究 / 25

　　四、中国师范生研究成就明晰 / 33

　　五、中国师范生研究局限审视 / 38

　　六、中国师范生研究发展方向 / 41

第二章　中国师范生公费教育政策演进分析：2007—2023 年 / 45

　　一、中国师范生公费教育政策发展：特征分析 / 46

　　二、中国师范生公费教育政策发展：演进逻辑 / 53

　　三、中国师范生公费教育政策发展：量的调整 / 57

　　四、中国师范生公费教育政策发展：迭代升级 / 57

五、中国师范生公费教育政策发展：反思启示 / 61

第三章 中国师范生发展调查设计与实施 / 69

一、中国师范生发展研究测评理论依据 / 70

二、中国师范生发展研究测评体系构建 / 77

三、中国师范生发展研究测评工具设计 / 86

第四章 中国师范生发展总体状况调查报告 / 101

一、中国师范生发展基本样态 / 102

二、中国师范生发展重大成就 / 109

三、中国师范生发展面临挑战 / 113

四、中国师范生发展趋势特征 / 120

第五章 师范生角色认同调查报告 / 129

一、师范生角色认同基本内涵 / 130

二、师范生角色认同现实状况 / 132

三、师范生角色认同问题分析 / 144

四、师范生角色认同调适策略 / 150

第六章 师范生学习投入调查报告 / 157

一、师范生学习投入基本内涵 / 158

二、师范生学习投入现实状况 / 161

三、师范生学习投入问题分析 / 169

四、师范生学习投入调适策略 / 175

第七章 师范生专业能力调查报告 / 183

一、师范生专业能力基本内涵 / 184

二、师范生专业能力现实状况 / 188

三、师范生专业能力问题分析 / 211

四、师范生专业能力调适策略 / 215

第八章 师范生职业愿景调查报告 / 221

一、师范生职业愿景基本内涵 / 222

二、师范生职业愿景现实状况 / 224

三、师范生职业愿景问题分析 / 240

四、师范生职业愿景调适策略 / 244

第九章 中国师范生发展群像素描 / 249

一、城市与乡村师范生发展比较分析 / 250

二、公费与非公费师范生发展比较分析 / 262

三、不同学科专业师范生发展比较分析 / 269

四、不同年级师范生发展比较分析 / 281

五、不同区域师范生发展比较分析 / 289

六、不同类型高校师范生发展比较分析 / 296

七、师范与非师范专业师范生发展比较分析 / 305

八、师范生班主任能力培养现状调研分析 / 310

第十章 中国师范生发展典型培养案例分析——以东北师范大学"3+1+2"卓越中学教师培养计划为例 / 323

一、历史背景与现实意义 / 324

二、理论构想与实践运行 / 327

三、取得成效与经验总结 / 335

第十一章 中国师范生发展影响因素探究 / 341

一、教育政策导向 / 342

二、教师文化熏陶 / 346

三、办学理念指导 / 348

四、课程资源建设 / 350

　　五、学生个体特点 / 354

　　六、社会舆论影响 / 359

第十二章　中国师范生专业素养发展的学校诉求
　　　　　　——基于五所学校初任教师的调查 / 363

　　一、师范生专业素养的教育意义 / 364

　　二、师范生专业素养的现实反思 / 365

　　三、师范生专业素养的学校需求 / 372

　　四、师范生专业素养的培养建议 / 375

第十三章　中国师范生发展改革举措 / 383

　　一、长周期培养与终身追踪服务 / 384

　　二、宽素养基础与融合教师教育 / 390

　　三、高质量目标与大中小学一体化 / 395

　　四、强化专业标准与提高吸引力 / 401

　　五、突出文化特色与学科前沿性 / 406

后记 / 415

绪 论
中国式现代化视域下中国师范生发展探析

党的二十大报告提出"教育、科技、人才是全面建设社会主义现代化国家的基础性、战略性支撑",并明确提出了"中国式现代化"的时代命题。教育高质量发展是实现中国式现代化的重要保障,作为"教育母机"的教师教育在破解国家教育发展重大难题上必须要有新思想、新举措、新格局。[①]面对"中国式现代化"这一时代命题,厘清中国师范生发展的逻辑理路,明确中国师范生发展的价值取向,探索中国师范生发展的创新举措,能够为教师教育现代化开辟新道路。

---

① 李广,张明威,秦一铭. 中国式教师教育现代化的政策取向、模式建构与知识创新[J]. 现代教育管理,2023(8):67-78.

一、中国式现代化视域下中国师范生发展的逻辑理路

中国式现代化为我国教育事业发展提供了战略方针和核心目标，也为师范生发展提供了顶层设计与基本方向。中国式现代化视域下中国师范生发展的逻辑理路表现为：推动教育高质量发展的价值逻辑、提升师范生培养质量的目标逻辑、健全协同育人机制的实践逻辑。

（一）价值逻辑：推动教育高质量发展

教师教育的中国式现代化不仅是教育中国式现代化的重要组成部分，更是教育中国式现代化的重要战略支撑。中国式现代化为教师教育未来改革与发展指明了方向，也为教师教育走上中国式现代化的探索之路提供了基本思路。[1]一是建设高质量教育体系。党的二十大报告中强调，要坚持把高质量发展作为各级各类教育的生命线，加快建设高质量教育体系。高质量教育体系的建设有助于加强教师队伍建设，推进中国特色的教师教育体系的建设。教师教育是各级各类教育的重要组成部分，师范生培养是高质量教师培养的关键一环，师范生发展的价值在于推动教育高质量发展。二是构建高质量师范大学体系。2022年，教育部办公厅印发的《关于实施师范教育协同提质计划的通知》中明确指出，"推进实施新时代基础教育强师计划，构建高质量师范大学体系，整体提升师范院校和师范专业办学水平，提高教师培养质量"。高质量师范大学体系的构建需要通过提高师范院校培养质量，提升师范生专业素养，从而造就高质量的教师队伍来进行。

（二）目标逻辑：提升师范生培养质量

师范生高质量发展是教育高质量发展的关键一环，为推进教育强国、中国式现代化发展提供人力资源和人才资源的储备。中国式现代化赋予了师范生发展新内涵、新要求，要以更高质量的师范生培养来支撑中国式现代化，而这种更高质量强调的是"质"的提升，必须走好以质量提升为核心的内涵式发展道路。中国式现代化视域下中国师范生政策发展的目标逻辑主要体现为如下两点。一是全面提升师范生生源质量。《教育部关于实施国家优秀中小学教师培养计划的意见》中指出，"让优秀的人培养更优秀的人，夯实拔尖创新人才培养基础"。让优秀的

---

[1] 荀渊，潘岳林. 教师教育中国式现代化的实践特征[J]. 教育科学，2023, 39（4）：7-9, 18.

人报考师范大学，用优秀的人去培养更优秀的人，把优秀的人变成优秀的教师。二是提高师范生专业素养。2018年，《教育部关于实施卓越教师培养计划2.0的意见》中明确提出师范生培养的目标要求，即"到2035年，师范生的综合素质、专业化水平和创新能力显著提升，为培养造就数以百万计的骨干教师、数以十万计的卓越教师、数以万计的教育家型教师奠定坚实基础"。培养卓越教师和未来教育家的目标定位有助于促进师范生专业素养提升，加快构建高质量师范教育体系。

（三）实践逻辑：健全协同育人机制

中国式现代化视域下中国师范生发展的实践逻辑体现为健全协同育人机制。促进师范生发展政策文件的实践策略主要体现为以下两方面。第一，以师范院校资源共享促进师范生高质量发展。2022年，教育部办公厅印发《关于实施师范教育协同提质计划通知》，指出"协调高水平师范大学以组团形式，在骨干教师培养、高水平人才引进、学科专业建设、基础教育服务能力建设、学校规划与管理能力提升等方面对中西部欠发达地区薄弱师范院校进行重点支持，加强信息化建设，促进学校间管理、课程、平台、专家等优质资源共享"。针对我国师范教育发展的主要矛盾，在坚持整体提升我国师范院校和师范专业办学水平原则上，强调师范院校的互助交流和资源共享，为优化师范生协同培养机制，提升师范生发展质量奠定政策基础。第二，以多元主体协同育人推进师范生高质量发展。2022年，教育部出台的《关于进一步做好"优师计划"师范生培养工作的通知》中强调："推进'四位一体'协同。健全高校与地方政府、中小学、教师发展机构'四位一体'协同育人机制。"针对师范生培养，从横向合作和纵向培训两大方面建立健全师范生发展的育人机制，力求形成教师培养、培训、研究和服务一体化的合作共同体。

二、中国式现代化视域下中国师范生发展的价值取向

教育高质量发展是中国式现代化的重要保障，高素质的教师队伍是高质量教育发展的核心要素。教师教育作为"教育母机"，应发挥关键作用，回应国家社会发展现实诉求，提升师范生发展质量，构建具有中国特色的教师培养体系。师范生是教师队伍建设的生力军，师范生培养是教师队伍建设的核心环节，中国式现代化视域下师范生发展的价值取向主要体现为：以满足社会对高素质教师的需求为发展动力，以造就专业化创新型的教师队伍为核心目标，以构建中国特色的

教师培养体系为基础保障。[①]

（一）满足社会对高素质教师的需求

我国正处于中国式现代化建设的关键时期，中国式教育现代化就要以教育高质量发展推进中国式现代化的伟大征程。高质量的教育需要高素质的教师，而师范生高质量发展是培养高素质教师的必由之路。在中国式教育现代化发展的背景下，社会呼唤高素质教师。为建设高质量的教师队伍，中国师范生发展需要满足社会3个方面的诉求。一是应加强师范生实践反思能力。随着我国基础教育教学改革的不断深入，社会发展对教师素质的要求越来越高，师范生不仅应该具备广阔扎实的专业基础知识和熟练灵活的专业能力，还应具有上升到观念与实践层面的自我反思能力，并能够基于经验和理论来指导专业发展。二是应重视师范生师德培养。在师范生发展过程中，要将师德师风建设放在培养的第一位。教育部等八部门联合印发的《新时代基础教育强师计划》指出："严格落实师德师风第一标准，突出全方位全过程师德养成。"师德养成过程蕴含着教师对自我身份的认同。因此，师范生发展需要关注教师职业认同与专业情感的发展，需要关注教师职业道德的内化与践行。三是应强化师范生数字化素养。随着信息化时代的不断发展革新，生成式人工智能和脑-机接口等颠覆性技术的不断问世，师范生应具备数字化和信息化素养，不断形成与发展数字化的意识、数字技术的知识技能，具备以数字技术为支持的专业发展能力，这也成为高素质教师内涵的应有之义。

（二）造就专业化创新型的教师队伍

造就高素质专业化创新型教师是新时代我国教师队伍建设的核心目标，这一目标的实现需要扎根于中国特色教师教育发展的肥沃土壤，科学施策，着力破解高素质教师培养的现实难题。中国式现代化视域下高质量教师队伍建设应通过造就专业化创新型的教师队伍，推动中国师范生专业化发展。第一，以评价机制改进提高师范生专业水平。面对师范生培养过程中高素质准教师培养体系理论与实践相分离的难题，应建设多主体、专业化、重合作的教师教育者队伍，贯彻落实"卓越教师计划2.0"，构建追求卓越的教师教育质量检测认证体系和师范生追踪评价机制，全面提升师范生的专业化水平。第二，以培养模式创新提高师范生专

[①] 李广，张明威，秦一铭. 中国式教师教育现代化的政策取向、模式建构与知识创新[J]. 现代教育管理，2023（8）：67-78.

业素养。根据教师从职前到职后、从新手到成手的成长过程与规律，要着力破解高素质教师培养的现实难题，持续探索并实施教师教育的本硕一体化培养模式，提高师范院校人才培养质量。第三，以教学模式改进提高师范生创新能力。师范院校应全面改进课堂教学模式，通过课堂教学模式创新培养师范生的反思意识和批判性思维素养，引导师范生对教学实践活动进行有效诊断，在教育教学活动中创造性进行教学设计与实施，从而培养造就一支师德高尚、业务精湛、结构合理、充满活力的高素质专业化教师队伍。

（三）构建中国特色的教师培养体系

师范生发展与培养是一项系统工程，要以建构中国特色的教师培养体系为基础保障。中国特色的教师培养体系作为教师队伍高素质发展的主要支撑点，对中国式教育现代化推进具有重要意义。构建中国特色的教师培养体系需要从以下三方面寻求突破。第一，构建协同育人机制。面对师范生发展过程中教育理论与教学实践相脱节的问题，需要加强师范院校和中小学校以及政府管理部门三者的协调合作机制，不断创新发展"U-G-S"[①]教师教育模式[②]，切实推动师范生的教育理念与教育实践的有机融合。第二，实现职前职后一体化培养。要在纵向上切实推进教师教育"职前职后一体化"发展，搭建教师教育的"立交桥"。[③]加强职前阶段师范生发展与职后教师培训的有机衔接，各方主体应积极探索职后培训与职前培养的连接点，为实现"职前职后一体化"提供多样化的路径。第三，建设具有中国特色的教师教育课程体系。在纵向上，高师院校积极探索"本硕博一体化"课程体系建构，提升师范生培养的层次；在横向上，构建学科与跨学科相结合的综合性的课程体系，不断将社会发展、时代进步与科技发展的最新成果纳入课程内容，推动课程内容的创新发展，全面优化师范生专业素养结构。

三、中国式现代化视域下中国师范生发展的创新举措

创新师范生培养实施路径，是我国师范教育政策未来发展的重要取向，也是

---

① U-G-S，即 university-government-schools，大学-政府-中小学。
② 刘益春，李广，高夯. "U-G-S" 教师教育模式实践探索——以 "教师教育创新东北实验区" 建设为例[J]. 教育研究，2014，35（8）：107-112.
③ 王建平，曾姝倩. 中国式教师教育现代化：历史逻辑、时代要求与未来进路[J]. 东北师大学报（哲学社会科学版），2024（1）：42-51.

教师供给侧结构性改革的关键举措。为建设党和人民满意的高素质专业化创新型教师队伍，满足新时代基础教育高质量发展对教师素质提升的迫切要求，切实推动师范生培养路径创新发展是当前教师教育变革的主要支撑点，具有源头性、战略性地位。

（一）探索本硕博一体化教师培养体系

高学历层次的师范生是教师队伍发展的源头活水和后备力量，符合现代化师范教育改革的发展需求。《国务院关于加强教师队伍建设的意见》《教师教育振兴行动计划（2018—2022年）》均鼓励扩大教育硕士、教育博士招生规模，培养高层次的中小学教师。2022年，《新时代基础教育强师计划》提出，到2025年，培养一批硕士层次中小学教师和教育领军人才，并强调"推动本科和教育硕士研究生阶段整体设计、分段考核、连续培养的一体化卓越中学教师培养模式改革"。提升师范生培养的规格层次，并不意味着否定当下职前教师教育中以本科师范教育为主的现实状况，而是构建以本科师范教育为基础，以研究生层次教师为更高目标的培养体系，这就要求将本、硕、博3个阶段有机衔接起来。首先，在遴选机制上，采取笔试、面试、心理测验等多种选拔方法相结合的方式，并加大入校后的二次选拔力度，考查学生的综合素养和从教潜质，选取适教者、乐教者、善教者加入高层次教师培养队伍；其次，在学习内容上，避免机械重复，设计螺旋式上升的知识体系，形成层层递接、环环相扣的完整系统；最后，在培养周期上，合理利用教学资源，可以采用"4+2+3"的本硕博贯通模式，也可以根据师范生培养需要，演变出"3+1+2""3+2+3"等多种组合的培养方式[①]，构建具有教育深度、广度的一体化职前教师教育模式。

（二）构建相互融通的跨学科课程体系

跨学科融通的师范教育课程体系是提高师范生综合素养的坚实基础，合乎新时代师范教育改革的变化趋势。《教师教育课程标准（试行）》将"理解整合各领域的内容、综合地实施教育活动的重要性""了解学科整合在小学教育中的价值，了解与小学生学习内容相关的各种课程资源，学会设计综合性主题活动，创造跨学科的学习机会""学会联系并运用中学生生活经验和相关课程资源，设计教育活动"分别作为幼儿园、小学和中学职前教师教育课程目标之一，并建议设

---

① 王长平，吴文哲. 新时代师范人才高质量培养的若干思考[J]. 教育研究，2022，43（4）：142-147.

置"小学跨学科教育""小学综合实践活动""中学综合实践活动"课程模块。①《小学教师专业标准（试行）》《中学教师专业标准（试行）》分别明确将"了解多学科知识""了解所教学科与其他学科的联系"作为教师专业知识方面的要求②，教师专业标准对教师的跨学科知识要求与职前教师教育课程的综合目标要求具有一致性和连贯性。为了构建厚基础、宽口径、多样化的师范教育课程，培养师范生的跨学科素养，需要在3个方面进行努力：其一，要明晰课程体系的目标理念，坚持"育人为本、实践取向、终身学习"③，涵括师范生的多元发展，创建融本体性知识、条件性知识和实践性知识为一体的综合课程模式；其二，要完善课程设置的逻辑体系，依据师范生的身心特点和认知规律，挖掘职前跨学科教师教育课程的深刻内涵和本质特征，安排逻辑清晰、理路顺畅的高品质课程体系；其三，要强化教学评价的发展功能，将量化评价与质性评价、过程性评价与终结性评价结合起来，纳入多方评价主体，发挥跨学科课程的促进功效。

（三）完善师范生培养的协同联动机制

完善协同联动机制是支持师范生发展的扎实根基和稳固保障，契合新时代师范教育改革的本质要求。《教师教育振兴行动计划（2018—2022年）》明确提出要"形成以国家教师教育基地为引领、师范院校为主体、高水平综合大学参与、教师发展机构为纽带、优质中小学为实践基地的开放、协同、联动的现代教师教育体系"。目前，我国已基本形成现代教师教育体系④，而师范生的培养是现代教师教育体系中的关键一环。为了促进职前教师教育机构均衡发展，2022年，教育部开始实施"师范教育协同提质计划"，按照"1+M+N"的发展模式，"建立组团发展、协同提升的工作机制"⑤。为了完善师范生培养的协同联动机制，高水平师范大学应积极发挥引领示范作用，与兄弟院校携手发展，超越简单的资源

---

① 教育部.教育部关于大力推进教师教育课程改革的意见[EB/OL].（2011-10-08）[2024-01-31].http://www.moe.gov.cn/srcsite/A10/s6991/201110/t20111008_145604.html.
② 教育部.教育部关于印发《幼儿园教师专业标准（试行）》《小学教师专业标准（试行）》和《中学教师专业标准（试行）》的通知[EB/OL].（2012-09-13）[2024-01-31].http://www.moe.gov.cn/srcsite/A10/s6991/201209/t20120913_145603.html.
③ 李广,张明威,秦一铭.中国式教师教育现代化的政策取向、模式建构与知识创新[J].现代教育管理,2023（8）:67-78.
④ 刘益春."强师计划"的大学使命与政府责任[J].教育研究,2022,43（4）:147-151.
⑤ 教育部.教育部办公厅关于实施师范教育协同提质计划的通知[EB/OL].（2022-02-11）[2024-01-31].http://www.moe.gov.cn/srcsite/A10/s7011/202202/t20220222_601227.html.

共享，突破纯粹的带动帮扶[①]，着眼于培养师范生专业品性，发挥师范养成教育的陶冶功能，为师范生整体的长期可持续发展奠定基础。同时，薄弱师范院校要结合自身特色，主动汲取高水平师范大学的有益经验，充分利用优质平台资源，聚焦师范学科发展，优化专业结构，积极开展教育研究，提升办学水平。此外，政府要承担起统筹协调的政治责任，保障经费投入，建立健全师范生培养协同发展机制，在地方教师发展机构、附属中小学建设中积极调动多方力量，以给予师范生培养的最大支持。

---

① 梅兵，周彬. 新时代高水平师范大学的育人使命与教育担当[J]. 教育研究，2022，43（4）：136-142.

第一章
中国师范生发展研究：
政策循证、范式创新与理论支持

2022年，教育部办公厅印发《关于实施师范教育协同提质计划的通知》，以"推进实施新时代基础教育强师计划，构建高质量师范大学体系，整体提升师范院校和师范专业办学水平，提高教师培养质量"为目标，对新时代师范教育协同、师范生培养提质提出了明确指向。同年，教育部等八部门联合印发的《新时代基础教育强师计划》从政策层面对深度推进高质量教师队伍建设提供了宏观指导，对师范生培养、教师职后教育等事项给出了具体性计划。中国师范生教育历经百余年，师范生培养数量急速增长，培养质量得到了明显提升，为教师队伍建设提质扩容奠定了坚实基础，为加快建设高质量教育体系提供了重要支撑。学术界对师范生群体也展现出浓厚的研究兴趣，研究成果数量多、质量高、时代特征明显是这一领域研究的主要特点，师范生教育政策、师范生培养、师范生发展以及师范生教育国际比较研究是这一领域的研究重点。站在新时代背景下回溯师范生相关研究成果，系统而清晰地勾勒师范生研究脉络，集中呈现我国师范生研究成就，剖析我国师范生研究不足并展望未来研究方向，对我国师范生教育发展而言是基础且关键的。

一、中国师范生教育政策循证

中国师范教育和中国教育的现代化是同步发展的，师范教育始终肩负着"革旧习，兴智学"的历史重任，至今已走过了百余年的历程。[①]中国师范生教育政策研究主要包含政策演进研究、政策实施现状研究与政策创新研究3个方面。

（一）中国师范生教育政策演进研究

纵观我国近现代发展史，从1896年南洋公学建立至今，我国师范教育大致经历了7个政策演进阶段，即制度化探索阶段、重构与初建阶段、改组与重建阶段、全面改革阶段、改革深化阶段、改革提速阶段与高质量发展阶段。

1. 中国师范生政策制度化探索阶段（1897—1921年）

1840年，西方列强打开了中国的国门，古老的帝国面临着"千年之未有大变局"。[②]帝国主义的闯入让国人惊醒，一批能人志士率先以"中体西用"为思想开展了一系列改革活动，师范教育制度化探索也在梁启超等人的努力下拉开帷幕。综合来看，这一时期的师范生教育政策开始萌芽，并以制度化尝试为主，师范院校获得独立办学地位，初步缓解了我国师资不足的问题。1896年，盛宣怀以梁启超提出的"师范学校立，而群学之基悉定；夫师也者，学子之根核也"[③]为理念，率先在上海创办南洋公学，分立四院，先设师范院[④]。1897年，南洋公学招生，第一次录取师范生40名，均为20~35岁青年，其中多为举人、廪生和贡生[⑤]，此为中国师范生培养之开端。1902年，清政府颁布《钦定学校章程》，规定"中学外，得设中等农、工、商实业学堂，高小卒业生不愿治普通学者入之。又附设师范学堂，课目视中学，惟酌减外国文，加教育学、教授法"[⑥]，其中入学学生为"举、贡、生、监等，学生须考试合格才能入学"[⑦]，这一学制虽未正式施行，但却从政策层面将师范教育纳入我国学校体系之中，鼓励社会兴建了一批师范学堂，乃师范教育政策之萌芽。1904年，《奏定学校章程》颁布，该

---

① 马啸风. 中国师范教育史[M]. 北京：首都师范大学出版社，2003：1.
② 马啸风. 中国师范教育史[M]. 北京：首都师范大学出版社，2003：4.
③ 李海萍. 清末民国师范生免费教育政策的历史审视[J]. 教育研究，2013，34（11）：135-142.
④ 马啸风. 中国师范教育史[M]. 北京：首都师范大学出版社，2003：5.
⑤ 上海交通大学校史博物馆. 1897年开设的南洋公学师范院，是我国最早的师范院[EB/OL].（2008-07-19）[2023-05-09]. https://museum.sjtu.edu.cn/info/1043/1126.htm.
⑥ 郜林涛，黄仕荣. 中国历代学校制度通考[M]. 太原：北岳文艺出版社，2008：20.
⑦ 马啸风. 中国师范教育史[M]. 北京：首都师范大学出版社，2003：8.

章程要求独立设置初级师范学堂、优级师范学堂。前者为初、高等小学学堂教育培训之所，供贡廪增附生及文理优长、品行端谨、身体健全之监生考取，要求师范生"良善高明之性情……贵庄重而戒轻佻，尚和平而忌暴力"①；后者为培养初级师范学生、中学堂教员和教育管理员之所，主要供师范学堂和管理中学堂有合格毕业凭证者考取，其分类科毕业者有效力本省及全国教育职事之义务②。除此之外，单独设置实业教员讲习所用于农商工教员培养。《奏定学校章程》颁布为师范教育获得了独立办学地位，初步确定了我国的师范生培养制度，为我国培养了大量师范生。1912年，《学校系统令》《师范教育令》等文件进一步丰富扩充了师范生培养制度，扩充了女子师范教育，加强了师范教育研究。至此，独立师范生培养制度在我国得以确立，到1922年，师范生数量达到43 846名、师范学校数量达到385所。③

2. 中国师范生政策重构与初建阶段（1922—1948年）

在新中国成立前，我国经历了抗日战争、解放战争等诸多社会改革活动，师范教育政策也伴随着社会改革步伐不断发展。这一阶段我国师范教育政策主要呈现出重构和初建两个基本特点，师范教育独立地位讨论的不断激化，促进了师范教育在抗日战争前夕得以恢复。1922年，教育部颁布《学校系统改革案》（又称"壬戌学制"），"实施寓中师于中学、寓高师于大学的改造"④，因该学制中未对师范教育作专门规定，一定程度上摧毁了之前所建立的独立师范教育体系。总体而言，壬戌学制通过"高师改大"⑤削弱了师范教育的专业性，又以"师中合并"消解了师范教育的独特地位，摧毁了之前所建立的独立师范教育体系。鉴于此，壬戌学制中师范教育重点转向知识量的提升，忽视了知识深度扩展和实践技能培养，对师范生的品行、待遇、服务等方面均未做出单独规定。⑥壬戌学制颁布之后，一场关于高等师范教育政策是否向"封闭模式"回归的讨论接踵而至。⑦国民党第四届中央执行委员会第三次全体会议指出，"师范学校应脱离中学而独立设立；现有师范大学应力求整理改善，使其组织、课程、训育各项均合于

---

① 舒新城. 中国近代教育史资料（中册）[M]. 北京：人民教育出版社，1961：674-676.
② 马啸风. 中国师范教育史[M]. 北京：首都师范大学出版社，2003：12.
③ 周邦道. 第一次中国教育年鉴（丙编）[M]. 上海：开明书店，1934：311.
④ 李海萍. 清末民国师范生免费教育政策的历史审视[J]. 教育研究，2013，34（11）：135-142.
⑤ 王金龙，邬志辉. 建党百年来我国师范专业优质生源吸引政策研究[J]. 东北师大学报（哲学社会科学版），2022（1）：156-164.
⑥ 马啸风. 中国师范教育史[M]. 北京：首都师范大学出版社，2003：22.
⑦ 曲铁华，李绍勇. 民国时期高等师范教育政策嬗变：历程、特点及启示[J]. 沈阳师范大学学报（教育科学版），2022，1（5）：51-61.

训练中等学校师资之目的，以别于普通大学"[1]。1932 年，江苏省先行对"师中合并"政策进行改革，颁布《改进江苏师范教育计划大纲》，决定"自本年度起指定镇江、无锡、太仓、淮阴等中学专办师范，停止招普通中学生"[2]；同年 12 月 17 日，国民政府颁布《师范学校法》[3]，师范生培养独立性再次得以确立。1938 年，教育部颁布《训练中学师资暂行办法》，指出"依本办法受师资训练之大学毕业生，除发给毕业证书外，由学校发给得充中等学校某科教员之证明书"[4]，师范生教师资格证制度得以正式确立。1937 年，抗日战争全面爆发，《战时各级教育实施方案》等方案指出，"中等学校师资之训练，应视全国各省市之需要，于全国划分若干区域内，恢复设立高等师范学校"[5]，极力保证了各级各类师范生培养在我国抗战时期保持"战时须作平时看"[6]状态。

3. 中国师范生政策改组与重建阶段（1949—1975 年）

新中国成立标志着一个新社会的诞生，新的社会制度要求师范生政策必须重建。1951 年第一次全国初等教育和师范教育会议及 1953 年第一次全国高等师范教育会议[7]共同确立了师范教育在我国教育发展中的核心地位与独立办学地位，凸显师范生教育独特性[8]。1956 年，我国通过学习苏联模式颁布了《师范学校教学计划》《师范学校规程》[9]等一系列师范教育政策，从制度、课程、实习、考核乃至研究等方面做出了细致规划，实现了师范生培养政策由中国经验向苏联体系的改变。之后，我国经历了"大跃进"和"文革"的曲折发展路程，师范生培养不可避免地走上了"过高过快"的发展道路，走向重建发展时期。1958 年，教育部发布中等师范学校、幼儿师范学校、四年制初级师范学校和师范速成班的教学计划，提高了师范生参加生产劳动时间的比例，同年 9 月，国务院颁布《关于教育工作的指示》，并提出了"过高过快"的教育目标。1961 年，中共八届九

---

[1] 罗廷光. 师范教育[M]. 上海：正中书局，1947：51.
[2] 罗德真，罗一真. 秉烛沧桑——教育学家罗炳之[M]. 南京：南京大学出版社，2002：231.
[3] 罗廷光. 师范教育[M]. 上海：正中书局，1947：52.
[4] 罗德真，罗一真. 秉烛沧桑——教育学家罗炳之[M]. 南京：南京大学出版社，2002：232.
[5] 教育部订定之战时各级教育实施方案（1938 年）[A]. 中国第二历史档案馆. 中华民国史档案资料汇编（第五辑·第二编·教育一）[C]. 南京：江苏古籍出版社，1997：23.
[6] 李桂林. 中国现代教育史教学参考资料[M]. 北京：人民教育出版社，1987：313.
[7] 1951 年 10 月，政务院公布实施《关于学制改革的决定》，取消了师范教育的独立性地位，但在后续院系调整中又赋予了师范教育独立性地位。
[8] 王金龙，邬志辉. 建党百年来我国师范专业优质生源吸引政策研究[J]. 东北师大学报（哲学社会科学版），2022（1）：156-164.
[9] 李友芝，李春年，柳传欣，等. 中国近现代师范教育史资料（第 4 册）[M]. 北京师范学院内部交流资料，1983：1653.

中全会召开确定新的经济政策后，教育部根据会议精神就中小学师资质量发出两条通知：一是保证各级师范学校招生质量；二是对于不能升学的高、初毕业生可以酌情挑选一批加以短期训练以补充农村师资。①随后，中共中央颁布《教育部直属高等学校暂行工作条例（草案）》等文件，使得这一阶段的师范生教育热有所降温，政策关注点由数量上的增长转向质量上的提升。

4. 中国师范生政策全面改革阶段（1976—2000年）

1976年，"文革"结束，改革当时的师范教育体制、提升师范教育质量是发展师范教育的重点。这一阶段师范生政策制定紧跟国家改革趋势，以"调整、改革、整顿、提高"为方向②深入推进师范生政策的全面改革，其中80年代中期之前为调整改革期，80年代中期到千禧年前夕为改革发展期。调整改革期旨在解决前一阶段的诸多历史遗留问题，改革发展期旨在全力提升师范教育质量，实现由封闭体系向混合开放型体系的转变。③这一时期的师范生政策呈现出如下特点。①师范生政策促进了师范院校数量的扩大。1978年10月，教育部颁布《关于加强和发展师范教育的意见》，指出"要在全国建立师范教育网，积极扩大招生"④，该政策极大地鼓励了我国师范教育的发展，为后续师范生培养奠定了基础。1980年，教育部进一步颁布《中等师范学校规程（草案）》《关于办好中等师范教育的意见》等文件，要求"各省、市、自治区在一九八二年以前至少办好一所幼儿师范学校，并列为省级重点学校；办好民族师范学校，培养民族语文和汉语兼通的教师"⑤。②师范生培养依赖于师范院校的规范化。1982年，《教育部关于加强教育学院建设若干问题的暂行规定的通知》对教育学院的任务、师资队伍建设等核心要素做出了制度化安排。⑥1991年，教育委员会颁布《全国师范院校公共课教育学教材改革研讨会纪要》，对高等学校教育系和专业教材进行了系统改革。③师范生政策关注师范生培养质量问题。1980年发布的《关于办好中等师范教育的意见》等文件将中师教育目标设定为"为小学、幼儿园培养合格师资"⑦，其中师资标准在第四次全国师范教育工作会议所形成的《重视师范教育 办好师范院校》一文中被明确为：一要有比较渊博的知识；二要懂得教育科

---

① 中央教育科学研究所. 中华人民共和国教育大事记1949—1982[M]. 北京：教育科学出版社，1984：289.
② 马啸风. 中国师范教育史[M]. 北京：首都师范大学出版社，2003：54.
③ 曾煜. 中国教师教育史[M]. 北京：商务印书馆，2016：388，427.
④ 中央教育科学研究所. 中华人民共和国教育大事记1949—1982[M]. 北京：教育科学出版社，1983：531.
⑤ 中央教育科学研究所. 中华人民共和国教育大事记1949—1982[M]. 北京：教育科学出版社，1983：589.
⑥ 曾煜. 中国教师教育史[M]. 北京：商务印书馆，2016：375.
⑦ 中央教育科学研究所. 中华人民共和国教育大事记1949—1982[M]. 北京：教育科学出版社，1983：589.

学；三要有高尚的道德品质①；1986年，教育委员会颁布《关于加强和发展师范教育的意见》，提出了提升师范生教育质量的八条规定②，以政策文件形式确定了师范生培养质量标准。④师范生政策关注师范生就业落实问题。1978年，教育部颁布《关于加强中小学教师队伍管理的工作的意见》，对师范毕业生到教育战线工作做出政策层面规定。③1982年，《关于高等师范院校毕业生有相当数量分不到教育战线情况的反映》再一次要求各地采取有效举措保证师范生到教育战线上来，到学校中去。④这一时期师范生政策对师范生录取、培养和就业等有了明确的规定，进一步促进了全国师范生的标准化培养。

5. 中国师范生政策改革深化阶段（2001—2006年）

进入21世纪，我国师范教育面临着现代化和全球化双重挑战，师范生教育如何更好面向未来，如何走向现代化，如何更好满足人民需要，成为师范生政策关注的重点。这一阶段师范生政策改革继续深化，师范生政策话语系统、制度体制、教育培养等方面发生了一系列改革。一方面，21世纪师范生政策由"师范教育"向"教师教育"话语转变。2001年，《国务院关于基础教育改革与发展的决定》提出"完善教师教育体系"，这是我国首次在政策文本中使用"教师教育"这一概念。这一转变将师范生教育与职后教师培训等环节统一为一个系统性工程，进一步凸显了师范生教育在教育实践中的共性特征和连续性要求。另一方面，21世纪师范生政策由封闭体系向开放制度转变，师范生培养资格向综合性大学敞开，师范生教育终身教育体系进一步完善。2002年，《教育部关于"十五"期间教师教育改革与发展的意见》提出，"初步形成以现有师范院校为主体，其他高等学校共同参与，培养培训相衔接，体现终身教育思想的开放的教师教育体系"。

6. 中国师范生政策改革提速阶段（2007—2018年）

为进一步回应社会发展需要和民众需求，我国开启师范生免费教育时代，师范院校师范生培养规模进一步扩大。2007年，教育部等部门联合印发《教育部直属师范大学师范生免费教育实施办法（试行）》，为更多有志参与到基础教育工作中的青年提供了学习机会。同年，教育部发布《国家教育事业发展"十一五"规划纲要》，指出"推进教师教育和师范院校改革，加强师范院校建设。吸引优

---

① 重视师范教育 办好师范院校[J]. 人民教育，1980（8）：3-5.
② 曾煜. 中国教师教育史[M]. 北京：商务印书馆，2016：389.
③ 中央教育科学研究所. 中华人民共和国教育大事记1949—1982[M]. 北京：教育科学出版社，1983：507.
④ 中央教育科学研究所. 中华人民共和国教育大事记1949—1982[M]. 北京：教育科学出版社，1983：657.

秀青年读师范，鼓励优秀人才当教师。在教育部直属师范大学实行师范生免费教育，积累经验，逐步推开，鼓励更多的优秀青年终身做教育工作者"。诸多政策性文件的颁布极大地扩充了我国师范生的在校生数量。据统计，2007—2008年，我国高等师范院校本、专科在校生人数由 2 188 838 名[1]增加到 2 273 950 名[2]。与师范生免费教育政策相伴的是提升师范生培养质量的政策要求。2010年，国务院印发《国家中长期教育改革和发展规划纲要（2010—2020年）》，从教师队伍建设、师德建设和业务水平等方面对师范生培养提出了更高的要求，并以"完善并严格实施教师准入制度，严把教师入口关""国家制定教师资格标准，提高教师任职学历标准和品行要求"方式严控师范生毕业和入职要求，把好教师队伍质量关。2012 年，《国务院关于加强教师队伍建设的意见》就师范生入学提出"选拔乐教适教的优秀学生攻读师范类专业"的要求，在培养方式上明确"加强教师养成教育和教育教学能力训练，落实师范生教育实践不少于一学期制度"。

7. 中国师范生政策高质量发展阶段（2018年至今）

党的十八大以来，我国基本形成了相对稳定且逐渐开放的教师教育发展体系[3]，师范生培养质量不断提高。党的十九大对新形势下我国社会主要矛盾做了深入的分析，教师教育核心任务由扩大教师教育规模并解决师资短缺问题走向引领教师队伍高质量发展。[4]这一阶段我国师范生政策以"高质量建设"为导向，兼顾师范生培养数量与质量，全面推进师范生内涵式发展。首先，政策要求扩大师范生数量，尤其是高层次师范生数量。教育部等五部门印发《教师教育振兴行动计划（2018—2022年）》，明确要求"提升培养规格层次，夯实国民教育保障基础"，为义务教育培养更多素质全面、业务见长的本科层次教师，为普通高中培养更多专业突出、底蕴深厚的研究生层次教师。2018 年，教育部等部门正式印发《教育部直属师范大学师范生公费教育实施办法》，一改持续十一年的"免费师范生"称呼，吸引更多优秀学子投身教育事业，体现了我国教育公平价值的实践和发展。其次，政策要求提高师范生专业水平。2018 年，《教育部关于实施卓越教师培养计划 2.0 的意见》中明确"到 2035 年，师范生的综合素质、专业

---

[1] 牟阳春. 中国教育年鉴[C]. 北京：人民教育出版社，2007：270-278.
[2] 牟阳春. 中国教育年鉴[C]. 北京：人民教育出版社，2008：288-299.
[3] 李广，李欣桐. 新中国教师教育政策变迁历程、演进逻辑及发展趋势[J]. 华南师范大学学报（社会科学版），2020（6）：57-68，190.
[4] 李广，李欣桐. 中国共产党百年教师教育政策：历史进程、伟大成就与发展愿景[J]. 现代教育管理，2021（6）：1-9.

化水平和创新能力显著提升,为培养造就数以百万计的骨干教师、数以十万计的卓越教师、数以万计的教育家型教师奠定坚实基础";2021年,教育部办公厅出台《中学教育专业师范生教师职业能力标准(试行)》《小学教育专业师范生教师职业能力标准(试行)》《学前教育专业师范生教师职业能力标准(试行)》、《中学职业教育专业师范生教师职业能力标准(试行)》和《特殊教育专业师范生教师职业能力标准(试行)》,进一步对师范生专业能力做出了科学、系统的划分。再次,政策关注师范生培养机制创新。《教师教育振兴行动计划(2018—2022年)》中指出,要"创新教师教育模式,培养未来卓越教师",注重协同育人等方式在师范生教育中的重要作用,开展"互联网+教师教育"创新行动。最后,政策鼓励师范生投入到国家教育薄弱地区工作,助力乡村振兴,实现教育脱贫。2022年,教育部等八部门印发《新时代基础教育强师计划》,将教育薄弱环节提质作为工作重点,指出"加大中西部欠发达地区师范院校、教师发展机构建设和高素质教师培养培训力度,增加紧缺薄弱领域师资培养供给",以政策倾斜的方式助力乡村振兴,助力薄弱学校师资建设。

(二)中国师范生政策实施现状研究

从文献分析的视角来看,我国师范生政策研究转折点来自2007年《教育部直属师范大学师范生免费教育实施办法(试行)》的颁布,该政策开启了21世纪高水平师范生免费培养的时代,极大扭转了我国教师队伍数量缺、水平低、观念旧的现实状态,促进社会形成尊师重教的浓厚氛围[1],但也暴露出诸多现实问题。综合来看,中国师范生政策实施现状研究主要聚焦于"免费(公费)师范生教育政策"领域,兼论师范教育提质改革政策,下文集中从师范生政策认同、师范生政策落实效果和师范生政策局限三方面展开讨论。

1. 师范生教育政策认同研究

政策认同直接影响着政策实施效果和政策改进方向。自2007年国家实施免费师范生教育政策以来,我国已培养了数以万计的优秀师范生投入到基层教育工作之中,极大地提升了我国教师队伍专业化水平,为高质量教师队伍建设奠定了基础。但师范生投身一线教育实践的背后却是师范生对相关政策认同低下的现实困境。2009年,北京师范大学调查团队对6所部属师范大学在读免费师范生展开了政策理解度和满意度调查,结果显示,15%的免费师范生对政策不够了解,

---

[1] 顾明远.尊师重教:师范生免费教育政策导引教师教育变革[J].新疆师范大学学报(哲学社会科学版),2012,33(3):1-4.

80%的免费师范生对政策中的限制升学政策持反对意见。①随着首届师范生逐渐毕业，免费师范政策认同度进一步下降。一项针对6所部属师范大学第一届免费师范毕业生的调查，从免费师范生教育政策的接受度、免费师范生教育政策前景的认可度、成为一名中小学教师的认同感和长期在基层学校任教的意愿4个方面，集中揭示了免费师范生对相关政策的认同程度，结果显示，免费师范毕业生对相关政策的整体认同度偏低，并集中表现为漠然游离以及心理排斥两种形式。②后追踪研究显示，免费师范生表现出从事教师职业志向减弱、义务履行认同度降低、政策执行出现低期望的窘境。③究其原因，师范生免费教育政策在实践中存在对象主体出发点与政策理想期待差异、"有志"和"优秀"错位、"入口"和"出口"资格差异以及职业选择市场调节和行政安排错向等多维矛盾。④基于以上现实状况，2018年，我国正式实行《教育部直属师范大学师范生公费教育实施办法》。同年，多省（自治区、直辖市）印发地方公费师范生教育办法。综合来看，现阶段我国已形成了完备的师范生公费教育政策体系，政策目标明确，政策内容相对完善，有助于优秀教师的培养。⑤政策的演进虽在一定程度上提升了师范生对公费师范教育政策的认可度，但政策的限制性要求与师范生毕业择业时的自由选择需求仍存在矛盾。⑥因此，如何切实考量师范生利益，转变"前补偿+约束"的政策形态，强化"后激励+约束"的政策设计，缩小个体预期和政策目标之间的差距，避免政策"后激励"不足⑦，是师范生教育政策所要集中探索的问题。

2. 师范生政策落实效果研究

新中国成立以来，我国师范教育政策在吸引优秀生源、提高教育质量、促进师范生就业3个方面集中发力，以使更多优秀青年投身教育事业，加入教师队伍。首先，我国师范生政策从招生、收费和就业3个层面进行了新的制度设计，以提升专业吸引力。师范生招生政策实现了从单一化向多样化、从免费教育到全

---

① 姚云，董晓薇. 全国师范生免费教育政策实施认同度调查[J]. 教育研究与实验，2009（1）：45-50.
② 吴鹏，付卫东. 免费师范毕业生政策认同度低的原因及应对策略[J]. 教育与经济，2016（1）：63-67.
③ 姚云，马龙，李小红. 师范生免费政策实施效果的研究——基于首届免费师范生的入学与毕业调查[J]. 教师教育研究，2012，24（2）：63-68.
④ 周挥辉. 师范生免费教育实践的矛盾分析与政策调适[J]. 教育研究，2010，31（8）：58-61.
⑤ 房玲玲，杨颖秀. 师范生公费教育政策文本分析及政策建议[J]. 延边大学学报（社会科学版），2020，53（1）：124-132，144.
⑥ 姚崇，赵可欣，周晨琛，等. 公费教育政策满意度对师范生教师职业认同的影响——社会认知因素的影响[J]. 心理与行为研究，2020，18（2）：241-247.
⑦ 张源源，薛芳芳. "前补偿"抑或"后激励"？——乡村振兴背景下定向师范生违约问题研究[J]. 华东师范大学学报（教育科学版），2022，40（6）：44-56.

面收费再到免费与收费相结合、从统分统配到自主择业再到统分统配与自主择业相结合的制度转化。①其次，实施多项政策促进师范生教育质量提升，强化师范教育协同提质。一方面，通过颁布相关标准促进师范生教育标准化。2017年，教育部颁布《普通高等学校师范类专业认证实施办法（暂行）》，为师范专业院校提供了一致性发展标准。不同层面的规章制度规定了师范专业办学的基本要求，确保不同文化和经济水平地区的师范专业教育教学活动在可控范围内有序运行，科学、客观、准确地监控师范专业质量，确保多元化、非定型、开放式的师范专业办学质量。②另一方面，通过颁布相关政策强化师范院校协同提质。2022年，教育部办公厅印发《关于实施师范教育协同提质计划的通知》，该计划旨在以师范院校组团协作、对口支援的方式，在骨干教师培养、高水平人才引进、学科专业建设、基础教育服务能力建设、学校规划与管理能力提升等方面，支持薄弱师范院校发展，促进师范教育的整体提升。③最后，采取多举措促进师范生进入教育一线、深入教育薄弱地区。长期以来，较高的学校地位和免费教育的诱惑力引发部分学生盲目报考，造成学生职业愿景落差，影响免费师范生政策效力的发挥。④因此，2018年，我国一改十余年免费师范生政策，印发《教育部直属师范大学师范生公费教育实施办法》，通过减少履约年限、提高生活待遇、保证跨省就业、提高社会地位等措施直面师范生"下不去"的现实困境，拓展了公费师范生毕业后的选择机会与调整空间，以便更好地发挥师范生"公费教育"的政策效应。⑤

3. 师范生政策局限研究

政策一方面与时代紧密相连，受经济、文化、社会发展限制，另一方面与利益相关者相连，受政策执行主体、政策可操作化程度等一系列条件限制。综合来看，我国师范生教育政策现实困境主要包括3个方面。第一，利益相关者之间的博弈。师范生教育政策从本质上说是对教育利益和资源的分配，主要表现为为师范生提供身心发展的机会、条件以及资格认同。师范生免费教育政策的主要利益

---

① 王金龙，邬志辉. 建党百年来我国师范专业优质生源吸引政策研究[J]. 东北师大学报（哲学社会科学版），2022（1）：156-164.
② 马晓春，周海瑛. 认证标准视阈：师范专业质量保障体系构建新路向[J]. 现代教育管理，2021（1）：76-84.
③ 夏冰，沈翁安生. 师范教育协同提质计划政策评析[J]. 云南师范大学学报（哲学社会科学版），2023，55（2）：84-93.
④ 谢秀英. 免费师范生政策效力解析[J]. 教育理论与实践，2015，35（22）：26-29.
⑤ 吴东照，王运来，操太圣，等. 师范生公费教育的政策创新与实践检视[J]. 中国教育学刊，2019（11）：89-93.

关系，包括以各级政府机关为代表的国家利益和以公费师范生及其家庭为代表的个体利益，并集中表现为国家的政策期望和公费师范生个体价值实现之间的有限冲突。[1]第二，政策公平性抉择。从免费师范生政策到公费师范生政策，部属师范大学精英师范生培养模式难以保证我国乡村教育发展，难以促进教育公平，而省属和地方师范院校的师范生才是提高边远地区、贫困地区农村中小学教育质量的主体，边远地区和经济发展相对落后地区的教育事业将有赖于非部属师范院校的毕业生来承担，但政策倾向等问题却掣肘地方师范院校发展；同时，公费师范生教育政策在一定程度上造成社会公众用异样的眼光看待师范生以及师范生与非师范生之间不公平的现象。[2]一项针对公费师范生和非公费师范生的联合对比研究发现，公费师范教师和非公费师范教师所教授学生的学业水平提升存在显著差异，公费师范教师比非公费师范教师所教学生的平均成绩提升程度相对低约3%，且学生成绩提升的这种差距会伴随着学习过程的进行而逐步扩大。[3]第三，政策实施主体有限。从政策内容来看，师范生公费教育政策的实施范围仍局限在6所部属师范大学，更多、更好的教师教育资源还未得到有效利用，如何引导各地出台或进一步完善本地师范生公费教育政策，实现国家公费师范生教育政策与地方公费师范生教育政策的接轨是仍待解决的问题。[4]

（三）中国师范生政策创新研究

师范生政策执行效果会影响师范生培养质量和我国教师队伍构成质量。我国师范生政策实施受工具性思维裹挟，尚未充分发挥师范生政策的公共性和引导性目标。学界对我国师范生政策创新研究主要集中在凸显政策公共性、强化协同治理机制、完善准入和准出制度3个方面[5]，强调明确设计原则、开展要素分析、搞好环节设计[6]的重要意义。

---

[1] 白贝迩，程军. 提升师范生免费教育政策实施质量的保障机制探析——基于利益相关者的考量[J]. 教育理论与实践，2018，38（19）：23-26.

[2] 沈红宇，蔡明山. 公平价值的引领：从免费到公费的师范生教育[J]. 大学教育科学，2019（2）：66-71，124.

[3] 翟颖佳，封世蓝，谭娅. 基于教学质量的公费师范教育政策研究[J]. 教育科学，2022，38（1）：49-56.

[4] 房玲玲，杨颖秀. 师范生公费教育政策文本分析及政策建议[J]. 延边大学学报（社会科学版），2020，53（1）：124-132，144.

[5] 吴东照，王运来，操太圣，等. 师范生公费教育的政策创新与实践检视[J]. 中国教育学刊，2019（11）：89-93.

[6] 孙锦明. 师范生免费教育政策设计建议[J]. 教育发展研究，2007（11）：21-26.

1. 师范生政策需进一步凸显公共性

公费师范生具有鲜明的国家公共性，集中表现在公费师范生政策是以国家提供公共服务的方式表征公共服务性，公费师范生成长具有体制保证性并体现着国家意志的公共性。[①]从免费师范生到公费师范生，师范生政策公共性进一步凸显，其公共性是改变农村教师在村落公共生活中现实困境的内在要求，是农村教师专业发展的动力保证，也是农村新文化与理想生活开启的时代需要。[②]新时代我国师范生政策更应凸显师范生公共性特征，扭转传统政策无视公共性、强调契约性交易的片面化倾向。因此，从制度设计的角度来说，所有师范生公费接受教育是发挥师范教育"公共性"和"公共善"的方式之一[③]，应进一步强化各利益主体对"公共性"价值的理解，各利益主体不再只根据"效率-实绩"来行动，而是有意识地将个人目标、组织目标与政策目标统一起来，在"实践理解"的基础上进一步强化"公民义务的倡导、公共责任的履行、公益形象的塑造、公共精神的回归"[④]。

2. 师范生政策需强化协同治理机制

师范生政策的协同治理机制旨在加强各利益主体的相互关联程度，进一步加强师范生政策在招生、培养、入职方面的一致性和权威性地位，进一步提高师范教育质量。首先，师范生政策要强化各级职权部门协同管理，要突出地方行政部门政策执行的重要主体责任，尤其突出表现在就业时的岗位设置、编制管理、履约管理等方面不可推卸的责任，避免权责主体间"合不来""沟通不畅"的现实困境。[⑤]其次，要高度重视教育实习在职业认同培养中的重要作用，建立大学教师教育与中小学校实习实践的有效联结和支持系统，帮助师范生跨越理论与实践的鸿沟，在真实的教育情境中历练本领、提升效能、促进认同。[⑥]最后，师范生政策要更加灵活而精准地设计预约功能，扩大预约回流的招募范围，将激励功能与切实尊重并发展师范生的主体可行能力紧密结合起来，平衡限定功能的约制力

---

① 梁结玲. 公费师范生的公共性及其建构[J]. 教育理论与实践, 2020, 40 (25): 33-37.
② 欧阳洁. 论公费师范生公共性品格的培养[J]. 湖南第一师范学院学报, 2018, 18 (6): 80-83.
③ 黄建雄. 师范教育的公共性与免费师范生教育制度改革[J]. 教育评论, 2015 (11): 23-25, 47.
④ 徐冬青. "公费制"推动师范生培养的政策升级[N]. 中国教育报, 2018-08-15 (002).
⑤ 吴东照, 王运来, 操太圣, 等. 师范生公费教育的政策创新与实践检视[J]. 中国教育学刊, 2019 (11): 89-93.
⑥ 张晓辉, 姚梅林, 李庆安. 政策满意度、教师支持对公费师范生职业效能和职业认同的影响：一项纵向研究[J]. 北京师范大学学报（社会科学版）, 2022 (6): 50-59.

与激励功能的引力之间的配比，促进师范生回流。[①]

3. 完善师范生准入和准出制度

师范生准入和准出制度又被称为"二次遴选"制度，旨在为更多愿意从教、适合从教的学生提供更多投身教育事业的机会，为不适合教育事业发展的学生提供二次选择机会。一方面，师范生政策需严格准入机制。有学者指出，我国教师政策需要在"优者从教"和"教者从优"上同步发力[②]，加强报考前的职业科普，在学生填报高考志愿时接受有关师范教育知识的科普，结合自身的职业规划综合考量、慎重选择，确保有良好从教意愿的学生获得公费师范制度下优质的教师教育[③]。另一方面，师范生政策要有明确的准出制度。当前政策虽建立了公费师范生的退出机制，但专业选择自由弹性不足，仍在一定程度上将进行二次专业选择的学生捆绑于师范教育。政策可给予"不适"或"不乐"从教的公费师范生更大的退出弹性，坚持权利与义务相统一的原则，在学生通过相关考核并返还资助后转为非师范生。[④]

二、中国师范生培养实践反思

师范生培养是促进师范生专业知识增长、专业技能提升和师德养成的关键环节，关系着我国教师队伍建设质量。当前师范生培养研究集中在院校发展和模式探索两个层面，前者聚焦学校对师范生成长所做的贡献，后者关注师范生培养模式的改进变革。

（一）师范生培养院校研究

师范生培养院校研究关注学校教育在师范生发展中的重要作用，其核心议题聚焦师范教育改革中"师范性"与"学术性"培养孰轻孰重的问题，关注拥有师范专业大学的发展性问题。

[①] 苏尚锋，黄玲芳. 引导性回流：地方公费师范生政策演进的功能逻辑——基于30个省份地方公费师范生政策文本的分析[J]. 教育研究，2021，42（12）：131-141.

[②] 雷万鹏，李贞义. 师范与非师范毕业生教师身份认同差异及政策启示[J]. 国家教育行政学院学报，2021（2）：86-95.

[③] 翟颖佳，封世蓝，谭娅. 基于教学质量的公费师范教育政策研究[J]. 教育科学，2022，38（1）：49-56.

[④] 刘全国，张赵清. 公费师范教育的制度逻辑与改革路径[J]. 西南大学学报（社会科学版），2020，46（6）：91-100，212-213.

1. 师范院校师范性

师范教育是致力于师范生成长的教育，而师范性则是将师范教育与其他教育区分开来的关键性特征。叶澜教授将师范性定义为培养教师的教育特殊性体现，大多是指培养教师的一些特殊课程、道德品质的要求、教师必须具备的基本技能技巧等。[1]因此，我国师范教育的"范"便体现为承载为师、赓续文脉的"文化范"；彰显教书育人、增信添彩的"规格范"；显现师范情、师范力、师范味的"方式范"。[2]然而，受到市场经济冲击，部分师范大学逐渐向综合性大学看齐，师范教育的师范性特征逐渐被学术性特征所掩盖，"向综合性大学看齐"的目标将促使高等师范教育减少教育学科与教育实习，最终将导致师范教育脱离中学实际，不利于教师培养的办学目标的达成。[3]一项基于产出导向教育（outcomes-based education，OBE）理念对在读师范生、中小学校相关负责人以及从事教学工作的中小学一线教师的调研显示，教师教育人才培养依旧存在"学科本位""知识导向""教师中心""重理论轻实践"的倾向，与OBE理念所倡导的以学生发展为中心、以能力提升为导向、突出实践品性等方面还存在一定差距[4]，师范生师范性有所减弱。新时代，高水平师范大学既要回归师范初心，将师范教育作为自己的主职主责，同时还要服务于国家教师教育系统的高质量建设，为其他师范院校提供育人经验，协同其他师范院校一道努力创新发展国家教师教育事业，为建设具有中国特色的高质量教师教育模式做出应有的贡献。[5]

2. 师范院校学术性

强调师范教育应重视学术性的学者认为，师范教育学术性是为师者"道"之所存，主要是指教师学术上的造诣，包括对学科知识的深刻理解、对学科发展前沿的准确把握等，并具体体现为将学科知识进行"教学"性转化的能力。[6]新中国成立初期强调师范教育学术性，原因在于师范院校的"师范性"限制了学术水平的发展。而当前阶段高等师范院校的学术水平应该与综合院校相当，师范院校

---

[1] 叶澜. 一个真实的假问题——"师范性"与"学术性"之争的辨析[J]. 高等师范教育研究，1999（2）：11-17.

[2] 张艳国. 师范教育究竟是个什么"范"[J]. 华中师范大学学报（人文社会科学版），2023，62（3）：170-178.

[3] 陈华龙，殷飞飞. 师范性与学术性：华东师范大学建校初期的探索[J]. 华东师范大学学报（教育科学版），2021，39（10）：51-64.

[4] 鲁艺，陈瑶，杨超. 基于OBE理念的教师教育人才培养研究[J]. 学术探索，2022（12）：130-138.

[5] 梅兵，周彬. 新时代高水平师范大学的育人使命与教育担当[J]. 教育研究，2022，43（4）：136-142.

[6] 陆道坤，许游. 论"中国特色师范教育体系"的改革与发展——基于"师范性"与"学术性"互动的角度[J]. 大学教育科学，2019（6）：9-14，119.

应加强基础理论研究以提升"学术性"。[1]有学者支持师范教育应重视学术性培养，认为随着社会对师范教育"重学术轻实践"倾向的质疑，OBE 理念与市场需求理论逐渐成为主流，师范教育加大了实践教育比重，强化了办学师范性，弱化了学术性。因而有学者指出，大学对师范生的培养必须立足于人的美好生活和全面发展，这意味着大学师范教育需要坚守与创新博雅教育，进行普遍性和综合性的知识教学，提供先进教育理论体系和教育之道的教学，在大学师范教育日趋技术化、实务化、细碎化的境况下，上述做法具有正本清源之功效。[2]

3. 师范性与学术性的平衡

在师范教育师范性与学术性的争论之中，持中立意见学者认为，"新师范"的时代使命便是终结"师范性"与"学术性"之争。[3]从根本上来说，师范性与学术性之争是由于基础教育的教师需求是一个"复合体"，既有基础教育行政部门站位教师资源规划与布局角度的需求，也有中小学校站位教师实用与发展角度的需求，前者表现为对教师的数量或质量的需求，后者表现为对教师素养的需求，二者呈现出一定的供需矛盾。[4]因而，新时代师范教育应力求科学认识和处理师范性与学术性关系，在师范性与学术性之间寻找平衡，寻找可以融合一致的方式，构建中国特色师范教育理论。[5]具体而言，建构师范性与学术性平衡的师范教育体系，可以从发展以面向基础教育研究为取向的教师教育课程、联动优势学科形成交叉学科视域下的教师教育共同体、设立"临床教职"形成更为灵活的教师教育者人事制度[6]三方面入手。参考德国一流大学办学经验，为保持师范教育师范性与学术性之间的张力，在课程学分设置上，应充分考虑大学学习不同阶段的要求；在对教学法的学习上，应充分尊重科目差异；在专业课程的学习上，应融入教育课程的理念。[7]

---

[1] 刘捷，谢维和. 栅栏内外：中国高等师范教育百年省思[M]. 北京：北京师范大学出版社，2002：121，186-187.

[2] 曹永国. 大学到底为师范生贡献什么[J]. 教育发展研究，2023，43（3）：36-44.

[3] 王红，罗小丹. 终结"师范性"与"学术性"之争："新师范"的时代使命及实践路径[J]. 教育发展研究，2023，43（3）：26-35.

[4] 陆道坤，张梦瑶. 论师范教育的"师范性"与"学术性"之矛盾运动——历史脉络、发生机理及未来走向[J]. 大学教育科学，2023（3）：63-72.

[5] 陆道坤，许游. 论"中国特色师范教育体系"的改革与发展——基于"师范性"与"学术性"互动的角度[J]. 大学教育科学，2019（6）：9-14，119.

[6] 张佳伟，卢乃桂. 寻找学术性与师范性融合的空间——高水平综合性大学发展教师教育的优化路径[J]. 教育研究，2023，44（2）：150-159.

[7] 巫锐. 师范性与学术性的张力——21 世纪德国综合性大学教师教育课程体系改革研究[J]. 教育发展研究，2021，41（9）：56-62.

（二）师范生教育模式变革

师范生教育模式变革，是在新时代发展的基础上，师范生培养院校结合自身办学实际而自发进行的教育变革。师范生教育模式变革主要涉及培养目标、培养过程和考核方式的转变，分为局部变革和整体变革。目前，我国师范院校培养模式变革主要聚焦于教学变革和社会协同两方面，前者主要是指夯实师范生专业理论水平，后者聚焦师范生实践能力培养和社会贡献意识养成。

1. 师范生培养变革

进入21世纪，我国逐步形成"师范大学+综合性大学"的师范生培养体系，二者发挥各自优长，共同开启师范生教育新时代。新时代，师范生教育要面对基础教育学校提出的聘用要求而做出务实变革，必须面对新时代对教师素养提出的新要求，必须研发相应的新时代教师精神培育的新课程，必须打破传统封闭式培养模式。[1]对师范大学而言，首先，师范生培养要提升师范生的学科理解力与学科素养，实现从学科知识传授者向学科素养培育者的转变；其次，师范生培养要提升师范生的学术素养与综合素养，保证师范生有更高的学术品位和人生站位；最后，师范生培养要重视智能素养与未来参与能力，保证师范生从教后能够较好地适应未来教育并在未来发展中具有持续优秀的能力。[2]对综合性大学而言，师范生培养要引导高等教育优质资源用于教师教育[3]；要改革和创新教师教育发展理念、制度与体制机制；要有新时代高水平综合大学的使命感与担当；要因校制宜，探索高水平综合大学教师教育多元模式[4]。

2. 师范生教育模式变革案例

在新时代诸项师范教育政策的引导下，各师范大学依托自身办学条件，深入探索师范生培养新模式。北京师范大学"双导师制度"、华东师范大学"孟宪承书院模式"、东北师范大学"教育家培养工程"、陕西师范大学"二次选择模式"等均是对师范生培养模式创新方面的有力探索，下面以华东师范大学和东北师范大学为例进行简要介绍。

华东师范大学借鉴中国传统书院的经验，于2007年9月成立全国首家专门培养师范生的本科生书院——孟宪承书院，该书院集中培养中文、数学、外语、

---

[1] 陈国安. 新师范教育的基本特征与系统重构[J]. 南京社会科学，2020（3）：150-156.
[2] 梅兵，周彬. 新时代高水平师范大学的育人使命与教育担当[J]. 教育研究，2022，43（4）：136-142.
[3] 谢维和. 综合性大学参与教师教育的实践与思考[J]. 教育研究，2022，43（4）：155-159.
[4] 张应强. 高水平综合大学举办教师教育：可能优势及其现实转化[J]. 国家教育行政学院学报，2021（11）：18-27，59.

思政、历史、地理、物理、化学和生物等9个专业的师范生。孟宪承书院围绕师范生"回得去、留得住,教得好、有发展"的关键问题,结合国家对于新时代教师队伍师德师风建设的政策要求,深入探索基于专业认证的师范生师德培育创新模式,打造"认知内化—涵养浸润—外化于行—评估升华"的教育模式;依托学生生活园区、"五位一体"导师制度全面推行"五育并举+教师教育"的"5+1"第二课堂育人体系;持续开发学生电子发展档案,形成"自主+认证+评估+优化"的考核评价机制,为师范生师德培育效果的监测评估提供数据支撑。[①]

东北师范大学师范生培养模式以一贯式培养为目标,打通师范生专业知识学习、专业技能训练与专业成长之间的壁垒,保证职前和职后教育的一致性与统一性。学校于2007年开始实行"教育家培养工程",师范生实行本硕一体的"3+0.5+0.5+2"的贯通式培养模式,形成3年理论学习、0.5年实践学习、0.5年反思性学习和2年硕士提升的师范教育模式,促进师范生向教育家型教师发展。同时,东北师范大学实行"U-G-S"教师教育模式,与东三省及内蒙古、江苏等教育厅签订协议,在16省49县市形成237所基地学校,每年可同时派出2000名师范生进行感知(3月份)、理解(4月份)、应用(5月份)和总结(6月份)四阶段教育实习,将理论学习与实践学习深度结合,全方位培养师范生的专业能力。[②]

三、中国师范生专业发展研究

师范生专业发展是系统描述师范生通过专业学科和专业知识的学习,获得包括专业知识、专业技能和从事教育职业所需具备的道德情感的过程。欧盟发布的《欧洲教师素养及资格的共同标准》(Common European Principles for Teacher Competences and Qualifications)提出,教师应具备与他人合作,充分运用知识、技术和信息,以及紧密联系社会的能力。[③]我国于2021年印发各学段教育专业师范生教师职业能力标准(试行),从师德践行能力、教学实践能力、综合育人能力以及自主发展能力4个方面对师范生专业发展予以规定。从文献角度来看,国内外基本上从信念养成、师德修养、学习投入3个方面对师范生专业发展进行了

---

① 吴薇,杨艳红. 立德树人:书院制下师范生养成教育的探索与实践——以华东师范大学孟宪承书院为例[J]. 教师教育研究,2016,28(5):7-11.

② 东北师范大学. 教师教育创新东北实验区[EB/OL]. [2024-04-30]. https://www.nenu.edu.cn/jyjx/bksjy/jsjycxsyq.htm

③ European Commission. Common European Principles for Teacher Competences and Qualifications[Z]. Brussels:European Council,2005.

研究。

（一）师范生从教信念养成

师范生从教信念与师范生自我发展紧密相关，与教师队伍建设质量紧密相关。有研究显示，师范生是否具有从教动机会在一定程度上影响基础教育的教师供给[1]，因此，培育师范生正确的从教信念，强化师范生从教动机是师范教育的关键任务。师范生从教信念主要由师范生职业愿景和师范生角色认同两方面构成。

1. 师范生职业愿景

师范生职业愿景是师范生对未来职业的期望和设想，这些愿景通常基于师范生的个人兴趣、价值观和职业发展目标，是他们对于教育事业的理想追求和美好期待。一般认为，师范生职业愿景包含职业目标、职业期望和职业规划3个基本维度。一项针对"卓越幼儿教师培养计划"项目的S大学28名师范生的调查发现，不同年级的卓越师范生自我愿景发展的阶段存在不同的特征及潜在问题，这些问题主要源于他们认知困顿、经验缺乏及理论与现实脱节，因此，厘清自我愿景、关注教学实践、创新培养机制、促进师范生自我愿景的提升是急迫且必要的。[2]同时，师范生职业愿景也会影响师范生从教意愿的发展。从教意愿是个体是否愿意从事教师职业的一种主观倾向，是个体对教师专业认知或职业认同显性的、综合的表现形态。[3]江苏省大范围调查发现，师资满意度、教学实践基地满意度、教师指导频率、专业技能实训平台满意度、教学评估有效性等五大因素对师范生从教意愿存在显著正向影响，师范生从教意愿总体较高，理科、男生及低年级师范生从教意愿相对更高。[4]但并非所有调查结果均趋于一致。一项针对浙江、江西"00后"师范生乡村从教意愿的调查发现，我国"00后"师范生的乡村从教意愿整体偏低，其中男师范生、非农村家庭师范生、重点高校师范生的乡村从教意愿显著偏低。[5]因此，加强师范生理想信念与教育情怀培养，强化师范

---

[1] Lin E, Shi Q, Wang J, et al. Initial motivations for teaching: Comparison between preservice teachers in the United States and China[J]. Asia-Pacific Journal of Teacher Education, 2012, 40（3）: 227-248.

[2] 贺敬雯, 付媛媛, 郑美佳. 卓越师范生的自我愿景: 特征、问题与建议[J]. 延边大学学报（社会科学版）, 2022, 55（1）: 108-116, 143-144.

[3] 蒋亦华. 本科院校小学教育专业学生从教意愿的调查研究[J]. 教师教育研究, 2008（6）: 62-67.

[4] 许慧, 黄建平, 张程晨. 师范生从教意愿影响因素的确立和实证分析[J]. 中国高等教育, 2022（23）: 49-51.

[5] 刘佳, 方兴. "00后"师范生的乡村从教意愿与政策改进[J]. 当代青年研究, 2021（3）: 45-51.

生培养质量是必要的。①

2. 师范生角色认同

师范生角色认同是师范生对专业自我的建构过程，是师范生发自内心地对成为教师的学习过程及未来使命的内在价值与情感体验的判断和认可。②它既包含对自我身份的认同，也包含对未来职业的认同，是一个复合型概念。前者指向师范生对自我身份的认可，后者指向师范生对教师职业的正确认识。

从师范生对自我身份认同的角度来看，师范生身份认同是一个在自身利益和外部环境的综合考虑中做出认同方式的选择过程。③既有访谈研究发现，免费师范生的身份认同大体经历了个体认知、社会比较、群体认同3个阶段。影响免费师范生身份认同的因素主要包含国家政策的不确定性、责任与义务构成因素的担忧以及人生规划的限制3方面。④对500名师范生的问卷调查发现，师范生教师身份认同总体水平不高，女生的教师身份认同明显好于男生；体艺专业师范生好于文、理科生；大一、大四师范生好于大二、大三师范生。⑤因此，提升师范生身份认同可以从入学与培养两方面入手，入学选择要强调自主性并尊重学生的自愿性，培养过程要注重促进原生自主性转化。⑥

从师范生对未来职业认同角度来看，师范生职业认同是指师范生对将要从事的教师职业和目前自身师范生身份的感知与体验，职业认识、职业行为倾向、职业价值观、职业意志和职业期望会影响师范生职业认同感的生成，家庭、社会和学校对职前教师的职业认同都存在较大影响。对1510名师范生数据的交叉证实和二测、三测数据的再验证显示，师范生职业认同最优结构为"二阶二因子一阶四因子"模型，由"职业价值观"（内在价值观、外在价值观）和"职业归属感"（角色接纳、从教承诺）构成。⑦一项针对"90后"师范生职业认同感的调查显示，"90后"小学教育专业本科生教师的职业认同感总体水平比其他师范

---

① 刘伟，李琼. 为何从教：公费师范生与非公费师范生从教动机的多组潜类别分析[J]. 中国高教研究，2022（10）：61-67.
② 赵明仁. 先赋认同、结构性认同与建构性认同——"师范生"身份认同探析[J]. 教育研究，2013，34（6）：78-85.
③ 林一钢，冯虹. 师范生教师身份认同危机及其原因探析[J]. 全球教育展望，2011，40（8）：34-38.
④ 石艳. 免费师范生身份认同研究——基于对某师范大学招收的第一批免费师范生的调查[J]. 教育发展研究，2010，30（4）：46-51.
⑤ 林一钢，冯虹. 师范生教师身份认同的实证研究[J]. 教育发展研究，2013，33（10）：78-82.
⑥ 刘铖，陈鹏. 寻求"位育"的"辩证法"——乡村定向师范生的"身份—能动性"探究[J]. 教师教育研究，2022，34（6）：76-82.
⑦ 吴晓玮，张华玲，姚琼，等. 师范生职业认同多维结构的初步效验——基于现代效度理论的视角[J]. 教师教育研究，2021，33（4）：60-67.

高，不同年级、性别、地区学生的教师职业认同存在显著差异，且教师家庭与"90后"小学教育专业本科生的教师职业认同感呈负相关。因此，提升师范生职业认同感应统筹管理规划，完善师范生培养体系；优化课程设置，增强师范生技能实践；落实相关政策，促进师范生专业发展。

（二）师范生师德修养

我国师范生专业能力标准将师德践行能力作为师范生首要素养，强调遵守师德规范、涵养教育情怀在师范生师德践行过程中的关键性作用。当前研究对师范生师德的探讨主要集中在师范生师德内涵厘清、师范生师德养成困境以及师范生师德提升路径三方面。

1. 师范生师德内涵厘清

学界一般将师德定义为"教师在从事教育劳动过程中形成的比较稳定的道德观念、行为规范和道德品质的总和，它是调节教师与他人、与集体及社会相互关系的行为准则，是一定社会对教师职业行为的基本要求与概括"[1]。但师范生具有学生与准教育者的双重身份[2]，导致师范生师德与传统意义师德之间有所区别。研究指出，师范生与在职教师不同，他们的"职业生涯"主要局限于教育实习期，在此期间，他们的师德才由潜在的品质转化为现实的品质，但是仍不具有长期性、一贯性与可靠性。[3]因而，师范教育阶段师德培养在师范生心中种下师德师爱的种子[4]，充分激发他们包括师德理想、师德观念和师德价值等在内的师德意识与师德情感[5]，以唤醒未来师德自觉、涵养教育情怀。

2. 师范生师德养成困境

一项关于师范生师德的调查研究显示，大三年级师范生在教师角色认知、关爱学生、认真对待教学、尊重学生等方面的师德意识发展水平高于大一年级师范生，且大三年级师范生已经开始对教师-自身、教师-学生、教师-教育事业、教

---

[1] 梁宏亮, 艾美伶. 专业认证视域下师范生师德培育的生成逻辑、现实审思和实践进路[J]. 教师教育研究, 2023, 35（2）: 15-21.
[2] 毋靖雨. 论高校师范生师德教育全程全方位模式的构建[J]. 学校党建与思想教育, 2019（6）: 40-41.
[3] 刘华, 戴岭. 师范生师德定量评价与影响因素分析[J]. 教育发展研究, 2022, 42（Z2）: 39-45.
[4] 王婧馨, 康秀云. 新时代师范生师德教育：价值意蕴、目标指向及实践路径[J]. 现代教育管理, 2021（10）: 71-76.
[5] 刘志礼, 韩晶晶. 新时代高校师德师风建设：内含意蕴、现实困境及破解之道[J]. 现代教育管理, 2020（9）: 67-73.

师–他人4个方面的道德关系产生了认识。①综合来看，当前师范生师德践行能力困境主要来自外部环境、自我信念与制度建设3个方面。首先，外部环境对师范生师德提升的钳制主要体现为教育措施有效性不足。一方面，师范生师德培养教师自身师德素养不高，不能贴近师范生的思想、专业和生活实际并为其提供有效性指导②；另一方面，师范生师德教育方式实效性不足，灌输式师德教育忽视了师范生内在需要，也无法掌握师德教育实际成效③。其次，师范生自我信念不足限制了师德发展。师范生自我信念对师德发展的限制主要体现在求职与就业过程中呈现出"寻职"心态大于"爱岗"、"反转"心态大于"反哺"以及"求新"心态大于"育人"的三重失衡。④最后，师范生师德培养缺乏必要的制度建设。我国师范生师德培养制度肇端于晚清师范学堂，制度化于1902年的壬寅学制⑤，目前我国师范生师德教育制度建设仍需在加强制度保障、提升制度可操作化程度和建立考核标准三方面持续发力。

3. 师范生师德提升路径

师范生师德提升路径主要包含模式变革和自我修养提升两个基本方面。首先，师范生师德提升依赖高质量的师德教育模式变革。根据师范生身份角色的双重性特征，有学者设计了全程、全方位的师范生师德培育模式，强调互联"同向型"师德课堂，实现思政教育与师德教育全方位互联；构建"耦合型"师生共同体，推动榜样力量与内生力全程互动；构筑"协同型"育人平台，坚持师德理念与教育模式互融。⑥其次，师范生师德提升依靠自我修养提升。师范生个人师德内化要依靠深化四有标准、固化师德文化、强化师德实践三方面协同发力⑦，将抽象的道德原则和准则具体化、可操作化、持续化⑧。

（三）师范生学习投入

师范生作为兼具学生与预备教师双重身份的个体，学习投入直接影响其学习

---

① 毋靖雨，张辉蓉. 上蕴联想测评法在高校师范生师德意识测评中的应用研究[J]. 江西师范大学学报（哲学社会科学版），2021，54（4）：103-114.
② 崔益军，张剑峰. 高校师范生师德内化探论[J]. 黑龙江高教研究，2016（10）：65-67.
③ 孙晨. 新时代师范生师德教育的现实问题与实践理路[J]. 学校党建与思想教育，2023（10）：48-50.
④ 张迪. 新时代师范生师德教育问题与反思[J]. 学校党建与思想教育，2018（16）：44-46.
⑤ 牛君霞. 师范生师德培养制度的历史演进——基于近代学制的视角[J]. 四川师范大学学报（社会科学版），2022，49（5）：132-139.
⑥ 毋靖雨. 论高校师范生师德教育全程全方位模式的构建[J]. 学校党建与思想教育，2019（6）：40-41.
⑦ 崔益军，张剑峰. 高校师范生师德内化探论[J]. 黑龙江高教研究，2016（10）：65-67.
⑧ 王婧馨，康秀云. 新时代师范生师德教育：价值意蕴、目标指向及实践路径[J]. 现代教育管理，2021（10）：71-76.

质量。从概念角度来看，学习投入是指学生在开始和执行学习活动时在行为上的卷入程度和情感上的体验质量[1]，反映了学生在学习过程中认知、情感以及精力方面付出努力的程度。于师范生发展而言，学习投入与专业知识增长和教学技能提升紧密相关，而师范生对二者学习投入的差异直接导致了师范生专业素养发展不均衡的现实困境。一项针对全国12所高等师范院校师范生核心素养培养状况的调查研究发现，高等师范院校师范生"学会教学"素养发展不平衡，"学会育人"素养发展不足，"学会发展"素养水平较低。[2]为平衡师范生专业素养发展，填补师范生理论与实践之间的鸿沟，应进行基于学业投入视角的师范生学习与教学研究，主要包含师范生学业学习、教学实践及智能教育素养研究3个方面。

1. 师范生学业学习研究

师范生首先具备学生身份，因此学习是其关键任务，学业投入是专业发展的重要保障。师范生专业学习按照学习内容可分为专业课程学习和教育知识学习，按照学习自主性可分为自主学习与非自主学习，按照学习形式可分为知识学习和实践学习。学习能力被视为师范生专业能力之一，其核心体现便是学业表现。一项针对公费师范本科生学业表现的调查显示，公费师范生大学期间的总体学业表现比其他专业类别的学生表现更好，这一优势主要来源于大一，公费师范生在大二和大三学年的成绩略低于其他专业的学生，但在师资课、选修课和通识课方面的学业表现更好，而在专业课方面的学业表现相对较差。[3]该数据在一定程度上反映了师范生学习投入的现状，使学界重新重视师范生在专业学习和学习能力提升方面的表现，如何突破现有困境以提升师范生学业表现和学习投入度，成为学界亟待解决问题。提升师范生学业质量的路径一般有两种：第一类是进行系统性顶层设计，通过一体化教育促进师范生学习能力提升。浙江师范大学通过强化顶层设计和愿景规划、组织结构情境化、学习方式与指导方式双元化及评价方式综合化的"121式改革"，使学业"相对落后"的2021级小学教育专业学生后来居上[4]。第二类是借助新型教育理念和教育技术，促进师范生自主发展和提高学习投入度，以提升学业水平。有研究团队构建了以智慧学习空间支持的师范生自我

---

[1] Schaufeli W B, Martinez I M, Pinto A M, et al. Burnout and engagement in university students: A cross-national study[J]. Journal of Cross-cultural Psychology, 2002, 33（5）：464-481.

[2] 崔宝华，周常稳. 师范类专业认证视域下高师院校师范生核心素养培育的实践困囿及纾解之策——基于全国12所师范院校的数据分析[J]. 教育科学，2023，39（2）：56-63.

[3] 张新亮，石艳，郑琦，等. 公费师范生学业表现的实证研究——基于某部属师范大学的行政数据[J]. 教育学报，2023，19（1）：165-181.

[4] 张天雪. 如何让"差生"走向"卓越"——"三位一体"小教师范生养成的个案研究[J]. 教师教育研究，2016，28（6）：44-49.

导向学习模式，并开展了 18 周的跟踪研究，结果显示，自我导向学习整体提升了学生的学业成绩，尤其是对低自主学习水平者的学业成绩和自主学习能力的提升效果更明显。[1]

2. 师范生教学实践研究

师范生教学实践能力是师范生成为人师的关键，是师范生从学生身份转换为教师身份的必要保证。澳大利亚教学与学校领导协会（Australian Institute for Teaching and School Leadership，AITSL）将教学实践能力认定为教师专业发展的首要条件[2]，将教学视为不可替代的专业[3]。但是这一论断也遭到一部分学者的质疑，他们认为"教"不可教，并表现为有些教师无须受教而会"教"，甚至比受教的教师更会"教"；大多数受教的教师确实会"教"，但难说是受教的结果[4]，以此质疑教学实践能力培养的有效性问题。反对这一论断的学者则认为教与"教"既相互区别，又相互联系，不能因为教对"教"作用的延时性、综合性、错位性等特点而否认教对"教"的直接作用。[5]但从根本上讲，"能教"与"不能教"的争论关键在于师范教育以及师范生学习投入是否对师范生教学实践能力有明显的提升作用。对某师范类本科院校 400 名教育实习本科生的调查发现，当学生上课次数超过 10 次时，有教师指导的教育实习能够大幅度提高学生的教学技能水平[6]，因此，实证研究证明"教"亦可教。从师范生教学实践能力来源角度来看，师范生教育实践能力主要来自教学知识[7]、见习和实习过程[8]。首先，教学知识是师范生专业发展的基础。一项对全国 2236 名师范生的调查显示，师范生教学知识发展现状是教学知识来源和教学知识增长的多重因素"一体两面、共同

---

[1] 李小娟，刘清堂，王姣阳，等. 智慧学习空间中师范生自我导向学习实证研究[J]. 现代教育技术，2022，32（1）：54-63.

[2] 张欣亮，童玲红. 课堂教学表现性评价的行动审思：澳大利亚师范生从教能力测评的特色透析[J]. 教育发展研究，2021，41（9）：44-55.

[3] Australian Institute for Teaching and School Leadership. National System for the Accreditation of Preservice Teacher Education Programs：Proposal for Consultation[EB/OL].（2013-12-25）（2023-06-27）. http://www.aitsl.edu.au/docs/default-source/default-document-library/aitsl_preservice_consultation_report.

[4] 王加强. "教"可教吗？——教师教育理论前提的哲学反思[J]. 教育学报，2012，8（5）：37-43.

[5] 张恩德. 再论"教"可教吗？——兼论我国教师教育理论课程的历史使命[J]. 教育科学研究，2022（2）：85-91.

[6] 侯冬青. 高校转型背景下师范生教学技能提升的实证研究[J]. 西北师范大学报（社会科学版），2016，53（6）：109-114.

[7] 姚元锦，朱德全. 师范生教学知识自觉：表征、尺度与路向[J]. 西南大学学报（社会科学版），2018，44（3）：95-102.

[8] 张锐，毛耀忠，杨敏，等. 数学师范生教学实践性知识的形成和发展研究[J]. 数学教育学报，2016，25（1）：80-83.

作用"的结果，其中师范生的理论学习、教师教育课程设计等对师范生教学的影响力最大。[1]其次，见习和实习是师范生教学实践能力提升至关重要的一环。[2]一项以英语师范生为研究对象的定性研究显示，师范生经过教育见习后对教师工作、教师专业能力、教师身份、教育理念、师生关系及教学方式方法等有了更加新的、深刻的理解。[3]因此，促进师范生教学实践能力提升应当从拓展以项目制为形式的发展框架，开辟以"揭榜挂帅"方式汇集优质高校开展同频培养，突出多元化、跨学科、综合性的教学内容和思考等方面展开。[4]

3. 师范生智能教育素养研究

随着数字化时代的到来，技术革命与教育结合越发紧密。教育部办公厅于2018年印发《关于开展人工智能助推教师队伍建设行动试点工作的通知》，提出，实行智能教育素养提升行动，智能教育素养成为师范生发展必需素养之一。关于智能教育素养，目前尚未形成一致性定义，研究者或将其定义为智能时代教师开展符合伦理道德的人机协同教学工作的能力、思维和品质[5]，或将其定义为支撑教师在人工智能时代教育教学实践和专业发展的知识、能力、态度与伦理的集合[6]。进一步研究则指出，针对师范生这一群体，智能教育素养还要考虑师范生角色的特殊性，不仅要满足其未来教育教学工作的需要，也要符合师范类专业认证的毕业要求及学生核心素养的培养需求。[7]无论是教师智能教育素养还是师范生智能教育素养，知识、能力、思维、伦理是其共同性要素，师范生则补充了智能学习素养这一要素。一项针对湖北省师范生的智能教育素养调查显示，师范生的整体智能教育素养处于中等水平，有强烈的学习人工智能基本知识与前沿技术的需要。[8]在师范生智能素养教育领域，师范生整合技术的学科教学知识（technological pedagogical content knowledge，TPACK）是研究重点，师范生

---

[1] 姚元锦，朱德全. 师范生教学知识发展的影响因素分析：框架与实证[J]. 湖南师范大学教育科学学报，2018，17（2）：37-47.

[2] 李政云. 论师范生教育实习能力标准构建——以宾夕法尼亚州为例[J]. 湖南师范大学教育科学学报，2019，18（6）：85-91.

[3] 刘蕴秋，邹为诚. 教育见习课程对职前英语教师专业发展影响探究[J]. 全球教育展望，2012，41（8）：88-96.

[4] 陈志伟，孙春燕，国兆亮. 创新现代师范人才培养的实践：德国教师教育质量行动研究[J]. 大学教育科学，2023（3）：96-107.

[5] 郭炯，郝建江. 智能时代的教师角色定位及素养框架[J]. 中国电化教育，2021（6）：121-127.

[6] 刘斌. 人工智能时代教师的智能教育素养探究[J]. 现代教育技术，2020，30（11）：12-18.

[7] 王润兰，李梦雪. 师范生智能教育素养：框架构建、现状调查与培养路径[J]. 中国电化教育，2023（3）：120-126.

[8] 王润兰，李梦雪. 师范生智能教育素养：框架构建、现状调查与培养路径[J]. 中国电化教育，2023（3）：120-126.

TPACK 水平会影响和制约其信息技术应用能力的发展,是教师使用技术进行有效教学的基础。[1]与传统学科教学知识(pedagogical content knowledge,PCK)强调从学生立场出发实现知识转化[2]有所区别,师范生 TPACK 更加强调技术知识、教学法知识和学科内容知识的整合[3]。对江苏、浙江、上海 7 所高等院校大四师范生进行的问卷调查发现,技术感知、教学信念、学科教学法知识与 TPACK 均有相关性,是重要的中介变量。[4]另一项针对全国 463 位免费师范生的调查显示,二维整合知识(technological content knowledge,TCK;technological pedagogical knowledge,TPK)和单一维度知识(content knowledge,CK;technological knowledge,TK;pedagogical knowledge,PK)均对 TPACK 水平存在显著贡献。[5]对全国不同本科院校师范类专业学生进行的问卷调查发现,我国师范生的 TPACK 理论认识欠缺,TPACK 知识不足,整体信息技术能力处于中等水平,理科师范生的 TPACK 知识、信息技术能力优于文科师范生。[6]因此,未来师范生培养应重新定位师范生培养目标,优化课程设置,完善教师教育类课程,创新师范生培养方式,改革师范生评价方式。[7]

四、中国师范生研究成就明晰

自 1998 年《比较教育研究》发表第一篇关于提高师范生教育质量论文以来,师范生政策体制改革、培养体系建设、培养模式变革、专业能力提升等内容就成为中国师范生研究重点。发展至今,师范生研究取得阶段性成就,研究主题多样化、研究方法科学化、研究内容体系化是这一领域的核心特征。

(一)中国师范生研究主题多样化

中国师范生研究主题呈现出一定的丰富性。随着研究的逐渐深入,学者对师

---

[1] Mishra P, Koehler M. Technological pedagogical content knowledge: A framework for teacher knowledge[J]. Teachers College Record, 2006, 108(6): 1017-1054.
[2] 李伟胜. 学科教学知识(PCK)的核心因素及其对教师教育的启示[J]. 教师教育研究, 2009, 21(2): 33-38.
[3] 段元美, 闫志明, 俞树煜. 大四师范生 TPACK 构成机制研究[J]. 教师教育研究, 2016, 28(6): 50-58.
[4] 赵磊磊, 何灶. 教学信念、技术感知如何影响师范生 TPACK——基于江浙沪七所高等院校的调查研究[J]. 现代远距离教育, 2020(4): 43-50.
[5] 董艳, 桑国元, 蔡敬新. 师范生 TPACK 知识的实证研究[J]. 教师教育研究, 2014, 26(3): 36-43.
[6] 唐淑红, 蒋馨初. 基于 TPACK 理论的师范生信息技术应用能力探究[J]. 教育研究与实验, 2020(3): 71-75.
[7] 马晓玲, 李柱, 禹娟娟. 以教师整合性知识框架优化师范生培养改革[J]. 高教发展与评估, 2023, 39(1): 43-51, 120.

范生的关注不仅局限在师范生群体内部，而且将更多的利益主体纳入其研究视阈之中，注重师范生研究在促进中国式现代化教育体系建立过程中的关键性作用，关注新时代师范生自我发展新需要、社会和人民对师范生的新要求。

1. 关注新时代师范生自我发展新需要

从学界关心的研究主题来看，师范生自我发展需要是该领域研究的重点之一。这一主题研究关注师范生这一群体作为学生与预备教师双重身份的特殊性，集中关切师范生个人需要在其培养过程中的满足情况。这类研究主要从两条基本脉络展开。第一，关注兼具学生与教师双重身份的师范生自身素养提升需要。这类研究集中论述师范生角色特殊性，强调师范生在学习过程中对道德提升、知识增长、能力培养等方面的关键需要，探索师范生个体如何构建身份认同[1]、生成教育素养并指导自我发展。第二，关注作为未来教师的现实需要。这类研究首先探讨了"何种特质的学生就读师范专业"[2]这一前提性问题，进而引申出对师范生专业选择意愿[3]、师范生眼中好教师形象[4]等问题的探讨，明确师范生由学生走向教师职业时所需要的现实基础和理想样态。关注新时代师范生自我发展新需要的研究从师范生自我认知和职业认知角度生发，描绘出了师范生发展的现实需求与提升路径。

2. 关注社会和人民对师范生的新要求

教育始终与社会发展紧密相连，师范教育更是促进社会进步与发展的必要保证。新时代，我国社会的主要矛盾发生根本性转变，社会和人民对师范生培养也提出了新要求。立足于这一历史使命，我国师范生研究将视野从师范生个人需要扩充到社会和人民需要，探讨师范教育如何在新的历史背景下发生更为深刻的变革。这类研究呈现出三条基本研究脉络。第一，师范生培养关联我国基础教育优质均衡发展。这类研究发现，我国城市与农村、东部与西部师资分布不均等问题逐渐成为影响我国教育公平发展和教育高质量发展的痛点与难点。[5]因此，高等

---

[1] 许悦婷，谷红丽，刘晓斌，等. 英语师范生在教育精准帮扶活动中的教师身份认同构建研究[J]. 中国外语，2023，20（3）：87-96.

[2] 王伟宜，谢德胜. 谁在就读大学里的师范专业——基于1982—2019年师范生性别和城乡来源的考察[J]. 华南师范大学学报（社会科学版），2023（1）：38-47，205.

[3] 吴秋翔，林翌甲，宫顧韵. 为何选择师范教育专业？——基于县域高中毕业生大学专业选择的实证研究[J]. 中国高教研究，2022（12）：51-58.

[4] 李树培，叶嘉妮. 师范生眼中的"四有"好老师特质分析——基于学徒观察视角的质性研究[J]. 全球教育展望，2022，51（12）：62-73.

[5] 周赛君. 师范教育共同体建设的价值内涵及实施路径[J]. 现代教育管理，2023（4）：77-86.

教育要促进师范生队伍扩容提质，培养担当民族复兴大任的大国良师，为高质量教育发展提供强有力的专业支持和师资保障。[1]第二，师范生培养回应了基础教育学校的新要求。这类研究将视野聚焦到中观学校层面，集中探讨师范教育与中小学需要有效衔接的问题，以需求为导向，深入剖析师范生培养目的、培养方式以及所具备的能力与中小学匹配性的问题[2]，强调师范教育要准确研判经济发展趋势和社会发展态势[3]，明确师范生培养的适用性和局限性[4]，做到从学校中来并回到学校中去。第三，师范生培养关注师范教育政策的导向作用。这类研究关注师范教育政策对我国师范生培养目标的框定和基本构想，研究者从政策文本出发，集中探讨政策的设定初衷、实施效果、改进策略等，并逐渐将视野从国家层面的师范教育政策转向地方层面的师范教育政策，构筑由国家到地方、由文本到实效的全过程研究路径，为师范教育政策发展奠定了坚实的学理基础。

（二）中国师范生研究方法科学化

从研究方法的角度来看，师范生研究呈现出高度科学化的特征，即研究方法使用科学，研究对象选取得当，研究样本选取适中，结论值得借鉴。

1. 大数据、客观性的量化研究

量化研究的方法在中国师范生研究中占据较大比例，这类研究所关注的问题较为具体，所得出的结论具有很高的推广性和迁移性。以量化研究方法开展的研究主要包含两类。第一，对师范生发展现状进行大范围实证调查，进而提出有针对性的提升路径建议。例如，针对公费师范生在公众话语中可能存在的"高开低走"现象，研究者基于对某部属师范大学25万余条本科生课程数据进行的分析发现，公费师范生与其他类别学生在学业表现上存在差异。[5]第二，对影响师范生发展的相关因素进行分析，通过发现中介变量来促进师范生发展。例如，研究者对8所师范高校3371名师范生的职业使命感与学习投入进行分析后发现，职业认同和心理资本在职业使命感促进学习投入方面具有中介作用[6]，从而为后续

---

[1] 陈时见，李培彤. 师范大学：时代命题及其主张[J]. 教育研究，2023，44（3）：151-159.
[2] 王文进，何小娅. 需求导向的定向师范生培养研究[J]. 中国高等教育，2022（21）：48-50.
[3] 孙浩，扈庆平. 地方师范院校实现教育振兴乡村的路径探索[J]. 中国高等教育，2022（19）：47-49.
[4] 刘善槐，朱秀红，赵垣. 乡村振兴背景下乡村教师补充机制研究[J]. 中国电化教育，2022（10）：20-26，46.
[5] 张新亮，石艳，郑琦，等. 公费师范生学业表现的实证研究——基于某部属师范大学的行政数据[J]. 教育学报，2023，19（1）：165-181.
[6] 袁琳，郑家福，侯永青. 师范生职业使命感对学习投入的影响：职业认同的中介作用和心理资本的调节作用[J]. 西南大学学报（社会科学版），2022，48（6）：218-227.

提升师范生学习投入提供了有力参考。

２．针对性、具体性的质性研究

质性研究关注师范生在成长过程中的自我建构以及职业认同问题，这类研究所关注的问题多与师范生情感变化、心理发展紧密相关，所得出的结论具有高度的针对性和个体性特征。质性研究主要关注的问题有二。第一，师范生如何看待自我。这一主题采用深度访谈、叙事研究等方法集中阐述师范生自我认同问题，展现师范生在由学生向教师转变过程中的心路历程。例如，针对学前教育专业师范生的扎根理论研究显示，学前教育专业师范生在实习中受制于非正式、临时性教师的特殊身份，容易陷入"忠于儿童"还是"忠于权威"的伦理困境之中，这种伦理困境经历侵蚀着师范生的伦理信念和从业热情。[①]第二，师范生如何看待教师职业。这一主题关注师范生在接受教育过程中对教师职业的认识过程，强调师范生个体对未来所从事行业的感性认识。例如，基于师范生教育传记分析的研究通过分析师范生与自己心目中"好教师"互动的情感事件，进而深刻描绘出师范生在向"好教师"形象靠拢过程中所采取的情感策略与驱动机制。[②]

３．可操作、可迁移的比较研究

比较研究主要关注域外师范教育（职前教师培养）经验，尤为关注域外宏观制度层面的师范生教育经验，通过对域外师范教育的分析以探索其优长，供我国师范生培养参考。该类研究关注的问题多而杂。首先，探索研究师范生录取考核制度创新。例如，美国大学教育学院师范生录取强调认知考核[③]与非认知考核相结合的考核制度[④]。其次，总结师范生教育课程改革动向。例如，以芬兰教师教育课程改革为参考，建立课程结构动态机制、优化联培机制等。[⑤]最后，关注师范生公费教育政策保障机制研究。例如，新加坡通过组建战略规划与学术质量

[①] 李园园，李昕莞，鄢超云．学前教育专业师范生实习伦理困境：基于扎根理论的研究[J]．教师教育研究，2021, 33（3）：104-110.

[②] 艾诗根．"好教师"的情感调节策略探析——基于师范生教育传记的考察[J]．教育发展研究，2022, 42（18）：55-62.

[③] Heinz M. Tomorrow's teachers-selecting the best: An exploration of the quality rationale behind academic and experiential selection criteria for initial teacher education programmes[J]. Educational Assessment Evaluation and Accountability, 2013, 25（2）：93-114.

[④] 周钧，邹学红．师范生录取考核制度研究——以美国大学教育学院为例[J]．外国教育研究，2021, 48（9）：98-112.

[⑤] 曲铁华，杨洋．论芬兰的教师教育课程改革及其启示[J]．四川师范大学学报（社会科学版），2022, 49（6）：159-168.

（Strategic Planning and Academic Quality，SPAQ）办公室①，实现质量保障与组织战略协同整合②。总体而言，此类研究为我国师范生教育改革引入了国际视野与域外经验，保证我国师范教育改革既立足于中国现实又与国际紧密相连。

（三）中国师范生研究内容体系化

中国师范生研究成果数量日益增长，研究视角、对象、方法的多样化扎实推动中国师范生研究建立起完整的研究体系。同时，随着研究的深入和方法的科学化，中国师范生研究逐渐凝练出适合中国本土发展的特色化研究路径。

1. 多层次探索共同架构中国师范生研究框架

中国师范生研究始终坚持着"关注社会发展与关心个人成长"相互协调的"宏观-中观-微观"一体化研究体系，在持续推进中国师范生群体融入教育实践的同时，做到为师范生群体发声，关心师范生成长需要和个人价值实现。首先，中国师范生研究关注师范生群体在推动中国社会发展方面的重要意义，建立起中国师范生研究的宏观模式。这类研究以教育社会学为理论底色，详细论述了师范生在促进中国社会发展，尤其突出师范生群体在推进中国教师队伍建设③、促进中国教育高质量发展④、破解中国农村教育困境⑤等方面具有独特贡献。其次，中国师范生研究关注师范生培养院校建设问题，建立起中国师范生研究的中观模式。这类研究通过组织行为学、社会学、教育学等理论视野，集中分析和批判当前师范生培养院校"师范性"与"学术性"、"理论性"与"技能性"争锋的问题，强调师范院校要明晰师范的概念性前提⑥，走出正确的发展道路。最后，中国师范生研究关注师范生个体情感态度、知识技能对其专业化发展的促进作用，建立起中国师范生研究的微观模式。这类研究以心理学、教育学先进研究成果为理论基础，以国内外科学量表、访谈提纲为研究工具，探讨了师范生个体特质之

---

① 王晓芳，周钧，孔祥渊. 新加坡师范生公费教育内部质量保障机制探究[J]. 外国教育研究，2019，46（8）：97-115.
② Boyle P, Bowden J A. Educational quality assurance in universities: An enhanced model[J]. Assessment & Evaluation in Higher Education，1997，22（2）：111-121.
③ 黄嘉莉. 21世纪以来中国教师队伍建设演进的政策文本分析[J]. 西北师大学报（社会科学版），2023，60（3）：69-78.
④ 杜文静，张茂聪. "新师范"建设的时代意蕴、现实张力与路径选择[J]. 山东师范大学学报（社会科学版），2022，67（3）：85-93.
⑤ 容中逵，杜薇. 乡村教师难以稳定供给的系统辨症与诊断施疗——兼论以师范生分配为主体的乡村教师供给问题[J]. 中国教育学刊，2023（6）：55-60.
⑥ 张艳国. 师范教育究竟是个什么"范"[J]. 华中师范大学学报（人文社会科学版），2023，62（3）：170-178.

于其专业发展的正负向作用，尤其突出了师范生家庭情况、学业成绩、政策倾向性、个人特质等因素对其职业认同、从教意愿等方面的影响。

2. 多路径探索激发中国特色师范生培养模式创新

师范生研究始终与我国教育问题同频共振，并建立起一条"立足乡村，辐射全国"的师范生培养研究路径。首先，师范生培养模式研究强调本土问题导向，以乡村教师短缺、师范生乡村教育情怀缺失、从教信念不足等一系列现实问题为驱动，探索新时代师范生培养路径。其次，师范生培养研究着力探索中国农村教师队伍建设问题，就长期存在的师范生"上得去、下不来"的问题、乡村教师专业化水平不足的问题提出了重构师范生适应乡村从教的课程体系、探索设置乡村教育专业、强化制度保障等建议[1]，发展出中国特色解决思路。最后，师范生研究形成了具有中国特色的师范生培养模式，加强部属师范大学在师范生培养过程中的模式创新研究，强化部属师范大学与地方师范院校协同提质机制创新研究，明晰各方主体职责，探索出一条中国式师范教育共同体建设[2]新道路。

五、中国师范生研究局限审视

至如今，师范生研究领域各类主题的研究都已得到长足的发展，科学化研究、本土化研究已然成为这一领域研究的突出特点。但通过对文献的深入分析发现，师范生的研究仍存在研究空间日益逼仄、研究结论尚未脱离经验范畴和缺乏大范围系统性调查研究的现实局限。

（一）研究空间日益逼仄

中国师范生研究经过数余年的发展，形成了个体需要与社会需要协同推进的研究路向，但同时也出现了研究边际效益减弱、研究空间持续减小及同类研究重复出现倾向，这些倾向可具体概括为以下两个方面。

1. 研究主题同质化

以师范生政策研究为例，在中国知网以"师范生政策"为篇关摘，限制检索来源为"CSSCI"，检索时间为2023年6月29日，共获得文献283篇，其中与

---

[1] 戴伟芬，孙冉，徐静. 师范生迈向高质量乡村教师的路径研究[J]. 教育发展研究，2023，43（8）：29-37.
[2] 周赛君. 师范教育共同体建设的价值内涵及实施路径[J]. 现代教育管理，2023（4）：77-86.

"免费师范生政策"(或"公费师范生政策")相关的研究文献数量为181篇[①],且发文量仍呈现出增长趋势。师范生研究的同质化问题也出现在师范生培养院校、师范生个人发展等研究领域之中。从文献角度而言,造成研究主题同质化倾向的原因有二。其一,师范生研究尚未脱离政策话语范畴而形成独立的学术研究体系。师范生政策对教育事业发展的全局性影响较大,利益主体较多且存在较大可推进空间,为相关学术研究留有余地,但也限制了研究行动。其二,师范生研究主题扩展速度较慢。师范生研究出现时间较短,研究热度较高,短时间内涌入的大量研究者挤占了狭小的研究空间,研究者路径依赖严重,尚未主动扩展研究领域,因而导致单位时间内的同质性研究不断凸显。

2. 同一主题重复验证

师范生研究的同质化问题还表现为对同一主题的重复验证。以"师范生从教动机"这一核心概念研究为例,大量的研究者关注作为因变量的师范生从教动机研究的重要性,进而寻找自变量、因变量变体和中介变量来论证师范生从教动机问题,反复验证师范生从教动机不足或受某一因素影响的结果,缺乏对深层原因的剖析。相似的局限也渗透在"师范院校定位"等思辨性研究之中。这类研究的主要问题有二:其一,这类研究通过改变变量得出的结论具有高度的一致性,且研究之间的差异性特征不足;其二,研究者通过更换研究对象类型进行研究,看似强化研究差异,但却得出一致结论,造成研究资源浪费。究其原因,则是因为此类研究具有较高的研究壁垒,既要求研究者具备较强的理论基础,还要求研究者具有不同学科背景或有不同学科背景的研究团队作为支撑。缺乏不同研究背景或异质性研究团队导致这类研究难以跳出固有研究视阈,尚未补充研究间的差异性特征,不足以保证研究主题的扩充与发展。

(二)研究结论尚未脱离经验范畴

由于研究同质性问题,师范生研究尚未完全脱离研究者经验范畴而上升到抽象化、普遍化、深层化理论范畴,呈现出一定的研究结论直线化与研究结果浅表化等问题。

1. 研究结论直线化

研究结论直线化是指当前师范生研究中普遍存在"就事论事"的倾向,对经

[①] 该数据仅统计篇关摘中直接含有"免费师范生""公费师范生"的文献数量,不包含以"政策满意度"等为主题的文献。

验性的、不需要科学严密论证的结果进行反复证明，最终浪费了大量研究精力与资源。当前师范生研究的直线化有两层特点：其一，师范生研究注重事实描述，缺乏本质透析。以师范生角色认同等研究为例，该类研究沿着自然科学或心理学研究路径，阐述要素间的影响类型，但尚未论述各因素如何相互影响、如何互相协同的深层次机制问题。其二，直线化的研究忽视复杂性要素间的互动关系。直线化的研究重描述、轻讨论，所凝练的结论遵照"关系间的正（负）向影响"逻辑进行表达，剔除旁系要素，控制单一变量，过分突出了某一要素的影响，忽视了主次要素间、旁系要素间的互动关系，科学性有所弱化。

2. 研究结论浅表化

研究结论的浅表化主要是指师范生研究的理论化程度不足，研究重在讨论事实表象，忽视探究深层逻辑的研究局限。研究的浅表化主要体现在：第一，师范生研究对本质性特征的揭示不足。师范生作为兼具学生身份和准教师身份的个体，其身上既承担着作为中国青年学子学习的任务，又担负着建设高质量教师队伍的重任，因此，师范生研究需要看到这种身份的复合性，凸显这种身份的复合性。但当前的研究鲜少对其双重身份都有所关注，往往基于单一身份展开论述，有所偏颇，尚未真正揭示出师范生的本质性特征。第二，师范生研究对经济、社会、文化等要素的关注度不够。师范生培养与社会发展的相关性比绝大多数专业都要紧密，但当前多数研究尤其是实证研究相对忽视了对师范生背后社会因素的探讨，忽视了师范生的实践性特征，抽离社会背景，造成理论真空。

（三）缺乏大范围系统性调查研究

中国师范生数量多、分布广、差异性大的特点导致该主题具有较高的研究难度，使得目前研究缺乏系统性联合研究和大范围对比研究。

1. 缺乏系统性联合研究

从研究问题角度来看，当前师范生研究多为对单一问题的单侧考察，缺乏必要的问题互证与联合对比研究。首先，师范生研究仍旧停留在对单一研究问题的探讨上。如前文所述，师范生研究随着研究深化而呈现出研究空间逐渐缩小的趋势，这也就要求后续研究在前人基础上持续深耕研究主题，发现不同研究问题之间的内在联系。但当前的研究明显缺乏问题间互证意识，缺乏学术间对话空间，研究者固步于自我研究领域之中，忽视了研究问题之间的互证路径。其次，当前研究缺乏联合对比研究。对比研究是把一组具有一定相似因素的不同对象置于同一研究主题之中，发现对象自身差异与不同对象行为差异原因的一种研究方法，该方法的好处在于可以直观发现相同研究问题在不同研究对象间的差异化表达。当前师范生研究领域已关注到联合对比研究的重要性，逐步涌现出一系列研究成果，并得出突破原有经验常识的研究结论，如师范生与非师范生学业表现联合对比研究[1]、师范生与非师范生从教动机联合对比研究[2]等。综合来看，师范生联合对比研究仍旧处于起步阶段，研究对象局限于我国师范生与非师范生，尚未关注到国际领域师范生与我国师范生、公费师范生与免费师范生等特殊研究对象。

2. 缺乏大范围对比研究

从研究对象数量来看，当前师范生研究多为小范围调研，缺乏必要的跨学校、跨地域、跨国别的大范围数据对比研究。首先，师范生研究样本数量较少。该领域研究重视通过调查数据来解释研究问题的实证研究路径，但受制于研究者自身研究精力和资源条件，大范围的实证调查推行面临诸多现实困境，研究样本呈现出数量相对较小、差异性不足的特点。其次，当前研究过于突出地域特色与地域共性。例如，以江苏、浙江、上海等教育发达地区师范生为样本展开的师范生技术感知能力调查[3]，虽突出江浙沪一带的师范生专业能力发展现状，但其结果相应地限制于江浙沪地区或具有同等水平的师范教育发达地区，路径创新有明显的地域特色，路径实施有明显的地域局限，难以对西北、华中等地的师范教育形成普遍性、有效性的指导。

六、中国师范生研究发展方向

数十年的中国师范生研究取得了诸多阶段性进展，并逐步形成了具有中国特色的学术研究视野和话语表达。目前，师范生研究仍旧在研究主题丰富、研究方法科学、研究范围扩大及研究视角多样等方面存在较大研究空间。未来，师范生应持续扩展研究主题、扩大研究范围、扩充研究视角，为师范生研究、师范生发展及师范生政策模式探索提供更多支持。

---

[1] 张新亮，石艳，郑琦，等. 公费师范生学业表现的实证研究——基于某部属师范大学的行政数据[J]. 教育学报，2023，19（1）：165-181.

[2] 刘伟，李琼. 为何从教：公费师范生与非公费师范生从教动机的多组潜类别分析[J]. 中国高教研究，2022（10）：61-67.

[3] 赵磊磊，何灶. 教学信念、技术感知如何影响师范生 TPACK——基于江浙沪七所高等院校的调查研究[J]. 现代远距离教育，2020（4）：43-50.

（一）扩展研究主题，强化系统性、联合性研究

师范生作为教师与学生的复合体，具有身份的多重性和任务的特殊性。对师范生的研究不能将研究对象身份割裂开来进行局部论述，而应突出师范生整体性角色。作为整体性的师范生研究，应在如下两方面持续扩展研究主题。首先，师范生研究要以系统的普遍性研究来扩展研究主题。学界要认识到师范生作为一个整体概念的系统性特征，要强化对其身份、任务、特质的不断探索，加强对本体性问题的讨论，强化师范生学生身份与准教师身份研究之间的联系，明晰师范生发展与社会发展、人民需要之间的深层关系，系统而清晰地勾勒新时代师范生的角色特点与时代要求。其次，师范生研究要以联合性研究发现特殊性，不断扩宽研究边界。师范生是具有高度能动性、能在实践中创造自我的个体，因而也就具有高度复杂性和个体性特征。未来师范生研究需在不断描述共性特征的基础上，通过对师范生多要素、多特质、多角度的联合对比研究，深化对师范生群体的认识，发现更多师范生的外延性特征和独立性特质，不断扩宽师范生研究边界，坚持共性概括与特质描述相结合的联合性研究路径，构建系统而生动的中国师范生形象素描。

（二）扩大研究范围，推进大样本、多学科研究

从研究对象角度而言，师范生这一群体具有高度的一致性特征，即都强调师德修养、教学实践、综合育人、自主发展等专业能力成长，又具有一定的特殊性，即地域差异、家庭背景差异以及个人差异。因此，师范生研究要求研究者进一步扩大研究范围，持续推进大范围调查，将更多数量和特质的师范生纳入研究范围之中，保证研究的科学性。大范围的实证研究可以从两条路径展开。第一，持续扩大调查样本数量，满足跨城乡、跨省市、多种类、多层次的研究需求。师范生研究通过扩大样本数量和合理化的抽样分层结构，可以实现结果检验与结果创新的双重研究目的，前者通过验证性调查来探索师范生研究是否存在地缘性或抽样误差，进而持续完善理论；后者通过丰富样本层次持续发现新的研究问题和研究结论。第二，持续容纳多学科研究背景的学者参与中国师范生研究，满足跨学科、跨领域、多视野、多路径的研究需求。师范生研究通过吸纳更多不同学科研究者的方式，提供更为科学的研究路径，更易于开展研究难度大、研究跨度大的混合性研究，通过多学科学者的合作研究，深入探讨当前师范生发展的核心问题及其成因，提出最为合适的解决路径，深度促进师范生队伍建设和发展。

（三）扩充研究视角，助力模式、政策持续创新

师范生作为国家高质量教师队伍建设的主要力量，担负着新时代强师、优师的历史重任。如何从学术研究角度促进师范生培养模式深度变革，保证师范生培养政策在制定过程中广泛吸纳多主体利益，在落实过程中不走空、不走样，且具有良好的反馈机制是未来研究的重点。未来师范生研究需不断扩充研究视角，助力师范生政策落实，促进师范生模式持续变革。具体而言，师范生研究视角扩充包含两方面内容。首先，扩充师范生培养模式研究的问题视角。当前对师范生培养模式的研究缺乏一种基本的问题意识，模式的变革基本沿着两条基本路径展开。一是在教育重大转折时期，对旧做法摧枯拉朽，让新事物高歌猛进[1]，以大刀阔斧之势摒弃之前培养要素，"摧毁"代替"变革"；二是直接的拿来主义，将新事物、域外做法奉为圭臬，脱离自身发展基础，将尚未经过实践检验的新模式作为指导师范生培养模式创新的标杆。二者均不能有效指导师范生培养创新。师范生研究应回归以具体问题为导向，以中国教育实践经验为基础，深入探索师范生培养模式创新。其次，师范生研究要扩充多源流探索视角，助力师范生政策落好、落实。师范生政策关系到我国师范生培养质量和未来教师队伍建设水平，因此，新时代师范生研究要扩充多源流视角，深入分析各类师范生政策制定逻辑，明确师范生政策执行机制，探索师范生政策落实路径，找到师范生政策实施过程中的痛点和堵点，深入分析问题产生原因，以学术研究助力师范生政策发展，以多方法混合研究为师范生政策提供必要支持。

---

[1] 程红艳，周金山. 顶层设计与基层探索：教育改革与学校变革关系辨析[J]. 教育研究与实验，2018（2）：57-62.

第二章
中国师范生公费教育政策演进分析：2007—2023 年

师范生作为高素质师资队伍建设的主力军和未来教育行业的中坚力量，其培养政策的发展与变革，直接关系到国家教育质量和教师队伍的整体素质。2007 年作为中国师范生免费教育的起点，为师范生的培养与发展揭开了崭新的篇章。本章重点选取 2007—2023 年，这一时间跨度见证了中国师范生政策从免费教育到公费教育、从逐步完善到创新发展的光辉历程，实现了公费师范生培养在数量和质量层面的双重提升，为教师队伍建设提质扩容、加快建设高质量教育体系奠定了坚实基础。但我国公费师范生培养仍存在政策落实简单化、政策满意度有待提升、违约数量攀升等诸多现实困境亟待解决。未来，我国公费师范生培养将更加注重质量提升、结构优化和模式创新，在政策层面，需进一步体现鲜明价值取向，不断强化人文关怀，持续重视专业发展，全面完善制度体系，逐步加强信息化保障，以此为国家教育事业注入源源不断的新鲜血液和强大动力。

一、中国师范生公费教育政策发展：特征分析

2007—2023 年，我国师范生政策经历了免费教育政策和公费教育政策两个阶段，在此期间，师范生政策体系趋于完备，制度基础设施逐步完善，实现了从"数量扩张"到"质量提升"的深度转变，成效斐然。

（一）师范生公费教育政策的历史演进

1. 师范生免费教育政策阶段（2007—2017 年）

在我国师范生教育转向全额收费后，师范类专业报考人数急剧下滑，生源质量显著下降，这一变化对我国中西部偏远地区和经济欠发达地区的师资供给造成了严重影响。由于优秀师资的匮乏，这些地区的教育发展受到制约，进而加剧了全国基础教育领域内的两极分化现象。据统计，2000 年，师范专业开始收费后，第一志愿报考师范专业的考生不足 10%。[1]面对师范生收费政策所带来的诸多不利后果，国家层面开始反思，并积极筹备新一轮政策改革，以扭转这一不利局面，推动我国教育事业的均衡与持续发展。

2007 年 5 月，为了推动师范生教育的蓬勃发展，国家颁布了具有里程碑意义的《教育部直属师范大学师范生免费教育实施办法（试行）》（简称《免费办法》）。此举标志着在 6 所部属师范大学中率先施行的师范生免费教育政策正式启动，揭开了 21 世纪师范生免费教育的新篇章。随后，国家紧锣密鼓地发布了一系列相关政策和通知，以细化和落实免费教育政策。其中包括《教育部办公厅关于做好 2007 级免费教育师范生签订协议工作的通知》《教育部办公厅关于安排 2007 年师范生免费教育经费的通知》等，确保了政策的顺利实施。同时，《教育部直属师范大学免费师范毕业生就业实施办法》《教育部直属师范大学免费师范毕业生在职攻读教育硕士专业学位实施办法（暂行）》出台，为免费师范生的未来发展提供了明确指导。此外，还有《教育部办公厅关于免费师范毕业生就业相关政策的通知》《国务院关于加强教师队伍建设的意见》等一系列重要文件，共同构建了师范生免费教育的政策体系，为培养高素质教师队伍、深化教育改革奠定了坚实基础。

这一阶段的政策展现出鲜明的特征。

一是政策发布频繁且内容全面，成功构建了系统完备的免费师范生教育政策

---

[1] 洪成文，林成华. 从知识动员视角谈师范生免费教育政策之逻辑形成——基于《温家宝谈教育》的研读[J]. 中国高教研究，2014（1）：9-13.

体系。21世纪师范生免费教育政策重新启动以来，国家紧随其后发布了一系列相关政策，该阶段师范生教育政策的数量显著增加。据不完全统计，2007—2017年这一期间，国家发布了多达52份关于师范生免费教育的政策文件①。这些政策有力地推动了师范生教育从"收费"向"免费"的转变，并逐步形成了涵盖招生录取、培养方案、就业安排、专业发展路径及经费保障机制等多个层面的完善政策框架。例如，2007年发布的《教育部办公厅关于做好教育部直属师范大学免费教育师范生招生工作的通知》明确规定了免费师范生的招生方式、人数限制和审核标准，为招生工作提供了有力指导。该政策的实施效果显著，不仅确保了充足的师范生生源，还提升了招生质量。在当年6所部属师范大学的免费师范生招生中，达到重点线的考生数量远超招生计划，部分高校甚至超过了10倍，最高比例竟高达44∶1。②这一数据充分证明了免费师范生教育政策的吸引力和影响力，也预示着我国师范生教育迈向一个全新的发展阶段。此外，免费师范生的生源分布也很合理，中西部生源占到了90.8%，农村生源在全部生源中占60.2%，相较2006年增加了16个百分点。③2010年，《教育部直属师范大学免费师范毕业生就业实施办法》对于免费师范生毕业后的相关就业问题提出了明确要求，确保就业工作顺利进行。调查数据显示，截至2011年5月31日，在10 597名首届免费师范毕业生中，有10 488人完成了签约，签约率高达99%。在这些已经成功签约的毕业生中，选择到中西部地区的中小学校任教的免费师范生有9571名，占总签约人数的91%；选择到县镇及以下的中小学校任教的免费师范生有4067名，占总签约人数的39%。④

二是以部属师范大学为试点，逐渐向全国师范大学推广。2007年，《免费办法》明确要求在教育部直属的6所师范大学中首次实行免费师范生教育。通过小范围的实施积累实践经验，为以后政策在全国范围内的推行打好基础，以便于其他师范院校可以有所借鉴，少走弯路。2008年9月，上海师范大学招收100名左右的免费师范生，成为我国第一个恢复师范生免费教育的地方性大学。⑤与此同时，积极开展师范生免费教育政策试点的还有云南、湖北、江苏、河北、四川

---

① 姚佳胜，周强. 新世纪我国师范生教育政策的演进逻辑与理性选择[J]. 教育理论与实践，2021，41（34）：19-24.
② 房喻. 师范生免费教育：回眸与省思[J]. 中国高等教育，2010（19）：11-13.
③ 王卫东，付卫东. 师范生免费教育政策：背景、成效、问题及对策——基于全国六所部属师范大学的调查[J]. 河北师范大学学报（教育科学版），2013，15（8）：10-15.
④ 刘华蓉. 首届免费师范生全部到中小学任教[N]. 中国教育报，2011-06-18（001）.
⑤ 张翔. 师范生免费教育政策的十年回顾与展望[J]. 国家教育行政学院学报，2017（8）：21-27.

等省份。①2012年，国务院办公厅转发了教育部等部门《关于完善和推进师范生免费教育意见的通知》，进一步推动了师范生免费教育的发展。该通知鼓励并支持地方政府根据当地实际情况，积极落实师范生免费教育政策。随着这一政策的深入实施，师范生免费教育逐渐在全国各师范院校中得到了广泛推广和应用，为我国教育事业注入了新的活力。

2. 师范生公费教育政策阶段（2018—2023年）

2007—2017年，国家通过在北京师范大学等6所教育部直属师范大学中实行师范生免费教育政策，累计招收10.1万名学生（包括在校就读的3.1万名和毕业履约的7万名），其中90%的师范毕业生回到了中西部省份的中小学校任教。②与此同时，习近平总书记在党的十九大报告中高瞻远瞩地宣布，中国特色社会主义进入了新时代，这一重要论断为我国社会各领域的发展标定了新的历史坐标。教育作为国之大计，其改革与发展自然也要与时俱进。在这一新的历史背景下，我国师范生教育同样迎来了发展的新纪元。为了构建更加均衡且优质的基础教育体系，打造一支德才兼备的高素质教师队伍，确保师范生教育能够紧密契合新时代的脉搏和需求，国家对师范生免费教育政策进行了及时而必要的调整和完善，从而为其增添了新的内涵。

2018年，《中共中央 国务院关于全面深化新时代教师队伍建设改革的意见》《教师教育振兴行动计划（2018—2022年）》《教育部直属师范大学师范生公费教育实施办法》相继出台。《教育部直属师范大学师范生公费教育实施办法》中将原有的"师范生免费教育"升级为"师范生公费教育"政策，这一调整不仅是对名称的更改，更是对师范生教育理念和政策导向的全面更新与提升。这一重要调整旨在更好地适应新时代的教育需求，为师范生提供更加优质、全面的教育培养，并进一步推动我国教师队伍的建设向更高水平迈进。自此之后，我国师范生教育迈入公费教育政策的新纪元。

此阶段的政策呈现出以下特点。

一是强化师范生教育的公共属性与国家责任。2018年，国家政策将"免费师范生"更名为"公费师范生"，虽然只是将"免"字替换为"公"，但这一字之差却象征着政策中"公共性"的进一步深化和扩展。这一改变旨在摆脱过去"免费—贫困"的刻板印象，转而凸显国家对教育事业的深切关怀和所承担的广泛公共责任。同时，这一调整也更加强调了教师职业的公共属性，彰显了国家对师范

---

① 方增泉，李进忠. 师范生免费教育的成效、问题与对策[J]. 北京教育，2011（11）：4-7.
② 徐冬青. "公费制"推动师范生培养的政策升级[N]. 中国教育报，2018-08-15（002）.

生从单纯的经济援助向更全面、更深层次的精神尊重和支持的重大转变。①这种转变不仅提升了师范生的社会地位，也为其未来的职业发展奠基。

二是政策导向明确，注重定向培养与就业保障。例如，《教育部直属师范大学师范生公费教育实施办法》中明确提出，公费师范生毕业后一般回生源所在省份中小学任教，并承诺从事中小学教育工作6年以上。这一规定不仅确保了公费师范生能够按照国家的需要前往教育资源相对匮乏的地区任教，同时也为他们提供了稳定的就业保障。此外，各地方政府也积极响应国家政策，出台了一系列配套措施，如提供编制、落实岗位、保障待遇等，进一步增强了公费师范生的就业吸引力。这些政策的实施有效地缓解了我国教育领域存在的城乡、区域教师资源分布不均的问题，为农村地区和边远地区的教育事业发展提供了有力的人才保障。

三是突出示范引领作用，推动教育改革与发展。政策明确要求公费师范生成为教育改革的积极推动者和教育发展的引领者。例如，《教育类研究生和公费师范生免试认定中小学教师资格改革实施方案》中提出，要让真正乐教、适教、善教的优秀人才进入教师队伍后备军，努力培养造就党和人民满意的高素质专业化创新型教师队伍②，其中公费师范生作为未来教师队伍的重要组成部分，被寄予厚望。在实际操作中，各高校也注重培养师范生的领导力和创新精神，鼓励他们积极参与各类教育改革和实践活动；同时，通过树立优秀公费师范生典型、开展经验交流等方式，让更多人了解公费师范生的成长历程和贡献，进一步增强了他们的社会责任感和使命感。这些举措的实施有效地推动了教育改革与发展，为我国教育事业的持续健康发展注入了新的活力和动力。

（二）师范生公费教育政策的现状特征

1. 政策体系趋于完备，制度基础设施逐步完善

2007年以来，我国师范生公费教育政策经历了一系列重要的变革和发展，逐步构建起了一个相对完备的教育政策体系。这一体系的形成不仅反映了国家对教育事业的持续投入和对教师队伍建设的高度重视，也体现了我国教育事业与时俱进的发展理念。

在政策层面，师范生公费教育政策体系日趋完善的表现主要体现在以下几个

---

① 吴东照，王运来，操太圣，等. 师范生公费教育的政策创新与实践检视[J]. 中国教育学刊，2019（11）：89-93.

② 教育部. 关于印发《教育类研究生和公费师范生免试认定中小学教师资格改革实施方案》的通知[EB/OL].（2020-09-04）[2024-01-31]. http://www.moe.gov.cn/srcsite/A10/s7011/202009/t20200907_486052.html.

方面。首先，公费师范生的招生政策更加科学合理。过去，招生往往以单一的考试成绩为依据，而现在则更加注重考生的综合素质和潜力，通过多元化的招生方式吸引更多优秀青年投身教育事业。其次，公费师范生的培养政策也更加系统化。各级各类师范院校根据教育部的指导意见，结合地方实际，制定了各具特色的培养方案，旨在培养既有扎实专业知识又有良好教育教学能力的优秀教师。最后，公费师范生的就业政策也得到了进一步优化。为了更好地满足公费师范生的就业需求，政府不断完善相关政策，为公费师范生提供更加优厚的待遇和更加广阔的发展空间。在岗位安排上，政策明确要求各地要确保公费师范生有编有岗，严禁"有编不补"的现象发生；在职业发展上，政策鼓励公费师范生在职攻读教育硕士专业学位，为他们提供继续深造的机会。

在制度基础设施方面，师范生公费教育政策的逐步完善为师范生的培养和发展提供了有力保障。一方面，国家加大了对师范教育的投入力度，改善了师范院校的办学条件，提升了师范生公费教育的整体质量；另一方面，国家建立了一系列制度化的支持体系，如师范生实习支教制度、师范生职业技能培训和认证制度等，这些制度的建立和实施为公费师范生的全面发展提供了坚实的制度基础。

师范生公费教育政策体系趋于完备的过程中，还伴随着一系列重要的政策创新和实践探索。例如，在师范生培养模式方面，越来越多的师范院校开始尝试与中小学合作，共同构建"U-G-S"协同育人模式，通过加强理论与实践的结合，提高公费师范生的教育教学能力。在公费师范生职业发展方面，国家也推出了一系列创新举措，如建立公费师范生职业发展档案、实施公费师范生职业能力提升计划等，旨在促进公费师范生的职业成长和专业发展。

2. 政策重心由公费师范生数量扩张转向质量提升

随着我国教育事业的快速发展，师范生公费教育政策在2007—2023年经历了显著的转变。其中最明显的特征之一是政策重心由公费师范生的数量扩张转向了质量提升。这一转变不仅体现了国家对教育质量的追求，也反映了我国教育事业发展进入了一个新的阶段。

过去，我国教育事业经历了快速发展的时期，公费师范生的数量也随之增加。然而，随着教育规模的扩大，教育质量的问题逐渐凸显。为了提高教育质量，培养更多优秀的教师，我国师范生公费教育政策开始从数量增加转向质量提升。

第一，在招生政策上，国家更加注重公费师范生的选拔质量。过去，由于教育资源的限制和教育需求的增长，公费师范生的招生往往以数量为主，对于考生的选拔标准相对较低。然而，随着教育资源的增加和教育理念的转变，国家开始提高公费师范生的选拔标准，注重考查考生的综合素质、学术能力和教育潜力，以确保招收到具备优秀潜质的公费师范生。

第二，在培养政策上，国家更加注重公费师范生的全面发展和实践能力培养。过去，公费师范生的培养往往注重理论知识的传授，而相对忽视实践能力的培养。然而，随着教育改革的推进和教育理念的更新，国家日益强调公费师范生的实践能力培养，通过加强教育实习、教学实践等环节，提高公费师范生的教学技能和教育实践能力。此外，国家还鼓励师范院校与中小学合作，共同构建协同育人机制，为公费师范生提供更多的实践机会和更好的实践平台。

第三，在就业政策上，国家也更加注重公费师范生的职业发展质量。过去，公费师范生的就业往往以分配为主，对于就业质量的要求相对较低。然而，随着就业市场的变化和教育改革的推进，国家开始关注公费师范生的职业发展质量，通过优化就业政策、提供职业发展支持等措施，帮助公费师范生实现更好的职业发展。例如，国家推出了师范生职业发展计划，为各类师范生提供职业规划、就业指导等服务，帮助他们更好地适应教育市场需求和实现职业发展目标。

3. 政策成效斐然，取得瞩目成就

（1）助推世界最大规模教育体系良性运转

在党中央的领导下，我国已经基本建成世界最大规模教育体系。师范生公费教育政策隶属于教育政策体系，对助推教育体系良性运转具有重要意义。一是推动建成规模最大的教师队伍，最大规模的教师队伍是组成最大规模教育体系的基本架构。[1]在历史的积淀与演进中，师范生公费教育政策逐渐形成了独具特色的政策体系。这一体系与其他教育政策、教育子体系相互依存、相互呼应，共同编织成一张严密而完备的国家教育网络。二是公费教师队伍所带来的规模效益，为基础教育体系的健康运转提供了有力支撑。教育体系的内部结构从松散到紧密的蜕变并非一蹴而就，而是各子体系、各要素间相互关联、共同发展的结果。其中，教师队伍建设扮演着沟通基础教育和高等教育的桥梁角色。科学、合理的师范生公费教育政策为基础教育事业的稳步发展提供了规范和引导。三是这支公费教师队伍作为高等教育的重要培养对象，其素质和能力直接关系到高等教育体系育人功能的实现。因此，师范生公费教育政策在助推我国教育体系良性运转的同时，也为国家培养了大批高素质、专业化的教育人才，为我国教育事业的持续繁

---

[1] 李广，李欣桐. 中国共产党百年教师教育政策：历史进程、伟大成就与发展愿景[J]. 现代教育管理，2021（6）：1-9.

荣和发展做出了突出贡献。

（2）凸显中国特色师范生教育体系优势

2007年以来，我国师范生公费教育政策经过不断地调整和完善，逐渐凸显出具有中国特色的师范生教育体系的独特优势。这一体系不仅融合了传统教育文化的精髓，还紧密结合了当代教育发展的实际需求，为我国培养了大批高素质、专业化的教师队伍，有力地推动了教育事业的持续健康发展。

第一，有中国特色的师范生教育体系注重师德师风建设，强调教师的职业道德和社会责任。在政策引导下，公费师范生培养过程中始终贯穿师德教育，注重培养师范生的教育情怀和职业操守。这种教育理念的实施，使得我国公费师范生普遍具备了较高的道德素质和教育责任感，为未来成为优秀教师奠定了坚实基础。

第二，中国师范生公费教育政策强调实践导向，注重培养公费师范生的教学实践能力。通过增加教育实践课程、实施教育实习制度等措施，公费师范生得以在教育一线亲身体验和参与教学活动，有效提升了他们的教学技能和课堂管理能力。这种实践导向的培养模式，使得我国公费师范生能够更快地适应教师角色，更好地满足基础教育对高素质教师的需求。

第三，中国特色师范生教育体系还注重创新精神和终身学习能力的培养。在政策推动下，在公费师范生培养过程中，创新思维和教学方法的探索受到鼓励，同时公费师范生的终身学习能力和自我发展意识得以强调。这种培养理念有助于公费师范生不断更新教育观念，提升教学质量，适应不断变化的教育环境。

值得一提的是，我国师范生公费教育政策在凸显具有中国特色的师范生教育体系优势的同时，还注重与国际教师教育的交流与合作，通过引进国际先进的教育理念和教学方法，结合我国教育实际进行本土化改造和创新，进一步提升了我国公费师范生培养的国际化水平。这种开放包容的态度，使得我国公费师范生培养既保持了中国特色，又具有国际视野，为全球教育事业的发展贡献了中国智慧和中国方案。

（3）推进师范类学科体系规范化发展

党的教育政策重视师范类学科的整体规划，基于师范专业的特殊性开展专业建设行动，以保障公费师范生的培养质量。一是严控培养质量，推进专业认证及制定考核办法。教育部于2014年在江苏、广西两省开展师范类专业认证试点工作，并将研制师范类专业认证标准及认证办法作为教育部2017年工作要点。2017年，教育部印发《普通高等学校师范类专业认证实施办法（暂行）》，形成定位于师范类专业办学基本要求监测、教学质量合格标准认证、教学质量卓越标准认证的三级监测认证体系，促进高等师范类专业追求卓越的质量文化。2020年，教育部印发《教育类研究生和公费师范生免试认定中小学教师资格改革实施方案》，推进免试认定改革，考核合格的颁发《师范生教师职业能力证书》作为资格认定依据，其中增加了对公费师范生学业成绩及思想品德、教育实习实践等过程性考核，并将国家中小学教师资格考试标准及内容融入师范生教育学科课程建设中，强化人才培养单位的评价功能和主体责任，严控教师培养质量。二是强化课程体系，高度重视公费师范生教育实践。师范生教育实践是教师培养的重要环节，也是师范类学科的重要特征体现，国家政策对此予以高度关注。针对近年来公费师范生教育实践中存在的形式单一、指导性不强、重理论、轻实践等薄弱环节，2016 年，教育部在《关于加强师范生教育实践的意见》中强调教育实践在教师培养过程中的重要作用，明确了教育实践的目标任务，要求构建包括师德体验、教学实践、班级管理实践、教研实践等全方位的教育实践内容体系，建设长期稳定的教育实习基地，强化师范生教学基本功训练。

二、中国师范生公费教育政策发展：演进逻辑

2007—2023 年，我国师范生公费教育政策演进呈现出以下逻辑。

（一）以教师资源配置方式为推力的政策形成机制

2007 年迄今，国家师资配置方式在推动师范生公费教育政策持续变革中扮演了关键角色。深入剖析我国的师资配置策略，2007 年以来我国师范生公费教育政策的动力形成机制可分为两个阶段。这两个阶段不仅反映了我国教育事业发展的时代需求，也彰显了国家在优化教师队伍结构、提升教育质量方面的坚定决心和持续努力。一是命令式资源配置阶段（2007—2017 年）。在取消免费待遇之后，师范专业失去了与其他专业竞争的一大优势，导致师范生的招生数量下降。这一变化使我国中西部及偏远贫困地区的稳定师资来源短缺，进而严重影响了我国基础教育均衡发展的格局。在这一背景下，国家开始认识到，仅依靠市场主导的教师资源配置方式已不足以支持中西部基础教育的发展，师范生教育需要国家进行统一管理和协调。2007 年实施的《免费办法》，将师范生的收费教育转变为免费教育，并要求师范生毕业后返回生源地的中小学服从分配并任教一定年限，这正是国家命令式资源配置方式的具体体现。二是综合资源配置阶段（2018 年至今）。单纯地以命令式的方式来对教师资源进行配置存在一定的弊端，因此，国家着手综合市场式和命令式两种资源配置方式的优势，实现教师资源配置方式

的优化。2018年,《教育部直属师范大学师范生公费教育实施办法》出台,将"免费教育"升级为"公费教育",并且缩短了毕业师范生的履约任教年限,做到了命令式和市场式两种资源配置方式的结合,实现了教师资源配置方式的优化升级[1]。

(二)以促进社会价值和个人价值共同发展的政策价值取向

价值取向是指主体基于自身价值观,在面对各类矛盾、冲突关系时所持的基本价值立场、价值态度以及所表现出来的基本价值倾向。[2]通过对师范生公费教育政策的阶段性演进发展进行分析可以发现,我国师范生公费教育政策的价值取向表现出由注重社会价值向注重个人价值的转变,也体现出效率和公平两者之间的转化。一是注重社会价值,兼顾个人价值阶段(2007—2017年)。师范生教育收费后,报考师范专业的学生急剧减少,造成中小学校师资短缺,尤以边远贫困地区最为突出,这严重影响了我国基础教育的均衡发展。为了扭转这一不利局面,2007年,我国推出了《免费办法》,正式实施师范生免费教育政策,不仅体现了国家对教育的深刻关注和战略思考,更具有多重深远意义。首先,该政策通过减轻师范生的经济负担,提升了教师职业的社会地位,有助于营造全社会尊师重教的良好氛围。其次,该政策也加强了优秀教师的培养和选拔,为解决师资短缺问题提供了有力支持。最后,该政策还着眼于促进教育公平,增加了贫困家庭子女接受高等教育的机会,降低了因经济困难而辍学的风险。对于中西部偏远贫困地区的学生来说,这一政策更是为他们打开了接受基础教育的大门,有助于缩小地域之间的教育差距。在这一阶段,政策制定者注重社会价值与个人价值的和谐共存,既强调教育的社会效益,又关注学生的个人成长和发展。同时,他们还追求效率与公平的并行不悖,力求在保证教育资源合理分配的基础上,提升教育的整体质量和效益。二是开始侧重个人价值阶段(2018年至今)。2018年之前,师范生免费教育政策中所规定的履约任教年限相对较长,这在很大程度上束缚了师范生未来的职业发展和个人成长空间。同时,政策名称中的"免费"二字也容易引发社会公众的误解和偏见,使得免费师范生往往被不准确地标签化为贫困师范生的代名词。为了应对这些问题,国家在2018年对相关政策进行了及时调整。在《教育部直属师范大学师范生公费教育实施办法》中,"免费师范生"的称谓被更为中性和准确的"公费师范生"所取代,并且履约任教年限也得到了相

---

[1] 姚佳胜,周强. 新世纪我国师范生教育政策的演进逻辑与理性选择[J]. 教育理论与实践,2021,41(34):19-24.

[2] 李景源,孙伟平. 价值观和价值导向论要[J]. 湖南科技大学学报(社会科学版),2007(4):46-47.

应缩短。这一政策变革不仅有效提升了师范生的社会声誉和地位，也进一步拓宽了他们的职业发展道路和自主选择权。此阶段的政策调整更加注重师范生的个人价值和成长需求，体现了国家对个体发展的高度关注和尊重。通过优化政策内容和表述方式，国家成功地为师范生创造了更加公平、开放和有利于个人成长的教育环境。

（三）以各执行主体有效执行的政策实施过程作为保障

2007—2023 年，中国师范生公费教育政策体系的不断完善，得益于各执行主体在政策实施过程中的有效执行和协同合作。

中央政府在师范生公费教育政策的制定和引领上发挥了核心作用。通过一系列的政策文件和指导意见，中央政府明确了公费师范生教育的培养目标、任务及政策措施，为各级政府和高校提供了明确的行动指南。同时，中央政府还通过财政拨款、项目支持等方式，为公费师范生教育的改革和发展提供了强有力的物质保障。

地方政府在公费师范生政策的执行中扮演着重要角色。地方政府根据中央政策精神和地方实际，制定了一系列具体的实施方案和配套措施。这些措施包括优化公费师范生招生计划、提高公费师范生培养质量、加强公费师范生就业保障等。地方政府还通过与高校、中小学等机构的合作，共同推进公费师范生教育实习、实践基地的建设，为公费师范生提供了更加广阔的实践平台。

高校作为公费师范生培养的主体，在政策执行过程中承担了重要责任。高校根据公费师范生教育的特点和要求，不断完善公费师范生培养方案，优化课程设置，加强师资队伍建设。同时，高校还通过加强实践教学、开展教育研究等方式，不断提升公费师范生的教育实践能力和研究水平。此外，高校还积极与地方政府和中小学合作，共同推进公费师范生教育实习、就业等工作，形成了紧密的协同育人机制。

中小学在师范生公费教育政策实施中也发挥了积极作用。作为公费师范生教育实习和实践的重要基地，中小学为公费师范生提供了真实的教学环境和丰富的实践机会。中小学教师通过指导公费师范生实习、参与公费师范生培养等方式，与高校教师共同育人，促进了公费师范生教育理论与实践的有效结合。

社会各方力量在师范生公费教育政策的实施过程中也起到了不可或缺的作用。企事业单位、社会团体等通过提供资金支持、设立奖学金、开展教育公益活动等方式，为公费师范生教育的发展提供了有力支持。同时，社会各方力量的参与也促进了公费师范生教育与社会需求的紧密对接，为公费师范生的就业和发展创造了更加广阔的空间。

在师范生公费教育政策的实施过程中，各执行主体之间的有效协同和合作是政策得以顺利推进的重要保障。中央政府、地方政府、高校、中小学以及社会各方力量在政策制定、执行、监督和评估等各个环节中形成了紧密的合作关系，共同推动了公费师范生政策的落实和公费师范生教育的改革发展。

（四）以经济学话语为主导的政策话语规则

师范生公费教育政策在变革和发展的过程中，其演进逻辑在很大程度上受到经济学话语的主导。这种主导不仅体现在政策制定的指导思想上，还贯穿于政策实施、评估和调整的各个环节。

第一，经济学话语在政策制定中发挥了重要的指导作用。在制定师范生公费教育政策时，政府部门往往以经济效益和社会效益为重要考量。例如，通过优化公费师范生培养结构，提高公费师范生培养质量，以满足社会对优质教育资源的需求，进而促进教育公平和经济社会的发展。这种以经济学为基础的话语规则，使得师范生公费教育政策在制定过程中更加注重效益和效率，强调资源的优化配置和可持续发展。

第二，在政策实施过程中，经济学话语也扮演着重要角色。政府通过财政投入、奖学金设置、就业市场调控等手段，引导公费师范生流向经济社会发展需要的领域和地区。这些措施的实施，不仅体现了政府对教育资源的经济价值的认可，也反映了经济学话语在政策执行中的影响力。同时，高校和中小学等教育机构也在政策实施过程中积极运用经济学理念和方法，提高教育资源的利用效率，优化教育资源配置。

第三，在政策评估和调整环节，经济学话语同样发挥着关键作用。政府部门通过收集和分析公费师范生的就业数据、教育投入与产出的经济效益等信息，对师范生公费教育政策的效果进行科学评估。这种基于数据的评估方法，使得政策调整更加具有针对性和科学性。同时，经济学话语中的成本-收益分析、供需平衡等理念也为政策调整提供了重要的理论依据。

值得一提的是，虽然经济学话语在师范生公费教育政策中占据主导地位，但政策制定者并没有忽视教育本身的规律和特点。在制定和实施师范生公费教育政策时，政府和教育部门始终坚持育人为本的原则，注重公费师范生的全面发展和社会责任感的培养。这种综合考量的做法，既体现了经济学话语的实用性，也彰显了教育政策的人文关怀。此外，随着经济社会的不断发展和教育改革的深入推进，经济学话语在师范生公费教育政策中的主导地位在不断调整和完善。政府和教育部门开始更加注重公费师范生的创新能力和实践能力的培养，以适应新时代对人才的需求。这种转变既是对经济学话语的补充和发展，也是对师范生公费教育政策话语规则的丰富和完善。

三、中国师范生公费教育政策发展：量的调整

师范教育是中国教师教育的关键环节，优秀教师队伍建设依赖于数量大、质量高的师范生队伍。随着中国师范生公费教育政策改革的全面深化，公费师范生培养转向高质量发展，公费师范生队伍不断扩大，高等师范院校在校公费师范生数量逐年攀升，极大地扩充了中国预备教师队伍规模。[1]为进一步激励优秀青年投身基础教育事业，2007年起，中国实施了部属师范大学师范生免费培养制度，这一制度的成功实践为地方师范院校师范生免费培养提供了宝贵的经验和参照。2018年，"公费师范生"这一新称谓正式取代了原有的"免费师范生"，标志着师范生培养进入了一个全新的发展阶段。"中央+地方"协同的公费师范生培养模式不仅为那些家境贫寒但怀揣教育梦想的学生提供了坚实的支持，解除了他们的后顾之忧；同时，将"免费"升级为"公费"的举措也极大地提升了教师职业在社会中的地位。这些措施双管齐下，有效地吸引了众多学生走向教育一线，实现教育理想。以2023年部属师范大学计划招生数量为例，公费师范生招收数增长至8300名，"优师计划"师范生计划招收数增长至12 420名，比2021年实施之初增加28%。[2]截至2023年，我国各类师范生公费教育达到了年均培养中小学教师6.5万名的目标，约占年新增教师10%的教育规模[3]，其体量的扩大是驱动教师队伍高质量发展的前提。

四、中国师范生公费教育政策发展：迭代升级

党的十九大做出了中国特色社会主义进入新时代、社会主要矛盾发生新变化

---

[1] 柳海民，杨宇轩，柳欣源. 中国师范生：政策演进、现实态势与发展未来[J]. 华南师范大学学报（社会科学版），2023（5）：119-133，243-244.

[2] 教育部. 今年部属师范大学计划招收公费师范生8300名[EB/OL].（2023-08-31）[2024-01-31]. http://www.moe.gov.cn/fbh/live/2023/55499/mtbd/202308/t20230831_1077511.html.

[3] 龙宝新，王甲. 高质量发展背景下师范生公费教育体系扩充研究[J]. 教育发展研究，2023，43（22）：11-20.

的两大战略判断，为中国加快推进教育现代化、建设教育强国、办好人民满意的教育提供了明确的前进方向和根本遵循。在此背景下，中国公费师范生培养实现了从"数量追赶"到"质量赶超"的转变，并将高质量作为现阶段乃至未来长期发展的核心要求。这一转变不仅体现了中国教育事业发展的内在逻辑，也回应了新时代对教育事业提出的新挑战和新要求。通过不断提升公费师范生培养质量，我国将为建设教育强国、培育优秀人才奠定坚实基础。

（一）公费师范生录取门槛提高，考核方式趋于标准化和多元化

教师承担着传播知识、传播思想、传播真理的历史使命，肩负着塑造灵魂、塑造生命、塑造人的时代重任，是教育发展的第一资源，是国家富强、民族振兴、人民幸福的重要基石。[①]教师素质是教育质量的决定因素。提高公费师范生门槛，严格公费师范生考核标准是提升教师队伍整体素质、推动教育事业健康发展的必然要求。

早在2014年，教育部出台的《关于实施卓越教师培养计划的意见》就明确指出，师范专业要强化招生环节，"推进多元化招生选拔改革。通过自主招生、入校后二次选拔、设立面试环节等多样化的方式，遴选乐教适教的优秀学生攻读师范专业"。该意见一改传统以成绩分专业的录取模式，将师范生从教素养和潜力纳入录取要求之中，严守师范生入口端质量。

其次，公费师范生毕业考核趋于标准化、科学化。例如，2020年，教育部印发《教育类研究生和公费师范生免试认定中小学教师资格改革实施方案》，虽然名为"免试"，但实际上对公费师范生选拔采取了一种更为严格的管理。该政策要求加强公费师范生过程性考核，重点考核公费师范生思想品德情况及师德素养、教师教育课程学业成绩、累计不少于一学期的教育实习实践完成情况、专业能力及技能培训情况等，确保通过免试认定的公费师范生具备较高的专业素质和从事教育工作的热情。再如，2021年，教育部办公厅印发《中学教育专业师范生教师职业能力标准（试行）》《小学教育专业师范生教师职业能力标准（试行）》《学前教育专业师范生教师职业能力标准（试行）》《中等职业教育专业师范生教师职业能力标准（试行）》《特殊教育专业师范生教师职业能力标准（试行）》五项师范生教师职业能力标准，从师德践行能力、教学实践能力、综合育人能力、自主发展能力4个维度构筑了适合各学段的师范生专业能力标准，严保

[①] 中共中央，国务院. 中共中央 国务院关于全面深化新时代教师队伍建设改革的意见[EB/OL].（2018-01-31）[2024-01-31]. https://www.gov.cn/zhengce/2018-01/31/content_5262659.htm.

师范生输出端标准不走样、质量不压缩。

综上所述，2007—2023 年，中国师范生公费教育政策的发展呈现出录取门槛提高、考核方式标准化和多元化的趋势。这一变化不仅体现了国家对教师队伍建设的高度重视，也反映了教育改革的深化和教育理念的更新。

（二）建立统一师范认证体系，公费师范生培养走向有序化和一致性

2007 年起，中国师范生教育进入了一个崭新的发展阶段，在一系列政策变革中，建立统一师范认证体系无疑是浓墨重彩的一笔，它推动着我国公费师范生培养走向有序化和一致性。2017 年，教育部印发《普通高等学校师范类专业认证实施办法（暂行）》，该文件基于建立统一认证体系、注重省部协同推进、强化高校主体责任、运用多种认证方法的原则，要求师范类专业实行三级监测认证，全面开展师范专业认证。

统一师范认证体系的建立，明确和统一了对公费师范生的培养标准。过去，由于各地区、各院校之间的教育资源和发展水平存在差异，公费师范生的培养标准和质量参差不齐。这不仅影响了公费师范生的整体素质，也制约了教师队伍的优化和教育教学质量的提升。因此，建立统一的师范认证体系成为解决这些问题的必由之路。这一体系通过设定明确的培养目标、课程设置、教学实践等标准，确保了公费师范生培养的基本规格和质量要求，为公费师范生的全面发展奠定了坚实的基础。

有序化是统一师范认证体系的重要特征。在统一师范认证体系的框架下，各级教育部门和师范院校开始按照认证标准的要求，有条不紊地开展公费师范生培养工作。从招生选拔到课程设置，从教学实践到毕业考核，每一个环节都严格按照认证体系的标准来执行。这种有序化的培养模式不仅提高了公费师范生的培养效率，也确保了培养出来的公费师范生能够满足社会和教育事业发展的需求。

一致性是统一师范认证体系的又一突出特点。通过认证体系的实施，各地区、各院校在公费师范生培养上开始达成共识，遵循共同的培养理念和标准。这种一致性不仅体现在培养目标和课程设置上，更体现在对公费师范生专业素养和教育教学能力的要求上。这种一致性的达成，不仅有利于公费师范生的交流，也为教师队伍的整体优化和教育教学质量的全面提升创造了有利条件。

统一师范认证体系的建立和实施，还带来了许多深远的影响。首先，它提高了公费师范生的社会地位和职业认同感。过去，由于培养标准和质量的不统一，

公费师范生的社会地位和职业认同感普遍不高。而统一师范认证体系的建立，使得公费师范生的培养质量得到了社会的广泛认可，从而提高了公费师范生的社会地位和职业认同感。其次，它促进了公费师范教育的改革和创新。在认证体系的推动下，师范院校开始积极探索新的培养模式和教学方法，以适应认证体系的要求和社会发展的需求。这种改革和创新不仅提高了公费师范教育的质量，也为公费师范生的全面发展提供了更加广阔的平台。

（三）公费师范生培养模式不断创新，培养要素得以扩充

师范生培养是师范生质量提升的保障，是师范生得以从容走向教育实践的基础。随着时代发展，公费师范生培养也在不断吸纳本土经验、借鉴国际方式的过程中持续丰富和完善。综合来看，公费师范生培养的创新主要集中在两个方面。

其一，公费师范生培养模式创新。公费师范生培养模式创新主要涉及培养目标、培养过程和考核方式的创新，分为局部创新和整体创新。综合来看，当前，中国师范院校在培养模式上的创新主要聚焦于教学变革与社会协同两方面。教学变革致力于夯实公费师范生的专业理论知识，社会协同则着重于强化公费师范生的实践能力并培养其社会责任感。北京师范大学"双导师制度"、华东师范大学"孟宪承书院模式"、东北师范大学"教育家培养工程"和"U-G-S"教育模式、陕西师范大学"二次选择模式"，均为公费师范生培养模式的创新开辟了多样化的路径，展现了对优化师资培养机制的深刻思考与积极实践。这些模式的实施，不仅丰富了公费师范生的培养方式，也为其未来的教育职业生涯奠定了坚实的基础。

其二，公费师范生培养的要素扩充。除国家基本要求外，地方师范院校充分发挥自身办学主体性，将地方性资源纳入公费师范生培养要素之中，强调丰富多元本土性资源在公费师范生培养中的重要作用，做到服务地方、面向全国。①

（四）推动教师队伍均衡发展，大力促进教育公平

公费师范生政策实施以来，已经成为中国教育体系中一项重要的战略措施。随着开放、多元的师范生公费教育体系的建立，师范生公费教育政策更加关注教师队伍质量和教育公平问题，并取得显著成效。

在推动教师队伍均衡发展方面，公费师范生政策通过定向培养和签订服务协

---

① 柳海民，杨宇轩，柳欣源. 中国师范生：政策演进、现实态势与发展未来[J]. 华南师范大学学报（社会科学版），2023（5）：119-133，243-244.

议的方式，确保了优秀师资力量流向人才短缺的地区。这种做法不仅提升了这些地区教育质量，还有助于形成一支结构合理、分布均衡的教师队伍。随着政策的不断完善，包括增加培养名额、优化培养模式、提升培养质量等措施的实施，公费师范生的整体素质和专业能力得到了显著提升，进一步提高了教师队伍的专业化和现代化水平。

在促进教育公平方面，公费师范生政策通过保障边远地区和农村学校师资供应，使得这些地区的学生也能享受到高质量的教育资源。政策的实施，使得教育资源分配更趋合理，教育机会更加均等，有力地推动了教育公平的实现。尤其是在提升农村教育质量、缩小城乡教育差距方面，公费师范生政策发挥了不可替代的作用。

总而言之，公费师范生政策有效地缓解了教师资源在地域上的不均衡分布问题，有效地将教师资源向较为贫困和落后的地区倾斜，有助于缩小各地区教育质量的差距，形成一支结构合理、分布均衡的教师队伍。

五、中国师范生公费教育政策发展：反思启示

2007—2023 年，中国师范生公费教育政策不断完善，师范教育制度逐步健全，培养了大量优质的公费师范生，取得了显著成就，为建设高质量教育体系、培养社会主义建设者和接班人奠定了坚实的基础。但这期间，公费师范生培养过程中仍存在政策落实简单化、政策满意度有待提升、违约数量攀升等诸多现实困境亟待解决。未来，中国公费师范生培养将更加注重质量提升，在政策层面，需进一步明确发展愿景，不断创新发展，促进公费师范生培养的全面优化与升级。

（一）师范生公费教育政策发展中的问题

1. 师范生公费教育政策落实简单化

2007 年出台的免费师范生政策和 2022 年印发的《新时代基础教育强师计划》，其目的均是提升师范生的专业素质和发展水平，推动中国教师队伍现代化，适应我国教育资源的均衡发展以及各级各类教育的发展需要。中国对公费师范生培养给予了高度重视，并将其作为教育发展的重点之一，不断推进公费师范生高质量发展，鼓励青年投身教育事业，走下基层、走上讲台。我国师范生公费教育以契约合同关系的建立为基础，借助委托关系与培养关系来实施师范公费教育活动，致力达成造就"下得去、留得住、教得好"的教师培养意图。其中，

"下得去"主要凭依的是合同契约,"留得住"主要凭依的是基层教育工作环境,"教得好"主要凭依的是高校主导的一体化公费师范生培养服务。①

显然,政策的最终落实不仅要考虑政策的硬约束力,更要考虑现实中的具体情况。但从现实来看,在师范生公费教育政策的实施中,简单化、理想化倾向明显存在,如过度强调契约的约束力,认为只要把优秀高中生招进师范院校,监督其履行三方协议,践行基层从教的职业承诺,师范生公费教育便可算作圆满成功。这些理想化成分在公费教育政策实施中并不罕见,其根本性缺陷就在于:一是对合同契约效力的理想化假定,以为签订了合同契约就能大概率决定公费师范生的职业人生,忽略了个体的利益诉求和自我价值实现;二是对优秀高中生必定会成长为优秀教师的理想化设定,这种设定简单地将"高考意义上的优秀"等同于"未来教学实践中的优秀",从而忽视了师范生个体在资质、职业倾向上的差异,以及他们在职业认知上的动态变化。

此外,在实际中,一些师范生将公费师范生误解为其人生的基本保障和后路,表现出对名牌大学、编制和职位的追求的工具理性倾向,导致了政策资源的浪费。再者,地方的公费师范生政策在出台和落实的过程中同样出现了简单化和机械化的倾向。2007年开始,中国各省份参考教育部颁发的免费师范生政策纷纷出台了地方性免费师范生政策,极大地扩充了免费师范生人数,但随之而来的则是经费吃紧、有岗无编、人员饱和等一系列现实问题。地方免费师范生政策的制定和推进背离了当地实际发展情况,造成部分地区"地方公费师范生政策失信",这和教育部颁布的免费师范生政策的初衷相悖,对教师的社会地位产生了不利影响。

2. 师范生公费教育政策满意度有待提升

政策满意度指的是政策利益群体对政策制定、实施和保障等方面的满意程度,直接关系到政策执行情况和实践效果。师范生公费教育政策的落实和推进必须提高各方利益主体的满意度,切实促进公费师范生高质量发展。在一项针对陕西师范大学公费师范生政策满意度与职业认同的调查中,数据表明,公费师范生对政策的满意度能够显著正向预测教师职业认同;该研究更进一步揭示,公费师范生对相关政策敏感度较高,对支持性政策基本持满意态度,但是对限制性政策

---

① 龙宝新,王甲. 高质量发展背景下师范生公费教育体系扩充研究[J]. 教育发展研究,2023,43(22):11-20.

内容的满意度较低①，这种享受政策优惠又期待选择自由的矛盾心态成为公费师范生群体中较为普遍的心态。因此，进一步思考政策的限制性内容，关注公费师范生群体所思所虑，提高公费师范生对相关政策满意程度，激发公费师范生成长内驱力，增强其职业认同，成为推进公费师范生政策发展的应有之义。

3. 公费师范生违约数量攀升

国家为公费师范生提供了十分优惠的政策，如由中央财政承担学费、住宿费，并发放生活补助，提供编制和岗位，因此吸引了大量的青年。但受到职业规划有变、对教育事业缺乏深入了解等因素的影响，部分师范生会选择违约。通常情况下，不从教、未就业、就业地不符合要求和取消学籍都属于公费师范生的违约行为。在免费师范生政策颁布时，国家和地方就明确规定了公费师范生违约者的限制性措施，如退还补助、罚款及计入教育系统违法失信名单等。但从实际上看，由于处罚措施不到位、失信成本较低等多种因素，公费师范生的失信行为仍然存在，近些年来，公费师范生违约数量甚至有上涨趋势。在信息不对称、个体决策自由以及分散化决策的背景下，这一行为更加难以管控。如何促进公费师范生履约，以疏代堵，充分发挥政策规划的作用，是推进师范生政策落实的现实困境之一。

（二）师范生公费教育政策的发展愿景

1. 体现鲜明价值取向

政策制定主体的师范生教育观念以及对教师教育发展所做的价值判断和价值倾向都会直接反映在师范生公费教育政策上。师范生公费教育政策作为党和国家领导我国教师教育事业现代化的重要内容载体，其中必然蕴含着价值取向，从而为我国公费师范生发展奠定基调。

一是始终坚持以人为本、立德树人的根本任务。"立德树人"指的是立社会主义之德，树社会主义事业的建设者和接班人。师范生公费教育政策要明确教师立德树人的责任，牢固树立立德树人意识，在教育实践过程中坚持正确的政治方向，培养担当民族复兴大任的时代新人。教师本身对学生具有言传身教、榜样示范的引领作用。社会主义新时代的师范生公费教育政策应着重强化教师教书育人的责任感和"为谁培养人"的使命感，使其履行培养合格社会主义接班人的光荣

---

① 姚崇，赵可欣，周晨琛，等. 公费教育政策满意度对师范生教师职业认同的影响——社会认知因素的影响[J]. 心理与行为研究，2020，18（2）：241-247.

使命，为国家培养具有强烈责任意识的大国良师。

二是以社会主义核心价值观为师德师风养成教育的实践规约。党的十九大报告指出："社会主义核心价值观是当代中国精神的集中体现，凝结着全体人民共同的价值追求。"将社会主义核心价值观渗透到教师教育成长的每一阶段，为教师行为提供有力的价值准则，是师德师风养成教育的重要内容和关键抓手。

三是以文化人植根中华优秀传统文化形成教育本土方案。文化和教育相互依存，相互制约，息息相关。中华民族自古以来就有以"以德治国、以文化人"等为代表的治国修身思想和以"为人师表""言传身教""仁爱孝悌""严谨治学"等为代表的传统师德文化。中华优秀传统文化是中华民族独特的精神内核，是新时代师德师风养成的客观来源，也是师范生公费教育政策制定引领的价值取向。同时，中华优秀传统文化也有力地巩固了教师的社会地位，提高了教师群体的自豪感和公众对教师群体的信任感，进而促进公费师范生培养和教师教育。师范生公费教育政策应体现以文化人的基本文化立场，以中华优秀传统文化为精神根基，探索师德师风养成教育的长效机制，全面提升教师队伍道德修养，有能力、有资格、有情怀地办好让人民满意的教育。

2. 不断强化人文关怀

已有研究发现，公费师范教师在职业发展中往往面临较多的限制，在高负荷的教学中往往会产生职业认同淡薄和职业倦怠较高的问题[1]，进而影响教学知识与教学水平的提升。因此，师范生公费教育政策要强化对公费教师群体的人文关怀，基于人文关怀正向引导教师队伍建设，切实减轻教师职业压力，提高生活质量，缓解教师焦虑和职业倦怠。

一是要科学认识并遵循公费教师发展规律。目前很多学者对学生的身心发展规律展开了大量的研究，但是对教师发展规律关注较少，难以科学认识并掌握教师发展规律，导致教师培养和发展过程中产生了一系列的问题，如难以适应从学生到教师的身份转变，专业知识和教学智慧进入发展的瓶颈期等。师范生公费教育政策的制定落实需要遵循教师发展规律，为各阶段教师成长和发展提供必要且科学的指导。首先，要加强对公费师范生的关注，加强对师范院校毕业生的就业指导和规划，并关注新手教师的身心状况和刚进入教学环境的适应能力，提供从学生到教师身份转变的相关培训和指导。其次，完善资源共享机制，满足教师对各种信息和资源的需求。最后，完善教师在职培训机制，针对不同学科、不同任

---

[1] 姚崇，惠琪，王媛，等. 公费师范教师社会支持与职业倦怠的关系探究[J]. 心理与行为研究，2021，19（6）：816-823.

职年限和发展需求的教师设计培训项目，及时给教师提供帮助和指导，解决其在教育教学中遇到的困难。

二是提升公费教师成就感。教师在教育教学过程中获得愉快或者成功的体验，会对进一步提高其工作热情和积极性产生极强的激励作用。因此，政府、学校应形成合力，在全社会营造尊师重教的文化氛围；媒体应加强对教师群体的正向宣传和引导，积极报道优秀教师事迹，弘扬正能量；大力表彰教学能力突出、品德高尚、科研素养高、受到社会认可的教师，通过多种途径和方式提升公费教师群体的职业荣誉感和幸福感，促进教师成就感的提升。

三是尊重促进公费教师个性发展。师范生公费教育发展过程中曾经出现过追求教师队伍规模扩张、师范生公费教育政策效率化的局面，在关注教师群体宏观层面发展时忽略了微观层面教师个体的发展需求。新时代下，师范生公费教育政策在保证宏观教师群体的效率、公平、服务的价值取向前提下，应重新思考政策的工具理性，充分尊重公费教师个体的差异性和多元化发展，关注教师在专业成长中的主体意识，给予教师人文关怀，促进教师专业素养的提升和教师队伍的发展。

3. 持续重视专业发展

师范生公费教育政策必须持续关注公费师范生的专业发展和教师队伍的整体质量。《中华人民共和国国民经济和社会发展第十四个五年规划和2035年远景目标纲要》中就明确提出，要"提升教师教书育人能力素质"。因此，师范生公费教育政策要将促进教师专业发展作为核心任务，塑造出让党和人民满意的高素质、专业化的大国良师。

一是提升公费师范生综合素质。教师专业发展不仅包括学科知识、教学技能的发展，还涵盖教师道德、思想政治和情绪情感的发展。师范生公费教育政策应注重教师专业发展维度的整合，多方位提高公费教师综合素养，以打造出专业能力扎实、专业素质全面的公费教师队伍。

二是强化公费师范生科研能力。随着时代的不断发展，社会对中小学一线教师的科研能力要求也相应提高。公费师范生作为未来教育领域的重要力量，他们的科研能力直接关系到教育教学的质量和教育创新的深度。2019年，中共中央、国务院印发的《中国教育现代化2035》提出，建设高素质专业化创新型教师队伍。因此，师范生公费教育政策应注重培养师范生的创新能力，鼓励公费师范生和公费教师积极开展学术研究，推进学科教学课题研究工作，不断提升教学科研水平，以研助教，改善自身教育教学，促进专业发展。

三是关注公费师范生终身学习。随着教育领域的不断发展和变化，教师的知识和技能也需要持续更新。公费师范生政策虽然为基础教育输送了大量优秀教师，但如何保证这些教师跟上时代的步伐、持续提升教育教学能力，是不容忽视的问题。这不仅涉及教师个人的职业发展，也关乎教育质量的持续提升和教育公平的实现。因此，在当前学习化社会的背景下，要树立公费师范生终身学习理念，完善公费师范生职前职后教育一体化发展，创新师范生教育模式，完善教师终身学习体系，从而为师范生和教师发展提供内生动力，促进专业发展。

4. 全面完善制度体系

师范生公费教育政策的顶层设计直接关系到公费师范生培养质量的高低。因此，要加快建设高质量公费师范生培养制度，从输入、过程和输出严格把控公费师范生质量，促进公费师范生优质均衡发展。

一是优化入学资格审查机制，从知识、能力、品德等多方面对公费师范生进行评价，严格把控公费师范生输入端质量，甄选出真正热爱教育事业并有志参与到教育实践中的青年使其进入师范院校学习，实现政策资源的充分利用。

二是优化过程分流机制，明确公费师范生准入和退出条件。《教育部直属师范大学师范生公费教育实施办法》中明确规定了公费师范生的准入和退出制度，包括"有志从教并符合条件的非师范专业优秀学生，在入学2年内，可在教育部和学校核定的公费师范生招生计划内转入师范专业……公费师范生可按照所在学校规定的办法和程序，在师范专业范围内进行二次专业选择。录取后经考察不适合从教的公费师范生，在入学1年内，按照规定退还已享受的学费、住宿费和生活费补助，并由所在学校根据当年高考成绩将其调整到符合录取条件的非师范专业"，"公费师范生要严格履行协议，未按协议从事中小学教育工作的，须退还已享受的公费教育费用并缴纳违约金"。目前，部分师范院校也已根据自身学校特点建立了师范生分流制度，但在实施过程中还存在着滞后等问题。很多高中毕业生在专业选择时对自己的职业规划不够清晰，为避免由非理性选择造成的专业浪费和政策浪费，师范生公费教育政策应优化准入机制，不仅要考虑学生的学业成绩，还要充分考虑其教育情怀、职业素养、心理素质等因素，通过建立更为科学和全面的选拔机制，可以有效提高公费师范生计划的选拔质量，确保入选学生具备成为合格教师的基本条件和潜力。退出机制的设置则是另一大挑战。在公费师范生的培养过程中，必然会有一部分学生发现自己并不适合教师这一职业，或者在专业学习和实习过程中表现不佳。如何为这部分学生提供合理的转专业或退出路径，同时保证他们的基本权益，是优化过程分流机制需要考虑的重要内容。这不仅涉及学生个人的未来发展，也关系到教育资源的有效利用和教师队伍质量的提升。

三是建立公费师范生多元评价档案。公费师范政策应重视公费师范生培养的过程性，将公费师范生四年专业学习和专业实践的综合性考察全过程纳入师范生发展档案之中，不仅要记录公费师范生的专业课程掌握情况、专业实习的投入程度，还要记录公费师范生师德践行情况，以及导师、任课教师和实习指导教师的评价，使其评价主体更加多元，评价内容更加客观，全方位展现公费师范生专业成长过程，不仅为公费师范生本人提供参考，也为用人单位提供支持。

四是加强公费师范生政策执行与监督体系建设。公费师范生政策的成功实施，不仅依赖于精心的设计和规划，还需要有力的执行与严格的监督。建立和完善执行与监督体系，是确保政策目标得以实现、资源得以有效利用、政策效果得以充分发挥的关键一环。首先，加大政策执行力度要求相关执行机构具备高效的组织协调能力和充分的执行力。这些机构包括但不限于教育部门、师范院校、基层教育机构等。这些机构需要明确各自的职责和任务，建立起顺畅的沟通机制，确保政策的各项要求能够得到快速、准确的传达和实施。其次，建立健全的监督体系是确保政策执行质量的重要环节。这包括对公费师范生的选拔、培养、就业等各个环节进行全面监督，确保每一个环节都符合政策要求，避免出现资源浪费和政策执行偏差。监督体系的建立应包括定期的评估与审计、效果反馈机制、问题整改机制等，以确保政策执行的透明性和有效性。最后，加强公费师范生政策执行与监督体系建设还需社会各界的参与和监督，包括媒体监督、民间组织参与等，形成政府主导与社会参与相结合的监督机制。公众的参与不仅可以提高政策的透明度，还能够提升政策的社会接受度和影响力，形成良好的政策执行环境。

5. 逐步加强信息化保障

教师信息化发展是我国教育现代化的重要战略任务，信息素养已经成为公费师范生的必备素养，随着信息技术在教育领域的深入应用，教师的信息化能力不仅关系到教学方法和教学效果的改进，也是实现教育公平、促进教育创新的关键因素。因此，提升公费师范生的信息素养，不仅是适应教育信息化发展趋势的需要，也是提高教育质量和教育现代化水平的必然要求。

一是搭建互联网教育信息平台，目前我国已经初步探索搭建互联网教育信息平台，实现信息的收集与处理，建立共享的教育资源数据库，为公费师范生培养提供大量资源，并且为农村和边远地区教师提供优质资源和服务。搭建信息化平台可有效打破高等教育体系内接受教育的限制，实现优质教育资源与互联网的结合，同时能够使不同地域、不同学校的公费师范生共享优质资源，有效推动公费师范生教育的公平发展。

二是启动"互联网+教师教育"创新行动，通过"互联网+"来实现互联网创新成果与经济社会各领域的融合，通过云计算、虚拟现实、大数据、5G 网络促进传统教育样态变革，这也对师范生公费教育提出了新的要求。公费师范生需要转变观念，从知识的传授者转变为思想的引领者、课程的重构者、团队的连接者、实践的组织者和学习的辅助者，以适应新的教育样态。

三是提升公费师范生信息素养，推进应用能力培训。鼓励公费师范生采用信息化工具组织教学，促进教师掌握并适应数字化教学，引导教师持续关注信息化教师教育治理方式变革，推进不同学科、不同专业的跨学科与交叉学科的信息化教学能力培养，促进公费师范生主动适应信息化社会中教育教学和自身专业发展的需要。

第三章
中国师范生发展调查设计与实施

百年大计，教育为本。教育大计，教师为本。师范生作为未来教师的主力军，其思想品质、道德情操、专业学识与能力素养直接关系到我国教育事业的未来，关系到能否实现从教育大国发展为教育强国。在当前全球化、信息化、智能化的大背景下，师范生的发展也呈现出新的特点和趋势。那么，当前我国师范生发展现状究竟如何？如何衡量我国师范生发展水平和现状？本章将在已有研究的基础上进行理论探讨，结合中国师范生学习和生活的具体情境构建中国师范生发展情况测评维度，并开发相应调查工具。

一、中国师范生发展研究测评理论依据

在推进中国式教育现代化与教育强国建设的背景下,教师的高质量发展成为教育发展的时代命题与根本追求。师范生作为未来的准教师,其高质量发展也成为新时代高等教育的重要议题。通过探寻师范生发展的理论基础、文献依据与政策依据,发现师范生的角色认同、学习投入、专业能力、职业愿景4个方面可以科学、全面地表征师范生发展情况。

(一)理论基础

学生发展理论是人的发展理论在高等教育领域的运用和发展,与马克思关于人的全面发展学说中的"以人为本"理念具有内在一致性。[1]学生发展理论的基本目标是解释大学生怎样发展成为具备复杂、成熟的了解自我、他人及世界能力的个体过程。[2]具有普遍性解释意义的学生发展理论同样地在某种程度上可以解释具有特殊性的师范生发展过程,进一步为师范生如何成长为一名合格的教师提供理论引领。

1. 学生发展理论聚焦具体测评维度

学生发展理论为聚焦师范生发展测评维度提供了基本理路遵循。学生发展理论是美国高校学生事务管理科学化和专业化发展的理论成果[3],相关研究受到美国高等教育和北美高等教育研究者的重视,具有100多年的研究历史并且已取得丰硕成果。该理论涉及个体与环境的关系、社会心理、认知结构、个体类型等方面,分别从社会学、心理学、生态学等角度解释学生在大学期间的发展和成长规律。[4]因此,学生发展理论是一个综合性理论,纵观这一综合理论下的具体学生发展理论,可以为确定师范生发展测量维度提供理论支撑。

一是聚焦角色认同与职业愿景。理论家施洛斯伯格(Schlossberg)、林奇(Lynch)和齐克林(Chichering)认为,学生的成功与否取决于他们自我感觉到的重要性程度。所谓重要性指的是人们所具有的自己对其他人是否重要、自己是

---

[1] 彭小孟. 学生发展理论:我国高校学生管理改革理论的思考[J]. 教育理论与实践,2010,30(30):3-5.
[2] 克里斯汀·仁,李康. 学生发展理论在学生事务管理中的应用——美国学生发展理论简介[J]. 高等教育研究,2008(3):19-27.
[3] 彭小孟. 学生发展理论:我国高校学生管理改革理论的思考[J]. 教育理论与实践,2010,30(30):3-5.
[4] 朱红. 高校人才培养质量评估新范式——学生发展理论的视角[J]. 国家教育行政学院学报,2010(9):50-54.

否是他人注意的目标，以及其他人是否注重、欣赏自己等的感觉。[1]在一系列学生发展理论中，齐克林于 1993 年提出的教育认同理论（education and identity theory）的体系较为完善。在其构建的理论模式中，学生的自我认同被描述为 7 个向量（seven vectors），自我认同能力是其中的重要向量即重要能力之一。齐克林指出，自我认同是大学阶段学生在身体与人格等方面初步成熟的重要标志，自我认同是自尊与他尊的基础。这种认同感的形成主要涵盖以下 7 个方面：①对自己身体与外表的接纳；②对自己性别的认同；③在社会、历史、文化背景中对自我的认知；④明确自我的角色定位；⑤在他人的反馈中寻找自我；⑥自我接纳与自尊；⑦人格的稳定与完整。[2]由此可以看出，学生发展研究的理论家注重大学生的个性特征、自我认同与价值观等，将其与师范生这一主体结合起来，可以将其概括总结为师范生的角色认同与职业愿景。

二是聚焦学习投入。著名理论家阿斯汀（Astin）的"学生参与"（student involvement）理论指出，学生花在有意义活动上的时间越多，付出的努力和精力越多，他的收获就越大。[3]我国著名学者提出的本土学生发展理论——大学生成长的金字塔模型理论中将大学生成长过程看作一个"学生参与—学生投入—学生学习—学生发展"的层级攀登过程，指出学生的参与、投入、学习、发展是大学生成长不可或缺的部分，前一个层级是后一个层级的必要基础和前提条件。[4]综上所述，国内外学者均认为学习投入是影响学生发展过程的重要因素，也是衡量师范生发展水平的重要维度。

三是聚焦专业能力。专业能力是师范生发展最直接、最可视化的测量指标。奇克林提出学生发展的 7 个"向量"，包括能力培养、管理情绪、从独立性的养成到与他人的相互依存、成熟人际关系的建立、自我人格的实现、生活目的性的建立，以及言行一致、表里如一的品格的养成 7 个方面[5]，明确能力培养是衡量学生发展的重要"向量"之一。帕斯卡雷拉（Pascarella）和特伦齐尼（Terenzini）通过实证研究证明：①大学学习经历对大学生个人的整体认知发展

---

[1] 转引自朱红. 高校人才培养质量评估新范式——学生发展理论的视角[J]. 国家教育行政学院学报，2010（9）：50-54；徐继红. 高校教师教学能力结构模型研究[D]. 长春：东北师范大学，2014：43.

[2] 转引自王鹏. Chickering 的教育认同理论与我国高校学生工作的适应性问题探讨[J]. 武汉科技学院学报，2008（1）：122.

[3] 转引自克里斯汀·仁，李康. 学生发展理论在学生事务管理中的应用——美国学生发展理论简介[J]. 高等教育研究，2008（3）：19-27.

[4] 岑逾豪. 大学生成长的金字塔模型——基于实证研究的本土学生发展理论[J]. 高等教育研究，2016，37（10）：74-80.

[5] 克里斯汀·仁，李康. 学生发展理论在学生事务管理中的应用——美国学生发展理论简介[J]. 高等教育研究，2008（3）：19-27.

和思维技能产生重要的影响；②大学学习经历为大学生终身学习能力的提高和智力的发展奠定认知与技能基础；③大学学习经历能够有效促进大学生批判思维和推理能力的提升。[1]由此，专业能力毋庸置疑是阐释学生发展的重要因素，同时也是衡量师范生发展的重要测评维度。

综上，虽然具体的学生发展理论对学生发展的解释角度、阐述方式不同，但其理论内容均将角色认同、学习投入、专业能力、职业愿景等相关内容视为衡量学生发展的重要因素，若将其阐述对象具化为师范生，同样可以作为适合于考察师范生发展的测量维度。

2. I-E-O 模型耦合师范生成长过程

I-E-O 模型与师范生成长过程相耦合，为测评指标提供了理论支撑。个体与环境互动理论重视大学环境对大学生发展的影响，强调大学生发展是学生个体与大学环境相互作用的结果。在这类理论中，具有代表性的理论之一是阿斯汀的"输入—环境—输出"（input-environment-output，I-E-O）模型。该模型是产生最早，也是迄今影响时间最久的大学生发展理论模型。[2]

在阿斯汀的 I-E-O 模型中，"输入"是指大学生在入学时的才智发展水平，由多个变量组成，包括学生的自然特征、家庭背景等。"环境"是指在大学学习期间所有能够对学生发展产生影响的经历，如教育活动、学校氛围、教育资源等。"输出"是指学生在受到环境影响后所表现出来的特征、知识、技能、态度、价值观、信仰和行为。[3]阿斯汀的 I-E-O 模型如图 3-1 所示。他认为，在大学生发展的过程中，尽管环境起着重要的作用，但其最终的发展取决于大学生的投入。输入是发展的基础，而投入才是发展的动力。[4]

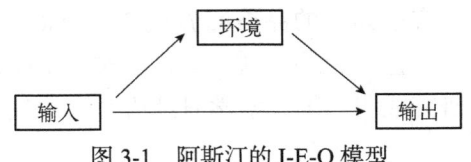

图 3-1 阿斯汀的 I-E-O 模型

师范生的自然成长过程往往呈现出螺旋上升的趋势。首先，在师范生发展的

---

[1] Pascarella E T, Terenzini P T. How College Affects Students, Volume 2: A Third Decade of Research[M]. San Francisco: Jossey-Bass Publishers, 2005: 155-160.
[2] 谷贤林. 大学生发展理论[J]. 比较教育研究, 2015, 37（8）: 26-31.
[3] 谷贤林. 大学生发展理论[J]. 比较教育研究, 2015, 37（8）: 26-31.
[4] Cassandra C. The Effectiveness of a First-Year Learning Strategies Seminar[D]. New Castle: Wilmington University, 2010: 16.

"输入"环节,即在刚刚成为师范生时,他们表现出来的发展特点是对"教师"这一职业最初的角色认同,师范生自身的从教潜质、从教意愿、从教意志等都会影响其自身的发展。其次,在师范生发展的"环境"环节,高校为师范生提供的课程资源、教育活动等都会对师范生的学习投入和专业能力产生至关重要的影响。正是在这一环节中,高校与师范生发展的联系最为紧密,这也是促进师范生高质量发展的关键环节。最后,在师范生发展的"输出"环节,师范生的发展突出表现为其是否达到了自身的职业目标、职业期望。在整个师范生发展过程中,职业愿景潜移默化地影响师范生的专业发展,表现为职业规划的制定与实施。

综上,按照师范生发展过程的自然规律,师范生在"输入"环节即自身具有的角色认同的基础上,在高校提供的"环境"中不断努力,表现为不断的学习投入,随着学习投入的增加,其专业能力得到提升,最后通过"输出"表现为高质量师范生的能力及职业愿景的实现。

(二)文献依据

随着教师教育的不断发展,对未来将成为准教师的师范生发展相关研究不断增加。纵观师范生发展相关文献,可以概括出如下描述性主题:一是师范生培养的知识、能力、情意、素养;二是师范生的动机、效能感、满意度;三是师范生培养过程;四是师范生专业发展;五是师范生培养政策、制度的实施效果;六是师范生培养环境;七是师范生培养质量评估。[1]将其中与师范生自身内在因素密切相关的主题抽离出来,可进一步概括为角色认同、学习投入、专业能力、职业愿景4个方面。

1. 师范生角色认同研究

角色认同感对师范生队伍稳定具有极其重要的意义。一部分相关研究聚焦于师范生的角色认同。在角色认同方面,调查研究、实验研究、个案研究等成果丰富。宁金平对师范生角色认同的培育途径进行了深入探讨,认为对教师角色的认同是师范生确立教师职业理想、实现与教师角色接轨、持续发展专业素养的重要前提,当前高等师范院校应该加强师范生角色认同的培育,从而提升师范生的质量。[2]张玉荣通过一个实习生个案,探讨了实习生在与重要他人互动的过程中如

---

[1] 宋萑,田士旭,吴雨宸. 职前教师培养实证研究的系统文献述评(2015—2019)[J]. 华东师范大学学报(教育科学版),2020,38(9):78-102.

[2] 宁金平. 职前教师角色认同的培育途径[J]. 教育评论,2014(5):45-47.

何理解教师工作并形成自己的教师身份认同。①赵宏玉等对免费师范生的教师职业认同的结构与特点进行了实证研究。②此外，还有相当一部分研究聚焦角色认同与学习投入等其他子维度的关系。例如，王阳以 776 名免费师范生为被试，采用问卷测量法，考察教师职业认同发展的年级特点及趋势，并分析了教师职业认同与学习投入、学业成就之间的关系。③对于师范生来说，只有建立起对教师这一角色的认同感，从心底真正热爱教育工作，才能把教育职业当成要为之奋斗终身的事业。④

2. 师范生学习投入研究

高水平的学习投入是师范生高质量发展的必要保障。师范生如果不能全身心投入自身的专业发展，积极主动提高自己的专业能力，师范教育的高质量发展就无从谈起。在学习投入方面，张屹等以"教育技术学研究方法课"为例探讨大学生课堂学习投入度及其影响因素，发现学习投入程度不同的学生在行为、情感、认知层面的发展水平也不同。⑤此外，叶晓力等在研究师范生自我概念和教师职业认同的关系时特别证明了学习型投入的中介作用，他们对某部属师范大学 501 名本科师范生展开了问卷调查，探索了师范生的自我概念、学习投入与教师职业认同之间的关系。⑥由此可见，学习投入是研究师范生发展的重要维度。

3. 师范生专业能力研究

师范生专业能力发展直接关系到未来教师队伍建设质量，是师范生教育的核心环节。师范生发展的相关研究者注意到专业能力的重要作用，并以此为中心开展了大量研究。朱旭东在研究教师教育标准体系的建立、探讨未来教师教育的方向时提出建立教学能力标准体系，指出以能力为基本需求的课堂教学应该成为重建教学体系的基本目标。⑦此外，有研究者专门对我国师范生综合素养及教学水平能力进行了调查，以期从专业能力维度着手促进师范生发展。一项调查显示，

---

① 张玉荣. 社会互动与实习生的身份认同[J]. 教育学术月刊，2012（11）：52-57.
② 赵宏玉，齐婷婷，张晓辉，等. 免费师范生的教师职业认同：结构与特点实证研究[J]. 教师教育研究，2011，23（6）：62-66.
③ 王阳. 免费师范生教师职业认同的特点及其与学业成就和学习投入的关系[J]. 黑龙江高教研究，2015（11）：96-100.
④ 高芳，胡小娜. 师范生教育情怀培养的困境与破解[J]. 教育评论，2020（11）：120-125.
⑤ 张屹，郝琪，陈蓓蕾，等. 智慧教室环境下大学生课堂学习投入度及影响因素研究——以"教育技术学研究方法课"为例[J]. 中国电化教育，2019（1）：106-115.
⑥ 叶晓力，欧阳华，曾双. 师范生自我概念与教师职业认同的关系：学习性投入的中介作用[J]. 教师教育研究，2021，33（3）：83-89.
⑦ 朱旭东. 教师教育标准体系的建立：未来教师教育的方向[J]. 教育研究，2010，31（6）：30-36.

师范生尤其是公费师范生在师资、选修与通识课方面表现较好,而专业课的表现较差,且与同校其他专业学生相比,师范生在大二和大三学年的成绩偏低。[1]有研究者通过调查发现,公费师范生的教学能力处于中等水平,其中,教学设计能力最弱,教学反思与矫正能力最好,教学实施能力居中。[2]除"教学"素养发展不足外,师范生的"师德""育人""发展"素养的发展均较为薄弱[3],这为促进师范生核心素养的培育提供了现实依据。从专业能力的精进跃升到综合素养的提高,诠释着专业能力对于师范生发展的重要作用。

4. 师范生职业愿景研究

师范生的职业愿景往往潜移默化地渗透在师范生发展的全过程之中。已有研究对师范生的职业愿景开展了相关调查。例如,以丁钢和李梅为代表的"全国高等师范院校师范生培养状况调查"项目组在对全国11个省份27所高等师范生发展状况进行大规模调查分析时,从"师范生的性别结构、性格特征与归因风格""师范生课程投入程度""师范生实践教学能力""师范生综合素养的提高""管理制度与师范生质量""师范生学习动机""师范生的自我认识、职业期待与工作满意度""教师的社会形象"8个方面进行了具体分析。[4]由钟启泉和崔允漷等组成的"教师教育课程标准"专家组在对我国教师教育课程现状进行分析时,针对师范生对教师角色的认同、学习的投入情况、专业素养的发展及其影响因素以及对未来的职业愿景等进行了分析。[5]综上,大规模的调查研究将师范生的职业期待等与职业愿景相关的内容作为考察师范生发展的重要维度。

综上,师范生发展的相关研究大多聚焦在角色认同、学习投入、专业能力、职业愿景4个维度,同时相关研究虽然聚焦在某一单一发展维度,但往往其中也交叉着其他发展维度。师范生作为一个个整体的人,对其发展的相关研究也必然具有一定的综合性。

---

[1] 张新亮,石艳,郑琦,等. 公费师范生学业表现的实证研究——基于某部属师范大学的行政数据[J]. 教育学报,2023,19(1):165-181.
[2] 杨爱君. 免费师范生教学能力研究[J]. 教师教育研究,2012,24(4):45-50,31.
[3] 崔宝华,周常稳. 师范类专业认证视域下高师院校师范生核心素养培育的实践困囿及纾解之策——基于全国12所师范院校的数据分析[J]. 教育科学,2023,39(2):56-63.
[4] 丁钢,李梅. 中国高等师范院校师范生培养状况调查与政策分析报告[J]. 教育研究,2014,35(11):95-106.
[5] "教师教育课程标准"专家组,钟启泉,崔允漷,等. 关于我国教师教育课程现状的研究[J]. 全球教育展望,2008(9):19-24,80.

（三）政策依据

师范生发展政策是促进师范生高质量发展的主要推动力。随着新时代教师队伍建设改革的不断全面深入，加强高水平教师教育体系建设、培养造就素质专业化创新型教师队伍、推动教师高质量发展成为重要议题。教育政策不断提高了对师范生的纵深发展的要求与综合全面发展的要求。

1. 师范生的纵深发展要求

政策要求不断推动师范生高质量发展。2017年，教育部印发《普通高等学校师范类专业认证实施办法（暂行）》，其中，《中学教育专业认证标准（第三级）》是国家对中学教育专业教学质量的卓越要求，指出师范生的毕业要求应涵盖以下内容：践行师德，包括师德规范、教育情怀；学会教学，包括知识整合、教学能力、技术融合；学会育人，包括班级指导、综合育人；学会发展，包括自主学习、国际视野、反思研究、交流合作。2021年，教育部办公厅印发《中等教育专业师范生教师职业能力标准（试行）》，将2017年的政策要求进一步深化，如在师德践行方面，2021年的政策在原来的师德规范与教育情怀的基础上进一步细化为理想信念、职业认同、自身修养等。由此可见，政策对师范生的发展提出了更加明确、高质量的要求。进一步细化、规范化的政策要求为本研究量表的一级指标与二级指标设计提供了有力支撑。

2. 师范生综合全面发展要求

教育部的有关政策清晰、明确地阐明了新时代师范生的要求。2021年，教育部办公厅印发《中等教育专业师范生教师职业能力标准（试行）》，明确表明师范生需要掌握师德践行能力、教学实践能力、综合育人能力、自主发展能力。在这四大能力之下，该文件又具体阐述了对师范生的具体要求，如具有高度的职业认同、掌握专业知识和教学能力、注重职业成长规划等。可见，师范生相关教育政策对师范生的角色认同、学习投入、专业能力到职业愿景都有较为明确的要求，致力于从师范生成长的全过程角度，以政策的方式促进师范生综合全面发展，使其成长为适合新时代的教师。

综上所述，师范生发展的理论基础、文献依据与政策依据为本研究测评主题的确定提供了坚实的理论基础与现实参考，本研究最终确定了师范生的角色认同、学习投入、专业能力、职业愿景这4个核心议题，以深入探究新时代师范生群体的发展状况。

二、中国师范生发展研究测评体系构建

中国师范生发展评价工具的编制以促进发展为测评目的，以评价内容力求全面综合为基本理念，力求客观地呈现中国师范生发展的真实水平。工具编制经历了专家访谈、理论及文献梳理、专家集中讨论、试测问卷分析等过程，最终确定了师范生发展情况调查问卷。该问卷从角色认同、学习投入、专业能力、职业愿景4个方面衡量中国师范生的发展水平。

（一）中国师范生发展情况调查问卷编制过程

中国师范生发展情况调查问卷的编制过程体现了本土化特点，通过对部分学校学生处相关教师进行访谈，课题组细致了解了我国高校师范生培养相关环节以及培养现状。在此基础上，课题组进行了系统的理论与文献梳理，形成了初步的中国师范生发展情况调查问卷基本框架。此外，课题组组织的专家集中讨论会也将一线教师纳入其中，以使编制的问卷贴合中国师范生的学习与生活实际。最终综合有关专家建议、理论和文献梳理、专家讨论结果以及对试测问卷的数据分析结果，课题组确定了中国师范生发展情况的评价指标，并使用正式的中国师范生发展情况调查问卷在全国范围内进行调查。

1. 专家访谈

课题组对有关我国师范生培养的文献进行梳理之后，从理论层面上了解了其他研究者基于何种角度来评价我国师范生的发展与培养情况。那么，在有关师范生培养的一线教师和专家看来，又该从哪些角度构建全面客观的师范生发展情况测评体系呢？

课题组首先采用专家访谈法，从师范生培养模式、师范生就业与职业发展、师范生培养过程的重点与难点等方面与3位师范院校师范生培养专家教师进行了深入对话，通过访谈了解到专家教师在师范生培养过程中的独到见解和创新实践，以及他们对教育改革与发展的看法和建议。

课题组对专家教师的看法和建议进行了总结，具体如下：专家教师认为师范生的培养和发展情况主要是通过学习情况和专业能力水平体现出来，学习可以提高师范生的教育教学能力、职业竞争力、教育情怀、终身学习能力、个人综合素质以及学术研究水平，从而促进师范生的发展，而师范生对教师职业的信念和对教师职业的愿景可能是促使其主动学习、寻求发展的不竭动力。

基于专家的经验和建议，课题组进一步进行了归纳与总结，对师范生发展情

况评价维度进行进一步聚焦，如教师信念聚焦为角色认同，培养状况聚焦为学习投入和专业能力，职业生涯规划聚焦为职业愿景，在此基础上得到了初步的师范生发展情况的基本维度——角色认同、学习投入、专业能力和职业愿景。

2. 理论及文献梳理

在师范生发展情况的基本维度及指标初步确定之后，课题组对角色认同、学习投入、专业能力和职业愿景的相关理论及文献进行了系统梳理。这一过程确保了问卷内容与现有的理论框架相契合，确保了问卷的编制不仅基于坚实的理论基础，而且能够全面、准确地反映和测量所关注的维度，从而提高了问卷的结构效度和理论严谨性。

关于师范生角色认同，角色认同是个体对其所承担的角色身份进行认知、体验以及采取与角色一致的行为的过程，师范生角色认同是指学生对自己目前学生身份角色的认同，以及对自己未来教师角色的认同。由于师范生群体具有双重身份的特殊性，目前已有的教师职业认同模型并不适用，并且职业认同仅能涵盖师范生角色认同含义的一部分，本研究拟采用师范生角色认同以探究其双重角色身份认同情况。纵观已有文献，许多学者针对师范生职业认同的结构和特点展开了深入研究。张芬只和郑高洁研究了师范生的职业认同，涵盖认识与态度、职前准备、职业意愿和情感体验4个方面。[1]王鑫强等将师范生职业认同分为职业认知、情感、意志、期望、价值观和行为倾向6个维度。[2]马红宇等提出职业认同的三因子结构，即职业价值认同、职业发展意愿和职业准备行为。[3]吴晓玮等基于现代效度理论，认为"二阶二因子一阶四因子"模型最优，即职业认同由职业价值观（内在价值观、外在价值观）和职业归属感（角色接纳、从教承诺）构成。[4]在充分理解和借鉴师范生教师角色认同的内涵与结构基础上，课题组结合国家在师范生培养方面的相关政策精神，经过文献阅读、政策梳理，初步确定了本次师范生角色认同调查维度的5个一级指标：报考动机、从教动机、从教潜质、从教意愿、从教意志。

关于师范生学习投入，现有关于师范生学习投入的相关研究大多沿用弗雷德

---

[1] 张芬只，郑高洁. 河南省师范生职业认同感调查研究[J]. 天中学刊，2007，22（3）：127-130.

[2] 王鑫强，曾丽红，张大均，等. 师范生职业认同感量表的初步编制[J]. 西南大学学报（社会科学版），2010，36（5）：152-157.

[3] 马红宇，蔡宇轩，唐汉瑛，等. 师范生教师职业认同的内在结构与特点[J]. 教师教育研究，2013，25（1）：49-54.

[4] 吴晓玮，张华玲，姚琼，等. 师范生职业认同多维结构的初步效验——基于现代效度理论的视角[J]. 教师教育研究，2021，33（4）：60-67.

里克（Fredricks）对学习投入做出的界定，学习投入是指个体在学习过程中，在认知、情感、行为等方面所付出的时间、精力和努力程度。弗雷德里克等提出的"认知—情感—行为"三维度心理结构是当前学界接受度较高的划分方式，该结构将学习投入划分为认知投入、情感投入、行为投入3个部分，认为学习投入是一个"元"结构，通过认知、情感和行为维度，综合考虑学生的所思、所感、所行。[1]后续研究者在此基础上依据各自研究目的和重点对该结构进行变化和延伸。叶晓力等将师范生学习投入的维度划分为课业学习投入、深层学习投入、师生互动投入、同伴互动投入、课外学习投入、情感投入。[2]袁琳等采用李西营和黄荣改编的大学生学习投入量表，从动机、精力、专注3个维度调查师范生的学习投入。[3]综上，课题组经理论和文献梳理，初步拟定师范生学习投入的维度包括认知投入、情感投入和行为投入。

关于师范生专业能力，有研究者指出，师范生与在职教师在角色身份上有差异，导致二者的专业能力存在不等价性。[4]因此，本研究中的师范生专业能力指的是师范生作为学生角色和未来教师角色所共同需要的从事教育教学活动必备的能力，即师范生能达成毕业要求、实现培养目标的必备能力（学生角色），也包括未来从事教育工作的基础能力（未来教师角色）。梳理已有文献发现，目前研究者对师范生专业能力及构成要素的认识基本达成一致，认为师范生专业能力包括教学能力、教育能力、研究能力、创新能力等。罗树华和李洪珍提出，教师的专业能力涵盖三大核心部分：其一是基础能力，包括智慧、表达和审美等方面；其二是职业能力，涉及教育、班级管理和教学等多个维度；其三是自我完善能力，体现在自学、教育研究、论文撰写、教学创新及人际交往的处理上。[5]郝林晓和折延东认为，应从横、纵两个层面来考虑师范生专业能力：横向层面上，应关注教育能力和教学能力；纵向层面上，应包含前专业能力、专业意识与生成能力以及专业调适能力。[6]吴志华和柳海民提出，教师专业能力涵盖以下关键领域：把握教育目标、自我反思与持续发展、教育研究、学生理解与沟通、资源利

---

[1] Fredricks J A, Blumenfeld P C, Paris A H. School engagement: Potential of the concept, state of the evidence[J]. Review of Educational Research, 2004, 74（1）: 59-109.
[2] 叶晓力, 欧阳光华, 曾双. 师范生自我概念与教师职业认同的关系: 学习性投入的中介作用[J]. 教师教育研究, 2021, 33（3）: 83-89.
[3] 袁琳, 郑家福, 侯永青. 师范生职业使命感对学习投入的影响: 职业认同的中介作用和心理资本的调节作用[J]. 西南大学学报（社会科学）, 2022, 48（6）: 218-227.
[4] 任友群, 闫寒冰, 李笑樱. 《师范生信息化教学能力标准》解读[J]. 电化教育研究, 2018, 39（10）: 5-14, 40.
[5] 罗树华, 李洪珍. 教师能力学[M]. 济南: 山东教育出版社, 1997: 27.
[6] 郝林晓, 折延东. 教师专业能力结构及其成长模式探析[J]. 教育理论与实践, 2004（14）: 30-33.

用与开发、教学设计与监控、现代技术应用以及教学评估。[1]也有学者结合学科提出，教师专业能力应包括学科能力和专业能力。[2]基于上述文献分析，本研究结合2021年教育部办公厅发布的《中学教育专业师范生教师职业能力标准（试行）》等5个文件，初步确定了师范生专业能力的指标体系，主要包括学科转化能力、教学实践能力、技术融合能力、综合育人能力和反思创新能力5个一级指标。

关于师范生职业愿景，教师职业愿景最初由教师愿景逐步演变而来，有研究者指出，教师愿景是教师对理想的职业工作实施的设想，主要内容包括对自我的发展设想、对教学实施的发展设想、对学生培养发展设想3个方面，愿景具有一定的道德色彩，体现了对"好教师""好教学"或者"卓越教学"的追求。[3]围绕教师愿景，研究者开展了一系列拓展性研究，延伸出了专业成长愿景、专业愿景、就业愿景等不同词汇，从而对教师愿景进行了细致剖析和探讨。[4]总体而言，关于教师愿景研究主要聚焦于教师对于工作和职业方面的愿景设想，探讨其对教育事业、专业发展以及职业成就的期望和追求。基于已有文献，本研究中的师范生职业愿景是指师范生对教育事业的责任感和使命感，以及对未来职业发展的期待和规划，并初步确定了师范生职业愿景的指标体系主要包括职业目标、保健因素、规划实施3个方面。

3. 专家集中讨论

本研究运用德尔菲法，通过组织专家参与多轮讨论，以收集他们对师范生发展情况等问题的意见和建议。专家集中讨论是一种定性研究方法，依赖于专家的知识、经验和洞察力来解决问题或提供决策建议。在具体实施过程中，课题组会邀请一群在特定领域具有专业知识和经验的专家参与讨论。讨论通常分为几轮，每轮讨论后，课题组会整理和总结专家的意见，并在下一轮讨论之前对已有意见进行修改和完善。通过多轮讨论，专家逐步达成共识，为后续研究提供有价值的见解和建议。专家选择是影响德尔菲法研究结果质量的最重要的因素，参与本研究讨论的专家共有10位，均为教师教育者，且大多曾经参与过问卷的研发工

---

[1] 吴志华, 柳海民. 论教师专业能力的养成及高师教育课程的有效教学途径[J]. 教师教育研究, 2004, (3): 27-31.
[2] 朱旭东. 论教师专业发展的理论模型建构[J]. 教育研究, 2014, 35 (6): 81-90.
[3] 贺敬雯. 教师愿景与教师发展的关系研究[D]. 长春: 东北师范大学, 2014.
[4] 金东海, 蔺海沣. 新任特岗教师专业成长愿景与实现路径——基于甘肃省2012年新招录特岗教师的调查研究[J]. 教学与管理, 2014 (13): 9-12; 张佳, 王莎. 乡村新教师专业愿景结构维度研究[J]. 内蒙古师范大学学报（教育科学版）, 2022, 35 (2): 58-65; 张欢, 王丽. 中西部十省高校贫困生就业愿景现状调查报告[J]. 高等教育研究, 2008 (3): 39-45.

作，并常年活跃在教育研究一线，他们对于师范生的培养与发展情况有独到的见解和视角。

（1）第一轮专家集中讨论

第一轮专家讨论的目的是征求专家对师范生发展情况调查四大维度的意见和建议。

对于师范生发展应该聚焦在哪些方面，专家指出应首先明确师范生发展的具体指向，并提出可以借助教育统计年鉴呈现中国师范生近10年的量的发展重点与趋势，或通过抽样、访谈等呈现培养模式、生源结构、招生就业等方面的变化，以总结归纳师范生发展的具体指向。

针对四大维度的设计和选择，专家指出，围绕角色认同、学习投入、专业能力、职业愿景4个方面开发的工具，应是工具群而不是一个整体，是否可以把4个方面融为一个整体，进而开发分量表。

关于各维度之间的关系，专家建议本研究要进行一体化设计，不能将四大维度割裂开来，要思考角色认同、学习投入、专业能力、职业愿景四大维度之间的关系。具体到各维度上，专家认为师范生职业愿景和角色认同的部分内容可能存在重合，可以考虑整合角色认同与职业愿景。

经过一系列讨论，课题组最终确定了从师范生角色认同、学习投入、专业能力以及职业愿景4个方面构建中国师范生发展情况调查问卷。

（2）第二轮专家集中讨论

第二轮专家讨论主要围绕师范生发展情况调查工具的4个分量表指标设计展开。

关于师范生角色认同部分，课题组根据最新的师范生职业认同研究成果，将其归纳推理出的两个结构进行创造性运用，基于我国师范生角色认同现状构建了5个一级指标，分别是报考动机、从教动机、从教潜质、从教意愿、从教意志。针对课题组初步构建的一级指标，首先，专家指出，由于师范生是具有学生和未来教师双重身份的特殊群体，应先明确"角色"指的是学生身为"师范生"的角色，还是身为"未来教师"的角色，抑或是对于"教师"这个身份的看法和认同，如果是对于"师范生"的角色认同，应进一步修改维度名称。经过讨论，最终将角色认同界定为对于自己现在作为"师范生"的认同，以及将来作为"中小学教师"的认同，既是对自己目前身份角色的认同，也是对自己未来职业角色的认同。其次，有专家建议将报考动机和从教动机整合为一个一级指标，并提出将报考动机作为调查的背景信息，考察师范生高考志愿为师范专业的原因。

关于师范生学习投入部分，此部分以心理学视角下学生学习投入的权威工具为参考依据，从认知投入、情感投入以及行为投入3方面对师范生学习投入进行衡量。专家提出，首先，从整体上看，研究者应重视师范生从低阶思维到高阶思维的发展过程，如明确认知投入的划分逻辑，将其中的学习策略观测点划分为低阶与高阶两个层次。其次，课题组应提升指标与师范生主体的匹配度，结合师范生本身的学习和生活，突出师范生学术的主体特性，如提议在行为投入中加入学以致用作为二级指标。此外，专家建议学习投入指标可更侧重于典型性而不是全面性，以凸显师范生发展报告的发展效应。

关于师范生专业能力部分，专业能力指标体系主要包括学科转化能力、教学实践能力、技术融合能力、综合育人能力和反思创新能力5个一级指标。首先，针对一级指标学科转化能力，专家认为在该部分应突出师范生对课程标准的理解，只有对课程标准理解之后才能进行下一步的转化实践。其次，具体到二级指标，专家指出教学实践能力的二级指标教学指导相对宽泛，应改为学习指导，并将效果评价改为教学评一体化。再次，专家提出将教学设计、教学实施、教学评价作为教学实践能力二级指标，并将技术融合能力的二级指标诊断反馈融入智慧教学中。最后，有专家建议一级指标教学实践能力中的教学指导应改为教学实施，并将"立德树人"作为综合育人能力的首要二级指标。

关于师范生职业愿景部分，专家针对该部分的指标设定进行了细致讨论，并提出了3点建议：一是应单独提出"职业目标"这一维度，并在此维度下区分出国家指向和专业追求，作为职业目标的二级指标，如可在二级指标中体现"四有好教师""教育家型教师"或"卓越教师"；二是"保健因素"等二级指标的名称表述仍和研究所需不尽贴切，需另作思考是否保留该维度；三是"规划实施"指标是通过个体的学习或行为投入来呈现的，该维度可与学习投入中的行为投入维度融合。经过讨论，最终删除"保健因素""规划实施"二级指标，并添加"职业目标"作为一级指标。

（3）第三轮专家集中讨论

第三轮专家讨论主要围绕个别基本信息题的呈现方式及问卷试题的表述而展开。

首先，研讨问卷的第一部分个人基本信息题的表述及选择项的呈现方式。有专家提出，有些基本信息题下设的选项不足以覆盖本次调查的对象，如在"您所在的高校类型为＿＿＿"一题中，高等师专院校同样被本次调查囊括在内，高等师专院校和本科师范院校的数据对比或许存在差异，因此专家建议扩大选项覆盖范围，将高等专业院校设为备选项。也有专家就"您平时消费支出由多到少前三项为＿＿＿"一题提出质疑，专家认为排序题需要作答者进行更进一步的信息加工，依据以往问卷回收经验，排序题的作答结果往往不尽如人意，因此专家建议将此题修改为多选题，并将表述修改为"您平时消费支出最多的前三项为_____"。另外，课题组在基本信息部分设置了一道填空题，用来调查师范生对于薪资待遇的期望，该题为"参加工作后您期待年收入（包括工资、各类奖金、绩效等）大概是_____万元，期望税后实际到手月薪约为_____元"，有专家认为，该题中包含了两个问题，且两个问题的单位并不一致，一个为"万元"，一个为"元"，很有可能造成学生回答的混乱和不统一，统计起来比较困难，并且作为尚未毕业的学生，对年薪和税后月薪可能并不能很好地把握，因此专家建议将本题修改为单个填空题。参考专家建议，课题组将本题修改为"参加工作后您期望月薪约为_____元"。

其次，修改量表部分试题表述。根据专家建议，课题组修改了部分表述重点不明晰的题项，如将"成为一名教育家型教师是我终身职业追求"修改为"我会以教育家为榜样，传承弘扬教育家精神"。此外，专家也对一些表述程度复杂的题项提出了修改建议，如将"我经常将教育研究方法运用于真实情境解决教育科研问题"修改为"我经常运用教育研究方法解决教育科研问题"，将"我对课程中的复杂问题喜欢刨根问底"修改为"我总是对课程中的复杂问题刨根问底"。此外，为避免祈使句表述引起学生的抵触情绪，专家建议进一步斟酌修改问卷题项的表述，如将题项"令我以后选择从教的主要原因是教师社会地位较高、受人尊敬""令我以后选择从教的主要原因是当老师可以体现我的人生价值"等修改为以第一人称进行表达，如修改为"我以后选择从教的主要原因是教师职业能够让我教书育人、传播知识、塑造灵魂，有益于他人"。

4. 试测分析

初拟问卷确立后，为检验问卷的信效度情况以及内容表述和题量是否合适，我们用该初拟问卷对 D 师范大学的学生进行了第一轮试测，共回收 1295 份有效问卷。数据分析显示，初拟问卷的克龙巴赫 α 系数为 0.97，表明该问卷具有较好的内部一致性。[①]详细分析见本章第三节。接下来对试测问卷进行探索性因素分析，目的在于检验问卷的结构效度，发现问卷的潜在结构，以缩减题项，使之成为题项少但能反映彼此之间密切相关关系的问卷。数据分析显示，初拟问卷的 KMO 值大于 0.90，因此该数据适合进行因素分析，该问卷指标结构较好。[②]详细分析见本章第三节。

---

① 吴明隆. 问卷统计分析实务——SPSS 操作与应用[M]. 重庆：重庆大学出版社，2010：244.
② 吴明隆. 问卷统计分析实务——SPSS 操作与应用[M]. 重庆：重庆大学出版社，2010：208.

对初拟问卷进行修改之后，课题组进行了第二轮试测，本次试测选取了来自C师范大学和J师范大学的学生，共回收了1210份有效问卷，数据分析显示，修改后问卷的克龙巴赫α系数为0.98，表明该问卷具有较好的内部一致性。

5. 正式问卷维度

问卷总体包括三部分内容：师范生的背景信息、师范生发展情况量表及开放问题调查。如表3-1所示，师范生发展情况量表的评价指标具体包括角色认同、学习投入、专业能力、职业愿景4个一级指标，其中角色认同包括从教潜质、从教意愿、从教意志和职业使命感4个二级指标，学习投入包括认知投入、情感投入和行为投入3个二级指标，专业能力包括学科转化能力、教学实践能力、综合育人能力、反思研究能力4个二级指标，职业愿景包括职业目标、职业期望和职业规划3个二级指标。

表3-1 师范生发展情况量表正式调查维度

一级指标	二级指标			
角色认同	从教潜质	从教意愿	从教意志	职业使命感
学习投入	认知投入	情感投入	行为投入	—
专业能力	学科转化能力	教学实践能力	综合育人能力	反思研究能力
职业愿景	职业目标	职业期望	职业规划	—

（二）中国师范生发展情况调查问卷指标构成

中国师范生发展情况调查问卷主要包括背景信息调查、师范生发展情况评价以及开放问题3个部分。其中，背景信息涉及被调查者的社会人口学因素、报考及就读师范专业的原因和感受、学习习惯、职业规划与目标等。师范生发展情况评价具体分为角色认同、学习投入、专业能力、职业愿景4个维度。开放问题部分主要考察师范生认为其培养发展过程中存在哪些问题及相应的对策或建议。

1. 师范生角色认同维度

师范生的角色认同是指师范生对从事教师职业的认识、价值取向及情感倾向，具体包含师范生的从教潜质、从教意愿、从教意志和职业使命感。从教潜质是指师范生从事教育工作应具备的个性特征与基本素质，如师范生的爱心、同情心、人际交往能力和沟通能力等。从教意愿是指师范生对从事教师职业的选择倾向和心理准备，如把教师作为未来职业的第一选择、从内心准备好成为一名教师等。从教意志是指师范生对未来从教的坚定意志，包括不受外部条件变化而坚定从教、对终身从教有强烈的承诺等。职业使命感是指师范生对教师职业的责任感、价值感和利他心表现，如师范生对教师工作价值的认同、对从教的向往和使命感等。

2. 师范生学习投入维度

师范生的学习投入主要体现为师范生在认知、情感和行为3个方面对学习的投入程度。师范生的学习投入主要体现在其学习策略的选择和自我监控的执行，如对自己教学基本能力的认知和评价。师范生的情感投入包括学习热情和学习韧性，如对知识获取的积极态度、面对困难和挫折时表现出的坚韧和逆境应对能力等。师范生的行为投入包括主动参与、学业专注和学以致用，主动参与是指师范生在学习中的积极参与、讨论和合作，学业专注是指师范生在学习过程中的精神集中和认知深度，学以致用是指师范生在实际教学中将所学知识应用于实践的能力和信念。

3. 师范生专业能力维度

师范生的专业能力涵盖学科转化能力、教学实践能力、综合育人能力和反思研究能力4个维度。学科转化能力主要体现为学科理解和学科整合两方面的素养，包括师范生对所教授学科知识、体系和价值的理解，以及将不同学科的知识和技能有机结合并实施跨学科教学的能力。教学实践能力包含教学设计和教学实施两个层面，如制定合理的教学计划和教学目标、灵活运用教学方法并有效组织课堂活动。综合育人能力包括立德树人和心理辅导两个方面，如良好的道德品质和强烈的责任心，有效解决学生的学习与生活问题等。反思研究能力涵盖诊断调控和反思研究两个层面，要求师范生能够对教学过程进行深入分析，及时调整教学策略以提高教学效果，并对自身教学实践进行系统性反思，开展教学科研。

4. 师范生职业愿景维度

师范生的职业愿景涵盖职业目标、职业期望和职业规划3个关键方面。师范生的职业目标包括国家指向和专业追求两部分，国家指向体现为师范生对教育事业的热爱和责任感，为社会培养更多有贡献价值的人才，专业追求强调师范生对于个体专业发展的追求。职业期望包括就业选择和综合待遇两个层面，就业选择体现为师范生对于从教地区及学校的选择，综合待遇则强调师范生对于薪酬、职业发展机会和工作环境等综合因素的期望。职业规划涉及规划制定和规划执行两个阶段，包括师范生在职业发展初期明确目标、评估自身能力和资源，以及制定长短期的职业规划的能力，规划执行则强调师范生在实际择业和就业过程中的执行能力。

三、中国师范生发展研究测评工具设计

工欲善其事，必先利其器。信效度良好的测量工具是进行数据分析和实践考察的必要前提，具有基础性地位。若想对中国师范生发展的现实状况进行深度调查，需要在师范生总体特征和教育特质的基础之上，设计具备坚实可靠性的研究工具，这是客观、深刻揭示中国师范生多元发展方向的先决条件和有力支撑。

（一）中国师范生发展情况调查问卷的设计与构成

本次调查主要是对中国师范生发展状况的考察，通过系统梳理已有相关文献、国家教育政策，同时结合我国师范生当前的现实状况和职前教师教育的培养特点，通过专家咨询、非结构式访谈，确定了本次调查的总体目标，明确角色认同、学习投入、专业能力和职业愿景4个维度的概念内涵和分析框架，并编制了初版的中国师范生发展情况试测问卷。

问卷由6部分构成，共198题（表3-2）。第一部分是师范生的个人信息及学校信息，包括师范生的人口学变量信息、师范生专业类别及高校类型等30题。第二部分是师范生角色认同状况调查，包括报考动机、从教动机、从教潜质、从教意愿和从教意志5个维度，共50题。第三部分是师范生学习投入状况调查，包含认知投入、情感投入和行为投入3个维度，共48题。第四部分是师范生专业能力状况调查，包括学科转化能力、教学实践能力、技术融合能力、综合育人能力和反思研究能力5个维度，共54题。第五部分是师范生职业愿景状况调查，涉及职业目标和职业规划2个维度，共15题。角色认同和专业能力两个分量表的所有题项均为单选题，采用利克特量表五级计分，从"完全不符合"到"完全符合"计为1～5分。学习投入和职业愿景的大多数题项为单选题，同样采用利克特量表五级计分。此外，为了不限制师范生发展的丰富内涵，个别题项设置为多选题，利于深切体察师范生的学习特点和愿景期望。第六部分为开放问题，目的在于收集师范生对该问卷的看法以及对初拟问卷的修改意见。

表 3-2 中国师范生发展状况调查问卷总体构成

调查内容	一级指标	题项数/个
1. 背景信息	人口学变量信息、师范生专业类别、高校类型等	30

续表

调查内容	一级指标	题项数/个
2. 师范生角色认同状况调查	报考动机	8
	从教动机	12
	从教潜质	15
	从教意愿	10
	从教意志	5
3. 师范生学习投入状况调查	认知投入	12
	情感投入	17
	行为投入	19
4. 师范生专业能力状况调查	学科转化能力	12
	教学实践能力	10
	技术融合能力	8
	综合育人能力	12
	反思研究能力	12
5. 师范生职业愿景状况调查	职业目标	3
	职业规划	12
6. 开放问题	问卷改进建议	1

（二）中国师范生发展情况调查问卷的试测与分析

预试问卷确立后，为检验问卷信效度情况及题项表述、题目数量是否合适，课题组开展了两轮小规模的问卷试测。两轮试测均通过网络发放电子问卷，首次试测共回收问卷 1760 份，有效问卷 1295 份，有效率为 73.58%；第二次试测共回收问卷 1430 份，有效问卷 1210 份，有效率为 84.62%。为保证信效度检验的可靠性，当预试样本与量表题项数的比例为 1∶10 时，检验结果会更有稳定性。[1]本次调查所采用的预试问卷中，题项数最多的分量表为 54 题，题项数与预试样本数的比例超过 1∶10，因此符合进行信效度检验的试测样本标准。对于两轮试测回收的问卷，一方面用来分析接受试测的师范生对问卷改进的建议，依此对问卷的题项表述和题项数进行调整；另一方面通过 Excel 和 SPSS 26.0 数据分析软件对问卷进行统计检验，主要对师范生角色认同、学习投入、专业能力和职业愿景 4 个分量表的题项进行深入的问卷质量分析。师范生角色认同分量表题项

---

[1] 吴明隆. 问卷统计分析实务——SPSS 操作与应用[M]. 重庆：重庆大学出版社，2010：207.

用 A 表示，学习投入分量表题项用 B 表示，专业能力分量表题项用 C 表示，职业愿景分量表题项用 D 表示。

1. 第一轮试测结果分析

第一轮试测是对预试问卷内容适切性的初步分析，通过问卷星网络平台发放电子问卷，筛除作答时间过短、具有明显规律性作答的无效问卷，对回收的 1295 份有效问卷进行信度分析、项目分析和效度检验。根据信效度分析结果，对预试问卷进行调整和修改，为第二轮试测问卷的形成提供客观依据。

（1）试测对象

第一轮试测以某部属师范大学的师范生为调查对象，试测对象基本情况见表 3-3。

表 3-3　第一轮试测对象基本情况

类别		n	百分比/%
性别	男	318	24.56
	女	977	75.44
年级	大一	369	28.49
	大二	332	25.64
	大三	380	29.34
	大四	214	16.53

如表 3-3 所示，第一轮预试样本中，师范生在性别比例上呈现出"女多男少"的失衡样态，这与中小学校中男女教师比例失衡的基本状况相一致。在年级上，预试样本中的师范生比较均匀地分布在大一到大四 4 个年级之中，基本可以排除由于不同组别人数的不相等性给数据分析所带来的干扰和影响。

（2）试测问卷的信度分析

信度是指测验或量表工具所测结果的稳定性以及一致性，利克特量表最常用的信度检验方法为检验克龙巴赫 α 系数，用来判断量表题项的内部一致性。用 SPSS 26.0 软件对 1295 份有效样本进行信度检验，分析结果如表 3-4 所示。在社会科学领域的研究中，总量表的信度系数最好在 0.80 以上。对于分量表，克龙巴赫 α 系数的判别标准如下：当分量表的克龙巴赫 α 系数在 0.70~0.80 时，说明分量表信度处于较佳水平；当分量表的克龙巴赫 α 系数在 0.80~0.90 时，说明分量表信度很高；当分量表的克龙巴赫 α 系数大于等于 0.90 时，说明分量表的信度非常好。[1]在第一轮试测问卷的内部一致性分析中，各分量表及总量表的克龙巴赫 α 系数均在 0.90 以上，说明师范生发展量表整体及角色认同、学习投入、专业能力和职业愿景 4 个分量表信度都处于较高水平。其中，由于调查师范生学习投入时需要参考学生所参加的学习活动情况，调查师范生职业愿景时涉及学生的就业选择，即师范生职业期望，从数据类型来看，这些调查信息无法用顺序数据表示，只说明属性上的不同或类别上的差异[2]，只能用称名数据的表示方法进行考察，因此属于不能进行数据分析的题项，也就是说师范生职业期望指标不参与量表题项部分数据分析。

表 3-4　第一轮试测中师范生发展情况总量表及各分量表内部一致性系数

维度	克龙巴赫 α 系数
角色认同	0.97
学习投入	0.98
专业能力	0.99
职业愿景	0.97
总量表	0.99

为进一步检验师范生角色认同、学习投入、专业能力和职业愿景各分量表的可靠性水平，对各分量表所包含的具体维度分别进行信度检验，各维度信度检验分析的结果如表 3-5 所示，在师范生角色认同分量表中，除报考动机维度外，其他维度的克龙巴赫 α 系数均在 0.90 以上，说明信度指标值都处于优良水平。报考动机维度的克龙巴赫 α 系数虽然低于其他 4 个维度，但仍大于 0.70，依据分量表的信度检验标准，报考动机维度的信度也处于较高水平。师范生学习投入、专业能力和职业愿景 3 个分量表各维度的克龙巴赫 α 系数均在 0.90 以上，表明各维度的可靠性水平比较理想。

表 3-5　第一轮试测中师范生发展情况分量表各维度内部一致性系数

分量表	一级指标	克龙巴赫 α 系数	题项数/个
角色认同	报考动机	0.75	8
	从教动机	0.93	12
	从教潜质	0.95	15
	从教意愿	0.90	10
	从教意志	0.91	5

---

[1]　吴明隆. 问卷统计分析实务——SPSS 操作与应用[M]. 重庆：重庆大学出版社，2010：244.
[2]　张厚粲，徐建平. 现代心理与教育统计学（第四版）[M]. 北京：北京师范大学出版社，2015：16.

续表

分量表	一级指标	克龙巴赫α系数	题项数/个
学习投入	认知投入	0.96	12
	情感投入	0.92	17
	行为投入	0.97	19
专业能力	学科转化能力	0.97	12
	教学实践能力	0.97	10
	技术融合能力	0.96	8
	综合育人能力	0.97	12
	反思研究能力	0.97	12
职业愿景	职业目标	0.93	3
	职业规划	0.97	12

（3）试测问卷的项目分析

利用题总相关法对试测中所有被试的各题目得分与量表总得分进行相关分析。题总相关法是采用同质性检验作为个别题项筛选的指标，对试测中所有被试的各题项得分与问卷总得分进行相关分析，如果各题项与总分的相关性越高，代表题项与整体量表的同质性越高，即题项与量表所要测量的心理特质更为接近。一般情况下，当个别题项与总分的相关系数未达到显著水平或二者为低度相关（皮尔逊积差相关系数低于0.40）时，表示题项与整体量表的同质性较低。[①]据此，课题组对第一轮试测的中国师范生发展情况量表逐题进行项目分析，以筛选和确定需要删除的题项，进一步提高问卷的整体信度。

师范生角色认同分量表题目与题项总分间的相关值如表3-6所示，该分量表中的A2、A3、A5、A48与总分的相关系数小于0.40，表明题项与分量表整体的同质性较低，依据上述判断标准，可以考虑将这4道题项进行删除处理。

表3-6　第一轮试测中师范生角色认同分量表题目与题项总分间的相关性（N=1295）

项目	r
A2	0.18
A3	0.31*
A5	0.23*
A48	−0.03*

注：仅显示$|r|$<0.4的题项，*p<0.05，**p<0.01，***p<0.01，下同

---

① 吴明隆. 问卷统计分析实务——SPSS操作与应用[M]. 重庆：重庆大学出版社，2010：181.

师范生学习投入分量表题项与总分间的相关值如表 3-7 所示，该分量表中的 B18、B33 两道题项与总分的相关未达到显著水平，且相关系数均小于 0.40，即两者呈低度相关，据此可以考虑将这两道题项删除。

表 3-7　第一轮试测中师范生学习投入分量表题目与题项总分间的相关性（N=1295）

项目	r
B18	−0.33
B33	0.02

注：仅显示|r|<0.4 的题项

师范生专业能力和职业愿景分量表的所有题项与总分间的相关均达到了显著水平，且题项与总分的积差相关系数都在 0.40 以上，说明师范生专业能力和职业愿景两个分量表的题项与总分间均呈中高度相关，表示题项与整体量表的同质性较高，与所要测量的师范生潜在行为和心理特质比较接近，因此不考虑删除专业能力和职业愿景分量表所包含的题项。

（4）试测问卷的效度检验

本次调查采用专家研讨和咨询的方式来确定预试问卷题项，以保证问卷的内容效度，并在此基础上进行因素分析，以检验问卷的结构效度以及问卷题项实际所测得的数据是否符合理论上建构的问卷维度。在进行因素分析前，首先进行 KMO 检验和 Bartlett 球形检验。KMO 指标值的范围为 0～1，当 KMO 值小于 0.50 时，表示题项间不适合进行因素分析；当 KMO 指标值大于 0.80 时，表示题项间的关系是良好的，适合进行因素分析；当 KMO 指标值大于 0.90 时，表示题项间的关系是极佳的。[①]对 1295 份样本进行效度检验，分析结果见表 3-8，量表总体的 KMO 值为 0.98，各分量表的 KMO 值处于 0.92～0.97，说明量表整体及各分量表的 KMO 值均处于可以接受的范围，表明该问卷的项目数据适合进行探索性因素分析。

表 3-8　第一轮试测中师范生发展情况量表因素分析前的线性检验

因素	KMO 值	χ^2	df	p
角色认同	0.94	2159.80	280	<0.001
学习投入	0.92	3269.96	260	<0.001
专业能力	0.97	3719.32	348	<0.001
职业愿景	0.95	1248.55	167	<0.001
总量表	0.98	6778.34	865	<0.001

---

① 吴明隆. 问卷统计分析实务——SPSS 操作与应用[M]. 重庆：重庆大学出版社，2010：208.

在因素分析程序中，因素负荷量的挑选准则最好在 0.40 以上，此时共同因素可以解释 16% 的题项总变异量。①在本次调查中，根据因素分析中旋转后成分矩阵结果，B35、B43、B48、C18、C22、C23、C26、C27、C31、C32、C34 的因素负荷量均小于 0.40，因此可以考虑将这几道题项删除。

在进行因素分析时，萃取后保留的因素联合解释变异量若能达到 60% 以上，表示萃取后保留的因素相当理想。②第一轮试测中师范生发展情况总量表及各分量表的因素负荷量和累计解释变异量如表 3-9 所示，师范生角色认同、学习投入、专业能力、职业愿景 4 个分量表对量表整体的联合解释变异量为 75.58%，4 个分量表各自的累计解释变异量达到 65.83%～73.36%，说明师范生发展量表整体和各分量表的结构效度处于中上水平。

表 3-9 第一轮试测中师范生发展情况总量表及各分量表的因素负荷量和累计解释总变异量

维度	题项数/个	因素负荷量	累计解释总变异量/%
角色认同	50	0.51～0.81	65.83
学习投入	48	0.58～0.81	73.36
专业能力	54	0.40～0.85	72.17
职业愿景	15	0.43～0.82	72.56
总量表	167	0.40～0.84	75.58

综合第一轮试测数据的信度分析、项目分析和效度分析的结果，同时结合问卷答题的有效性及时长的问题，虽然各类指标可以作为筛选题项的客观依据，但不能仅依靠指标筛选题项，还需要考虑保留题项内容的实际含义、维度划分的实际意义以及师范生答题过程中对首轮试测问卷的建议和反馈，因此，专家组讨论后决定删除 4 个背景信息题项、14 个角色认同部分题项、19 个学习投入部分题项、25 个专业能力部分题项及 4 个职业愿景部分题项，并将角色认同分量表下的报考动机子维度所对应的题项类型变更为基本信息题项，同时对部分题项的表述方式进行修订，修改后的问卷用于第二轮试测中。

2. 第二轮试测结果分析

第一轮预试之后，根据信效度的分析结果，课题组对师范生发展情况量表进行了修改和完善，在删除部分不符合信效度分析指标准则的题项之后，修正了个别题项的表述，使题意更加清晰明了，题项数目也更加精练、合理。第一轮试测

---

① 吴明隆. 问卷统计分析实务——SPSS 操作与应用[M]. 重庆：重庆大学出版社，2010：201.
② 吴明隆. 问卷统计分析实务——SPSS 操作与应用[M]. 重庆：重庆大学出版社，2010：232.

调整之后，问卷总题项数为 111 个，角色认同、学习投入、专业能力和职业愿景 4 个分量表的题项数分别为 36、29、29、17 个，在此基础上进行第二轮小规模的试测，以期进一步提升师范生发展量表的适切性。

（1）试测对象

第二轮试测通过问卷星网络平台发放电子问卷，以 C 师范大学和 J 师范大学两所学校的师范生为调查对象，共回收 1430 份电子版问卷，剔除无效问卷之后，保留有效问卷 1210 份，第二轮试测对象基本情况见表 3-10。

表 3-10　第二轮试测对象基本情况

类别		n	百分比/%
性别	男	184	15.21
	女	1026	84.79
年级	大一	541	44.71
	大二	395	32.64
	大三	124	10.25
	大四	150	12.40

如表 3-10 所示，第二轮参加试测的师范生依然呈现出男女比例失衡的状况，在 4 个年级中，大一新生占比最高，大三师范生占比最低，但 4 个组别之间的人数比例差异仍在合理范围之内。对第二轮试测数据进行整理之后，对反向题目进行反向赋值，采用有效样本数据对量表进行进一步的信效度检验。

（2）试测问卷的信度分析

用 SPSS 26.0 软件对 1210 份有效样本进行信度检验，分析结果如表 3-11 所示。在第二次试测问卷的内部一致性分析中，总量表的克龙巴赫 α 系数在 0.90 以上，处于较佳水平。角色认同、学习投入、专业能力和职业愿景 4 个分量表的克龙巴赫 α 系数均大于 0.90，说明各分量表的信度都处于较高水平。

表 3-11　第二轮试测中师范生发展情况总量表及各分量表内部一致性系数

维度	克龙巴赫 α 系数	题项数/个
角色认同	0.96	36
学习投入	0.98	29
专业能力	0.97	29
职业愿景	0.97	17
总量表	0.99	103

为进一步检验第二轮试测中师范生角色认同、学习投入、专业能力和职业愿景各分量表的可靠性水平，对各分量表所包含的具体维度分别进行信度检验，各维度信度检验分析的结果如表3-12所示，在师范生角色认同分量表中，除从教意志维度外，其他维度的克龙巴赫α系数均在0.90以上，说明信度指标值都处于较高水平。从教意志维度的克龙巴赫α系数虽然低于其他4个维度，但仍大于0.80，所以该维度的信度也处于较高水平。第二轮试测中师范生学习投入、专业能力和职业愿景3个分量表各维度的信度指标值均在0.88以上，表明各维度的可靠性均是可以接受的。

表3-12 第二轮试测中师范生发展情况分量表各维度内部一致性系数

分量表	一级指标	克龙巴赫α系数	题项数/个
角色认同	从教潜质	0.94	14
	从教意愿	0.91	7
	从教意志	0.88	7
	职业使命感	0.91	8
学习投入	认知投入	0.95	8
	情感投入	0.94	9
	行为投入	0.95	12
专业能力	学科转化能力	0.89	7
	教学实践能力	0.95	8
	综合育人能力	0.93	7
	反思研究能力	0.93	7
职业愿景	职业目标	0.93	6
	职业规划	0.96	11

（3）试测问卷的项目分析

在信度分析之后，利用题总相关法对第二轮试测中所有被试的各题目得分与量表总得分进行相关分析。课题组对第二次试测的中国师范生发展情况量表逐题进行项目分析，数据分析结果显示，第二次试测总量表的111道题项得分与总分的相关系数均达到显著水平，且都大于0.40，说明所有题项与整体量表的同质性较高，即第二轮试测的角色认同、学习投入、专业能力和职业愿景4个分量表的所有题项均通过项目分析，因此不考虑删除题项。

（4）试测问卷的效度检验

在信度分析的基础上进行因素分析，以检验问卷的结构效度以及问卷题项实际所测得的数据是否符合理论上建构的问卷维度。在进行因素分析前，首先进行 KMO 检验和 Bartlett 球形检验。对 1210 份样本进行效度检验，分析结果见表 3-13，量表总体的 KMO 值为 0.95，各分量表的 KMO 值处于 0.96~0.98，说明量表整体及各分量表的 KMO 值均处于可以接受的范围，表明第二轮试测问卷的项目数据非常适合进行探索性因素分析。

表 3-13　第二轮试测中师范生发展情况量表因素分析前的线性检验

因素	KMO 值	χ^2	df	p
角色认同	0.96	3760.80	378	<0.001
学习投入	0.98	3269.96	350	<0.001
专业能力	0.97	3719.32	348	<0.001
职业愿景	0.97	1344.55	177	<0.001
总量表	0.95	7278.34	896	<0.001

在第二轮试测中，根据因素分析中旋转后成分矩阵结果，所有题项的因素负荷量均大于 0.40，说明所有题项与各个共同因素间的关联较大，因此不考虑对题项进行删除处理。

第二轮试测中师范生发展情况总量表及各分量表的因素负荷量和累计解释变异量如表 3-14 所示，师范生角色认同、学习投入、专业能力、职业愿景 4 个分量表对量表整体的联合解释变异量为 63.29%，4 个分量表各自的累计解释变异量达到 64.29%~75.51%，说明第二轮试测中师范生发展情况量表整体和各分量表的结构效度处于中上水平。

表 3-14　第二轮试测中师范生发展情况总量表及各分量表的因素负荷量和累计解释总变异量

维度	题项数/个	因素负荷量	累计解释总变异量/%
角色认同	36	0.46~0.85	64.29
学习投入	29	0.48~0.81	71.48
专业能力	29	0.42~0.85	73.28
职业愿景	17	0.53~0.82	75.51
总量表	111	0.41~0.84	63.29

综合第二轮试测数据的信度分析、项目分析和效度分析的结果，专家组讨论后决定在本轮试测后仅对部分题项的表述进行修改，例如在角色认同部分将题项"我认为自己的职业能够造福他人或者社会"修改为反向计分题"我不在乎自己的职业能否造福他人或者社会"，通过试测对象对陷阱题的结果分析其回答的一

致性，以保证问卷有较高的信度。经过两轮细致、深入的修改和完善，课题组构建了多元的师范生发展体系，保障本次调查所采用的测量工具能为正式调查的客观性、真实性、合理性提供更强劲的支持。

（三）中国师范生发展情况正式调查问卷的形成与检验

两轮小规模试测之后，师范生发展情况量表基本形成，量表整体与各分量表的信效度均处于良好水平。测量工具确定之后，课题组采用经过两轮修改的师范生发展情况量表进行大规模的正式调查。在正式调查之前，为了确保测量工具的严谨性，课题组进一步对正式调查问卷进行了信效度检验。

1. 师范生发展情况正式调查问卷的基本结构

经过两轮对试测问卷的调整和修订之后，得到中国师范生发展情况量表，用于正式施测和进一步分析。师范生发展情况量表由角色认同、学习投入、专业能力和职业愿景4个分量表构成（表3-15）。角色认同分量表包括从教潜质、从教意愿、从教意志和职业使命感4个维度，共36题；学习投入分量表包含认知投入、情感投入和行为投入3个维度，共29题；专业能力分量表包括学科转化能力、教学实践能力、综合育人能力和反思研究能力4个维度，共29题；职业愿景分量表涉及职业目标、职业规划两个维度，共17题。量表整体由111个题项构成。

表3-15 中国师范生发展情况调查正式问卷题项分布

调查内容	一级指标	二级指标	题项分布
1. 背景信息		1~26（个人信息、学校信息）	
2. 角色认同	从教潜质	个性特征	7、9、12、14、17、23
		基础素质	8、10、15、16、19、21
	从教意愿	从教选择	24、27、28
		心理准备	1、2、25、26
	从教意志	从教决心	4、11、20
		从教坚守	5、6、18
	职业使命感	导向力	22、32、33、36
		意义价值	29、31、34
		利他贡献	3、13、30、35
3. 学习投入	认知投入	学习策略	49、52、57、58
		自我监控	43、50、51、61
	情感投入	学习热情	42、44、45、47
		学习韧性	37、39、40、62、63

续表

调查内容	一级指标	二级指标	题项分布
3. 学习投入	行为投入	主动参与	41、48、46、64
		学业专注	56、60、59、65
		学以致用	38、53、54、55
4. 专业能力	学科转化能力	学科理解	66、69、85
		学科整合	68、70、75、76
	教学实践能力	教学设计	67、71、74、72
		教学实施	73、79、78、80
	综合育人能力	立德树人	84、81、83
		心理辅导	86、77、88、89
	反思研究能力	诊断调控	90、91、87
		研究创新	82、92、94、93
5. 职业愿景	职业目标	国家指向	95、97、107
		专业追求	98、101、102
	职业期望	就业选择	基本信息 4、20、21、22、23
		综合待遇	基本信息 24
	职业规划	规划制定	100、103、104、105
		规划实施	96、99、106、108、109、110、111
6. 开放问题	师范生发展中存在的问题及建议		112

其中，基本信息中的第 26 题为多选项题目，目的在于考察师范生对于自身所具有的教育家精神程度的当前认知状况和未来样态预判，题目形式如图 3-2 所示。职业愿景分量表中，基本信息的第 4、20、21、22、23 题对应就业选择子维度，基本信息第 24 题对应综合待遇子维度。基本信息第 25 题旨在明晰师范生在课外参加学习活动的情况，属于对学生课外学习投入内容的调查，故而将其归属于师范生学习投入的调查题项，但不归属于学习投入量表中的任何一个子维度。以上所有题项均为非量表题目。

调查事项	很低	较低	一般	较高	很高
26.1 您认为您的高阶思维发展在多大程度上与大学课程有关	①	②	③	④	⑤
26.2 您对教育家精神（理想信念、道德情操、育人智慧、躬耕态度、仁爱之心、弘道追求）的理解程度如何	①	②	③	④	⑤
26.3 请判断现阶段您具有教育家精神的程度	①	②	③	④	⑤
26.4 请预判工作三年后您具有教育家精神的程度	①	②	③	④	⑤
26.5 请预判工作十年后您具有教育家精神的程度	①	②	③	④	⑤

图 3-2 中国师范生发展情况调查正式问卷基本信息部分第 26 题

2. 师范生发展情况正式调查问卷的信度分析

本次正式调查借助问卷星网络平台，共发放问卷96 311份，剔除无效问卷之后，最终保留有效问卷85 157份。采用SPSS 26.0软件对85 157份有效问卷样本进行信度检验，分析结果如表3-16，正式调查所使用的师范生发展情况量表及各分量表的克龙巴赫 α 系数均在0.90以上，说明正式问卷测试结果的稳定性和一致性较高。

表3-16 正式调查中师范生发展情况总量表及各分量表内部一致性系数

维度	克龙巴赫 α 系数	题项数/个
角色认同	0.97	36
学习投入	0.98	29
专业能力	0.98	29
职业愿景	0.97	17
总量表	0.98	111

3. 师范生发展情况正式调查问卷的效度分析

（1）内容效度

内容效度是指问卷题目反映所要测量的内容能达到测量目的的程度，在形成初拟问卷之前，通过文献梳理及专家咨询，课题组确立了中国师范生发展情况量表的分析框架维度，根据专家认可的师范生发展情况维度设置问卷题目，并且题项内容借鉴了相关量表或问卷，同时考虑了中国师范生培养的实际情况；之后，课题组内多位专家又就问卷的结构和题目的表述等进行讨论，对问卷中存在问题的题目进行修改或删除，最终确定了中国师范生发展情况调查问卷的题目，因此该问卷具有较高的内容效度。

（2）结构效度

结构效度是指测量结果体现出来的理论结构与测量值之间的对应程度。结构效度最理想的分析方法是利用因素分析法检验量表或问卷的结构效度。通过因素分析法对问卷进行效度检验，结果见表3-17，问卷总体的KMO值为0.99，各维度的KMO值均在0.97～0.99，问卷效度处于理想水平，且当前数据适合进行因素分析。

表3-17 正式调查中师范生发展情况量表因素分析前的线性检验

因素	KMO值	χ^2	df	p
角色认同	0.98	2821180	630	<0.001

续表

因素	KMO 值	χ^2	df	p
学习投入	0.97	2509633	406	<0.001
专业能力	0.99	2919072	406	<0.001
职业愿景	0.98	1664517	136	<0.001
总量表	0.99	10521829	6105	<0.001

根据因素分析结果，如表 3-18 所示，中国师范生发展情况量表能解释的总变异量达到 72.22%，表明问卷整体结构效度处于中等水平。

表 3-18　正式调查中师范生发展情况量表及各分量表的累计解释总变异量

维度	题项数/个	累计解释总变异量/%
角色认同	36	68.54
学习投入	29	72.30
专业能力	29	76.98
职业愿景	17	74.79
总量表	111	72.22

（四）中国师范生发展情况访谈提纲的设计与构成

进行访谈是为了弥补问卷调查的不足，深入剖析师范生的发展状况，是进一步了解师范生个体的想法、感受的补充调查。为全面综合地了解全国师范生的发展情况，本研究在部属师范大学、省属师范大学、地方师范学院、综合性大学对师范生进行访谈，访谈的主要对象为师范生，依照各部分访谈提纲进行，访谈提纲中的维度与问卷大致相同。以下是师范生访谈的具体问题。

（1）请您客观评价一下教师职业，说出在您看来这个职业的好处与坏处，并说一下您对未来从事教师职业在哪些方面是比较有信心的、比较期待的，在哪些方面是比较担忧的或者是心存顾虑的。

（2）您认为师范高校或者是整个社会应该怎样培养师范生对于教师职业的认同感？在您的生活、学习过程中，哪些方面会对您的教师职业认同感起到促进或者提升的作用？

（3）您认为影响您以后是否会去从教、是否会坚持从教的因素各自有哪些？在这些因素中，哪个因素能够起到决定性作用？

（4）您认为自己的学习投入程度如何？您认为自己在行为投入、情感投入、认知投入中哪方面投入更大？为什么？

（5）您认为什么是影响您学习投入的主要因素？为什么？

（6）您认为自己对哪类或哪门课程的学习投入比较大？为什么？（通识教育课程、专业教育课程、教师教育课程）

（7）您认为您的学习投入在多大程度上与大学课程相关？为什么？

（8）您认为在本学期不同阶段您的学习投入程度有什么区别？您认为在不同年级您的学习投入程度有什么区别？为什么？

（9）您认为哪些能力是师范生在职前阶段应该形成的必备能力？哪些能力可以在入职后慢慢培养？为什么？

（10）在这些必备能力（师范生在职前阶段的必备能力）中，您的哪些能力较为突出？哪些能力比较薄弱？原因分别是什么？

（11）贵校在师范生培养过程中，哪些培养方式（课程设置、教学内容、教学方法、教育实践等）有利于您的专业能力提升？哪些培养方式对于师范生专业能力提升帮助不大？对此，您有哪些建议？

（12）您毕业时是否会选择当教师？您的职业目标或者专业追求是什么？

（13）您理想的工作是什么样的？（未来）就业选择时您在意哪些因素，为什么？

（14）您心目中的好老师是什么样的？您觉得自己目前与好老师的差距在哪些方面？为了成为理想中的好老师，您有怎样的职业规划？

本研究共收集88份访谈资料，为方便研究者根据访谈资料对师范生发展情况进行深入剖析，课题组对所收集的访谈资料进行编码，编码规则具体如下。

（1）身份：直接注明被访者是师范生还是老师。

（2）学校层次：部属师范大学（M）、省属师范大学（D）、地方师范院校（N）、综合性大学（U）。

（3）年级：大一（A）、大二（B）、大三（C）、大四（D）。

（4）是否为公费师范生：是（1）、否（0）。

（5）序号：对受访者按顺序进行序号标注（如01、02、03）；集体访谈中受访者编码用"/"进行划分（如N-B-0-02/03）。

每个编码将附在访谈文本资料之后，以访谈时某院校学生的发言为例，示例如下：

如果让我现在面向初高中学生上台讲课，我觉得我的第一个优势是不会紧张和怯场，心态比较好，因为上学期我去中小学讲过课，并主办过大型活动，我觉得这些对我有很大帮助。第二个优势是我的专业能力还可以，初高中课程根据教材内容可以讲出来。（师范生 D-C-0-01）

第四章
中国师范生发展总体状况调查报告

　　师范生的培养质量直接决定着我国教师队伍的质量。在大力建设教育强国、建构中国特色教师教育体系的时代背景下，《教育部关于实施国家优秀中小学教师培养计划的意见》《新时代基础教育强师计划》《教育部关于实施卓越教师培养计划2.0的意见》等政策文件的颁布对师范院校人才培养质量提出了新要求，提升师范生培养质量成为教师教育领域的重要议题。中国师范生发展的总体状况是反映我国师范生培养质量的重要依据，全面把握师范生发展总体状况及其发展水平能够明确师范生培养的着力点。本章主要从中国师范生发展的基本样态、重大成就、面临挑战、趋势特征4个方面进行具体阐释，以全面、真实、客观地呈现新时代师范生发展的总体状况。

一、中国师范生发展基本样态

为了呈现我国师范生发展的现实样态，提升师范生培养质量，剖析影响师范生发展水平的多重因素，本研究编制了中国师范生发展情况调查问卷，问卷包括6个部分：师范生背景信息、角色认同量表、学习投入量表、专业能力量表、职业愿景量表、开放问题。中国师范生的发展情况不仅仅是整体群像的表征，同时也是描绘各类师范生现实发展样态的生动画卷。本部分将刻画出不同性别、不同年级、不同学校、不同身份、不同生源地等师范生专业发展的真实样态，反映出师范生各式各样的差异，深入分析形成差异的原因，为缩小师范生发展水平差距和提升师范生发展水平注入力量。

本次调查采用分层抽样的方法，通过网络平台进行问卷发放与回收，共发放问卷96 311份，回收有效问卷85 157份，问卷回收有效率为88.42%，其中包括80 536份师范生有效数据和4621份非师范生有效数据。师范生样本的基本分布情况如表4-1所示。

表4-1 师范生样本的基本分布情况

变量	类别	n	百分比/%
性别	男	17 954	22.29
	女	62 582	77.71
生源地	城市	21 106	26.21
	县城	21 061	26.15
	乡镇	15 522	19.27
	村（屯）	22 847	28.37
年级	大一	28 056	34.84
	大二	20 926	25.98
	大三	18 970	23.55
	大四	12 584	15.63
身份	公费师范生	20 599	25.58
	非公费师范生	59 937	74.42
来自地区	东部	21 042	24.03
	中部	17 588	18.81
	西部	25 479	28.70
	东北	16 325	28.46

续表

变量	类别	n	百分比/%
专业类别	文科专业	38 663	48.01
	理科专业	27 912	34.66
	艺术专业	9 776	12.14
	其他	4 185	5.20
高校类型	部属师范大学	10 040	12.47
	省属师范大学	44 973	55.84
	地方师范院校	16 170	20.08
	综合性大学	3 787	4.70
	高等专科学校	5 132	6.37
	其他	434	0.54

注：因四舍五入存在误差，部分数据和不为100%，下同。地区数据中不包含102份来自港澳台的数据

（一）性别差异：男生发展水平显著高于女生

不同性别师范生发展水平及各维度均值如图4-1所示。独立样本t检验结果显示，不同性别的师范生发展水平存在显著差异（$t=14.742$，$p<0.001$，$M_{男}=3.98$，$M_{女}=3.90$），男性师范生发展水平的均值显著高于女性师范生。通过具体分析可知，男性师范生在角色认同（$t=13.892$，$p<0.001$）、学习投入（$t=15.420$，$p<0.001$）、专业能力（$t=15.213$，$p<0.001$）、职业愿景（$t=9.193$，$p<0.001$）4个方面的均值均显著高于女性师范生。第一，在角色认同方面，相比于女性师范生，男性师范生对于教师职业具有更强的角色认同感、更好的从教潜质、更强烈的从教意愿、更坚定的从教意志和更高的职业使命感；第二，在学习投入方面，男性师范生具有更高的认知投入、情感投入和行为投入；第三，在专业能力方面，男性师范生在学科转化能力、教学实践能力、综合育人能力、反思研究能力方面均优于女性师范生；第四，在职业愿景方面，相较于女性师范生，男性师范生具有更加明确的职业目标、更高的职业期望和更清晰的职业规划。师范生专业能力的性别差异在多项研究中得以证实。例如，有研究表明，男生的从教意愿显著强于女生，师资满意度、教学实践基地满意度、教师指导频率、专业技能实训平台满意度、教学评估有效性等多种因素对师范生专业发展水平有显著正向影响。[①]此外，师范教育中男女比例失衡严重，男生在师范教育当中能够获得更

---

① 许慧，黄建平，张程晨. 师范生从教意愿影响因素的确立和实证分析[J]. 中国高等教育，2022（23）：49-51.

多的关注，有更多的专业发展机会。在访谈中，有众多男性师范生表示，由于男生数量较少，教师会给予其额外关注，因此获得了更加充分的发展。

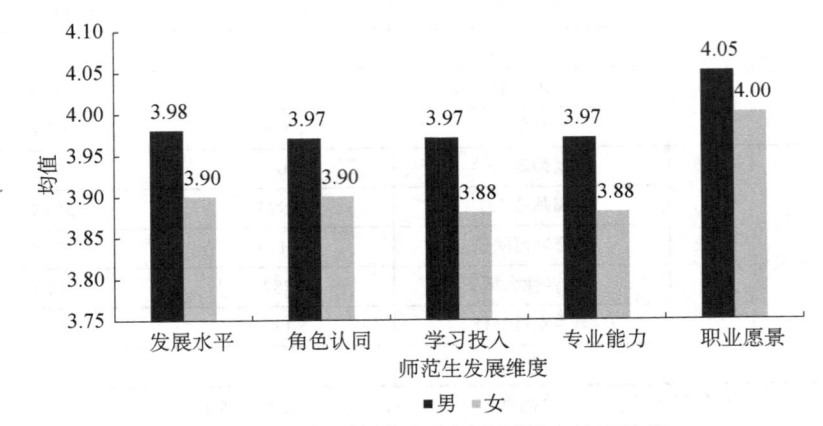

图 4-1 不同性别师范生发展水平及各维度均值

（二）年级差异：大一和大四年级师范生发展水平较高，大三年级师范生发展水平较低

不同年级师范生发展水平及各维度均值如表 4-2 所示，大一至大四年级的各维度均值除专业能力逐年提高之外，角色认同、学习投入和职业愿景均在大三年级达到最低点，大四年级又有所上升。对来自不同年级的师范生发展水平进行单因素方差分析，结果表明，不同年级师范生发展水平存在显著差异。事后检验表明，大四年级师范生发展水平显著高于大二和大三年级（$p<0.001$），同时，大一年级师范生发展水平也显著高于大二和大三年级（$p<0.001$），大二年级师范生发展水平显著高于大三年级（$p<0.05$），但大一年级和大四年级师范生发展水平无显著差异（$p>0.05$）。师范生发展水平的年级差异可能存在多方面原因，与个体、环境等众多因素相关。例如，在从教意愿方面，有研究表明，教师教育的质量会影响师范生的从教意愿[1]，教学质量评价随着师范生年级的增长而下降[2]，因此，学生的从教意愿在大一时较高，随着年级的增长而不断降低，于大三年级降到最低点。另外，大三年级面临着教育实习这一重大事件，这对于师范生专业成长也发挥着重要作用，对其角色认同、从教意愿、专业技能等方面均会产生重

---

[1] 宋雀，王恒，张倩. 师范生教师教育质量认可度及其对从教意愿的影响研究[J]. 湖南师范大学教育科学学报，2018，17（2）：48-54.

[2] 许慧，黄建平，张程晨. 师范生从教意愿影响因素的确立和实证分析[J]. 中国高等教育，2022（23）：49-51.

要影响。例如，在角色认同方面，教育实习既能激发师范生职业获益感进而提升其职业认同感，也易使师范生产生角色压力进而削弱其职业认同感。[1]此外，不同年级师范生的认知水平各不相同，因此其对于自身发展水平的评估可能存在一定的差异。

表 4-2　不同年级师范生发展水平及各维度均值

年级	发展水平	角色认同	学习投入	专业能力	职业愿景
大一	3.94±0.58	3.96±0.58	3.93±0.64	3.89±0.65	4.04±0.63
大二	3.91±0.59	3.90±0.59	3.88±0.66	3.88±0.65	4.00±0.64
大三	3.89±0.57	3.87±0.58	3.85±0.64	3.89±0.60	3.97±0.62
大四	3.95±0.59	3.92±0.60	3.92±0.65	3.96±0.61	4.02±0.64
F	50.177***	87.913***	62.976***	58.213***	55.371***

（三）高校类型差异：部属师范大学师范生发展水平较高

不同高校类型师范生发展水平及各维度均值如表 4-3 所示，部属师范大学师范生在角色认同、学习投入、专业能力和职业愿景 4 个维度的得分均高于高等专科学校师范生。对来自不同高校类型师范生的发展水平进行单因素方差分析，结果表明，不同高校类型师范生发展水平存在显著差异。事后检验表明，部属师范大学师范生发展水平显著高于省属师范大学（$p<0.01$）、地方师范院校（$p<0.001$）、综合性大学（$p<0.001$）、高等专科学校（$p<0.001$）师范生，综合性大学师范生发展水平和地方师范院校（$p>0.05$）、高等专科学校（$p>0.05$）师范生发展水平无显著差异，地方师范院校师范生发展水平显著高于高等专科学校的师范生（$p<0.01$）。这说明学校层次不同，对于师范生专业发展也存在一定的影响。有研究表明，不同层次的学校对学生的增值效应存在显著差异，学校增值效应的有效作用机制则是师生互动和学校氛围。[2]虽然该研究的群体是义务教育阶段的学生，但是对于高等教育阶段学生的发展也有一定的借鉴意义。学校层次不同，学生享受的教育资源也存在一定的差异。目前我国高等教育资源仍然存在着分配不均的问题，师范类学校也不例外，部属师范大学相对拥有更加优质的师资力量、更加浓厚的学习氛围、更先进的教育理念等教育资源，对师范生个体的发

---

[1] 任永灿，任永琦，李丹华，等. 教育实习对师范生职业认同感的双刃剑效应——基于角色压力和职业获益感的双中介模型[J]. 教师教育研究，2023，35（6）：44-51.

[2] 赵红霞，杜国龙. 学生学业进步何以可能——学校增值效应的运行机制及群体异质性分析[J]. 教育研究，2023，44（9）：144-159.

展起到正向的促进作用。此外，由于高考的选拔作用，分数高的学生有优先选择权进入部属师范大学学习师范专业，该群体的综合素质在某些程度上优于其他学校的师范生，因此，部属师范大学师范生在师范专业的学习中更加高效，且能达到更高的发展水平。

表 4-3 不同高校类型师范生发展水平及各维度均值

高校类型	发展水平	角色认同	学习投入	专业能力	职业愿景
部属师范大学	3.95±0.56	3.96±0.56	3.89±0.63	3.92±0.62	4.07±0.61
省属师范大学	3.93±0.59	3.92±0.59	3.91±0.65	3.91±0.64	4.02±0.64
地方师范院校	3.91±0.60	3.90±0.60	3.90±0.65	3.89±0.64	3.99±0.64
综合性大学	3.90±0.58	3.98±0.58	3.88±0.64	3.87±0.64	3.97±0.64
高等专科学校	3.88±0.56	3.89±0.56	3.88±0.62	3.84±0.62	3.96±0.61
F	16.254***	20.393***	5.147***	20.344***	35.529***

（四）身份差异：公费师范生发展水平显著高于非公费师范生

不同身份师范生发展水平及各维度均值如图 4-2 所示，公费师范生的发展水平在各个维度上均高于非公费师范生。对不同身份师范生发展水平进行独立样本 t 检验，结果表明，不同身份师范生发展水平存在显著差异（$t=7.547$，$p<0.001$）。公费师范生发展水平显著高于非公费师范生发展水平，且公费师范生在角色认同（$t=10.887$，$p<0.001$）、学习投入（$t=2.947$，$p<0.01$）、专业能力（$t=4.568$，$p<0.001$）、职业愿景（$t=11.021$，$p<0.001$）4 个方面的均值均显著高于非公费师范生。公费师范生与非公费师范生发展水平之间的差距可能与政策有关。公费师范生得到了一定程度的政策支持，政策满意度与公费师范生的职业认同[1]、从教动机[2]等方面密切相关，对公费师范生的专业发展起积极的预测作用。此外，承担公费师范生培养任务的师范院校或综合类高校根据相关政策导向，重视培养全科教师，制定了富有自身特色的计划和方案[3]，重视公费师范生专业能力的发展，在一定程度上促进了师范生专业能力的发展。

---

[1] 姚崇，赵可欣，周晨琛，等. 公费教育政策满意度对师范生教师职业认同的影响——社会认知因素的影响[J]. 心理与行为研究，2020，18（2）：241-247.

[2] 赵宏玉，张晓辉. 教育政策对免费师范生从教动机、职业认同的影响[J]. 北京师范大学学报（社会科学版），2015（4）：51-59.

[3] 王智超，杨颖秀. 地方免费师范生：政策分析及现状调查[J]. 教育研究，2018，39（5）：76-82.

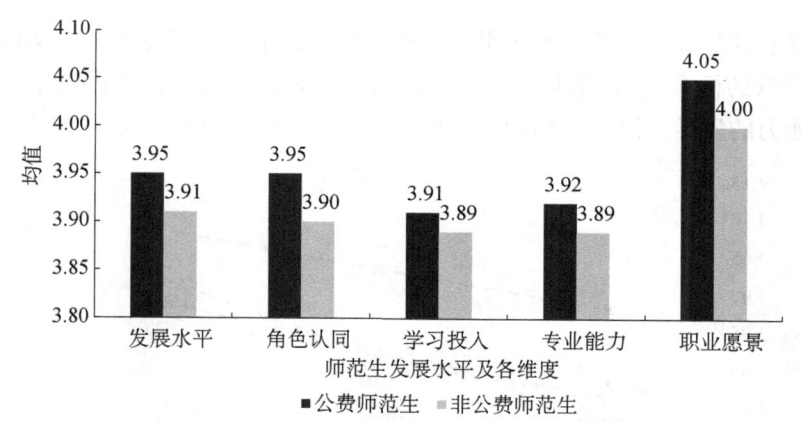

图 4-2　不同身份师范生发展水平及各维度均值

（五）专业类别差异：艺术专业师范生发展水平较高，理科居中，文科较低

不同专业类别师范生发展水平及各维度均值如图 4-3 所示，艺术专业师范生的发展水平较高（$M_{艺术专业}$=4.02），理科专业师范生发展水平居中（$M_{理科专业}$=3.94），文科专业师范生发展水平较低（$M_{文科专业}$=3.89）。单因素方差分析结果表明，不同专业师范生发展水平存在显著差异（F=151.855，$p<0.001$）。事后检验结果表明，艺术专业师范生发展水平显著高于理科专业师范生（$p<0.001$），理科专业师范生发展水平显著高于文科专业师范生（$p<0.001$）。由此可见，艺术专业师范生发展水平高于理科专业和文科专业师范生，并且艺术专业师范生在角色认同、学习投入、专业能力、职业愿景 4 个维度的发展水平均高于文科专业师范生。不同专业类别师范生发展水平的差异可能与其专业性质和学校培养计划有关。例如，历史专业作为文科师范专业的典型代表，其师范生的职业能力仍然存在不足，存在着重理论轻实践、指导教师不足、指导形式单一等问题，教师教育课程体系的建构仍然具有较强的经验色彩，专业技能的培训内容也存在缺失，内容较为单一，实践训练课程比重较低[①]，这也可能是导致文科专业师范生发展水平较低的原因。艺术专业师范教育则更加强调技能的培养，强调本身学科专业素养和其他专业的交叉融合。例如，音乐专业师范生的课程首先强调与其他学科的交叉融合；其次强调创新音乐专业教学方法，鼓励学生参与课堂教学过程，主动走向讲台；再次重视音乐教师的综合职能，教师需要具备深厚的专业知识、综合

---

① 晏莉，陈立军. 新时代高校师范生教师职业能力的现实样态及培养路径——以历史学专业为例[J]. 天津师范大学学报（社会科学版），2024（1）：125-133.

素养和驾驭课堂能力，建立民主平等的师生关系；最后搭建音乐艺术实践平台，给学生展示的机会[1]。音乐师范教育新模式的探索在一定程度上促进了音乐师范生专业能力的发展。因此，相较于其他专业，艺术专业师范生发展水平较高。

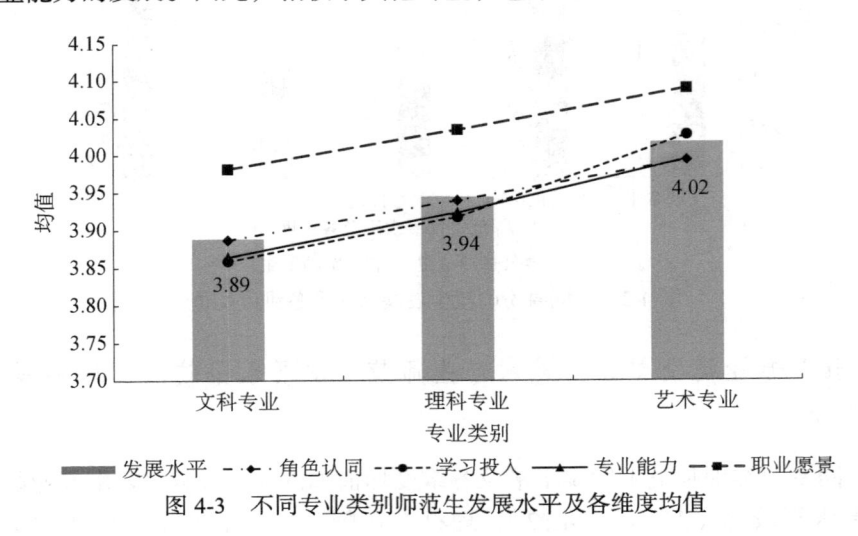

图 4-3 不同专业类别师范生发展水平及各维度均值

（六）生源地差异：生源地为城市的师范生发展水平较高，县城、乡镇居中，村（屯）较低

不同生源地师范生发展水平及各维度均值如表 4-4 所示，生源地为城市的师范生发展水平最高，并且在角色认同、学习投入、专业能力、职业愿景 4 个维度的得分均高于生源地为县城、乡镇和村（屯）的师范生。对来自不同生源地的师范生发展水平进行单因素方差分析，结果表明，不同生源地的师范生发展水平存在显著差异。事后检验表明，生源地为城市的师范生发展水平显著高于生源地为县城的师范生（$p<0.001$），生源地为县城的师范生发展水平显著高于生源地为乡镇的师范生（$p<0.001$），生源地为乡镇的师范生发展水平显著高于生源地为村（屯）的师范生（$p<0.001$）。师范生之间的生源地差异可能是基础教育阶段所产生的教育差距在高等教育上的映射。教育作为现代工业社会的地位生产机制具有二重性，既具有地位循环生产的主流积极作用，也具有地位再生产的隐蔽消极效应。[2]中国城乡之间的教育差距于初等教育阶段便开始显现，一直持续到高

---

[1] 吴颖. 专业课程教育范式的跨学科转型——评《高校音乐课程跨学科教育研究》[J]. 教育发展研究, 2018, 38（2）: 2.

[2] 文军, 顾楚丹. 基础教育资源分配的城乡差异及其社会后果——基于中国教育统计数据的分析[J]. 华东师范大学学报（教育科学版）, 2017, 35（2）: 33-42, 117.

等教育阶段。有研究证明了城乡教育差异在高等教育的延续性[①]，说明乡村学生在基础教育阶段的劣势地位会持续影响其在高等教育阶段的学业表现。城乡教育资源的分配不均是导致城乡教育差距的重要原因。

表 4-4　不同生源地师范生发展水平及各维度均值

生源地	发展水平	角色认同	学习投入	专业能力	职业愿景
城市	3.97±0.61	3.96±0.62	3.95±0.68	3.96±0.66	4.07±0.66
县城	3.92±0.58	3.92±0.58	3.90±0.65	3.90±0.64	4.01±0.63
乡镇	3.90±0.55	3.90±0.56	3.88±0.62	3.88±0.60	3.99±0.60
村（屯）	3.88±0.57	3.88±0.57	3.86±0.63	3.85±0.62	3.97±0.62
F	96.454***	57.997***	83.999***	123.303***	84.542***

二、中国师范生发展重大成就

中国师范教育经历了长足的发展，师范生培养在质量和数量方面均取得了丰硕成果。通过深度挖掘我国师范生发展的调查数据，本部分将客观呈现师范生发展所取得的重大成就，以期为未来师范生培养提供科学有力的现实依据。

（一）师范生发展总体水平较高

为了深入探究中国师范生的发展现状，本研究构建了一套详尽的调查问卷。该问卷以角色认同、学习投入、专业能力及职业愿景为一级维度，旨在全面捕捉师范生的成长轨迹与发展状况。问卷共包含 138 个题项，包括等级量表题、选择题等题型，确保了研究的广泛性与深度。师范生在填写问卷时，需根据题项描述的情况与自身的实际情况及感受进行匹配，并做出相应的选择。通过统计分析这四大维度中所有量表类题项的均值，我们可以直观地了解师范生的整体发展水平，均值越高，表明师范生的整体发展状况越好。调查数据显示，师范生的职业愿景表现最为积极（M=4.01，SD=0.63），角色认同次之（M=3.92，SD=0.59），而学习投入和专业能力得分相当（$M_{学习投入}$=3.90，SD=0.65；$M_{专业能力}$=3.90，SD=0.63）。我们将这四大维度的均值汇总后发现，师范生发展水平均值超过了理论中值 3，说明师范生的发展水平较高（M=3.92，SD=0.58）。当前中国师范生的整体发展状况呈现出积极的态势，特别是在职业愿景和角色认同方面表现优异。然而，学习投入和专业能力仍有提升空间，未来仍需在这两方面加大培养力度，以

[①] 卢晓东，于晓磊，陈虎，等. 基础教育中的城乡差异是否在大学延续——高校城乡学生学业表现差异的实证研究[J]. 高校教育管理，2016，10（1）：56-60.

促进师范生全面发展。

（二）师范生对教师职业的角色认同度较高

通过问卷调查发现，师范生角色认同度较高（$M=3.92$），师范生在角色认同维度对应的二级指标，即从教潜质（$M=3.98$）、从教意愿（$M=3.98$）、从教意志（$M=3.82$）、职业使命感（$M=3.84$）上的表现均处于中等偏上水平。下面通过一道多选题深入探究师范生报考师范专业的原因，如表 4-5 所示。通过对调查结果进行详细分析，发现师范生对教师职业的角色认同度较高。有 63.67% 的师范生选择报考师范专业是受到了他人建议的影响。这在一定程度上说明，在师范生的决策过程中，他人的意见和推荐起到了重要作用。有 58.37% 的师范生选择报考师范专业是出于自身对教师职业的喜爱。这表明，许多师范生对教育事业持有积极的态度和热情，认为教师职业具有崇高的社会价值和使命感。此外，有 33.58% 的师范生选择报考师范专业是由于政策的吸引，政策导向在师范生的专业选择中具有一定的引导作用。在进一步的分析中，我们发现自身对教师职业的喜爱和他人的建议是师范生选择报考师范专业的重要原因。虽然政策吸引也是一个影响因素，但相对于前两者而言，其选择比例较低，在师范生的决策中，个人兴趣和外部建议起到了更为关键的作用。

表 4-5　报考师范专业的原因描述统计

题目	选项	百分比/%
您选择报考师范专业的原因是	自己喜爱教师职业，以后想当老师	58.37
	政策吸引	33.58
	家人、老师及朋友的建议	63.67
	受身边的人潜移默化的影响	24.68
	多一个录取机会	9.31
	以后可以多一个当老师的出路	23.19
	其他	9.08

（三）师范生学习投入内容具有多样化特征

学习投入内容是反映师范生学习生活丰富程度的重要表征。师范生在课外学习活动中具有一定的选择权与规划空间，内容涵盖在线学习、社会实践、技能训练等方面，并呈现出多样化特征。第一，在线学习、听感兴趣的讲座或学术报告、社会服务或志愿者是师范生学习投入水平最高的课外学习活动。调查显示，有44.06%的师范生经常参加在线学习，有41.54%的师范生经常听感兴趣的讲座或学术报告，有28.68%的师范生经常参加社会服务或志愿者活动，具体如图4-4所示。在线学习、听感兴趣的讲座或学术报告、社会服务或志愿者等活动具有较大的自主选择空间，因而师范生参与这三类学习活动的比例较高。第二，师范生在各类教学、学术、专业、创业或设计竞赛以及修读第二学位或第二专业等活动中的投入水平较低。调查显示，仅有8.14%的师范生参加各类教学、学术、专业、创业或设计竞赛，仅有1.92%的师范生修读第二学位或第二专业。这说明师范生在专业课程以外的学习活动中参与度较低，可能由于师范生较为重视与学业成绩提升及就业相关的学习活动，而忽视了专业课程以外的学习活动，可见，师范生的学习投入内容指向与专业相关性及自身兴趣有较大关联。

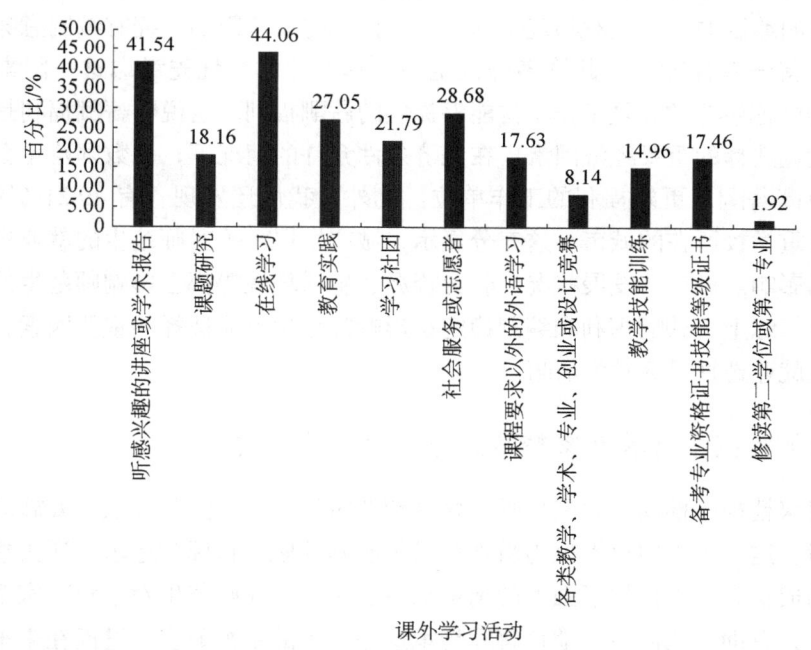

图4-4 师范生参加课外学习活动及占比情况

（四）大四年级师范生专业能力水平呈现跨越式进阶

通过大学四年的专业学习，师范生的专业能力明显提升。调查发现，不同年级师范生专业能力发展水平处于不同发展阶段，大一年级师范生专业能力处于中等偏上水平（$M=3.89$），大四年级（$M=3.96$）师范生专业能力水平呈现跨越式进阶，从大三至大四年级，师范生的专业能力明显提升。这说明师范生经过大学四年的学习，在学科转化能力、教学实践能力、综合育人能力、反思研究能力等方面实现了整体提升。访谈发现，促使师范生专业能力提升的影响因素包括专业课程学习、教学技能训练、教育见习、教育实习、社团活动、社会服务、课题研究等，这些校园内外活动为师范生提供了学习经验，这些丰富的学习经验帮助师范生积累了深厚的学科知识、提升了他们的教育教学能力和自主发展能力，促进了师范生专业能力水平呈现跨越式进阶。

（五）师范生就业选择目标较为清晰

本研究针对师范生就业选择的影响因素进行了调查分析，通过收集数据并深入分析，得出以下结果。有66.85%的师范生认为在提供编制的学校工作非常重要。这表明编制的稳定性对师范生的就业选择具有显著影响。拥有编制意味着工作稳定、待遇有保障，因此许多师范生在选择就业时会优先考虑这一因素。有75.65%的师范生非常看重工作单位能够提供的薪酬福利。这说明薪酬福利是影响师范生就业选择的重要经济因素。在经济条件允许的情况下，多数师范生会选择能提供更高薪酬、更好福利的工作单位。此外，我们还发现，有49.21%的师范生非常看重学校所在的城市。这充分显示，城市发展水平对师范生的就业选择具有一定的影响。城市的发展状况、教育资源、生活环境等都会影响师范生的就业选择决策。综上，薪酬福利和编制稳定是影响师范生就业选择的重要因素，这说明师范生就业选择目标较为清晰。

（六）师范生对教育家精神的理解程度总体较好

教育家精神是推动"大国良师"培养和新时代国家"强师计划"实施的关键精神力量。这一精神内核不仅为教师提供了明确的职业目标和追求，还为整个教师队伍的成长和发展提供了强大的精神动力。深入探究师范生对于教育家精神的理解程度，有助于我们更好地理解和传承这一宝贵的精神财富，进而在未来的教育实践中发挥其应有的作用。为了深入探究师范生对于教育家精神的理解程度，本研究采用了4道等级量表题进行调查。结果表明，师范生对于教育家精神的理解程度总体较好（M=3.84，SD=0.78），但与理想水平还存在一定的差距。这提示我们，在师范生的培养过程中，还需要进一步加强教育家精神的培育工作，提高师范生对于教育家精神的认识和理解水平。未来，我们可以进一步探究师范生对于教育家精神的具体认知情况，以及影响他们认知水平的因素。在此基础上，我们可以提出更加有针对性的培育策略，以帮助师范生更好地理解和践行教育家精神，为我国的教育事业培养更多优秀的教育人才。

三、中国师范生发展面临挑战

教育大计，教师为本。以高质量教师队伍建设推动新时代教育高质量发展，无疑是推进教育强国的应然逻辑。时势所需，师范生的发展关乎基础教育体系的师资保障，是提升教育质量的动力源泉，是新时代我国教育发展大计的有力抓手，也是促进现代化教育体系建设、实现教育强国目标的核心所在。近年来，我国"师范热"持续升温，师范生发展取得诸多成就。然而，本研究发现，我国师范生在从教意志、行为投入、学科转化、职业规划等层面仍面临挑战。

（一）大三年级师范生专业发展受阻

不同年级、不同阶段师范生的发展是其自我价值追求转变的过程。中国师范生发展整体态势为随年级增长呈"V"形变化，隐喻师范生发展过程中的"瓶颈"与"迷茫"。从初入大学的新奇与热情，到适应后的熟练与奋进，再到趋向选择的困顿与迷茫，最终为迎接未来的期待与安心，折射出师范生四年的心路历程，大三年级作为过去与未来的交汇点，是师范生最为迷茫的阶段。

1. 大三年级师范生角色认同摇摆

师范生对教师职业认同感是角色认同的核心部分，是其认同当前的师范生身份、对将来所要从事的教师职业的肯定性评价、积极情感体验及行为倾向的自我体认，是个体心理与教育环境持续磨合的结果。[1]因此，处于从青春期到成年期过渡的大学阶段，师范生的教师职业认同处于学习、建构、发展、重塑的动态变化中。已有研究表明，师范生的职业认同水平在大二至大三年级随年级增长而显著降低，特别反映在对教师职业的工作环境、社会地位等社会属性的价值判断方面。[2]许多师范生是带着家长对教师职业的认同走入大学生活的，对他们自己而言，教师是一个教书育人的神圣工作，他们对此充满了好奇与热忱，"无知者无畏"。通过两年的学习与基础实践，师范生对教师职业有了基本的知识储备和个人的情感加持，加之目前社会层面对教师职业要求的提高和教师专业角色的日益泛化，部分师范生对自身的从教意愿、从教意志、从教潜质等产生了怀疑，"有

---

[1] 李笑樱，闫寒冰.教师职业认同感的模型建构及量表编制[J].教师教育研究，2018，30（2）：72-81.
[2] 张晓辉，姚梅林，李庆安.政策满意度、教师支持对公费师范生职业效能和职业认同的影响：一项纵向研究[J].北京师范大学学报（社会科学版），2022（6）：50-59.

知者有惧"。

2. 大三年级师范生学习投入疲乏

本次调查显示，许多师范生认为课程设置存在问题，与专业无关的课程负担太重。一些院校的课程体系相对陈旧，未能及时跟上教育领域的最新发展，导致师范生在专业知识和教育理论方面缺乏前沿的认知，限制了他们未来教学和研究的广度与深度。有研究表明，公费师范生在大三学年出现了明显的课程成绩下滑的趋势。[①]师范生进入大三学年，除了要进行专业课程的修习，还面临着诸如英语四六级、教师资格证等资格测试，疲于应对各项考核，忙碌但缺乏沉淀，在一定程度上减弱师范生的学习热情和专注度。

3. 大三年级师范生职业规划模糊

本次调查显示，绝大多数师范生对职业规划无清晰认知，在前两年的大学生活中未感受到就业压力，对未来缺乏计划。在大三阶段，一部分师范生在教育实践中对教师工作内容、工作环境、工作强度等有了深入了解，对教师职业的认同感产生了新的认知，开始进一步思考是选择深造还是选择就业，对未来从事职业的目标、期望与规划进行了重新思考。因此，聚焦大三这一关键时期，解决师范生的阶段发展瓶颈，是师范教育培养的迫切需要。

（二）师范生从教意志存在潜在危机

从教意志是师范生专业成长和教师职业坚守的内驱力。即使师范生的学科知识再完备、教学技能再扎实，如果没有坚定的职业认同和从教意志，也很难形成坚定的职业信念与情怀以应对入职后的各项挑战。师范生从教意志的坚定与否，直接影响到未来乐于从事教师职业并坚守岗位的师范生比例的高低，也影响到教师教育由"外延式发展"向"内涵式发展"的高质量教师培养的转变。[②]教育理想与教育情怀是促进师范生从教意愿向从教意志转化，形成职业承诺和职业守护的基础。

1. 师范生从教条件存在认识偏颇

师范生是发展中的学生，其学业追求、生活目标、职业规划、人生理想始终

[①] 张新亮，石艳，郑琦，等. 公费师范生学业表现的实证研究——基于某部属师范大学的行政数据[J]. 教育学报，2023，19（1）：165-181.

[②] 张倩，李子建. 职前教师专业身份建构之困境与出路——对教师教育内涵式发展的思考[J]. 课程·教材·教法，2014，34（3）：95-99.

处于波动中。与此同时，其从教意志摇摆不定，这可能源于对现实教育环境的认知与理想教育情景的差距。调查发现，师范生在最初报考师范专业时，多存在利益化考量，几乎全部师范生都用了稳定的"铁饭碗"对教师职业进行了高度概括，在影响就业选择的重要因素中，有66.85%的师范生选择了编制稳定，75.65%选择了薪酬福利，特别是在过去三年的国际形势下，考公考编成为普遍的选择倾向，因而师范类专业投档分数线屡创新高，社会对教师职业的关注度持续高涨。特别是公费师范生，部分学生当初报考时考虑公费师范生招生录取合约里的"免学费、就业有保障"等关键因素，目的在于借助"公费师范生"的身份获取相关利益。[①]在师范学习的过程中，随着对教师群体的进一步接触及与其他行业的比较，加之对未来生活的现实考量，大多数学生对发达地区、高收入、好学校有着更多向往，因此在从教条件的选择上出现了"再认知"。

2. 师范生从教承诺度缺乏坚定性

师范生报考时对教师职业"优势因素"的过度关注，体现出师范生职业理想的工具理性倾向，对教师职业的隐性价值缺少深入认知，对教师职业的使命责任模糊。当前，社会对教育行业的认知、待遇及教师工作强度提出了一定挑战。教师在时代赋予的角色期待中不断扩展自身的专业角色，被无形要求为学生和社会提供更广泛、更全面的综合性服务内容。教师工作可能面临的压力除来自基础教学外，还有课堂管理、学生表现、家长沟通等方面的压力，这些也会影响师范生的终身教学热情和意愿。一些学校缺乏对教师成长的支持，资源不足，也使师范生感到挫败和无助。另外，教师教育教学工作行政化倾向明显，长期"教学与非教学"专业性的倒置，使得教师忙于应付琐事，教学工作边缘化。[②]师范生普遍反映教师工作的"服务"性质与繁琐的事务性工作是他们当前可能不选择教师职业或无法长期从事教师职业的两大原因。可见，目前亟待加强教育宣传、改善教育环境、改良培养方案，帮助公费师范生正确认识教师职业的崇高社会价值，激发师范生"长期从教、终身从教"的坚定意志，实现"师范热"到"从教热"的转变，以及"饭碗铁"到"意志铁"的提升。

（三）师范生行为投入普遍存在隐忧

由于师范生在进入大学前对未来从事职业有基本指向和认知，师范生的学习以积极学习情绪体验为基础，对专业知识建构、学习策略、自我监控有基本的掌

---

① 曹珊. 基于教育实习的公费师范生从教信念培养[J]. 教育理论与实践, 2020, 40 (31): 34-38.
② 李广, 盖阔. 中小学教师工作强度调查[J]. 教育研究, 2023, 44 (10): 54-65.

握，但实际行动的投入和转化率不足。调查发现，多数师范生指出期末考试压力是影响学习投入的重要因素，而在日常学习与生活中，师范生也会受到学校事务、外在环境等多重因素的影响，导致其学习投入降低。师范生专业学习的内源动力不足，公费师范生"躺平"现象日益凸显。师范生学习的行动力不足，与他们自身的认知、情感和意志息息相关。

1. 师范生主动参与性不足

调查发现，师范生行为投入不足的具体表现为主动参与性不足。师范生普遍缺乏主动参与的意愿和能力，在课堂上缺乏提问和互动的积极性，不愿深入探究和思考教育问题的本质，遇到困惑和问题时容易采取消极应对的态度，不愿意主动向老师、同学或其他专业人士寻求帮助。究其原因，一方面，从内部因素分析，学生对专业的认可度、对职业的认同感直接影响其获取知识的方式及价值取向的选择。部分师范生对拟教学科的兴趣不足，甚至有强烈的转专业想法，这就很容易使他们在专业学习上产生困惑和懈怠，对未来感到迷惘；部分师范生仅将教师职业作为未来糊口的途径，职业理想信念的缺失使他们很难在学习中做到主动投入。另一方面，从外部因素分析，当前很多院校师范教育的专业学业难度较低，教学方式落后，学生主体意识淡薄，这些也影响着学生的主动参与水平。具体表现在如下三方面：一是专业学习挑战度存在问题，造成或高而无信心、或低而无兴趣的现象；二是教师传统的教学方法缺乏专业思维的训练与专业实践的开展，导致师范生自主学习意识的培养不足，促进师范生将学习兴趣、学习意愿等因素转化为内部动机的意向薄弱；三是师生间尚未建立起良好的同伴关系，畅通交流、观念共鸣的机会较少。

2. 师范生学业专注力缺失

师范生在学业上缺乏专注时，可能会面临以下的问题：其一，学习时间感知失衡。师范生有时由于缺乏有效的学习计划和时间管理技巧，时间被浪费在无关紧要的事情上，因学习任务没有得到充分完成而感受到时间过得飞快；有时又由于专业学习的困难和枯燥与周遭环境的安逸和快乐，感受到学习时的痛苦，因而感觉时间分秒难挨。其二，注意力分散。师范生可能容易受到外界干扰，如社交媒体、手机通知等，导致他们在学习过程中频繁分心，无法集中精力投入到学习任务中去，影响学习效率和质量。在调研中，很多师范生表示在日常学习中，学生行政工作对时间的占用、电子信息设备及舒适生活环境的诱惑是减少行为投入的诱因。其三，学习深度表面化。由于注意力不集中和学习时间感知失衡，师范生可能只是匆匆忙忙地完成学习任务，缺乏对学习内容的深度理解和思考。这使得他们的学习成果仅停留在表面，难以掌握关键概念和技能，导致学科理解能力、学科整合能力等关键专业能力匮乏。其四，自我内驱力受挫。学业专注不足可能导致师范生缺乏自我激励和内在动力，他们可能会对学习任务感到厌倦或无趣，持续的学习困难和挫折可能会导致师范生的学习动力受到削弱，使他们逐渐失去对学习的热情和信心，缺乏长期坚持下去的动力和毅力，难以为自己设定明确的学习目标和追求高标准的学习成果。因此，学业专注的不足对师范生的学习效果、学习态度和学习动力都有重要影响，从而影响了他们的学业表现和未来发展。

3. 师范生学以致用意识薄弱

理论的学习如何内化为实践的应用一直是师范生专业成长的重要问题。师范生如果在学业上缺乏足够的投入，将不愿对教育现象中的问题进行挖掘和探讨，难以深入思考背后的核心问题，无法对理论学习和教育实践进行有效分析和改进。一方面，在获取知识技能时，部分师范生具有被动的学习态度，只是机械性地接受知识，而忽视了深度思考和批判性分析的重要性，从而影响他们的学习成效和学术能力。另一方面，在进行科学研究时，部分师范生可能缺乏对文献和数据的深入研究与理解，导致无法有效地迁移到自己的研究中，对研究的可信度和科学性认识不足。教育实践往往涉及多个学科领域，需要师范生具备跨学科知识和综合能力来解决问题。然而，行为投入不足可能使师范生对跨学科知识的学习和应用不够深入，无法将不同学科的知识有机地结合起来，从而影响师范生解决实际问题的能力和效果。因此，师范生应该通过积极参与学习和实践活动，提高自己的学以致用能力，以应对未来教育实践或研究中的各种挑战和问题。

（四）师范生学科转化能力有待提升

由学科理解和学科整合构成的学科整合能力是目前师范生专业能力发展的重要组成部分，也是薄弱环节。多年来，我国师范教育以学科知识为基本架构，相对忽视学科发展史的梳理、学科本质的追溯、学科育人价值的探寻，弱化构建学科专业知识和实际教育教学工作的联系、学科不同学段知识内容的衔接、学科间的交叉融合等，造成师范生的专业与技术的割裂、学科知识与教学知识的不适配，学科本位特色鲜明，导致师范生视野狭窄、创新意识以及综合运用知识的能力较为薄弱等突出问题。师范生的学科转化能力不足主要体现在如下两方面。

1. 学科理解能力匮乏

师范生的学科理解能力是其对学科知识、思维、方法的一种本原性、结构化认知[①]，而当前师范生的专业学习在传统单向输入型的学习模式下呈现出"浅表化"认知，只将知识作为学习目标，深度学习不足，对学科本质、思维、价值等的学习薄弱，容易影响师范生在就业后的专业发展中对学科基础知识理解的准确度和深度，使其缺乏对学科知识本原性的思考，导致知识理解的教条化，也不善于从学科本质角度分析问题，忽略学科独特的育人价值。师范生作为教师队伍的后备军，当其走上讲台后，薄弱的学科理解可能导致其无法将知识有效传授给学生，导致教学质量的下降；可能在教学方法上局限于传统落后的方式，无法将学科专业与教育理论有效联系起来，理论学习与实践转化有失偏颇，无法灵活运用多种教学策略，影响教育教学成果和效果，进一步导致学校、家长、社会的评价较低。学科理解能力的不足也会限制师范生个人的职业发展，可能使其无法获得更多的晋升和专业提高机会，感受到职业满意度的下降，从而影响其从教意愿、工作投入等。可见，在师范教育阶段，加强教育课程的学科内容和教学方法培训，提高师范生的学科理解能力和教学水平；提供定期的教学实践和反思机会，帮助师范生将学科理论知识与实际教学相结合；根据师范生的专业能力水平和发展需求，提供个性化的教学指导和支持；加强对师范生的教学评估和反馈，及时发现并纠正其专业能力不足的问题等措施的设计和实施，对师范生学科理解能力的提升有重要作用。

2. 学科整合能力薄弱

师范生的学科整合能力关乎其教学视野的宽广性、知识体系的完备度、跨学科教学的认知度等。特别是在当今教育改革的大背景下，教师需要完成从传统的分科育人到全学科全学段整合育人的转变，师范生需要建构本学科的知识体系，以完成不同学段学科知识内容的衔接，并掌握不同学科交叉融合的知识、思维、方法等。但目前的课程设置和实践模式使得师范生对于所习得知识之间的关联性及下一步的实际应用缺乏深入的思考和实践，难以应对实际的教学挑战。在当前的课程改革背景下，协同联动系统的设计、不同学科的横向融合与学科内和学段间的纵向贯通等对教育具有重要意义。师范生的学科整合能力薄弱，容易使其只能固守于自己的学科领域，无法树立跨学科统整的教育理念，缺乏学习进阶的设

---

① 王伟，吴海生，马愿愿，等. 化学师范生学科理解能力的培养研究：问题与对策[J]. 化学教育（中英文），2022，43（22）：72-76.

计，导致教学内容单薄，教学方法滞后，教学效果受限，职业发展受阻。因此，师范生要在学习中注意理解不同学科之间的关联性和相互影响；在实践中创新教学方法，丰富教学方式，设计跨学科的教学内容和活动；在研究中拓宽学科视野，增强综合素养。

（五）师范生职业规划能力亟须增强

师范生的职业规划能力是指师范生根据自身兴趣、价值观和职业目标，明确未来职业发展方向，并采取有效的计划和行动实现这一目标的能力。师范生职业规划能力的匮乏对其角色认同、学习投入、专业能力发展等都将产生深远影响。

1. 职业目标不明，学习生活庸碌

由于对未来教育领域的职业选择缺乏了解，未能确定适合自己的发展方向，师范生在大学时期的学习和实践缺乏明确的目标，影响其专业知识的针对性积累，导致其在日常学习和生活中感到迷茫和无所作为，缺少努力方向和专业发展动力，看似"忙碌"实则"劳而无获"。长此以往，师范生不仅会对学科的未来发展方向和应用领域缺乏清晰认知，在实际教学中无法灵活运用学科知识，缺乏对学科转化的理解和实践经验，更不知道自己将要在教育领域中追求怎样的职业生涯。如此，目标感不清晰导致学业基础样态不积极，而日常的庸碌更模糊了未来的选择方向。

2. 职业选择迷茫，从教意志薄弱

没有明确的职业规划可能意味着师范生缺乏个人发展目标，在大学时期缺乏明确的职业规划，会使得整个专业发展过程缺乏方向性。在这种情况下，师范生可能难以制定并实现个人和职业发展的长期目标，容易在教育专业领域的职业选择上感到迷茫，未能充分了解自己的兴趣和优势，也没有深入了解教育领域的多元职业选择，难以匹配适合自己的职位，影响就业机会的把握和职后发展。职业规划能力的缺乏还会导致师范生在教育领域中感到不确定，不清楚自己的职业前景和发展方向，可能减弱他们对教育事业的热情和动力，从而降低他们从事教育工作的意愿，影响他们选择教师职业的积极性和承诺度。如此，因未曾真正理解并热爱教师职业，师范生也难以面对职后的诸多问题与挑战。

3. 职后发展受阻，职业生涯波动

缺乏职业规划意味着师范生可能没有明确的职业目标和发展方向，导致其在职业生涯中无法有序稳步地螺旋上升。师范生如若未能有效规划好自己在不同阶段应该具备的技能和经验，将难以认识到自我发展的重要性，可能没有及时获取所需的专业知识和技能，导致职业发展受到限制。这使得他们在职业生涯的各个阶段都可能面临不同程度的困境，无法有针对性地提升自己的专业素养，挫伤职业奋斗值与幸福感。由此，职业发展路径可能会出现断层和不连贯性，进而影响个人的职业成就和发展。同时，没有职业规划的支持，师范生在职业生涯中可能会发现自己的职业选择并不符合个人兴趣和价值观，对未来感到迷茫，失去对教育工作的热情，从而降低工作积极性和满意度，进而面临频繁的工作转换和波动，难以形成深厚的专业经验，导致职业生涯的不稳定和波动。因此，师范生职业规划能力的匮乏不仅会对自身专业发展、职业认同、从教意志等产生影响，也容易浪费大量师范教育资源，有碍于中国教育事业发展。[①]

四、中国师范生发展趋势特征

中国未来一代的成长离不开基础教育的优质发展，优质的基础教育离不开优质教师的培养。在教师教育一体化的过程中，处于职前教育阶段的师范生培养尤为重要，系统且科学的师范教育体系能够帮助师范生积累专业知识、掌握教学实践技能、坚定教师信念，促使师范生逐步成为"准教师"，并为职后的专业发展奠定基础，而不合理、偏态的师范生培养则会造成师范生专业发展受阻。本研究中有关当前中国师范生发展趋势的调查结果显示，不同年级师范生在对自身具有教育家精神的程度的主观感知方面、在发展水平上以及在专业能力发展上呈现出差异化的趋势特征。总结师范生发展趋势特征，是在"新师范教育"理念的倡导下，以提升师范教育专业性和稳固师范教育师范性为主优化师范生培养体系、调整师范生培养策略的重要依据。[②]

（一）师范生具有教育家精神的感知程度随时间推移呈上升趋势

2023年9月，在第39个教师节来临之际，习近平总书记致信全国优秀教师代表，希望广大教师"大力弘扬教育家精神"，其内涵在于"心有大我、至诚报国的理想信念，言为士则、行为世范的道德情操，启智润心、因材施教的育人智慧，勤学笃行、求是创新的躬耕态度，乐教爱生、甘于奉献的仁爱之心，胸怀天

[①] 柳海民，杨宇轩，柳欣源. 中国师范生：政策演进、现实态势与发展未来[J]. 华南师范大学学报（社会科学版），2023（5）：119-133, 243-244.

[②] 田晓苗，石连海. 教师培养：从去师范化到新师范教育[J]. 国家教育行政学院学报，2019（3）：53-59.

下、以文化人的弘道追求"①。师范生对于自己具有教育家精神的主观感知，在一定程度上代表了师范生对教师职业生涯的整体感知和对从事教师职业的信心与动力。从师范生对教育家精神预判的题项的整体描述发现，无论是师范生对现阶段自身具备教育家精神的程度感知，还是工作三年后、工作十年后的程度感知，均超出应然平均值，在一定程度上体现出师范生对当前专业学习的自我效能感。但是其在不同发展阶段对所具有教育家精神程度的预判仍然展现出差异化特征，随着工作时间的增加，师范生认为自己具有教育家精神的程度呈递增态势。分析师范生对教育家精神具备程度的主观预判，有助于我们更为深入地把握师范生专业发展的现状特征和可能存在的障碍，从教师教育一体化视角更有针对性地培养和发展师范生的专业认知与专业情意。

1. 师范生具有教育家精神的感知程度随阶段发展呈递增态势

本研究针对现阶段、工作三年后以及工作十年后所感知的自身具有教育家精神的程度展开调查，结果如图 4-5 所示，随着工作时间的逐步增加，师范生对自身所具备的教育家精神程度的主观感知呈递增态势，对工作十年后具有教育家精神程度的预判水平达到峰值（M=4.08）。相关研究对教育家精神内涵的深度剖析显示，教育家精神的个体实践路径与从教信念和价值追求、职业责任与职业理想、师生关系等方面息息相关。②师范生认为自身在职后阶段具备教育家精神的程度明显高于职前阶段，认为教育家精神与教学经历密不可分，工作经历和职后专业发展能够帮助其向成为教育家型教师而努力。这说明，一方面，当前师范生群体对教育理论与教育实践结合的重要性有较为清晰和理性的认知，隐含着当前师范类高校培养体系向着体现"师范特质"、服务基础教育的方向发展；另一方面，师范生认为职后的教学工作能够带来更强的教学信念和更为坚定的职业追求，增强其教书育人的责任感，增进其对师生关系有更为透彻的理解。综上可知，在师范生看来，真实的学校育人场域和扎实的教学实践工作才是个体内心教育家精神茁壮成长的"肥沃土壤"。

研究发现，师范生对工作十年后具有教育家精神程度的预判水平较现阶段和工作三年后更高，并且对现阶段具有教育家精神程度的判断水平有所差异。如图 4-5 所示，师范生对工作十年后具备教育家精神程度的感知均值整体均高于对现阶段和工作三年后具备教育家精神程度的感知均值。这表明，师范生对其具备

---

① 大力弘扬教育家精神 为强国建设民族复兴伟业作出新的更大贡献[N]. 人民日报，2023-09-10（001）.
② 邬志辉，王苏平. 新时代如何弘扬教育家精神[J]. 东北师大学报（哲学社会科学版），2023（6）：1-7,14.

教育家精神程度的主观判断与其所理解的教师职业生涯发展有关，相对于职前学习阶段和工作三年的新手教师阶段，十年的教龄更多代表着教师个体转向熟手教师甚至专家型教师的发展阶段。已有研究指出，教师迅速发展阶段一般在工作后的第2~6年，在这一阶段，教师的专业信念逐步建立，实践知识和智慧逐渐丰富，专业角色渐进形成。[①]

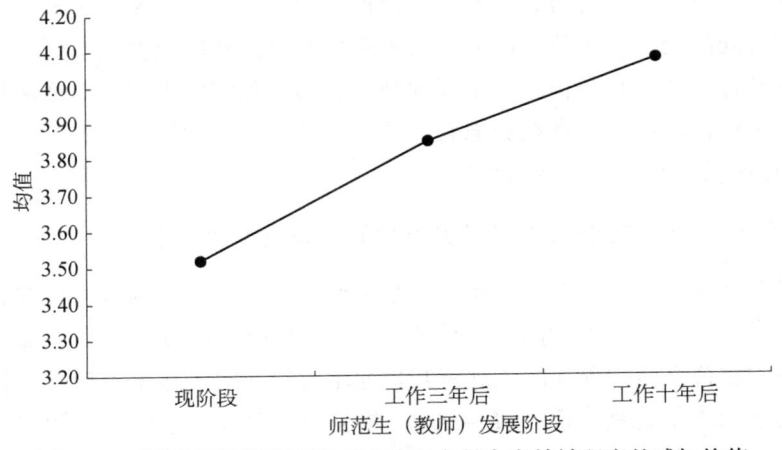

图 4-5　不同发展阶段师范生对自身具备教育家精神程度的感知均值

2. 不同年级师范生具有教育家精神的感知程度随阶段发展呈整体性跃升趋势

对不同年级师范生现阶段具有教育家精神程度的判断的平均值进行剖析，结果见图 4-6，大一年级师范生对自身当前具有教育家精神程度的感知均值最高；大二、大三年级师范生的均值呈逐步下降趋势，大三年级师范生的均值最低，仅为 3.47。大四年级师范生对此问题回答结果的平均值较大三年级师范生有所回升，但其均值未超过大一和大二年级师范生的均值。大一年级师范生的感知均值最高，之后逐渐放缓，原因可能是大一年级师范生对专业了解不成熟，大多凭借专业热情和个人常识进行判断，之后逐渐对师范专业和教师职业形成了更为清晰的认知和更为理性的分析，逐渐明确了对自身从事教师职业的发展规划，认识到不同专业发展阶段的教师与教育家型教师之间的差距，从而更为理性地判断自己在工作后不同阶段可能具备教育家精神的程度。受大二下学期教育见习的影响，师范生在从"专业"进入"职业"的第一步中很有可能会遭受一定挫折，理想与现实的落差会对师范生对教师职业的认知和自身的专业情意产生影响，因此他们在谈及具备教育家精神程度的问题时有着较低的主观感受。师范生在大四阶段已

---

① 赵昌木. 教师成长研究[D]. 兰州：西北师范大学，2003：71-75.

经获得教育实习带来的专业成长经验，正在逐步形成教育理论与实践相结合的个体建构，开始重拾对专业学习的信心，并且，经历四年的专业学习成长，师范生能够从更为全面的角度审视自身的专业发展，在面对现阶段具有教育家精神程度如何的问题时，有着更为严谨的考虑。

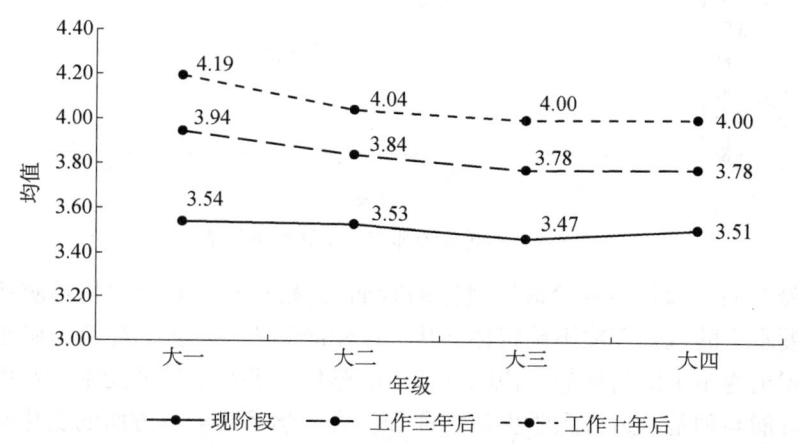

图 4-6 不同年级师范生对不同发展阶段具有教育家精神程度的感知均值

（二）师范生发展水平随年级增长呈"V"形变化趋势

基于问卷调查结果，本研究对不同年级师范生对各维度题目的作答结果进行统整性的整理分析，以呈现出师范生发展水平的趋势。调查结果显示，随着年级的增长，师范生发展水平呈现"V"形变化趋势，如图 4-7 所示，从大一至大三年级，其均值呈现出持续降低的趋势；然而，从大三过渡至大四年级，均值则呈现出上升态势，且均值在大四年级达到最高水平。这体现出不同年级师范生在发展水平上存在显著差异。着力探究差异形成背后的原因，有针对性地调整师范生培养方案，能够有效促进各年级师范生专业发展，既能帮助师范新生适应师范专业的学习，也能促使各年级师范生更快适应本阶段专业学习任务和节奏。

1. 师范生发展水平从大一至大三逐步下降，大三渐至低谷

在不同年级师范生群体中，大一年级师范生（$M=3.94$）比大二、大三年级师范生的发展水平更高，大二、大三年级师范生发展水平逐渐下降，大三年级发展水平最低（$M=3.89$）。相对于其他年级，大一年级师范生对于专业发展具有更为积极的心理倾向，往往对专业学习充满热情，具有较高的教师角色认同度，对职业理想有着殷切追求。但与此同时，大一年级师范生的专业发展仅停留在"非

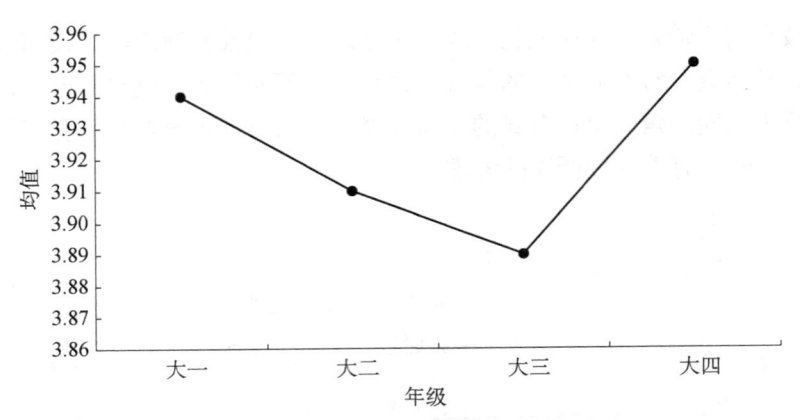

图 4-7 不同年级师范生发展水平均值

关注阶段"向"虚拟关注阶段"过渡的时期[1]，教师专业素养仅初具萌芽，其对自身发展水平的认知存在不确定性。从大一年级到大二、大三年级，师范生发展水平呈现出逐步下降的趋势，说明师范生的整体发展水平可能面临一些挑战或困难。这可能与师范生适应大学生活、课程压力、学术要求等方面的变化有关，课业难度的提升影响了师范生的学习动机和从教意愿，导致大二、大三年级师范生课业负担压力加重、学习动机下降，发展水平有所降低。

2. 师范生发展水平从大三至大四年级呈显著增长趋势

问卷调查结果显示，师范生发展水平的平均值从大三年级最低点上升到大四年级最高点（$M=3.95$）。数据跨越式增长的背后体现出师范生经历教育实习后专业素养的明显提升。访谈调查中，一位学生认为教育实习和教学技能课程给她的专业成长带来了不小的变化：

我们本科学习了心理学相关课程，实习时有些学生出现了一些问题，我能够理解他、读懂他，例如，学生跳绳时手脚不协调，写字时有的笔画写不出来，我知道这可能是因为他小手的精细动作、整个身体的协调性不是特别好，这时之前学到的知识就能帮助我透过现象看本质。（师范生 M-D-0-02）

谈及对个人职业的规划时，另一位学生认为：

我觉得新入职阶段还是要多参加比赛。如果我的精力比较充沛，争取在 30 岁前获得一些有含金量的奖项，30 岁之后可能身体会吃不消。（师范生 M-D-0-01）

由此可进一步分析，经历教育实习和相应实践性课程后，大四年级师范生逐渐将静态的理论内容与动态的真实课堂教学实践结合起来，有了充实的专业学习

---

[1] 叶澜，等. 教师角色与教师发展新探[M]. 北京：教育科学出版社，2001：276-321.

经验。此外，大四年级师范生开始进行职业发展规划，在择业过程中不断反思与突破自我，形成了更清晰的职业愿景和入职准备。因此，师范生在这个阶段获得了更多的成长和发展机会，在实践中积累了更多的经验，从而提高了自身的能力，因而发展水平有所提升。

3. 大一与大四年级师范生发展水平均较高，基本持平

大一与大四年级师范生发展水平均较高，大四年级师范生发展水平略高于大一年级师范生（$M_{大四年级}-M_{大一年级}=0.01$）。具体分析可知，大一年级师范生的角色认同、学习投入、职业愿景发展水平略高于大四年级师范生，而大四年级师范生的专业能力发展水平略高于大一年级师范生。其原因可能在于，大一年级师范生大多凭借"热情与新奇"的状态看待未来的专业学习，对专业学习充满较高的期望与热情，因此对教师职业认同度较高，在学习中能够投入更多的时间与精力，同时对未来就业具有较高的期望；大四年级师范生通过大学四年的学习提升了自身的专业能力，能够以"理智与积淀"审视自己四年专业学习的成果，并深入思考自身的择业和工作问题。

（三）中国师范生专业能力水平随年级增长呈线性上升趋势

能力是个体成功完成某种活动所必须具备的个性心理特征。[①]专业能力则是指个体在某类专业活动中体现出的能力。本研究依据有关教师专业能力的已有研究与当前教师队伍建设和师范生培养的发展要求，将师范生的专业能力划分为学科转化能力、教学实践能力、技术融合能力、综合育人能力和反思研究能力，并对不同年级师范生的整体专业能力水平进行了调查。调查结果见图4-8所示，大一、大二与大三年级师范生的专业能力均值相对持平，其中，大二年级师范生均值较低，大一、大三年级师范生均值较高；大四年级师范生的专业能力均值较大三年级有明显增长。此研究结果既印证了师范生专业发展的一般规律，也体现出当前时期师范生专业能力发展的时代特点。对当前师范生专业能力水平发展趋势进行分析，有助于我们了解新时期师范生专业发展新样态，探索师范生专业能力培养新路径，优化师范专业人才培养机制。

1. 大一与大二年级师范生专业能力水平相对持平

数据显示，大一与大二年级师范生专业能力水平的整体均值基本一致，说明大一至大二年级师范生专业能力水平并未发生较为明显的提升，但大一年级

---

① 郭黎岩. 心理学（第2版）[M]. 南京：南京大学出版社，2006：324.

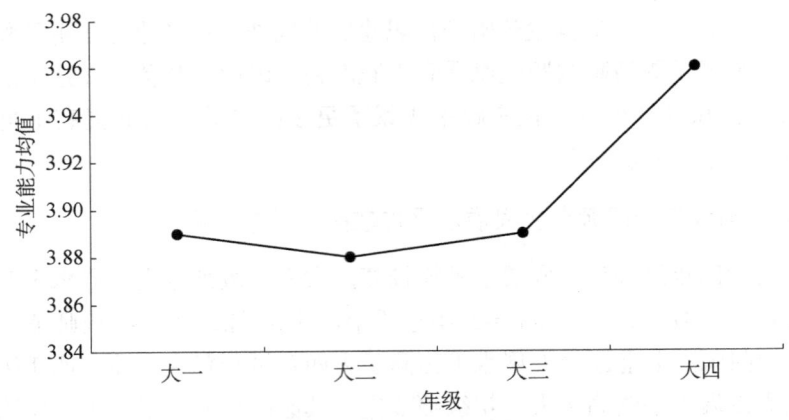

图 4-8　不同年级师范生专业能力发展水平均值

（M=3.89）与大二年级师范生专业能力均值（M=3.88）均超过理论中值 3，说明两个年级师范生的专业能力水平总体较高。出现这种现象的原因可能是大一与大二年级师范生处于师范生专业发展的前期，主要以学习教育理论与专业知识课程为主，对学科知识、教学知识与教学技能等方面的学习仍在积累与熟练之中，此外，师范生在这一阶段并未接触过完整的课堂教学训练，可能在教育教学能力方面的发展较为薄弱。因此，大一至大二年级师范生专业能力水平的提升并不显著。某院校学生说道：

现在站在讲台上讲话或讲课时，我也会紧张。（师范生 D-B-0-02）

由上述访谈文字可知，大二年级师范生在面对真实教学情境时表现出紧张、不适应、不熟悉的状态，说明其当前掌握的专业能力并不能支撑其熟练地进行教学活动。而这一阶段师范生的专业发展主要依靠教师教育课堂理论学习，这表明仅局限在高校的师范生专业学习是远远不够的，只有接触到真实的中小学教育情境，师范生的专业能力水平才能获得更为显著的提升。

2. 师范生专业能力水平从大二至大三年级呈缓慢增长趋势

相对于其他两个年级，大三年级师范生的专业能力均值略高（M=3.89），师范生的专业能力在大二到大三年级这一阶段缓慢提升。其原因在于，多数院校在大三学年的课程设置上着重增加了学科教法课的理论与实践，增加了专业课的难度与深度，对师范生知识转化能力、实践力、应用力与研究力等提出了新要求。相较于大一和大二年级的浅表化复述，大三年级师范生需要在各项专业能力上完成一次进阶，特别是如何完成理论与实践的联结，如何进行接受者到输出者的角色转化，如何实现吸收到研究的跨越。在访谈过程中，某院校学生描述了其当前的专业能力水平：

> 如果让我现在面向初高中学生上台讲课，我觉得我的第一个优势是不会紧张和怯场，心态比较好，因为上学期我去中小学讲过课，并主办过大型活动，我觉得这些对我有很大帮助。第二个优势是我的专业能力还可以，初高中课程根据教材内容可以讲出来。（师范生 D-C-0-01）

可见，大三年级师范生经历的教育见习、教育实习、微格教学等教育实践环节对其教育教学能力的提升具有一定的促进作用，因此，大二至大三年级师范生的专业能力呈上升趋势。但可能由于大三年级师范生专业能力的训练多以校内教师教育课程学习为主，大二至大三年级师范生的专业能力呈缓慢上升趋势。

3. 师范生专业能力水平从大三至大四年级直线上升，大四年级攀至峰值

从大三到大四年级，师范生专业能力水平的均值呈现出明显的上升趋势，大四年级师范生的专业能力水平均值（M=3.96）显著高于其他 3 个年级。大四上学期是多数高等院校安排师范生进行集中教育实习的时间段，在教育实习过程中，实习师范生投入到代课、批改作业、学生辅导以及班级管理的工作当中，甚至需要学会处理一些突发状况。此外，师范生个体在教育实习过程中的自我反思意识逐渐增强，并能够与其他实习生和指导教师进行专业交流。因此，在大三至大四学年，师范生专业能力得到了全面发展。此外，在访谈中，有师范生表示，课堂教学技能训练时涉及自我介绍、说课展示、模拟课堂、教学设计等递进式教学能力训练过程，使得师范生能够将自身的专业知识与技能进行有效的教学转化，这种成体系的教师教育课程有助于师范生将内在专业知识转化为外在教学实践，进而提升了师范生教育教学能力，从而为师范生专业能力发展赋能。

第五章
师范生角色认同调查报告

  师范生对于自身角色的认同，是其确立教师职业理想、实现与教师角色接轨、持续发展专业素养的重要前提。在整个师范教育过程中，最重要的就是要学生坚定师范生的理想信念，涵养长期从教、终身从教的职业情怀，形成良好的师德素养和职业认同。2023年，《教育部关于实施国家优秀中小学教师培养计划的意见》出台，进一步强调"为中小学输送一批教育情怀深厚、专业素养卓越、教学基本功扎实的优秀教师"。在师范生的招生和就业环节中，国家也多次强调要选拔乐教适教、有志于从教的优秀学生攻读师范类专业，重点考查学生的综合素质、职业倾向和从教潜质。可见，只有培养的师范生是真正适教的、乐教的、坚定从教的，才能保证教师教育人才培养的高质量和我国师资队伍的高水平。本章以"师范生角色认同"为核心，从从教潜质、从教意愿、从教意志、职业使命感4个维度出发，深入分析我国师范生的表现情况与存在的问题，进而提出针对性策略和建议，助力新时代师范人才的高质量培养。

一、师范生角色认同基本内涵

（一）概念界定

在角色认同研究领域，最早引入"角色"概念的是美国社会心理学家乔治·米德（Geerge Mead）。他认为，"角色"是指社会人在占据一定的社会地位，或者处于某一社会场域中所表现出的相应的行为与态度模式的总和。[1]"认同"这一名词最早是由心理学家弗洛伊德（Sigmund Freud）提出来的，指"个人与他人，群体或模仿人物在感情上、心理上趋同的过程"[2]。后来，埃里克森（Erik Erikson）将其引入心理学领域中，提出"自我身份认同"的概念。因此，认同是对自我身份的确认，角色认同是个体对其所承担的角色身份进行认知、体验以及采取与角色一致的行为的过程。

师范生角色认同是指学生对于自己现在作为师范生的认同，以及将来作为中小学教师的认同，既是对自己目前身份角色的认同，也是对自己未来职业角色的认同。因此，师范生角色认同的内涵既包括个体的、微观的"我是谁"，也包括社会的、宏观的"成为谁"。具体来说，这种角色认同既包括师范生认可自己的身份（约束性、适合度、适应性等），能够以免费师范生的身份进行正常的日常学习与生活[3]；也包括对于教师职业的认同，即对教师职业有正确的认知和积极的情感，具有从事教师职业的强烈意愿和坚定信念。

（二）结构特点

有鉴于师范生群体的特殊性，国内外现有的教师职业认同模型不能适用于这一群体，许多学者针对师范生教师职业认同的结构和特点开展了深入研究。张大均认为，师范生作为准教师，其职业心理素质包含职业价值观、职业气质、职业品德、职业知识结构和职业技能等成分。[4]张芬只和郑高洁从认识与态度、职前准备与训练、从事教师职业的意愿、情感体验4个方面对师范生的职业认同进行了调查。[5]王鑫强和曾丽红将师范生职业认同感界定为师范生对将要从事的教师职业和目前自身师范生身份的感知与体验，分为职业认知、职业情感、职业意

---

[1] 乔治·赫伯特·米德. 心灵、自我与社会[M]. 霍桂桓，译. 北京：华夏出版社，1999：273-274.
[2] 弗洛伊德. 精神分析引论[M]. 高觉敷，译. 北京：商务印书馆，1984.
[3] 崔海玲. 免费师范生角色认同研究[J]. 河北师范大学学报（教育科学版），2012，14（6）：29-32.
[4] 张大均. 师范大学生职业心理素质[M]. 重庆：西南师范大学出版社，2002：252.
[5] 张芬只，郑高洁. 河南省师范生职业认同感调查研究[J]. 中天学刊，2007，22（3）：127-130.

志、职业期望、职业价值观、职业行为倾向6个维度。[1][2]赵宏玉等提出,师范生教师职业认同由内在价值、外在价值、意志行为3个方面组成。[3]周珂等认为,师范生职业认同由情感认同、价值认同、能力认同、投入认同和持续认同5个因子构成。[4]马红宇等结合师范生的实际特点,编制了师范生教师职业认同问卷,揭示了师范生教师职业认同的三因子结构,即职业价值认同、职业发展意愿和职业准备行为。[5]吴晓玮等基于现代效度理论效验框架,表明"二阶二因子一阶四因子"为师范生职业认同结构的最优模型,即师范生教师职业认同由"职业价值观"(内在价值观、外在价值观)和"职业归属感"(角色接纳、从教承诺)构成。[6]在具体的研究中,多数学者或直接沿用这几种观点进行维度划分,或在参考这几种观点的基础上进行变化和延伸。

（三）调查维度

在充分理解和借鉴师范生教师角色认同的内涵与结构的基础上,本研究进一步考虑到师范生这个群体的主要特点,同时结合师范生对于自身角色的认同特点,以及国家在师范生培养方面的相关政策精神,经过文献阅读、政策梳理、专家讨论、试测修改等一系列过程,最终确定了本次师范生角色认同的调查维度,包括从教潜质、从教意愿、从教意志、职业使命感4个方面,共有36个题项。这些测量指标涵盖了师范生从学生到教师的角色转变过程,同时指向师范生角色认同的发展与提升,通过现状调查、数据挖掘等方式,发现师范生角色认同的特点与问题,提出针对性对策建议,助力师范生角色认同的培养与提升。

从教潜质在一定程度上体现了师范生的适教性,即师范生是否真正适合成为一名教师,主要考察的是与教师所需要的能力素质、人格特征的匹配情况。怎样遴选适合从事教育的师范生,以及怎样检验培养的师范生是否适合从事教育工

---

[1] 王鑫强,曾丽红,张大均,等. 师范生职业认同感量表的初步编制[J]. 西南大学学报(社会科学版),2010,36(5):152-157.

[2] 曾丽红,王鑫强,李森. 免费师范生职业认同感的现状调查与对策[J]. 曲靖师范学院学报,2011(1):11-14.

[3] 赵宏玉,齐婷婷,张晓辉,等. 免费师范生的教师职业认同:结构与特点实证研究[J]. 教师教育研究,2011,23(6):62-66.

[4] 周珂,王崇喜,周艳丽. 体育教师职业认同的结构与量表编制研究——以中学体育教师为例[J]. 北京体育大学学报,2012,35(3):93-98.

[5] 马红宇,蔡宇轩,唐汉瑛,等. 师范生教师职业认同的内在结构与特点[J]. 教师教育研究,2013,25(1):49-54.

[6] 吴晓玮,张华玲,姚琼,等. 师范生职业认同多维结构的初步效验——基于现代效度理论的视角[J]. 教师教育研究,2021,33(4):60-67.

作，都与对师范生适教性的探究分不开。师范生认可自己具备成为一名教师的潜质，能够在很大程度上反映其对于自身角色认同的程度。该维度下设个性特征和基础素质两个子维度。

从教意愿即师范生是否愿意从事教师职业的内在态度，是师范生对于专业认知或教师职业认同显性的、综合的表现形态。[1]不少师范生可能对自己将来是否愿意从事教师职业摇摆不定，或是对自己是否能够胜任教师角色心存怀疑，但是通过不断地接受师范教育，师范生逐渐掌握必备的教师专业知识，对于教师角色有了进一步了解，最终会树立起信心成为一名合格的教师，甚至是一名优秀教师。因此，师范生的从教意愿是反映其角色认同的一个重要方面，下设从教选择和心理准备两个子维度。

从教意志指师范生在毕业后能够主动选择教师职业并为之献身的坚定性，既包含师范生选择教师职业的坚定性，也包括师范生承诺能够在未来长久从教的坚定性。师范生面临就业时，可能会受到各种因素的影响和限制，如果师范生表现出无条件去从教的决心，以及在未来坚守岗位的信念，这无疑是对自身角色高度认同的彰显。该维度下设从教条件和从教承诺两个子维度。

职业使命感是个体对特定职业领域所感受到的一种强烈的、有意义的激情，它使个人清楚地知道从事某个特定职业是实现人生目标和意义的重要途径。[2]师范生的职业使命感主要指的是师范生对于未来所要从事的教师职业的使命感，其中包含师范生对于教师职业的认知、向往、态度和情感，下设导向力、意义价值以及利他贡献3个子维度。

结合师范生角色认同及其各维度的含义，规定题项得分为1～5分，具体含义如下：1分表示师范生认为自己完全没有达到该题项所要考查的标准或者表现很差，2分表示师范生没有达到标准或者表现较差，3分表示师范生对于该题项的感知不清晰或是处于模糊状态，4分表示师范生基本达到标准或者表现良好，5分表示师范生完全达到标准或表现优秀。

二、师范生角色认同现实状况

（一）总体状况分析

调查发现，师范生的整体角色认同处于中等偏上、接近于良好的水平

---

[1] 蒋亦华. 本科院校小学教育专业学生从教意愿的调查研究[J]. 教师教育研究，2008，（6）：62-67.
[2] Dobrow S R, Tosti-Kharas J. Calling: The development of a scale measure[J]. Personnel Psychology, 2011, 64（4）: 1001-1049.

（M=3.92）。其中，师范生的从教潜质水平基本达到预期标准（M=3.98），但是还是有很大的提升空间；师范生的从教意愿整体上也是比较强的（M=3.98）；相比之下，师范生的从教意志水平一般（M=3.82），从教意志还没有达到比较坚定的水平；师范生的职业使命感水平相对来说也较为一般（M=3.84）。相关分析表明，从教潜质、从教意愿、从教意志和职业使命感4个维度与师范生角色认同均存在显著的高相关关系（相关系数分别为0.93、0.95、0.90、0.94，p<0.001）。师范生角色认同及其各维度的描述性统计结果如表5-1所示。

表 5-1 师范生角色认同及各维度描述性统计

维度	M	SD	中位数	偏度	峰度
从教潜质	3.98	0.62	4.00	−0.34	0.89
从教意愿	3.98	0.65	4.00	−0.56	1.23
从教意志	3.82	0.73	4.00	−0.44	0.71
职业使命感	3.84	0.58	3.82	−0.60	1.38
师范生角色认同	3.92	0.59	3.94	−0.38	0.98

进一步分析师范生角色认同得分频数分布图（图5-1），可以得出以下结果。首先，师范生角色认同得分集中在2.60分以上，其中，得分处于3.80~4.20分的学生所占比例最高，其次是得分处于3.40~3.80分和4.60~5.00分这两个分数段的学生，可见大多数师范生具有较高的角色认同水平。其次，有7043名师范生的得分位于3分或以下，这部分师范生在对待自我身份以及教师职业表现出不认同的态度。在之后的分析当中，找到具有较低角色认同水平的师范生的表现，以及他们与具有较高角色认同水平的师范生之间的差距和原因较为关键。

（二）具体状况分析

从师范生角色认同各维度的得分均值来看，表现最好的是师范生的从教潜质和从教意愿，二者得分基本持平，其次是职业使命感和从教意志。这也基本符合我们的假设，师范生由于目前还处于学生阶段，接触更多的是成为教师过程中的一些基本功训练和技能掌握，对于未来就业往往充满期待和向往。而若要具有更高层次意义上的职业使命感和从教意志，师范生需要在学习过程中慢慢磨炼和多加感悟。下面我们具体分析师范生在这几个维度上的表现。

师范生从教潜质得分频数分布图如图5-2所示。大部分师范生的从教潜质得分在2.60分以上，其中，得分处于3.80~4.20分的学生所占比例最高，其次是得分处于4.60~5.00分和3.40~3.80分这两个分数段的学生，可见当前的大

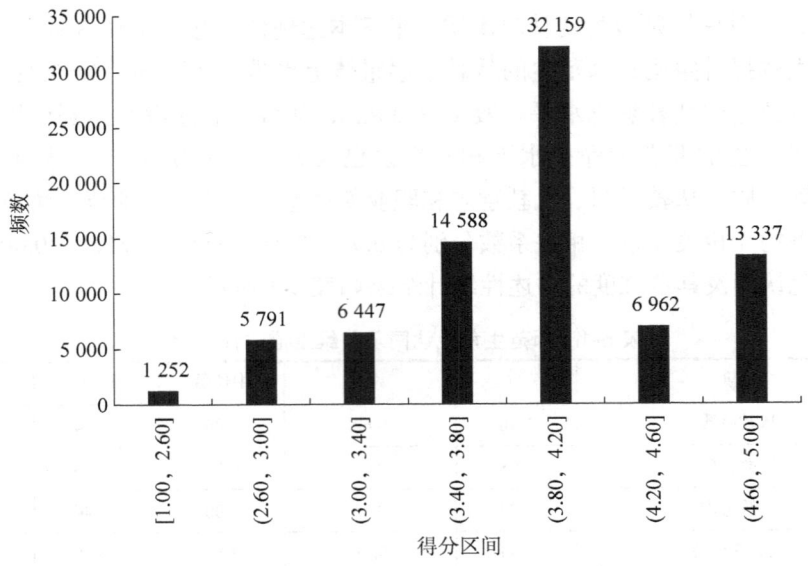

图 5-1　师范生角色认同得分频数分布图

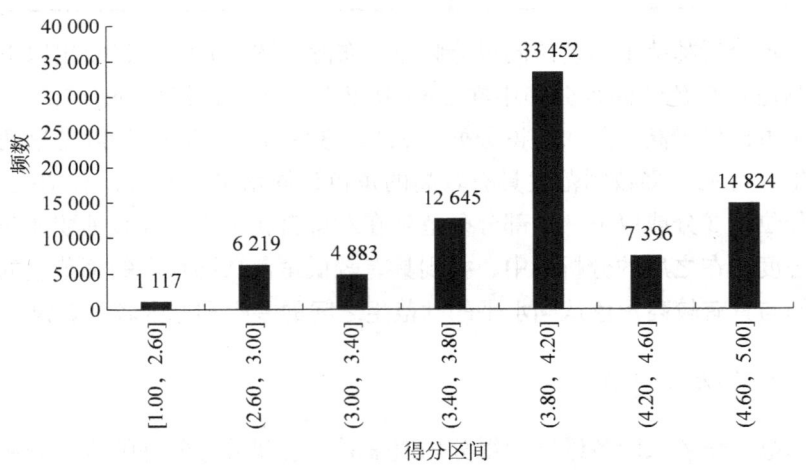

图 5-2　师范生从教潜质得分频数分布图

多数师范生具有较高的从教潜质。得分在3分及以下的师范生有7336名，这部分师范生在从教潜质方面比较欠缺。具体来看个性特征和基础素质这两个维度，其得分均值和其他统计特征见表5-2。结果显示，师范生的个性特征是相对较好的，表明师范生的个性总体上是比较自信乐观、外向积极的，并且具备教师所需要的爱心、耐心、细心、责任心等。然而，师范生在基础素质方面的表现略差于个性特征。相对于个性特征方面的认知，师范生对于自己在人际交往、兴趣特长、心理素质等方面的认知显得不那么自信，这可能是由于相比于个性特征而言，师范生需要更多时间去培养和锻炼自己的基础素质，进而使自己越来越接近于一名教师的形象和具备一名教师该有的素质。从总体上看，我国师范生在基础素质方面还是接近于良好的。

表 5-2 师范生从教潜质各维度描述性统计

维度	M	SD	偏度	峰度	百分位数 10	百分位数 25	百分位数 50
个性特征	4.08	0.61	−0.51	1.26	3.17	3.83	4.00
基础素质	3.89	0.67	−0.28	0.45	3.00	3.50	4.00

师范生从教意愿得分频数分布图如图 5-3 所示。大部分师范生的从教意愿得分在 2.60 分以上，其中，得分处于 3.80～4.20 分的学生所占比例最高，其次是得分处于 4.60～5.00 分和 3.40～3.80 分这两个分数段的学生，可见大多数师范生的从教意愿是比较强烈的。得分为 3 分及以下的师范生有 8535 名，占所有师范生群体的 10.60%，这部分师范生的从教意愿可能是模糊不清的，也可能是摇摆不定或者一片茫然的，抑或是后悔选择师范专业的，他们在选择是否成为一名教师以及做好成为一名教师的心理准备上是不清晰的、欠缺的。具体来看从教选择和心理准备这两个维度，其得分均值和其他统计特征见表 5-3。结果显示，师范生的从教选择相对来说表现较好，这体现在总体上师范生对于毕业后是否愿意从事教师职业持肯定态度，没有后悔选择师范专业，并且会为了成为一名教师而努力奋斗。在心理准备方面，很多师范生由于不够了解教师职业、缺乏教师的实践经验等因素而在成为教师的心理准备方面有所欠缺，他们可能不清楚作为一名教师需要完成的各项任务以及具体的要求，不清楚作为一名教师将来可能会遇到什么问题和挑战，也还没有从一名学生的身份过渡到教师的身份。因此，这同样是一个循序渐进的过程，可能随着时间的推移而变得更加完善。从总体上看，我国师范生在成为一名教师的心理准备方面还是较为充分的。

师范生从教意志得分频数分布图如图 5-4 所示。大部分师范生的从教意志得分在 2.60 分以上，其中，得分处于 3.80～4.20 分的学生所占比例最高，其次是得分处于 4.60～5.00 分和 3.40～3.80 分这两个分数段的学生。与前两个维度不同的是，得分处于 2.60～3.00 分这个分数段的师范生数量明显变多了，得分为 3 分及以下的师范生有 13 745 名，占所有师范生群体的 17.07%，说明师范生的从教意志相比其他维度来说是比较薄弱的。总的来说，大部分师范生的从教意志还是比较坚定的。具体来看从教条件和从教承诺这两个维度，其得分均值和其他统计特征见表 5-4。结果表明，在从教条件方面，多数师范生表示即使没有相关政策

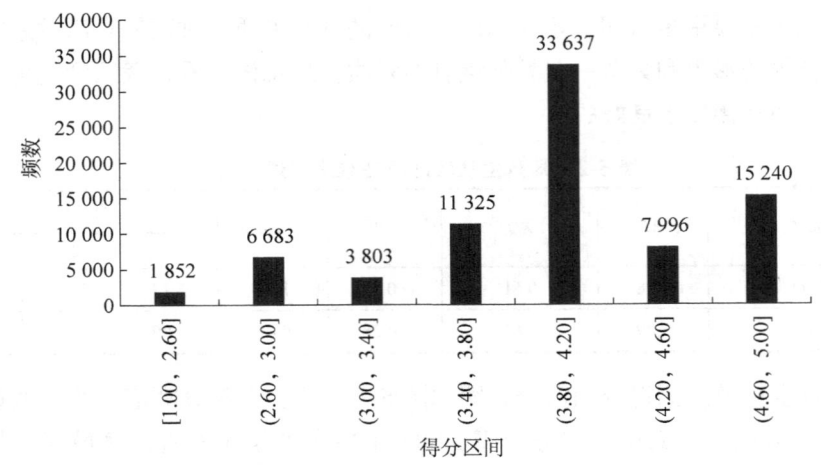

图 5-3 师范生从教意愿得分频数分布图

表 5-3 师范生从教意愿各维度描述性统计

维度	M	SD	偏度	峰度	百分位数 10	百分位数 25	百分位数 50
从教选择	4.02	0.75	−0.82	1.41	3.00	3.67	4.00
心理准备	3.97	0.64	−0.44	1.12	3.00	3.75	4.00

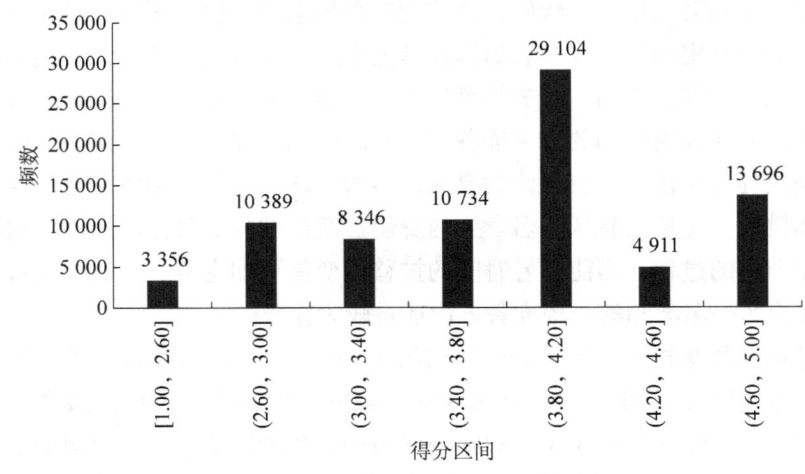

图 5-4 师范生从教意志得分频数分布

的限制，他们也会积极地去从教，而无论将来所去工作的地点是在哪里，都不会影响自己的从教决心；在从教承诺方面，绝大多数师范生表示愿意在毕业时优先选择从教，并且在之后不会更换其他职业，愿意终身从教。相对来说，师范生的从教承诺表现得更好，从教承诺代表着师范生内心深处的一种勇气和信念，体现着师范生对于教师职业的认同和热爱。从教条件面临着一些实际的客观因素，师范生可能会在心里权衡一下遇到这些具体的情况时自己会如何去做，是否会不顾一切去从教，还是会考虑一些对自己至关重要的因素。从总体上看，我国师范生在从教意志方面的表现还是较为乐观的。

表 5-4　师范生从教意志各维度描述性统计

维度	M	SD	偏度	峰度	百分位数 10	25	50
从教条件	3.80	0.76	−0.49	0.66	3.00	3.33	4.00
从教承诺	3.85	0.77	−0.49	0.62	3.00	3.33	4.00

师范生职业使命感得分频数分布图如图 5-5 所示。大部分师范生的职业使命感得分在 2.60 分以上，其中，得分处于 3.80~4.20 分的学生所占比例最高，其次是得分处于 4.60~5.00 分和 3.40~3.80 分这两个分数段的学生。得分为 3 分及以下的师范生有 8584 名，这部分师范生对教师职业缺乏职业使命感，可能是缺少成为教师的激情，或者是没有将教师职业的价值和意义同自己的人生目标相统一，抑或对于教师职业的情感与认知不足。总的来说，大部分师范生的职业使命感还是比较强的。具体来看导向力、意义价值和利他贡献 3 个维度，其得分均值和其他统计特征见表 5-5。结果显示，这 3 个维度中，得分最高的是意义价值，其次是导向力，最后是利他贡献（均值和中位数都较低）。师范生普遍觉得成为教师是体现自我价值的一种方式，成为教师可以让自己寻找到存在的意义。从导向力来看，师范生会觉得自己有注定去追求教师职业的使命感和力量感，这源于将教师职业视为自己的职业理想和目标，并且觉得自己有足够的自信胜任教师职业，师范生在导向力上面的表现基本接近这种状态。在利他贡献方面，师范生表现为对于教师职业能够造福他人或者社会方面还没有那么深的感触。从总体上看，我国师范生在职业使命感方面的表现也是可以接受的。

（三）差异状况分析

1. 性别上的差异

调查结果显示，不同性别师范生的角色认同存在显著差异（表 5-6），男性师范生的角色认同度显著高于女性师范生。对于从教潜质、从教意愿、从教意志以及职业使命维度的分析结果也显示，男性师范生的得分要显著高于女性师范生，尤其是在从教意志维度，两个群体的得分差距更加明显。

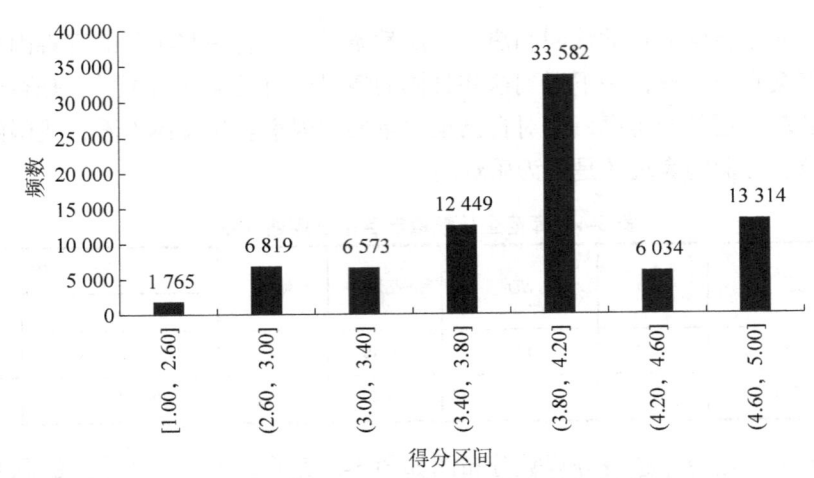

```
         40 000
         35 000                                          33 582
         30 000
         25 000
     频
     数  20 000
         15 000                                                              13 314
                                                 12 449
         10 000        6 819   6 573
          5 000                                                  6 034
                1 765
              0
              [1.00,  [2.60,  [3.00,  [3.40,  [3.80,  [4.20,  [4.60,
              2.60)   3.00)   3.40)   3.80)   4.20)   4.60)   5.00]
                                  得分区间
```

图 5-5 师范生职业使命感得分频数分布图

表 5-5 师范生职业使命感各维度描述性统计

维度	M	SD	偏度	峰度	百分位数 10	25	50
导向力	3.83	0.81	−0.63	0.71	3.00	3.25	4.00
意义价值	4.02	0.70	−0.76	1.68	3.00	4.00	4.00
利他贡献	3.73	0.48	0.05	1.29	3.25	3.50	3.75

表 5-6 角色认同及其各维度在师范生性别上的差异分析

性别	角色认同	从教潜质	从教意愿	从教意志	职业使命感
男	3.97	4.03	4.06	3.93	3.89
女	3.90	3.97	3.97	3.79	3.83
t	13.89***	10.00***	14.62***	20.59***	10.46***

许多关于师范生职业认同的研究都会涉及对于性别差异的分析，例如，胡洪羽和蒋平的研究显示，在性别变量上，师范生职业认同总体水平不存在显著差异，在"职业意志"因子上，女生得分显著高于男生。[1] 朱洪雨和车丽娜的研究表明，女生的职业认同总分以及各维度得分均值都高于男生，但二者之间没有显著差异。[2] 而本次大规模的调查结果表明，男性师范生对于自身的角色认同水平高于女性师范生，并且在对于自身素质、从教的意愿与意志，以及职业使命感

---

[1] 胡洪羽，蒋平. 高师院校师范生教师职业认同现状的调查研究——基于西南地区 3 所高师院校的数据[J]. 教师发展研究，2019，3（4）：72-81.

[2] 朱洪雨，车丽娜. 省属高校公费师范生教师职业认同的现状分析及培养对策[J]. 当代教育与文化，2021，13（1）：51-55，79.

方面都超越女生，尤其是在从教意志水平上明显超过女性师范生，意味着男性师范生更倾向选择从事教师职业，并且更笃定地认为自己能够在未来坚守教师岗位。

2. 年级上的差异

调查结果显示，不同年级师范生的角色认同存在显著差异（表5-7）。大一年级师范生的角色认同水平最高，其次是大四年级师范生，大二年级师范生和大四年级师范生的角色认同水平不存在显著差异，水平最低的是大三年级师范生。因此，师范生的角色认同水平发展整体上呈现出先下降再上升的趋势。从教潜质、从教意愿、从教意志和职业使命感各维度的结果也表现出同样的发展规律。此外，对于师范生角色认同及其各维度来说，虽然师范生到大四年级时的认同水平有所上升，但是也并没有达到大一年级时的水平（显著低于大一年级），在大多数情况下是与大二年级基本持平的。

表 5-7　角色认同及其各维度在师范生年级上的差异分析

年级	角色认同	从教潜质	从教意愿	从教意志	职业使命感
大一	3.96	4.02	4.03	3.87	3.89
大二	3.90	3.97	3.97	3.82	3.83
大三	3.87	3.94	3.94	3.77	3.80
大四	3.92	4.00	4.00	3.82	3.83
F	87.91***	59.81***	74.46***	67.91***	112.52***

3. 专业类别上的差异

调查结果显示，不同专业类别师范生的角色认同存在显著差异（表5-8）。其中，艺术专业师范生的角色认同水平最高，显著高于理科专业师范生；文科专业师范生的角色认同水平相对较低，显著低于理科及艺术专业师范生。不同专业类别师范生在从教潜质、从教意愿、从教意志维度上呈现出同样的差异情况。在职业使命感维度上，理科专业和艺术专业师范生不存在显著差异，且都显著高于文科专业师范生。

表 5-8　角色认同及其各维度在师范生专业类别上的差异分析

专业类别	角色认同	从教潜质	从教意愿	从教意志	职业使命感
文科专业	3.89	3.95	3.96	3.78	3.83
理科专业	3.94	4.00	4.02	3.86	3.86
艺术专业	3.99	4.08	4.07	3.93	3.88

续表

专业类别	角色认同	从教潜质	从教意愿	从教意志	职业使命感
其他	3.85	3.93	3.91	3.78	3.78
F	112.816***	129.524***	116.396***	140.462***	50.452***

4. 生源地上的差异

调查结果显示，不同生源地师范生的角色认同存在显著差异（表5-9）。出生在城市的师范生的角色认同水平要显著高于出生在县城的师范生，出生在县城的师范生的角色认同水平显著高于出生在乡镇的师范生，出生在乡镇的师范生角色认同水平显著高于出生在村（屯）的师范生。从教潜质和从教意愿的结果也表现出同样的规律，出生在城市的师范生的从教潜质和从教意愿最高，其次是出生在县城、乡镇的师范生，最后是出生在村（屯）的师范生。在从教意志维度，虽然不同生源地的师范生在整体上是存在显著差异的，但是经过多重比较分析，发现这种差异仅存在于出生在城市和乡镇以及出生在县城和乡镇的师范生之间，并且出生在乡镇和村（屯）的师范生的从教意志水平更高，但差异未达到显著性水平；出生在城市和县城的师范生的从教意志水平持平，二者不存在显著差异，且都比出生在村（屯）的师范生低一些。在职业使命感维度，出生在城市的师范生的得分显著高于出生在县城的师范生，出生在县城的师范生的得分显著高于出生在乡镇的师范生，出生在乡镇和村（屯）的师范生之间不存在显著差异。

表5-9 角色认同及其各维度在师范生生源地上的差异分析

生源地	角色认同	从教潜质	从教意愿	从教意志	职业使命感
城市	3.96	4.06	4.03	3.82	3.87
县城	3.92	3.99	3.99	3.82	3.85
乡镇	3.90	3.96	3.97	3.84	3.83
村（屯）	3.88	3.93	3.96	3.83	3.82
F	58.00***	179.87***	51.41***	3.98**	31.11***

5. 所在高校类型上的差异

调查结果显示，不同高校类型的师范生的角色认同存在显著差异（表5-10）。其中，部属师范大学的师范生角色认同水平最高，显著高于省属师范大学的师范生，地方师范院校、综合性大学、高等专科学校师范生的角色认同之间不存在显著差异，均低于省属师范大学和部属师范大学师范生，并且显著高于其他院校师范生。在从教潜质维度，部属师范大学和省属师范大学的师范生不存在显著差异，二者都显著高于地方师范院校和综合性大学的师范生，高等专科学校与其他院校的师范生的从教潜质相对来说是最低的，二者不存在显著差异。在从教意愿维度，部属师范大学师范生的从教意愿水平是最高的，显著高于省属师范大学的师范生，省属师范大学的师范生显著高于地方师范院校、综合性大学、高等专科学校以及其他院校的师范生，其中地方师范院校、综合性大学、高等专科学校的师范生之间不存在显著差异。不同高校类型师范生的职业使命感也呈现出与从教意愿相同的差异情况，但在从教意志维度上所呈现出的差异有所不同，部属师范大学、省属师范大学、地方师范院校以及综合性大学的师范生之间不存在显著差异，从教意志水平最高的是高等专科学校的师范生，且显著高于其他院校的师范生。

表 5-10　角色认同及其各维度在师范生所在高校类型上的差异分析

高校类型	角色认同	从教潜质	从教意愿	从教意志	职业使命感
部属师范大学	3.96	4.00	4.06	3.82	3.91
省属师范大学	3.92	4.00	3.99	3.82	3.85
地方师范院校	3.90	3.97	3.97	3.83	3.82
综合性大学	3.89	3.97	3.96	3.80	3.81
高等专科学校	3.89	3.92	3.96	3.87	3.81
其他	3.77	3.84	3.82	3.74	3.70
F	20.39***	21.21***	38.62***	7.03***	46.56***

6. 身份上的差异

调查结果显示，不同身份师范生的角色认同存在显著差异（表 5-11）。其中，公费师范生的角色认同水平最高，显著高于非公费师范生，非公费师范生的角色认同水平要显著高于非师范生。不同身份师范生在从教潜质、从教意愿、从教意志以及职业使命感维度上都表现出相同的规律，公费师范生的整体水平都是最高的，且显著高于非公费师范生及非师范生。其中，非公费师范生与公费师范生的差异虽然显著，但是相比之下并没有非师范生与公费师范生的差异明显。由此可以看出，非师范生无论是在从教潜质方面，还是在从教意愿、从教意志以及教师职业使命感方面，得分都是相对较低的。虽然非师范生的样本量相对来说较少，但对其自身而言，这一样本量也基本上能够说明一些问题，能够代表这个群体的一些现象和特征。

表 5-11　角色认同及其各维度在师范生身份上的差异分析

身份	角色认同	从教潜质	从教意愿	从教意志	职业使命感
公费师范生	3.95	4.00	4.05	3.88	3.89

续表

身份	角色认同	从教潜质	从教意愿	从教意志	职业使命感
非公费师范生	3.90	3.98	3.97	3.81	3.83
非师范生	3.73	3.89	3.70	3.64	3.62
F	211.71***	43.09***	387.43***	171.09***	316.07***

7. 亲人中是否有老师的差异

师范生的亲人中是否有老师对其角色认同有一定的影响。调查结果显示，亲人中有老师的师范生的角色认同水平显著高于亲人中没有老师的师范生（表5-12），且在从教潜质、从教意愿、从教意志以及职业使命感维度上都表现出相同的规律。这种差异是可以被预料到的，亲人中有老师的师范生会对教师职业有更清楚的了解和认识，在入学前会比亲人中没有老师的师范生拥有更加明确的定位和目标，所以无论是在心理准备上，还是在对待教师职业的认知、情感方面都会比其他同学更加充分。从报考动机的调查中也能够得出，因为"家人、老师及朋友的建议"以及"受身边的人潜移默化的影响"而报考师范专业的师范生占有很大比例，并且这些师范生的角色认同水平也相对较高（表5-15）。所以，家人中是否有老师会对师范生的角色认同产生一定的影响。

表5-12　角色认同及其各维度在师范生的亲人中是否有老师上的差异分析

类别	角色认同	从教潜质	从教意愿	从教意志	职业使命感
有	4.03	4.03	3.86	3.88	3.96
没有	3.95	3.96	3.80	3.82	3.89
t	15.60***	18.13***	14.04***	11.97***	12.51***

8. 父母受教育程度的差异

师范生父母的受教育程度对其角色认同有一定的影响。调查结果显示，随着师范生父母受教育程度的升高（从初中及以下到博士），师范生的角色认同及其各维度得分都大体呈上升的趋势（表5-13、表5-14）。但是父母具有硕士和博士学位的师范生较少，经多重检验分析得到，这两个群体之间不存在显著差异，也不能够得到他们与本科学历具有显著差异的结论。此外，对于角色认同及其各维度的表现水平，父母具有本科学历的师范生得分显著高于父母具有大专学历的师范生。父母具有大专学历与高中学历的师范生在从教意志上存在显著差异，但是在其他维度上不存在显著差异。这些结果在一定程度上也是容易理解的，受教育程度高的父母对孩子的影响可能不仅限于其对于未来要从事的教师职业的角色认同上，而是会影响孩子的方方面面。这些家长本身接受过高等教育，更有可能会为孩子创造良好的学习环境，帮助孩子建立起对学习的兴趣和信心，更为重要的是他们本身能够成为孩子的榜样，影响着孩子前进的方向。

表 5-13 角色认同及其各维度在师范生父亲受教育程度上的差异分析

父亲受教育程度	角色认同	从教潜质	从教意愿	从教意志	职业使命感
初中及以下	3.90	3.95	3.97	3.82	3.83
高中	3.93	4.00	4.00	3.83	3.85
大专	3.93	4.02	4.00	3.80	3.85
本科	3.99	4.09	4.06	3.85	3.90
硕士	3.96	4.09	4.03	3.80	3.87
博士	3.94	4.07	3.99	3.85	3.82
F	35.67***	96.86***	27.97***	3.95**	18.28***

表 5-14 角色认同及其各维度在师范生母亲受教育程度上的差异分析

母亲受教育程度	角色认同	从教潜质	从教意愿	从教意志	职业使命感
初中及以下	3.89	3.94	3.97	3.82	3.83
高中	3.94	4.02	4.01	3.84	3.86
大专	3.93	4.03	4.01	3.80	3.85
本科	3.98	4.10	4.05	3.84	3.89
硕士	3.98	4.14	4.02	3.80	3.89
博士	4.00	4.13	4.05	3.91	3.86
F	37.26***	112.11***	28.32***	3.46**	14.78***

9. 报考动机上的差异

报考动机不同的师范生，其角色认同水平之间存在显著差异（表 5-15）。其中，报考动机为"自己喜爱教师职业，以后想当老师"的师范生的角色认同水平最高，其次是报考动机为"政策吸引（经济补贴、就业保障等）""受身边的人潜移默化的影响"的师范生，然后是报考动机为"家人、老师及朋友的建议"的师范生，接着是报考动机为"以后可以多一个当老师的出路"的师范生，之后是报考动机为"多一个录取机会"的师范生，报考动机为其他因素的师范生角色认同水平最低，这提示我们今后也可以对这些师范生做一些更加深入的调查，挖掘更多可能的报考动机，并将其与师范生的角色认同水平关联起来。对于从教潜质、从教意愿、从教意志以及职业使命感各维度的表现来说，不同报考动机的师范生也存在显著差异，并且呈现出与总的角色认同水平相同的表现。从这些结果中可以看出，首先，自身对于教师职业是热爱的，并且很早就树立起教师职业理想的师范生具有最高水平的角色认同；其次，师范生的利好政策也可以在一定程度上吸引师范生从事教师职业，这是最重要的现实因素；最后，身边人对师范生的影响也是很重要的，如父母和亲人中有当老师的，或者自己心目中有很崇敬的老师作为榜样等，都会在一定程度上提高师范生的角色认同水平。

表 5-15 角色认同及其各维度在师范生报考动机上的差异分析

报考动机	角色认同	从教潜质	从教意愿	从教意志	职业使命感
A	4.10	4.13	4.19	4.06	4.03
B	3.97	4.02	4.06	3.88	3.90
C	3.89	3.96	3.97	3.79	3.83
D	3.97	4.01	4.05	3.89	3.92
E	3.68	3.81	3.71	3.51	3.60
F	3.77	3.88	3.83	3.61	3.70
G	3.62	3.76	3.65	3.47	3.54
F	1701.26***	837.55***	1793.34***	1844.66***	1858.25***

注：A 代表"自己喜爱教师职业，以后想当老师"，B 代表"政策吸引（经济补贴、就业保障等）"，C 代表"家人、老师及朋友的建议"，D 代表"受身边的人潜移默化的影响"，E 代表"多一个录取机会"，F 代表"以后可以多一个当老师的出路"，G 代表"其他"。

三、师范生角色认同问题分析

（一）师范生从教意志水平相对较低

在师范生角色认同的各维度中，师范生的从教意志水平是相对较低的，这与许多相关研究的结果一致。[1]这一结果表明，师范生对待未来能够持续从事教师职业的态度还不够坚定，从教的信念与毅力需要加强。从教潜质、从教意愿、职业使命感这些方面是师范生基于现在的认知与经历等能够给出确切体会的，而从教意志本身就是比较难以衡量的。虽然如此，师范生从教的坚定性与持久性始终是职前教师培养的关键目标，无论在任何时期都应该对此予以高度重视。尤其是随着时代的发展与进步，教师职业的定位与发展随时可能面临一些冲击与改变，现行的师范生政策限制、教师福利待遇偏低、复杂的师生问题、教师工作负担过

---

[1] 胡维芳，黄丽. 高校师范生教师职业认同及其影响因素研究[J]. 教育研究与实验，2016（1）：82-86；朱洪雨，车丽娜. 省属高校公费师范生教师职业认同的现状分析及培养对策[J]. 当代教育与文化，2021，13（1）：51-55，79；胡洪羽，蒋平. 高师院校师范生教师职业认同现状的调查研究——基于西南地区 3 所高师院校的数据[J]. 教师发展研究，2019，3（4）：72-81；赵宏玉，齐婷婷，张晓辉，等. 免费师范生的教师职业认同：结构与特点实证研究[J]. 教师教育研究，2011，23（5）：62-66.

重等问题在很大程度上影响着师范生的职业认同，因此，提高师范生的从教意志水平依然任重道远。

本次调查还发现，对于不同生源地的师范生来说，角色认同水平存在一定的差异，特别是在从教意志维度上，出生在乡镇和村（屯）的师范生的从教意志水平要显著高于出生在城市的师范生。农村学生自幼接触乡村教育，能够更深刻地认识到这些年来乡村教育的发展变化，也更清楚地知道农村与城市之间的差距，因此如果之后在乡村从教，也不会产生太大的心理落差。此外，出生在乡镇和村（屯）的师范生的学习和成长环境让他们知道乡村教师的重要性，因此他们对乡村教师价值方面的态度更为积极。因此，一旦选择在乡村从教，他们更有可能坚守下去。城市生源的师范生远离农村，对乡村具有较大的排斥心理，尤其是在从教意志上，城市学生对于以后成为乡村教师、驻守农村是更加不确定的。究其原因，一方面可能是城市师范生从小的生活条件较乡村师范生更加舒适、优越，他们对未来的生活条件和收入的期待值都更高；另一方面可能是城市师范生缺少对于乡村教育的了解，对教师职业的价值与意义没有深刻的感受和认知，因此缺少深厚的教育情怀和持久的从教信念。城市师范生需要提前了解乡村生活以及乡村中小学的真实样态，体会其中可能存在的苦与乐，也许除了他们所看到的缺点或者担忧之外，也存在着令他们向往和憧憬的事物。但是，现在的师范生在校实习时间较短，走进农村中小学的机会也较少。在教育实习期间，很多实习指导教师往往把指导重点放在提升公费师范生的教学技能方面，即注重指导实习生进行听评课、写教案以及组织班会活动等具体的教学工作，相对忽视指导实习生深入体会乡村教育的特点及意义，这就很难让公费师范生充分认识到自己将从事的教育事业及教师职业的价值，从而影响其树立正确的教师观与教育观。这样的教育实习不利于培养公费师范生对教师职业的积极情感，也难以使他们树立扎根农村教育的坚定信念。

（二）女性师范生角色认同需要进一步受到关注

个人因素中的性别、年级、生源地、身份、报考动机对师范生的角色认同具有一定的影响。从性别角度来看，在师范生群体中，男生的角色认同水平要明显高于女生。在以往的研究中，研究者可能更多地得到了女生的教师角色认同水平更高的结论，这在一定程度上反映了"女生更适合并愿意从事教师职业"的传统观念。从男性的角度来说，在社会文化的塑造和影响下，男性的生存压力和成就期望往往相对较高，而教师职业的现状及免费师范生政策都在一定程度上影响了男生追求成就的动机。①对于女性来说，社会或者家长传递给女学生的基本信息是稳定、社会地位高、有较长的假期、工作环境单纯、收入适中、能有更多时间照顾家庭等。因此，女生更倾向于也更适合较稳定的工作状态，并且不会轻易更换工作，男生则更倾向选择较有挑战性的职业。②但是在如今看来，男生与女生对待教师职业的看法与认知越来越接近，甚至男生在对教师的角色认同水平上已经超过女生，表现出更高的从教潜质、从教意愿、从教意志和职业使命感。

这些现象与社会发展息息相关。首先，从女性自身来讲，他们越来越独立，相信通过自己的能力也能够获得自己想要的生活，对男性的依赖性逐渐降低；同时，他们也有着自己的职业追求，在事业上能够独当一面，获得相应的成就，这使得女性所从事的职业越来越多元化，对于高质量生活的渴望也越发强烈。虽然更多的女性在选择职业时还是更多地倾向于稳定的环境，但是这已经不是他们选择教师职业的关键因素。其次，现代社会对于女性的要求也越来越高，以女教师现在的工作和生活状态来说，情况并不乐观。对于女教师而言，她们既要赚钱养家，又要生育带娃，对于绝大部分女性教师来说，她们需要在家庭与工作之间找到平衡点，但她们的辛苦却往往被大众所忽视。尤其是在中小学教师的队伍中，女性占了绝大多数，很多女教师还担负着班主任的职务。抛去来自社会、家长以及考试成绩所带来的压力，教师除了备课、上课、批改作业、班级管理之外，还有很多非教育教学类的工作任务，这些非必要的工作占据了教师的很多时间，分散了他们的精力，使得他们疲于教学，从而产生了职业倦怠，职业幸福感水平下降。此外，女性在生理上还要经历"经、妊、产、育"阶段，而在其中的每一个阶段，女性教师都要承受男性教师不曾承受的一些困难。就心理问题而言，女性发生心理疾病的概率更是要高于男性。虽然女性有着如此多的特殊性，但是他们也坚持保有着对于教师职业的热忱与情怀，无论在何时都是教师队伍的中坚力量。所以，职前和职后的女性群体中越发显现出一种博弈，即在自己的职业初心与现实之间进行思考与权衡。

（三）文科专业师范生角色认同感水平相对较低

本次调查的师范生专业涉及汉语言文学、英语、数学与应用数学、教育学、

---

① 郑志辉. 地方高师院校学生教师职业认同现状调查研究——以衡阳师范学院为例[J]. 黑龙江高教研究，2012（3）：14-17；蔡志凌. "90后"小学教育专业本科生教师职业认同感调查研究[J]. 教育研究，2013（3）：126-134；郭倩，覃瀚立，杜欣欣. 我国师范生教师职业认同研究综述[J]. 教育观察，2021，10（30）：44-46.

② 胡洪羽，蒋平. 高师院校师范生教师职业认同现状的调查研究——基于西南地区3所高师院校的数据[J]. 教师发展研究，2019，3（4）：72-81；赵宏玉，齐婷婷，张晓辉，等. 免费师范生的教师职业认同：结构与特点实证研究[J]. 教师教育研究，2011，23（6）：62-66.

地理科学、历史学、物理学、生物科学、化学、计算机科学与技术、心理学、美术、音乐、思想政治教育、体育等，课题组将这些专业划分为理科、文科和艺术以及其他4个专业类别，分析得出文科专业师范生的整体角色认同以及在从教潜质、从教意愿、从教意志、教师职业使命感维度上都表现出较低的水平，最高的是艺术专业师范生，其次是理科专业师范生。但在职业使命感维度上，理科专业师范生与艺术专业师范生之间不存在显著差异。有研究发现，在专业变量上，师范生的职业认同度、职业意愿、职业效能感水平从高到低依次为：理科生＞文科生＞艺体生。从均值上来看，文科生和艺体生的职业认同得分比较接近，而理科生的得分显著较高。[①]也有研究得出文科生比理科生和艺体生更趋向于选择教师职业的结论。[②]由此可以看出，理科专业师范生的角色认同水平表现较为稳定，基本上在所有专业类别中是比较靠前的，而文科专业和艺术专业师范生的角色认同水平发生了比较大的变化。

不同专业师范生角色认同水平存在差异的问题来源于以下几个方面。首先，不同的知识结构和认知方式导致了不同的价值取向。理科生学习的主要是自然科学知识，往往具有理性的思维方式，这种思维方式在学习中体现的是思考问题的逻辑性和专一性，使得理科生往往会纵向延伸地去思考问题，在选择职业时很少带有感情色彩，主要是以自己的实际能力为出发点，犹豫性和反复性的现象可能较少发生，而这种思维方式在学习过程中也会得到持续锻炼和提升。文科生学习的主要是人文知识，更具有现实主义色彩和人文主义关怀。文科生在思考问题时是发散的、全面的，这使得他们的知识面特别广，思维也很活跃。但是，有些文科专业在知识的学习和传授方面可能没有理科专业那么聚焦和深入，导致文科师范生较难形成非常强烈的专业意识，对自己所掌握的知识和能力认识不够清晰等问题，所以他们在对待自身角色方面表现得不够自信和坚定，在择业时也会以情感导向为主，容易出现定位不清晰、踌躇和犹豫等情况。艺体生因为专业特色，更趋向于自由、不受拘束，他们有一技之长，就业渠道广泛，如可创业、开办工作室或特长培训班等。再加上语文、数学、英语等是中小学课程中的骨干课程、关键课程，相比之下，担任这些课程的中小学教师会更受学校重视，个人发展空间也会更大，这些都会影响师范生对于专业知识学习的兴趣和热情。但是，如今国家大力促进学生德智体美劳全面发展，音乐、美术、体育、心理等课程越来越受到重视。因此，如何结合各学科师范生的特点，有针对性地提高他们的角色认

[①] 胡洪羽，蒋平. 高师院校师范生教师职业认同现状的调查研究——基于西南地区3所高师院校的数据[J]. 教师发展研究，2019，3（4）：72-81.

[②] 张芬只，郑高洁. 河南省师范生职业认同感调查研究[J]. 天中学刊，2007（3）：127-130.

同，是未来研究应该重点关注的一个方面。

（四）非公费师范生角色认同感有待提升

对于师范生的不同身份来说，公费师范生的角色认同及其各维度的表现水平要高于非公费师范生，非公费师范生的角色认同水平要高于非师范生。其他研究也表明，公费师范生的职业意志、职业意愿与期望水平要高于一般师范生。[1]这可能是由于师范生政策以及培养方式的不同。从政策角度来说，研究表明，师范生对教育政策的满意度与职业认同之间存在显著的正相关关系，而公费师范生对于就业的限定性政策非常敏感。[2]公费师范生与普通师范生的主要区别在于，前者毕业后将按照与教育主管部门签订的就业协议到农村中小学任教，这样的职业特点要求他们对教师职业具有高度的认同感。因此，公费师范生政策对于坚定师范生长期执教和乐于执教的信念具有积极作用。而由于政策的不同，公费师范生比非公费师范生、非师范生更能够接纳自己的角色，有着更为明确的职业定向，他们从志愿填报时起便确定了自己未来的职业角色，这种明确的职业定向使其对教师职业角色的接纳水平更高。而角色接纳反映了师范生对教师职业的喜欢程度，是其从事教师职业的情感动力。[3]

从培养过程上来看，师范生可以比非师范生获得更多的中小学教育见习和实习机会，能够更为真实地体验教师职业的酸甜苦辣，在心理上为自己成为一名教师做好更充足的准备，树立更坚定的信心。现有研究表明，实习期间的工作满意度会影响师范生的职业认知、职业情感和职业行为，从而影响其职业认同感。师范生对教育实践的满意度直接影响其对教师职业的理解与认同。[4]因此，师范教育过程中的教育实践是使得师范生职业认同水平较高的一个重要影响因素。此外，师范生和非师范生所学习的课程不同。师范生会学习与教育理论、教学方法、教育管理等相关的教师教育课程，进而获得与教育教学直接有关的知识和技能。因此，师范生与非师范生的任教能力水平会有所差异，而任教能力水平是使

---

[1] 王鑫强，肖明玉. 免费师范生与一般师范生的教师职业认同感结构及特点比较[J]. 西南师范大学学报（自然科学版），2013，38（10）：100-106.

[2] 赵宏玉，张晓辉. 教育政策对免费师范生从教动机、职业认同的影响[J]. 北京师范大学学报，2015（4）：51-59；姚崇，赵可欣，周晨琛，等. 公费教育政策满意度对师范生教师职业认同的影响——社会认知因素的影响[J]. 心理与行为研究，2020（2）：241-247.

[3] 吴晓玮，张华玲，袁焱，等. 不同培养类型师范生职业认同及其与心理资本的关系[J]. 安徽工业大学学报（社会科学版），2020，37（2）：108-111.

[4] 任永灿，郭元凯. 教育实践满意度对师范生职业认同感的影响——心理资本和心理契约的链式中介模型[J]. 教师教育研究，2022，34（1）：86-93.

师范生从教意愿产生差异的首要相关因素，换句话说，教师角色扮演成功与否直接影响师范生的教师角色定位。①对于公费师范生来说，他们所学习的课程也包括教师教育课程，并且也有相应的教学实践，未来的主要就业方向是教师，并不能因为没有政策的约束和定向的限制就忽略了对自身角色认同水平的提升。所以，理论上来说，在未来很有可能从教的这件事上，公费与非公费师范生应该持有不分伯仲的角色认同感，做到了这一点，教师的整体后备力量有可能得到更大的保障和更明显的能力提升。

（五）师范生角色认同随年级增长产生波动

师范生的从教潜质、从教意愿、职业使命感维度以及角色认同总体水平受到年级变化的影响。总的来说，师范生刚入学时的角色认同水平是最高的，然后呈下降趋势，直到大四年级有所回升。也有一些学者对师范生的教师职业认同发展趋势进行了调查。例如，赵宏玉等对北京高校大一至大三的免费师范生调查时发现：随着年级的增长，教师职业认同总体水平呈现出下降的趋势。②张微等对华中师范大学免费师范生的职业认同进行了调查，发现职业认同水平随年级的增长而上升，到大三时达到最高，大四年级时出现下降。③黄美玲和刘志芳以湖南省某师范院校5368名公费定向师范生为样本，调查了他们在中职两年以及本科四年的六年制过程中的职业认同发展趋势。结果发现，职业认同随师范生就读年限的增加呈波动下降趋势；中职阶段的职业认同水平显著高于本科阶段，本科二年级时达到最低；本科三年级的实习能显著提升职业认同水平；本科四年级的职业认同水平再度下降。④这些研究的结论大体上都有一个共同点，就是师范生的职业认同水平肯定会下降，其中可能伴随着起伏波动。

师范生刚进大学时刚完成了一次人生的进阶，无论是从理想还是现实的角度看都是比较美好的。他们在新的起点学习着新的知识，带着对于教师职业的向往，充满热情地学习，此时他们的职业理想可能更多地趋向于理想化和盲目化。然而，随着接受的师范教育内容日渐增多，师范生在掌握了越来越多的文化知识

---

① 张艺. 师范生与非师范生从教意愿研究[D]. 南京：南京师范大学，2020；申冬梅. 免费师范生终身从教理想实现的现实性及意义[J]. 重庆邮电大学学报（社会科学版），2011，23（3）：144-148.
② 赵宏玉，齐婷婷，张晓辉，等. 免费师范生的教师职业认同：结构与特点实证研究[J]. 教师教育研究，2011，23（6）：62-66.
③ 张微，王玉琴，郑丽娜. 人格素质倾向还是职业决策倾向：免费师范生学习动机的特点及其发展研究[J]. 教师教育研究，2013，25（3）72-78.
④ 黄美玲，刘志芳. 地方师范院校六年制公费定向师范生职业认同发展趋势研究[J]. 高教学刊，2022，8（34）：61-65.

和教学技能的同时，也会到中小学去实习，锻炼自身的实践技能。这些经历往往会使师范生遇到一些困难和挫折，例如，发现自己所学的理论与实践不能很好地贯通起来，自己并没有所预期或者想象的那样优秀，达不到自己或者学校所规定的要求，越来越了解到教师职业所要承担的责任以及现实中可能会遇到的困难和落差等，这些往往会让他们产生消极心态，对自己的身份定位以及从教选择产生怀疑。此外，面对同校非公费师范生出国、读研深造或报考公务员、外企高薪等，他们也可能会出现职业价值的失落与心理的失衡。随着接触的人和事的增多，他们可能会对自己最初的职业理想产生怀疑，导致教师职业价值和意义的认知缺失。

虽然师范生角色认同随着年级增长所发生的这些变化是可以理解的，但是不应该无视它，相反，这种变化趋势需要得到改善。随着年级的增长，师范生将会系统地接受更多有关教师教育的课程和训练，他们对教师职业认同尤其是对教师职业内在价值的认同等的水平本应有更高的提升。只有师范生总体的角色认同水平随着年级的增长稳中有升，才是教师培养成功的关键。

四、师范生角色认同调适策略

（一）加强榜样教育，深化师范生内在从教动力

1. 榜样教育内涵化

本次调查分析得出，学生报考师范专业的原因排名第三的为"受身边的人潜移默化的影响"，亲人中是否有当老师的人对师范生的职业认同具有显著影响，并且父母的受教育程度也在很大程度上影响着师范生的角色认同。家庭是他们的第一所学校，父母是他们的第一任老师。父母的一言一行会在潜移默化中影响孩子的人格、价值观、情感和行为习惯。因此，家庭教育是塑造一个人性格和价值观的重要环节，而树立正确的榜样是实施良好家庭教育的关键。如果父母、亲人或者周围的人给予孩子许多正向的教育和影响，那么在这样的家庭环境中长大的孩子通常会比较自信，并且可能早早地树立起人生的理想和目标；他们会有着较强的适应能力，敢于冒险与尝试，勇于探索全新的生活和存在方式；他们会尊重和理解别人，学会情绪管理，乐观向上；他们会善于表达、乐于分享、认为帮助社会和他人充满意义，渐渐养成成为一名教师的必备品格。这些关键的素质往往在入学之前就已经形成，而这些得益于父母亲人以及身边的良师益友。在学生进入校园以后，榜样教育一样必不可少。师范院校的教师应该为人师表，以高尚的

职业道德、扎实的专业知识与技能成为师范生学习的榜样，培养他们对教师职业的积极情感。而高校承担着为党育人、为国育才的使命和担当，在育人过程中应切实发挥培根铸魂的主阵地作用，为师生营造良好的教育和学习氛围。学校对待教师的评价应该更侧重师德师风，积极宣传榜样的形象，让榜样的故事成为新时代青年学子努力的方向，让引领示范效应成为高校正能量的新常态。

2. 榜样教育实践化

实施榜样教育，不仅要让学生从思想上深入了解榜样的内涵与重要性，更重要的是让学生有切身的实践。只有学生在自身的行动中达到个体心理与外在行为的相互结合与统一，榜样学习才会真正具有教育性品格，才会真正促进学生长期的、本质性的道德发展。我国榜样教育中的各类活动通常都只是活动载体，这些活动实效性如何，要看学生在活动中的行为是否以道德动机为依托，是否有道德情感的充分投入，是否有行为的自觉性，否则榜样教育就达不到应有的目的。所以，榜样教育的开展应以学生群体的心理需求为基点，将教育形式丰富化和实质化，建立以践行为主的多样化教育手段，让学生主体以个人的道德提升为目的，从生活小事做起，在生活中体悟，把榜样教育抓出实效。在师范教育过程中，学校应加强与中小学、教育局等部门的合作，不仅在学生的专业能力培养上下功夫，还要加大榜样教育的力度，提供给师范生践行榜样精神的平台和机会。例如，经常组织教育专家、名师讲述其成长经历和成功案例，分享教育教学的经验和心得，从而加强师范生对教师职业的了解，提升师范生的职业素养；组织师范生观摩名师课堂，设置交流谈心环节，让师范生亲身感受名师的教学风采，从中借鉴优秀的教学方法和理念，提高自己的教学水平。除此之外，对于师范生在学习榜样、师德师风提升过程中有实际行动或者创意想法的给予嘉奖和支持，将学习榜样精神真正融入师范生的日常学习和生活中。只有学生真正以满足自己的道德需求在行动中自我认知、自我领悟和自我创造，才是道德榜样学习的最终目的，也是师范教育的核心所在。

3. 榜样教育革新化

数字化时代的到来，为教育创新提供了广阔的空间，同时也给学校和教育提供了许多新的机遇和挑战。在这样一个全媒体、信息化的时代，师范生榜样教育有望做到进一步普及，从而全面助力师范生高尚道德品质和职业情怀的养成。首先，数字技术可以普及优质教育资源，学生可以在任何时间、任何地点通过互联网获取到丰富的教育资源，包括在线课程、教学视频、电子书籍等。如果师范教育主体能够开发更多的榜样教育资源，那么学生就可以随时随地获取与培养目标相适应的榜样信息，这样会非常具有时效性，也能够加快榜样传播的速度和扩展其广度，缩小榜样教育在城乡、区域、学校之间的差距。其次，根据学生的学习情况和反馈，可以借助人工智能、大模型等信息化技术，为学生推荐适合自己的学习内容和方式，让学生更加高效地学习。在榜样教育过程中，可以融入这些先进的学情分析技术，让学生有针对性地选取自己感兴趣的内容或者是需要提升和加强的部分，这种根据师范生特征进行的分众化、差异化传播和选择，有利于进一步强化榜样教育的效果。最后，家长和教师也应该提高自己的数字素养，家长在对孩子进行道德榜样教育时，努力打破与孩子之间的媒介隔阂，尝试与孩子共同建构"媒介融合型家庭"。[1]教师要掌握最新的教育技术和手段，不断创新课堂教学模式，掌握学生的成长情况，为教学提供更加科学和精准的指导。总之，数字化手段有待全面赋能师范生师德师风教育，助力师范生从教素养的全面提升。

（二）推进教师教育改革，扎实提升教师培养质量

1. 教育实践活动更加合理

本次调查研究显示，师范生角色认同水平随着师范生的年级增长呈波动趋势，大三年级的角色认同水平最低。此外，城市与乡村师范生之间的角色认同存在显著差异，尤其是在从教意志维度上。师范生在大三年级往往已经开始进行教育实习，在这期间可能也有许多非公费师范生和非师范生面临着考研，因此大三时期是许多师范生学习过程中的关键点。师范生教育实践是师范生感知教育、职业认同和学会决策的主要途径。在认知层面上，帮助师范生感知教育、理解教育，能够在情感层面上促使师范生提升教师职业认同感。首先，在教育实践问题上，适当提高实习课程的比例已成为我国师范院校学生的呼声，这包括教师教育类课程的适当增多，以及教育实习时间的适当延长。我国师范院校的教育实习通常是第三学年进行1~2周的教育见习，第四学年进行4~6周的教育实习，实习课程仅占师范生所学课程的5.5%~6.9%，还是可以有很大的改善空间的。同时，为了让师范生在教育实习中心无旁骛，应该尽量将教育实习的时间集中在一个时间段内，只有师范生全身心地投入到教学实践中，才能够对教育理论具有更深刻的理解，有效地将所学教育理论与教育实践结合起来。其次，要适当拓展教育实习的内容与形式，将走出去请进来、校内校外、分散与集中等多种形式结合

---

[1] 林可. 媒介融合型家庭的教育建构——消弭数字代沟、文化区隔与价值冲突[J]. 中华家教, 2021（3）: 84-88.

起来，让师范生在大一到大四整个学习过程中尽可能多地接触和了解中小学教学的实际情况。通过到城市、乡村等学校进行实地参观、见习观摩、讲习实习等，让师范生了解到不同的教育环境和特点，从而更加坚定自己的从教意志；引导师范生将所学习的理论知识与教育实践联系起来，鼓励师范生在实践中反思、总结和提升，并将其内化为自己的教学信念和教育情怀。

2. 一体化设计更加完善

本次调查显示，师范生的报考动机对师范生的角色认同影响显著，以"自己喜爱教师职业、以后想当老师"作为入学动机的师范生对教师职业的认同水平远高于其他师范生。出于理想与热爱报考师范专业的学生，往往对自己的专业发展有着明确的规划，在专业学习上会主动投入更多的时间与精力。一方面，对于师范生来说，在入学前要尽可能地了解教师职业，培养自己对教师职业的认同与热爱，摆正自己的入学动机，在入学后也应该时刻关注自己在角色认同、专业能力等方面的提升与改变，及时找准定位、确定方向，有规划、有目标地去学习，这样才能够有效提升自己的从教意愿。另一方面，学校在师范生的选拔、培养、就业等方面需要进行更加完善的一体化设计。首先，在师范生遴选机制上，应该采取多种选拔方法相结合的方式，从师范生的报考动机中了解学生的目标与规划，甚至是性格和家庭环境，把好关的同时可以形成学生的师范生角色认同档案，供学校和教师以及学生个人参考；在培养过程中，推动本科和硕士研究生的整体设计，将层次不同的学段有机衔接起来，要层层递进、环环相扣，让师范生在合适的时间学习合适的内容。例如，在设计教师教育课程时，对于学科专业的学生要加强教育基本理论的课程设置，对于教育专业的学生来说要加强学科背景的贯穿与结合，有针对性地提高不同专业类别的师范生角色认同水平；在师范生就业问题上，学校和社会应加强对师范生的职业规划与指导，帮助他们更好地选择就业方向和发展路径，开设有关职业规划的讲座和课程，引导学生了解教育行业的就业形势和就业前景，并提供实用的求职技巧和经验分享。总之，加强师范生培养过程的一体化设计有助于从整体上把关师范生角色认同的培养与发展。

3. 评价过程更加科学

师范生的角色认同是一种精神状态，具有动态发展的阶段性特点，从学生对现在身为师范生的"认同感"，上升到将来作为中小学教师的"满意感"，再升华到追求成长为优秀教师和教育家的"幸福感"，这是一个曲折的、螺旋的动态上升过程。教师教育阶段是师范生教师角色认同发展的第一阶段，也可能是最重要的阶段。师范生在接受师范教育的过程中经历了从"学生认同"向"职业认同"

的转换，并基于真实情境下的实习形成了对教师职业的初步理解。[1]因此，科学合理地评价师范生角色认同的培养与提升对于师范教育以及师范生本身来说都是至关重要的。从评价理念上来说，师范生专业发展的评价理念应不断适应时代的发展变化，紧跟新时代教育发展的需求。其实师范生的教师角色认同也应该被视为一种专业能力，其重要性应该被摆在与专业知识、教学技能持平的位置，这些能力都可以从发展性的视角来进行评价。[2]从评价方式来说，传统学业质量评价多通过测验分数衡量学生在学科整体以及各个维度的表现，是对学生一个阶段学习情况的检测与总结，本质上是一种结果评价。与结果评价不同，发展性评价强调师范生在整个培养过程中的提升。从评价方法上来说，可以采用类似于增值性评价的方法，即着眼于学生角色认同水平的提升，而非现状或是排名。[3]与传统评价相比，增值评价不再仅仅"以结果论英雄"，而是将结果与之前基础做比较，通过二者的差距，判定评价对象的进步水平。因此，从师范生角度来讲，在接受一段时间的学习后，可以评估自己在从教潜质、从教意愿、从教意志以及职业使命感方面的提升与进步情况，起到督促、勉励以及了解自己的目的；从学校层面来讲，增值也可以定义为学校对学生在一段时间内朝着既定的目标前进所做出的贡献，进而促进学校的改革与完善。

（三）提升教师职业吸引力，保证教育事业良性发展

1. 重点关注女性教师幸福感

随着教育行业的快速发展和社会对教师的重视程度提升，许多年轻人选择从事教师职业，师范专业报考人数持续增加，竞争的激烈程度也随之提高。教师岗位数量有限，而报考人数却居高不下，这使得教师岗位成为了一个严峻的竞争场所。此外，教育政策的调整也影响着教师行业的竞争态势，使得已经工作的教师也感到压力倍增。在一所学校中，女教师往往占据着更大的比例，这也使得女性在就业以及工作之后面临着更大的压力和挑战。所以无论是社会还是学校，甚至是师范院校中的女性师范生，都应该更加关爱自己并且获得更多其他的关爱，在竞争越来越大的时代重拾她们在工作和学习中的自信心与幸福感。对于女性教师自身来讲，首先，要提高健康意识，《中国教师发展报告2020—2021：中小学教

---

[1] 李琼，赵江山，刘伟. "敬而远之"：场域理论视角下学前教育公费师范生的职业认同与从教选择[J]. 教育科学，2022，38（4）：67-74.

[2] 董烈霞. 发展性评价：教师教育评价的实施策略研究——基于教育类课程教学的行动研究[J]. 中国成人教育，2016（11）：140-143.

[3] 朱哲民，孔祥一. 基于IRT的数学学业质量增值评价及其应用[J]. 教育测量与评价，2022（5）：21-31.

师职业幸福感发展态势、面临挑战与提升举措》的调查显示，男教师的健康幸福感水平要显著高于女教师。[①]而对于大多数女教师来说，健康要素中最欠缺的很可能是稳定情绪，因此善于调节自己心态和情绪对女性教师身心健康至关重要。其次，要养成良好的生活习惯，科学合理地安排时间锻炼，要记住休息和健康也是自己的权利。最后，还要坚持读书和学习，寻找一个兴趣爱好，带着优雅大方的仪表仪容，展示出女性教师独有的自信与风采。对于学校、家庭和社会来说，首先，应该减轻女性的经济和家庭负担，鼓励女性生育的同时，重视并理解女性在不同时期的心理变化，为女性干事创业创造更大空间；其次，要为女教师创造良好的工作环境和氛围，减少她们的工作负担和压力，寻找女性教师的职业增长点，提高她们的工作效率和工作满意度。师范院校要关注女性师范生的身心变化，及时了解她们的困惑和需求，营造女子成才氛围，挖掘女子内在潜能，发挥女子个性特长，找准切入点提升其教师角色认同，同时鼓励开设"平等机会"办公室，促进男女机会平等。

2. 有效调控教师工作强度

党的十八大以来，"为教师减负"一直是教育改革的热点话题，也是广大中小学教师群体的普遍诉求。2021年"双减"政策的发布对义务教育阶段教师提出了更高的标准和要求，教师在校工作时间延长、工作职责增加等现象引发社会关注。我国中小学教师在教育工作中往往身兼数职，承担着学习引导者、学校管理者、家长服务者、家庭照料者等多重身份角色，与此同时，教师还需要面对来自国家、学校、家长以及学生的不同期待。[②]这种角色多样性，使教师不得不承担复杂、繁重的工作任务，教师的职业幸福感面临危机，职业倦怠感日渐凸显。为了教师的身心健康，办好人民满意的教育，应该合理、有效地调控教师工作强度。首先，从教师自身来讲，要顺应改革的浪潮，加强对工作强度的理性认识。同时，准确把握教育教学目标，有针对性地努力提高自身素质和能力，保持正常的工作节奏，及时调节自我情绪，最终达到工作强度的减轻。其次，学校也应根据政策要求不断调整和优化各项管理措施，以提升教学质量为核心，评估教师的工作内容和结构是否合理。一项基于全国48 874名教师的调查分析显示，影响教师工作强度排名前三的工作指标分别是非教育教学性工作量，教师每天的工作时长以及批改作业的份数，该研究还建议将这三项工作指标分别控制在2小时、

[①] 李广，柳海民，梁红梅. 中国教师发展报告2020—2021：中小学教师职业幸福感发展态势、面临挑战与提升举措[M]. 北京：科学出版社，2022：2.

[②] 李广，盖阔. 中小学教师工作强度调查[J]. 教育研究，2023，44（10）：54-65.

9小时以及80份以内。①而教师每学期上公开课（或示范课、研讨课）的次数以及每月参加听评课、教学研讨等教研活动的次数，对于教师的主观工作强度影响较小。因此，可以为教师创造更多提升其教学、科研能力水平的机会，使其能够在有限的时间和精力下更专注于教育教学工作，在提高教师专业素质的同时切实提高教育教学质量。这些举措可以在很大程度上提高教师职业的吸引力，更加坚定师范生的从教选择，并进一步增强师范生长期从教的意志。

3. 持续提高教师社会声誉

社会声誉是指教师在社会中获得的积极性评价与社会承认，教师的社会声誉对师范生角色认同的影响不言而喻。中国自古以来便有尊师重教的历史传统，中国教师对社会声誉的重视则是历史的传承。随着社会的发展，教师的社会声誉也有着一定的变化，我们也需要对教师的社会声誉给予重新关注。《中国教师发展报告2019：中小学教师队伍建设的成就、挑战与举措》中指出，"当前中小学教师的社会声望水平不高，且在社会人士认为近三年（2015—2018年）职业声望下降幅度较大的职业中，中小学教师位列第3名"②。在与教师社会声誉直接相关的因素中，社会对于教师的看法和评价，以及教师的经济地位是两个重要因素。从本次师范生的访谈调查中可知，教师的福利待遇仍是许多师范生关心并且期待改善的方面，再加上近些年来有关教师的负面舆论频出，我们应该如何正确对待和处理这些问题呢？首先，在教师的经济地位提升方面，近年来国家和地方政府多次出台一系列政策措施，旨在提高教师的薪资待遇，但是也存在着待遇提高不均衡、受地区和职称等条件限制、与绩效考核挂钩等问题。因此，如何使教师群体切实享受到这些福利，全面感受到这些利好政策带来的积极影响是目前需要重点关注的问题。其次，在教师的社会地位提升方面，社会作为教育的参与者和受益者，应该形成和传播一些有利于提高教师地位的观念和文化，以认可和尊重教师的贡献和作用。例如，宣传和推广教师的职业特点和职业精神，以提升教师的职业形象和声誉；参与和协助教师的工作计划制定与工作实施，以促进教师的工作效率和工作质量的提升等。相信在全社会的共同努力下，教师职业会更具吸引力，吸引越来越多的优秀学子加入职前教师的培养队伍中，师范生的角色认同水平会得到进一步的稳固和提升。

---

① 朱红月，李广，梁红梅，等. 中小学教师工作强度调控要素及标准研究——基于全国48874名教师的调查分析[J]. 中国教育学刊，2023（12）：36-43.

② 李广，柳海民，等. 中国教师发展报告2019：中小学教师队伍建设的成就、挑战与举措[M]. 北京：科学出版社，2020：303.

第六章
师范生学习投入调查报告

　　学习投入是学生学习努力程度的集中体现，也是学生学业成就的重要预测变量。近年来，我国大学生学习投入不足的现象引起了广泛关注，成为制约我国高等教育由"大"变"强"的关键因素。[①]师范生学习投入程度直接决定了师范生的专业素养与学业水平，关乎我国教师队伍质量。本章主要从师范生学习投入的基本内涵、现实状况、问题分析、调适策略等方面进行深入剖析，旨在通过呈现师范生学习投入的基本样态，基于原因分析提出相应对策，从而明确师范院校课程改革方向，全面提高师范生学习投入水平，促进师范院校人才培养质量的整体提升。

---

① 郭建鹏，刘公园，杨凌燕. 大学生学习投入的影响机制与模型——基于311所本科高等学校的学情调查[J]. 教育研究，2021，42（8）：104-115.

一、师范生学习投入基本内涵

（一）概念界定

学习投入是一个多维度、多结构的复杂概念，对应的英文为"learning engagement"。国内学界对"learning engagement"的翻译不尽相同，如学习投入、学习投入度、学习性投入、学生参与等，本研究采用"学习投入"这一中文翻译。国内外学者对学习投入的内涵众说纷纭，目前学界还未形成统一界定。学习投入的概念最早由莎菲利（Schaufeli）提出，其将工作投入的相关研究扩展到学生群体中，提出学习投入是指学生在开始和执行学习活动时在行为上的卷入程度和情感上的体验质量，反映了学习者对学习任务和活动的参与程度，包括活力、奉献和专注3个维度。[1]在积极心理学领域，学习投入是衡量学生学习积极面的一个重要指标[2]，目前国内有关学习投入的研究大多沿用这一界定。例如，著名学者方来坛等借鉴莎菲利的研究，认为学习投入是一种在日常中学习教育和开展科研活动等体现出来积极的精神状态，是一种持久的、积极的情感和认知的心理状态，表现在活力、奉献和专注3个方面。[3]

美国印第安纳大学教授乔治·库（G. Kuh）在对前人的研究成果进行总结后提出了"学习投入"理论，认为学习投入这一概念要从两个层面来理解，学习投入是学生行为和大学行为的集合，一是学生作为主体，其投入时间和精力在有效的学习中；二是高校对于学生的吸纳，涉及学校的学术支持、校园环境和教学条件等。[4]乔治·库认为，学习投入是指学生投入在教育性目标活动上的时间和精力以及为实现有效教育实践活动所做出的努力。[5]学习投入是时间、精力和经费等方面的消耗。莎菲利等的研究指出，学习投入是一个学习者个体因素与环境因素相互作用的机制。[6]

---

[1] Schaufeli W B, Martinez I M, Pinto A M, et al. Burnout and engagement in university students: A cross-national study[J]. Journal of Cross-Cultural Psychology, 2002（5）: 464-481.

[2] 黄建红, 孟艳. 地方免费师范生感知教师关怀行为对学习投入的影响研究[J]. 大学教育科学, 2017（4）: 81-88.

[3] 方来坛, 时勘, 张风华. 中文版学习投入量表的信效度研究[J]. 中国临床心理学杂志, 2008, 16（6）: 618-620.

[4] Kuh G D. Assessing what really matters to student learning change: Inside the National Survey of Student Engagement[J]. Change, 2001, 33（3）: 10-17.

[5] Kuh G D. Assessing what really matters to student learning change: Inside the National Survey of Student Engagement[J]. Change, 2001, 33（3）: 10-66.

[6] Schaufeli W B, Martinez I M, Pinto A M, et al. Burnout and engagement in university students: A cross-national study[J]. Journal of Cross-cultural Psychology, 2002（5）: 464-481.

关于师范生学习投入，目前学界直接关注师范生学习投入的研究相对较少，关于其内涵也并未形成比较统一的观点和看法。以往关于师范生学习投入的相关研究，大多沿用莎菲利和乔治·库对于学习投入的界定。叶晓力等认为，师范生的学习性投入是一个多维的概念，包括学生在行为、认知、情感等方面所付出的时间、精力和投入程度。[1]雷亮等认为，师范生的学习投入是学习者在学习过程中所付出的行为、认知和情绪努力。[2]

综上所述，本研究中的"师范生学习投入"是指师范生在个体学习过程中，在认知、情感、行为等方面所付出的时间、精力和努力程度。师范生学习投入的维度主要包括认知投入、情感投入和行为投入。

（二）构成特点

目前学界大多数研究者认为学习投入具有多维性特征，涉及学生的情感、行为和认知的某些方面，具备可塑性并受环境（家庭、学校和同龄人）影响。在早期研究中，学习投入偏重与行为投入相关的单维度研究，后期有学者将学生情感或情绪投入纳入学习投入研究范围内，发展为二维模式。国际学生评估项目（Programme for International Student Assessment，PISA）将学生学习投入划分为学校参与、学业参与、学科参与3个维度，其中，在学业参与方面，学生学习投入一般指学生对学习的情感以及他们对学业活动的参与程度，即把学习投入划分为情感及行为两个维度。米塞兰迪诺（Miserandino）的研究中也将学习投入划分为行为及情感两个维度，其中，行为包括坚持、避免、忽视、参与等方面，情感包括好奇心、焦虑、愤怒、厌倦等方面。[3]随着学习投入相关研究的深入，其概念及构成维度不断发展与完善，不少学者开始关注学习投入的三维度划分方式。弗雷德里克斯等将学习投入划分为行为投入、情感投入、认知投入3个维度。[4]这一观点认为学习投入是一个"元"结构，通过认知、情感和行为维度，综合考虑了学生的所思、所感、所行，这项开创性的研究工作是学习投入理论发展的重要时刻，也是当前学界接受度较高的划分方式。目前学界大多采用弗雷德里克斯等

---

[1] 叶晓力，欧阳光华，曾双. 师范生自我概念与教师职业认同的关系：学习性投入的中介作用[J]. 教师教育研究，2021，33（3）：83-89.

[2] 雷亮，唐亮，郑捷. 五年制定向师范生学习投入干预策略研究——基于学习投入现状和影响因素调查[J]. 职业技术教育，2023，44（32）：75-80.

[3] Miserandino M. Children who do well in school: Individual differences in perceived competence and autonomy in above-average children[J]. Journal of Educational Psychology，1996，88（2）：203.

[4] Fredricks J A，Blumenfeld P C，Paris A H. School engagement: Potential of the concept, state of the evidence[J]. Review of Educational Research，2004，74（1）：59-109.

提出的"行为—情感—认知"三维心理结构,但在行为投入、情感投入、认知投入各测量指标上莫衷一是。譬如,国内学者孔企平在梳理国外学者对学习投入的概念界定的基础上总结出学习投入的内涵:学习投入是一种主动的个体化的课程经验,是以学生行为投入为载体的心理活动,包括情感、认知和行为三部分。①上海师范大学高等教育研究所项目组调查师范生学习投入的维度时借鉴了清华大学"中国大学生学习与发展"的五大可比指标,即学业挑战度、主动合作学习水平、生师互动水平、教育经验丰富度、校园环境支持度。②叶晓力等将师范生学习投入的维度划分为课业学习投入、深层学习投入、师生互动投入、同伴互动投入、课外学习投入、情感投入。③李西营和黄荣改编的大学生学习投入量表(UWES-S),将师范生的学习投入从动机、精力、专注3个维度调查师范生的学习投入。④方来坛等修订的学习投入量表将学习投入划分为活力、奉献、专注3个维度。⑤

综上可知,虽然学习投入的结构要素众说纷纭,然而"行为—情感—认知"三维度心理结构已被学术界普遍接受。

(三)调查维度

本研究主要借鉴弗雷德里克斯等对学习投入的三维度划分方式,从认知投入、情感投入、行为投入3个维度对师范生的学习投入表现情况开展问卷调查与实地访谈。

1."认知投入"维度

"认知投入"维度旨在了解师范生在理智方面对掌握复杂观念或技能所做的投资及其意愿,包括学习策略、自我监控2个二级指标,共设有8个题项,例如,"面对学习困难我能够尝试多种方法努力解决""我经常诊断自己学习计划的完成程度"等。

2."情感投入"维度

"情感投入"维度旨在了解师范生对学习内容、教师职业与学习环境的情感

---

① 孔企平."学生投入"的概念内涵与结构[J]. 外国教育资料,2000(2):72-76.
② 上海师范大学高等教育研究所项目组. 大学生学习性投入的理论与实践[M]. 上海:上海教育出版社,2016:97-100.
③ 叶晓力,欧阳光华,曾双. 师范生自我概念与教师职业认同的关系:学习性投入的中介作用[J]. 教师教育研究,2021,33(3):83-89.
④ 李西营,黄荣. 大学生学习投入量表(UWES-S)的修订报告[J]. 心理研究,2010,3(1):84-88.
⑤ 方来坛,时勘,张风华. 中文版学习投入量表的信效度研究[J]. 中国临床心理学杂志,2008,16(6):618-620.

反应，包括学习热情、学习韧性 2 个二级指标，共设有 9 个题项，例如，"我在掌握了课堂教学知识或技能时有强烈的成就感""我愿意为学业付出努力而不知疲倦"等。

3. "行为投入"维度

"行为投入"维度旨在了解师范生参与学习活动的可观测到的学习行为投入，包括主动参与、学业专注、学以致用 3 个二级指标，共设有 12 个题项，例如，"我经常主动与同学讨论教育教学现象""上课时我不会因为周围的干扰而分心""我经常针对教育教学现象提出有价值的研究问题"等。

为全面了解师范生学习投入的现实状况与深层原因，本研究采用了问卷调查和实地访谈的研究方法。在问卷调查法上，本研究编制了师范生学习投入调查问卷，由 26 个背景信息问题和 29 个利克特量表问题组成，对利克特量表中的 5 个选项赋值，"完全不符合"赋值为 1，"比较不符合"赋值为 2，"不确定"赋值为 3，"比较符合"赋值为 4，"非常符合"赋值为 5，分别计算上述 3 个维度和每个维度下具体指标的均值，并比较均值大小，以分析师范生学习投入的现实状况。均值越高，则表明师范生在该维度或该指标下对自己相应投入的认可度越高。在实地访谈方面，本研究编制了师范生学习投入调查的访谈提纲，主要包括 4 个方面的问题：一是师范生的学习投入程度；二是影响师范生学习投入的关键因素；三是师范生所学课程与学习投入的关系；四是师范生的学习投入在不同学习阶段的变化及其原因。

二、师范生学习投入现实状况

高水平的学习投入是保证学生学习质量的关键性因素，也是衡量学生学习付出程度的重要指标。全面调查师范生群体学习投入发展水平的现实状况有助于了解师范生学习投入的基本情况，明确师范生学习投入的现存问题，优化师范生学习投入的有效策略，从而完善师范生培养机制，提高师范院校人才培养质量。

（一）总体特征

师范生学习投入的总体特征是师范生学习投入基本样态的集中体现。本部分从师范生学习投入的总体均值，以及认知投入、情感投入、行为投入 3 个维度的均值表现等方面分析师范生学习投入的现实状况。

1. 师范生学习投入处于中等偏上水平

大学生学习投入被视作学习质量和高校表现的重要标志。[1]通过对师范生学习投入各个维度进行描述性统计分析，发现师范生学习投入均值（$M=3.89$）高于理论中值3，说明师范生学习投入状况总体处于中等偏上水平。师范生作为大学生中的特殊群体，其学习投入水平能够有效反映师范生的学习努力程度。师范生具有较高的学习投入水平有助于推动高素质专业化教师队伍的形成，进而提升我国基础教育质量。

2. 师范生认知投入最高，情感投入居中，行为投入较低

通过对师范生学习投入各项指标进行描述性统计分析，发现师范生的认知投入均值最高（$M=3.97$），师范生的情感投入（$M=3.97$）与认知投入相差较小（$M_{认知投入-情感投入}=0.001$），而师范生的行为投入较低（$M=3.80$）。究其原因，其一，师范生认知投入水平较高可能是由于师范生对于自己学习的自我监控意识与能力较强，因而在学习方法、策略的运用和改进方面等投入较多；其二，师范生情感投入较少可能是由于师范生在学习中的积极情绪体验不足，或对教师职业缺少一定的职业认同感；其三，师范生行为投入水平最低可能是由于师范生将学习计划付诸实践的能力较弱。已有研究表明，师范生存在自制力不强、时间管理能力不足、环境适应能力弱等问题，这些导致其无法有效地投入到学习之中。[2]

3. 师范生行为投入与学习投入相关性最强

相关分析结果表明，师范生行为投入与学习投入的相关性最强（$r=0.971$, $p<0.01$），结果如表6-1所示。当学习者建立"主动做"的倾向并积极投入学习实践后，才能将课堂中的信息整合到自己的心智与学习生活中，实现从"拥有知识"到"实践行动"的深度转化。[3]因此，行为投入既是学习投入的重要组成部分之一，也是学习投入水平高低的直接体现，这种付诸实践的行动化学习活动能够促进师范生投入更为深入且稳定的学习之中。

---

[1] 李鹏. 数学师范生学习投入影响因素的调查研究[J]. 数学教育学报，2020，29（3）：86-90.

[2] 雷亮，唐亮，郑捷. 五年制定向师范生学习投入干预策略研究——基于学习投入现状和影响因素调查[J]. 职业技术教育，2023，44（32）：75-80.

[3] 李璇律，田莉，张向众. 学习者深度学习何以发生：从行为序列到行动进向[J]. 远程教育杂志，2023，41（3）：84-93.

表 6-1　师范生学习投入及其各维度相关性分析结果

维度	学习投入	认知投入	情感投入	行为投入
学习投入	1			
认知投入	0.962**	1		
情感投入	0.963**	0.926**	1	
行为投入	0.971**	0.892**	0.889**	1

4. 师范生学习投入在具体维度上的表现存在差异性

对师范生学习投入中认知投入、情感投入、行为投入 3 个一级指标的具体维度进行描述性统计分析，发现学习投入具体维度的表现存在一定差异性。在认知投入维度中，师范生在学习策略上的表现略好于自我监控（$M_{学习策略}-M_{自我监控}=0.005$）；在情感投入维度中，师范生在学习韧性上的表现略好于学习热情（$M_{学习韧性}-M_{学习热情}=0.005$）；在行为投入维度中，师范生在学业专注上的表现较好，在学以致用上的表现居中，在主动参与上的表现最为薄弱，具体见表 6-2。由此可知，师范生学习投入在具体维度上的表现存在一定的差异性，其原因可能是师范生对于不同维度的投入关注程度不同，且不同维度的投入水平对师范生的自我管理、学习志趣、学习主动性、学习专注力等能力的要求不同。总体而言，师范生在主动参与、学业专注、学以致用等行为投入上的表现最为薄弱。

表 6-2　师范生学习投入各维度描述性统计分析结果

维度	M	SD	偏度	峰度
学习策略	3.97	0.64	−0.40	1.07
自我监控	3.97	0.66	−0.47	1.04
学习热情	3.97	0.67	−0.55	1.23
学习韧性	3.97	0.64	−0.40	1.02
主动参与	3.78	0.76	−0.34	0.18
学业专注	3.82	0.71	−0.28	0.34
学以致用	3.79	0.77	−0.40	0.31

（二）差异状况

师范生是大学生群体的特殊子集，相较于针对一般大学生群体的学习投入所进行的调研，专门针对师范生群体学习投入所进行的调研较少。因此，了解不同师范生群体之间的学习投入发展差异具有特殊意义，有助于提高师范生培养质量，打造高素质教师队伍。整体而言，师范生的学习投入在性别、年级、高校类型、身份、专业类别等变量上存在显著差异。

1. 性别差异：男生学习投入水平显著高于女生

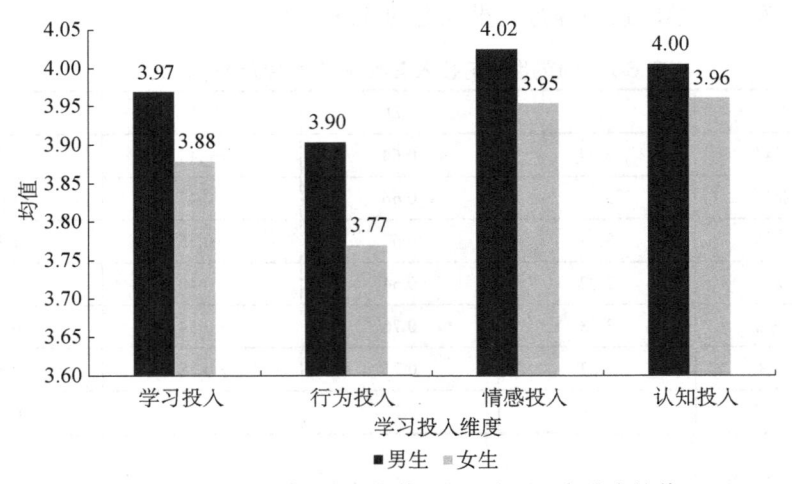

不同性别师范生的学习投入水平及各维度均值如图 6-1 所示。独立样本 t 检验结果表明，不同性别师范生的学习总体投入水平存在显著差异（$t=15.420$，$p<0.001$），男生的学习投入水平显著高于女生。不同性别师范生在学习投入具体维度上也呈现出差异化特征：第一，在认知投入方面，独立样本 t 检验结果表明，不同性别师范生的认知投入水平存在显著差异（$t=7.684$，$p<0.001$），男生的认知投入水平显著高于女生，这说明男生在确定学习目标、制定学习计划、运用学习方法、实施自我监控等方面的能力强于女生。第二，在情感投入方面，独立样本 t 检验结果表明，不同性别师范生的情感投入水平存在显著差异（$t=12.370$，$p<0.001$），男生的情感投入水平显著高于女生。目前，我国中小学教师队伍中的男教师数量远低于女教师，男生群体在教育行业中具有得天独厚的性别优势与较高的受欢迎程度，因此男性师范生更容易在学习与工作中获得更高的情绪价值。第三，在行为投入方面，独立样本 t 检验结果表明，不同性别师范生的认知投入水平存在显著差异（$t=21.340$，$p<0.001$），男生行为投入水平显著高于女生，这表明男生比女生在学习上付出的实际行动更多一些。

图 6-1　不同性别师范生的学习投入水平及各维度均值

2. 年级差异：大一和大四年级师范生学习投入发展水平较高，大三年级师范生学习投入发展水平较低

不同年级师范生的学习投入水平及各维度均值如表 6-3 所示。单因素方差分析结果表明，不同年级师范生学习投入水平存在显著差异（F=62.976，p<0.001）。事后检验表明：大一年级师范生学习投入水平显著高于大二和大三年级师范生（p<0.001），同时，大四年级师范生学习投入水平也显著高于大二和大三年级师范生（p<0.001），其中，大二年级师范生学习投入水平显著高于大三年级师范生（p<0.001），但大一年级和大四年级师范生学习投入水平无显著差异（p>0.05）。究其原因，大一年级师范生初入校园，依旧保持着高中时期的学习状态，并对大学的课程、教学方式、评价方式具有一定的新鲜感，大四年级师范生则面临着找工作、考研等难题，亟须丰富自己的专业知识、提升专业能力，因此这两个年级师范生的学习投入水平较高。大二、大三年级师范生大多处于人生的迷茫期，常常被学习之外的事务（如社会实践、竞赛、人际交往等）所吸引，在学习中投入的精力与时间便会有所减少。

表 6-3　不同年级师范生的学习投入水平及各维度均值

年级	学习投入	行为投入	情感投入	认知投入
大一	3.93±0.64	3.82±0.71	4.02±0.62	4.00±0.63
大二	3.89±0.66	3.79±0.72	3.95±0.65	3.96±0.65
大三	3.85±0.64	3.75±0.71	3.92±0.63	3.93±0.62
大四	3.92±0.65	3.83±0.71	3.97±0.64	3.98±0.63
F	62.976***	47.134***	105.943***	48.523***

在学习投入的 3 个子维度上，大一和大四年级师范生投入水平仍显著高于大二和大三年级师范生。具体分析可知，第一，在认知投入方面，单因素方差分析结果表明，不同年级师范生的认知投入水平存在显著差异（F=48.523，p<0.001）。大一和大四年级师范生的认知投入水平显著高于大二年级师范生，大二年级师范生的认知投入水平显著高于大三年级师范生。第二，在情感投入方面，单因素方差分析结果表明，不同年级师范生的情感投入水平存在显著差异（F=105.943，p<0.001）。大一和大四年级师范生的情感投入显著高于大二年级师范生，大二年级师范生的情感投入水平显著高于大三年级师范生。第三，在行为投入方面，单因素方差分析结果表明，不同年级师范生的行为投入水平存在显著差异（F=47.134，p<0.001）。大一和大四年级师范生的行为投入水平显著高于大二年级师范生，大二年级师范生的行为投入水平显著高于大三年级师范生。

3. 高校类型差异：本科院校师范生学习投入水平显著高于专科院校师范生

不同高校类型师范生的学习投入水平及各维度均值如表 6-4 所示。对来自不同高校类型的师范生进行单因素方差分析，发现不同高校类型师范生的学习投入水平存在显著差异（$F=5.147$，$p<0.001$）。事后检验表明，省属师范大学师范生的学习投入水平显著高于高等专科学校师范生，而部属师范大学、省属师范大学、地方师范院校、综合性大学师范生的学习投入无显著差异（$p>0.05$）。同样，在学习投入的认知投入、情感投入、行为投入3个维度上，各类型学校培养的师范生发展水平均存在显著差异。具体分析可知，部属师范大学与省属师范大学师范生的认知投入水平显著高于高等专科学校师范生（$p<0.001$）；部属师范大学与省属师范大学师范生的情感投入水平显著高于高等专科学校、地方师范院校和综合性大学师范生（$p<0.001$）；省属师范大学和地方师范院校师范生的行为投入水平显著高于部属师范大学师范生（$p<0.001$）。

表6-4　不同高校类型师范生的学习投入水平及各维度均值

高校类型	学习投入	行为投入	情感投入	认知投入
部属师范大学	3.89±0.63	3.76±0.72	3.98±0.62	3.99±0.62
省属师范大学	3.91±0.65	3.80±0.72	3.98±0.64	3.98±0.63
地方师范院校	3.90±0.65	3.82±0.71	3.96±0.65	3.96±0.64
综合性大学	3.88±0.64	3.79±0.70	3.95±0.63	3.95±0.63
高等专科学校	3.88±0.64	3.79±0.67	3.94±0.60	3.93±0.61
F	5.147***	9.730***	7.950***	13.903***

众所周知，不同层次的高校所拥有的物质、人力资源等具有较大差异。列入"985工程""211工程"的高校可以优先得到国家资金的扶持，吸引了来自国内外的优秀师资力量，从而不断提高学校自身影响力。[1]随着时间逐渐推移，"985工程""211工程"高校与普通高等院校之间的差异越来越大，对学生的就业率以及就业质量也产生了较大影响。这种情况也存在于各层级的师范院校之间，部属师范大学和省属师范大学享有较为优质的师资力量，具有更加丰富的平台资源以及更为浓厚的学习氛围，在这样的学习环境中，师范生的学习投入水平较高。此外，生源质量也是这些师范生学习投入水平较高的重要因素，能够进入部属师范大学以及省属师范大学的高中毕业生通常成绩优异，自身具有较强的学习能力与较高的学习热情，因此自身学习投入水平较高。

---

[1] 赵锦山. 城乡生源地、高校层次与大学生职业获得研究——基于17所高校2768名大学毕业生的实证[J]. 广西师范大学学报（哲学社会科学版），2015，51（5）：76-82.

4. 身份差异：公费师范生学习投入水平较高，非公费师范生学习投入水平较低

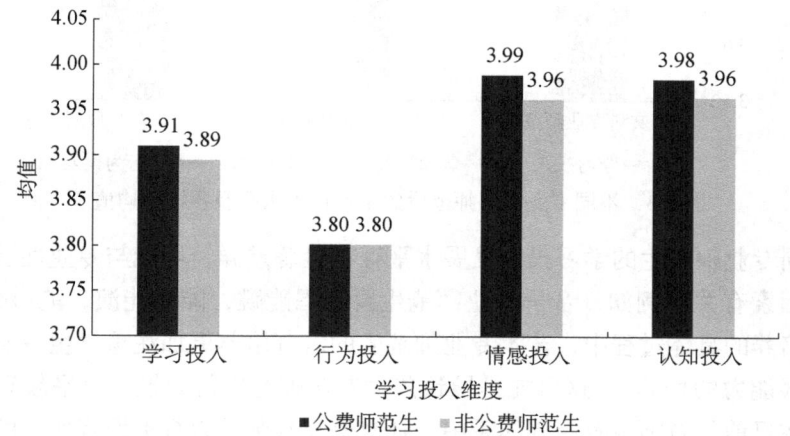

不同身份师范生的学习投入水平及各维度均值如图 6-2 所示。对不同身份的师范生进行独立样本 t 检验，发现不同身份师范生的学习投入水平存在显著差异（$t=2.941$，$p<0.001$），公费师范生的学习投入水平（3.91）显著高于非公费师范生（3.89）。对公费师范生的认知投入与情感投入进行独立样本 t 检验，发现公费师范生在认知投入（$t=3.869$，$p<0.001$）、情感投入（$t=5.243$，$p<0.001$）上的均值均显著高于非公费师范生，但在行为投入上，公费师范生与非公费师范生之间无显著差异（$p>0.05$）。究其原因，一是公费师范生的职业目标清晰明确。政策规定公费师范生毕业后回生源地所在省份中小学任教，并从事中小学教育工作6 年以上[1]，这确定了公费师范生的发展方向，使他们可以很快地定位自身未来的发展并明确自身的学习目标，因而学习适应状态较好[2]，会将更多的精力与时间投入到自身专业知识与技能的学习之中。二是公费师范生生源质量较好。伴随着近些年"师范热""教师热"不断升温，师范专业招生分数持续走高，公费师范生录取分数线逐年攀升。公费师范生生源多为成绩优异者，他们仍保持着较好的学习习惯与学习热情，因此，公费师范生的学习投入水平高于非公费师范生。

图 6-2　不同身份师范生的学习投入水平及各维度均值

---

[1] 国务院办公厅关于转发教育部等部门教育部直属师范大学师范生公费教育实施办法的通知[EB/OL].（2018-07-30）[2024-05-05]. https://www.gov.cn/zhengce/content/2018-08/10/content_5313008.htm.

[2] 冯廷勇，袁文萍，赵伟华. 免费教育师范生学习适应状况及与报考动机的关系[J]. 心理学探新，2011，31（6）：559-563.

5. 专业类别：艺术专业师范生学习投入发展水平较高，理科专业居中，文科专业较低

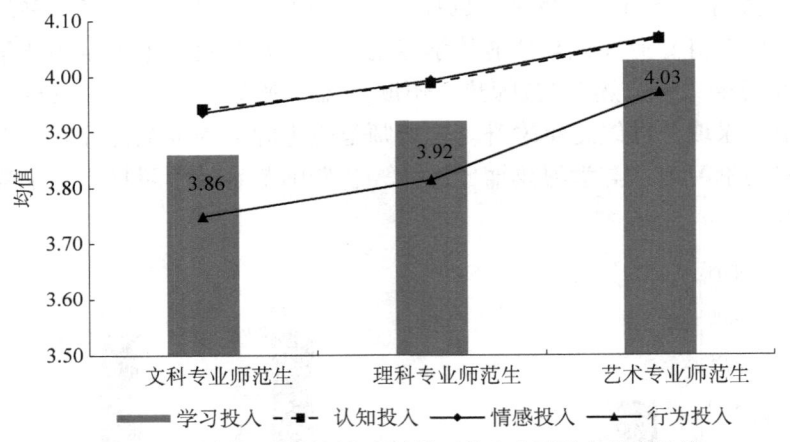

不同专业类别师范生的学习投入水平及各维度均值如图6-3所示。对不同专业师范生进行单因素方差分析，发现不同专业类别师范生的学习投入水平存在显著差异（$F=188.017$，$p<0.001$）。事后检验表明，艺术专业师范生的学习投入水平（4.03）显著高于理科专业师范生（3.92），理科专业师范生的学习投入水平显著高于文科专业师范生（3.86）。不同专业类别师范生在认知投入、情感投入、行为投入3个维度上的发展水平均存在显著差异，事后检验表明，艺术专业师范生在认知投入、情感投入、行为投入维度的投入水平均显著高于理科专业师范生（$p<0.001$），理科专业师范生在认知投入、情感投入、行为投入维度的投入水平显著高于文科专业师范生（$p<0.001$）。

图6-3　不同专业类别师范生的学习投入水平及各维度均值

不同专业师范生的学习投入发展水平存在显著差异，可能与专业性质和发展方向等因素有关。例如，音乐专业师范生要能唱能跳，能弹能演，能讲会教。[1]在人才培养的具体过程中，艺术专业师范生的教育培养更加注重学生专业素质和艺术实践能力的培养[2]，这可能是导致艺术专业师范生行为投入水平较高的主要原因。在目前的教师教育课程体系中，针对语文教师的教育类课程所占的学分及其在总课程中所占的比例存在一定局限[3]，师范生在培养计划中学习到的更多是理论性知识，缺少对实践性知识的思考与探索过程，这也可能是文科专业师范生

---

[1] 罗潇. 新课标下高师音乐教育学生综合能力培养研究[D]. 昆明：云南师范大学，2013：27.
[2] 刘珊. 农村学校定向音乐师范生培养研究[D]. 长沙：湖南师范大学，2021：26.
[3] 李莉. 初中初任语文教师专业成长的叙事研究[D]. 西安：陕西师范大学，2013：181.

在 3 类专业师范生群体中行为投入水平最低的原因之一。

三、师范生学习投入问题分析

学习投入是行为、情感、认知三维度相互作用的结果。探讨师范生学习投入的问题成因有助于把握师范生的学习投入规律，促进师范生深度学习。研究发现，现阶段我国师范生学习投入总体处于中等偏上水平，大部分师范生怀揣梦想，勤奋学习，致力于提升自身教育教学技能。但不容忽视的是，当前师范生在学习投入方面也正在面临一些亟待解决的现实问题。

（一）实质性投入常态化缺失

实质性投入强调学生在学习过程中的深度参与和实质性贡献。然而，当前部分师范生在学习过程中表现出实质性投入常态化缺失的问题，具体表现在师范生专注水平有待提升和听课注意力较为分散两方面。

1. 师范生学习专注水平有待提升

学习投入的专注水平是学习投入程度的重要衡量指标。专注是指个体在学习时全神贯注，专注于自己的学习内容不被外界干扰，以至于丧失时间感。[1]较强的专注力能够极大提升学生的学习效率和学习效果。调查发现，当下师范生学习专注水平有待提升。对于题项"学习时我达到了忘我的境界"进行调查。结果显示，有 2.10% 的师范生表示"完全不符合"，8.54% 的师范生表示"比较不符合"，27.60% 的师范生表示"不确定"，这说明部分师范生学习专注水平较低。此外，学生在学习时对时间流逝的感知程度也是专注力强弱的重要表征。时间意识指的是人们对于时间的感知和认知，涉及个体对时间的觉知、规划和利用等方面的心理活动。对于题项"学习时我觉得时间过得很快"进行调查，结果显示，有 3.14% 的师范生持有否定态度，16.39% 的师范生表示"不确定"，这说明部分师范生学习专注度不足。由访谈发现，师范生学习专注度不高的原因可能与师范生学习兴趣不高、学习主动性不强、学习方法欠缺有一定关联。

2. 师范生听课注意力较为分散

师范生听课注意力的集中程度也是师范生实质性投入的重要体现。本研究通

---

[1] Schaufeli W B, Martinez I M, Pinto A M, et al. Burnout and engagement in university students: A cross-national study[J]. Journal of Cross-Cultural Psychology, 2002, 33（5）: 464-481.

过让师范生回答"上课时我不会因为周围的干扰而分心"来了解师范生当前的听课状态。调查显示，师范生对该题项回答的均值为3.78，处于"不确定"和"比较符合"之间，累计有超过三成的师范生认为自己上课时会因为周围的干扰而分心，这表明部分师范生听课注意力较为分散。产生这一结果的原因可能有以下两点：第一，部分师范生自我管理能力较为薄弱。部分师范生缺少自我管理意识与能力，因而上课时容易受外界事物干扰而分心。尤其在手机普及化的时代，部分学生受到手机和网络的影响，将大量时间用于手机游戏和网络交际，导致学习注意力不集中，难以静心思考问题。由访谈可知，部分师范生表示自己在课堂上存在经常用手机刷短视频的现象，这说明手机是影响师范生课堂学习专注度的关键因素之一。第二，教师课堂教学效果影响学生听课状态。访谈中部分师范生表示，如果教师的授课生动有趣、内容丰富，自己便会专心听讲，这说明课堂教学效果能够对师范生听课状态产生重要影响。

（二）主体性参与普遍化缺席

主动参与是学生积极投入的外显形态。本次调研发现，在学习投入的7个二级指标中，师范生在"主动参与"维度上均值最低（M=3.78），说明师范生在学习中存在主体性参与普遍化缺席的现实问题，主要表现为师范生课堂沉默现象较为突出，以及与任课教师交流意愿不强两方面。

1. 师范生课堂沉默现象较为突出

"课堂沉默"是我国大学生课堂参与的普遍现象。已有研究表明，我国本科生倾向于在课堂上保持沉默，较少主动提出和回答问题。[1]调查发现，我国师范生同样存在较为突出的"课堂沉默"现象。通过让师范生回答"我经常在课堂上主动提问"来了解师范生当前的课堂表达行为。调查显示，该题均值低于行为投入均值（$M_{主动提问}-M_{行为投入}$=0.19），在学习投入维度的所有题项中均值最低。通过具体分析可知，有2.30%的师范生表示"完全不符合"，11.67%的师范生表示"比较不符合"，25.73%的师范生表示"不确定"，这表明近一半的师范生在课堂上的主动提问行为较为消极。导致师范生"课堂沉默"的原因可能有如下两方面。第一，考核难度大的课程影响学生课堂表达积极行为。通过访谈发现，师范生在课堂上是否主动提问会受到课程内容及考核方式的影响，有师范生表示，自己会在以考试为考核形式或以课堂发言为考核标准的课堂上主动发言或提问，并

---

[1] 雷洪德，于晴，阳纯仁. 课堂发言的障碍——对本科生课堂沉默现象的访谈分析[J]. 高等教育研究，2017，38（12）：81-89.

能够为此投入更多时间和精力，反之，对于以提交论文为考核形式的考查课或非专业课课程，师范生则不会在课堂参与方面投入过多精力。第二，教师课堂教学方式影响学生课堂表达积极行为。已有研究表明，教师教学方式是影响学生课堂积极表达行为的重要因素，探究式教学方式与课堂积极表达行为呈显著正相关。[1]以讲授为主的教学形式往往采取"教师提问、学生举手发言"的方式，在这种特定的教学方式和师生互动模式下，师范生往往会更容易陷入"自我沉浸"与课堂沉默之中。

2. 师范生与任课教师交流意愿不强

"教学"是由教师的教和学生的学共同构成的一种双边活动，教和学是相互依存、相互作用的双向关系。师生之间有效互动有助于师范生进行心理认知加工和深度思考，丰富知识体系，促进思维健全发展。对于题项"我经常主动向任课教师请教学习中遇到的困惑"，调查结果显示，近七成的师范生在学习过程中愿意寻求教师的指导和帮助，这是一种积极的学习态度。然而，仍有6.8%的师范生表示很少或从不主动向任课教师请教学习中遇到的困惑，22.30%的师范生表示"不确定"。其原因如下：其一，教师个人魅力能够影响师范生的交流意愿，访谈中近85%的师范生表示，如果课程内容自己感兴趣，授课教师较为亲切，自己就会与教师有较多交流。当教师采取强制措施要求学生活跃起来时，往往会引起学生的不满。其二，教师主动与学生交流的行为能够影响师范生的交流意愿。一项基于"中国大学生学习与发展追踪研究"十年探索的研究发现，在师生互动方面，2014年以来，全国本科课程教学得分变化不明显，甚至有轻微下降。在全国本科课程教学中，教师与学生之间开展学习对话、教师为学生指导学业情况等方面仍然没有大的改善。[2]这说明教师与学生主动对话的行为与频率也在一定程度上对师范生与教师的交流意愿产生重要影响。

（三）知识运用技能较为薄弱

《小学教师专业标准（试行）》提出以能力为重的理念，强调要把学科知识、教育理论与教育实践有机结合，突出教书育人实践能力。师范生将自身具备的本体性知识（如学科知识）与条件性知识（如教育学知识、心理学知识）灵活运用

---

[1] 张华峰，史静寰. 中国大学生课堂积极表达行为的影响因素分析[J]. 高等教育研究，2020，41（3）：86-93.

[2] 黄雨恒，周溪亭，史静寰. 我国本科课程教学质量怎么样？——基于"中国大学生学习与发展追踪研究"的十年探索[J]. 华东师范大学学报（教育科学版），2021，39（1）：116-126.

于自身学习与教育教学活动,是师范生具有高水平行为投入的重要体现。本次调研发现,师范生在"学以致用"维度的均值仅高于"主动参与"维度的均值($M_{学以致用}-M_{主动参与}=0.01$),说明师范生知识与技能运用水平有待提升。

1. 师范生学术研究意识亟须加强

学术研究意识是研究者应具备的研究取向和研究能力。[①]随着时代的发展,新的教育研究方法和理论不断涌现,师范生需要持续学习,不断提升自己的学术水平和教学能力。在推进教育现代化的进程中,教师的角色定位已不限于传统的"传道、授业、解惑"的范畴,而是被赋予了新的内涵,不仅是学生的学习引导者和发展促进者,还是课程的建设者和开发者,更是教育教学的研究者。[②]师范生应进一步提升自身的专业研究能力,注重独立思考、解决问题、论文撰写和学术交流等方面的能力培养。通过提升专业研究能力,师范生能够更好地适应教育领域的发展需求,为学生提供高质量的教育。

对"我经常针对教育教学现象提出有价值的研究问题"这一题项,调查结果显示,有1.04%的师范生表示"完全不符合",6.64%的师范生表示"比较不符合",26.76%的师范生表示"不确定",这说明仍有超过三分之一的师范生对于如何提出有价值的研究问题存在迷茫。产生这一结果的原因可能在于师范生缺少研究意识。已有研究表明,大学生研究素质培养出现边缘化倾向。[③]一项对北京十所高校大学生的调查发现,大学生对研究性学习的重要性有所认知,但对研究性学习的方法策略掌握不佳,这表明大学生的研究意识模糊已成为普遍现象。在师范生群体中,专业学习更多侧重于师范技能和学科专业知识,缺少对于学术研究意识的培养,导致师范生在学术研究中难以发现有价值的研究问题。

此外,对"我经常引证文献和数据尝试解释教育教学现象"题项,调查结果显示,有1.24%的师范生表示"完全不符合",7.02%的师范生表示"比较不符合",24.64%的师范生表示"不确定",说明仍有三成左右的师范生对于教育教学现象的解释缺少理论支撑。之所以产生这一现象,可能有如下原因。第一,师范生课业负担重,对单一课程缺少深入学习。已有研究表明,我国大学生的课业负

---

① 余爱嫦. 现代图书馆员研究意识的培养策略[J]. 图书馆论坛,2014,34(7):96-99,118.
② 晏莉,陈立军. 新时代高校师范生教师职业能力的现实样态及培养路径——以历史学专业为例[J]. 天津师范大学学报(社会科学版),2024(1):125-133.
③ 罗华陶. "钱学森之问"引发的思考——大学生研究素质的培养策略探析[J]. 湖北大学学报(哲学社会科学版),2013,40(2):127-130.

担比较繁重，全日制的本科生平均每学期需要上 7~9 门专业课及数门选修课。[1] 师范生中同样存在课业负担问题。访谈发现，由于课程数量多，部分专业课任务重，师范生会将更多时间放在课程任务较难的科目上。即使师范生对于某些课程内容感兴趣，愿意在课堂中积极汲取相关知识，但很少会在课余时间进行深入学习和拓展。第二，师范生更希望获得实践经验。访谈发现，部分师范生认为理论知识并不能有效指导其教学实践，因此缺乏对理论知识的学习兴趣。

2. 师范生知识整合策略较为匮乏

知识整合（knowledge integration）是指个体把从两个或多个分离但相关的情节中习得的信息结合起来生成新的知识。[2]随着现代科技的进步，网络等传播媒介为学生提供了更多获取知识的途径，这无疑给传统的教育方式带来了挑战。师范生只有通过不断加强自身专业能力，积极开拓思维，拓宽知识视野，并主动探索其他相关学科的理论和方法，才能更全面地理解教育学的内涵和外延，提升自身的综合素质。2017 年《义务教育小学科学课程标准》与 2022 年《义务教育科学课程标准》均频繁提及"跨学科"这一关键词。为了更好地推进跨学科主题学习，师范生必须具备跨学科知识，注重加强自身的教学知识与技能训练，深入理解不同学科内容的内在逻辑关系，努力实现从学习者到教育者的身份转变。

本次调查发现，当问及"我经常运用跨学科的知识解决教育教学问题"时，有 0.76% 的师范生表示"完全不符合"，5.26% 的师范生表示"比较不符合"，23.18% 的师范生表示"不确定"，这表明仍有部分师范生对于跨学科知识的运用重视不足，不能有效地运用知识整合策略解决教育教学问题。究其原因，有如下方面。其一，师范生缺乏跨学科知识的获取意愿。已有研究表明，信息运用能力、信息环境对大学生知识获取意愿具有显著正向影响。[3]缺少较完善的信息意识会导致师范生无法对繁多、复杂的知识加以整合。其二，师范生缺少获取知识整合策略的渠道。访谈发现，师范生课程学习包括专业课及教育教学理论课，唯一能够获取跨学科知识的渠道为选修课，但由于选修课课时量与作业量相对较少，师范生对选修课的投入程度较低，其获取知识整合策略的效率也较为低下。

---

[1] 陈正芹，吴涛，朱惠蓉，等. 自我领导理论视野下的大学生领导力实证研究——以上海高校大学生为例[J]. 华东经济管理，2014，28（7）：167-171.

[2] 赵笑梅，靳伟琼，王莹平，等. 知识整合的时间进程：ERP 研究[J]. 心理科学，2021，44（5）：1089-1096.

[3] 高海涛，邢哲，赵丹. 基于信息素养视角的大学生知识获取行为影响因素研究[J]. 情报科学，2021，39（8）：37-43.

（四）专业学习热情稍显不足

学习热情是指个体具有浓厚的专业兴趣，在专业学习中能够获得较强的意义感并愿意投入较多时间和精力的强烈情感倾向。然而，当前部分师范生在学习过程中表现出专业学习热情稍显不足的现实问题，主要表现为师范生学习获得感有待提升、学习满足感亟待加强两方面。

1. 师范生学习获得感有待提升

获得感是对参与机会、认同程度、成就水平和满足状况的综合感受。[1]学习获得感是指学生在学习过程中，知识和能力上的需求得到满足而享有实在获得之后，产生的一种正向积极的主观感受。通过调查"我在掌握了课堂教学知识或技能时有强烈的成就感"这一题项发现，有0.54%的师范生表示"完全不符合"，1.90%的师范生表示"比较不符合"，15.32%的师范生表示"不确定"。这说明八成左右的师范生能够从学习中产生学习获得感，但仍有部分学生不确定或缺乏学习获得感的满足。产生这一现象的原因如下：其一，部分师范生对所学专业的价值与意义理解不够深刻。通过访谈发现，部分师范生对所学专业主观能动性不强、学习热情不高、学习动机不强，因而无法产生较强的学习获得感，导致师范生在学习过程中的情感投入水平较低。其二，师范生学习期望与实际体验不匹配。学习期望是个体希望在学习中达到的情感状态或成就。[2]已有研究表明，大学生的专业学习热情受到其学习期望与体验一致性的直接驱动。[3]如果师范生学习目标明确，并具有较高的学习期望水平，会更容易在学习过程中获得积极的情绪体验。

2. 师范生学习满足感亟待加强

学习满足感是学习者对其知识获取行为所产生的一种积极的心理状态。提高师范生的学习满足感对于师范生的个人成长和教育事业的发展均具有重要意义。通过调查"我认为师范生的专业学习过程充满了乐趣"这一题项发现，有1.03%的师范生表示"完全不符合"，3.77%的师范生表示"比较不符合"，20.40%的师范生表示"不确定"。这表明有近三成的师范生对专业学习中的知识掌握与技能习得的满足感并不强烈。为了提升师范生的学习投入和兴趣，可以加强实践教学

---

[1] 周海涛，张墨涵，罗炜. 我国民办高校学生获得感的调查与分析[J]. 高等教育研究，2016，37（9）：54-59.

[2] 特纳. 人类情感：社会学的理论[M]. 北京：东方出版社，2009：74.

[3] 徐伟琴，岑逾豪，曾剑雄. 大类培养模式下大学生专业学习热情变化的发生机制——基于情感社会学视角的个案研究[J]. 复旦教育论坛，2023，21（4）：68-77.

环节，提供更多的机会让师范生进行实际操作并实现情感体验，进而增强师范生的成就感和自信心。

此外，调查还发现，对于"我在学习教师教育课程内容时内心充满了快乐"这一题项，大部分师范生认为专业学习过程较为快乐。这说明部分师范生对专业学习的兴趣和热情较高，能够从中找到乐趣。然而，也有接近三成的师范生对专业学习过程持有相反的态度。出现这一结果可能有如下原因：第一，部分师范生选择师范专业非本愿。在义务教育阶段，长期以来的教育目标更偏向于"能力筛选"，而非"兴趣培育"，因此部分师范生并非出于自身兴趣报考师范专业。多数师范生及其家人对于教师职业首先会想到工作稳定、有寒暑假等职业优势，因此部分师范生的专业选择并非完全基于自身的兴趣，而是受到职业前景、家庭职业偏好等外部因素的直接影响，这也导致部分师范生在入学后对于师范专业学习缺少满足感。第二，专业课程内容陈旧导致师范生学习兴趣不足。已有研究发现，中国一流大学本科生的学习兴趣相较于美国明显偏弱。[1]与沉重的课业负担相比，"无用性"课程内容更让部分师范生感到失望。在访谈中，有师范生表示，陈旧的课程内容及其带来的低获得感令其无法获得较高的学习满足感与成就感。同时，课程的"无用性"还体现在部分课程内容无法为学生带来能力增值，部分师范生的学习期望会在学习专业课后发生变化，一些专业课中陈旧的课程内容让师范生产生较大的心理落差，较难从课程学习中获得学习满足感。第三，刚入学师范生未适应大学生活。"好好学习，上了大学你就自由了。"这种心理暗示鼓励学生为了未来的幸福而愿意牺牲眼前的快乐，让学生觉得现在的努力是为了大学时代的自由。已有研究发现，进入大学后，学生可能会发现原先的"自由"并未如期而至，反而感到更大的迷茫和困惑，导致学生失去前进的目标。当目标缺失时，学生会感到焦虑和失落，进而影响学习投入度和学习满足感。[2]

四、师范生学习投入调适策略

教育质量的高低是衡量一个国家的综合国力的重要指标，师资队伍的建设是国家教育质量得以提升的原动力。师范生作为教师队伍的储备军和后继力量，其教师职业认同感的高低事关我国未来师资队伍的发展。[3]因此，作为师资培养的

---

[1] 吕林海，龚放. 求知旨趣：影响一流大学本科生学习经历质量的深层动力——基于中美八所大学SERU（2017-2018）调研数据的分析[J]. 江苏高教，2019（9）：57-65.

[2] 于博. 大学生课堂注意力偏移的心理诱因与改革路径[J]. 中国高等教育评论，2022（1）：99-122.

[3] 任永灿，任永琦，李丹华，等. 教育实习对师范生职业认同感的双刃剑效应——基于角色压力和职业获益感的双中介模型[J]. 教师教育研究，2023，35（6）：44-51.

主力军，师范院校有责任、有义务为师范生完善课程体系建设、增强教育实践主体参与性、健全师范生学习评价体系、引导师范生学会自我赋权，不断提升师范生的学习投入度，促使师范生更为积极地投入课程学习与教育事业之中，从而造就高素质的教师队伍，推动基础教育高质量发展。

（一）完善师范生课程体系建设

师范教育的过程是师范生获得教师专业发展能力、理解教师职业意义的过程，也是师范生对教师职业不断认识、探索、反思，以及再认知、再探索、再反思的过程。[1]然而，当前师范院校仍存在师范生课程设置单一、课程多而不精，以及固守教育学、心理学等传统知识而忽视教师职业道德课程的设置[2]等问题，导致师范生在学习过程中出现学业专注度低、听课注意力分散，对教育理论及教师职业道德的见解浮于表面甚至有失偏颇，对教师职业认知明显不足等问题。基于此，师范院校应进一步完善师范生课程体系建设，加强师德养成教育、科学分配各类型课程比例，提高师范生学习投入度。

1. 融入课程思政，加强师范生师德养成教育

一名合格的人民教师不仅应具备丰富的专业知识、扎实的教育技能，还应当具备高尚的教师职业道德。师范生教师职业道德的提升能够促进其学习投入水平的提高。加强师范生师德养成教育可以从如下三方面尝试探索。第一，在师范专业课程理念中融入课程思政。以培养德智体美劳全面发展的社会主义建设者和接班人为目标，教师教育要充分认识到"德育"在五育中的统领地位。[3]师范院校应注重落实立德树人根本任务，把握师范院校的人才培养目标定位，将立德树人使命融入课程体系建设之中，全面提高师范生的道德素养、职业理想、教育情怀与职业信仰。第二，在师范专业课程内容中融入课程思政。师范院校应在重视通识课程、基础课程的基础上，在课程内容中融入社会主义核心价值观教育、教师职业道德教育，为师范生提供专业化、系统化的师德规范，并通过设置教育哲学、教育社会学等相关课程，引导师范生深入认识教师工作的价值与意义，根植教育的专业精神，形成科学的教师观与学生观，坚定师范生的从教信念，全方位

---

[1] 王娴娴，牛新春. 赋权理论视角下公费师范生对教师职业的认知与选择[J]. 教师教育学报，2023（1）：65.

[2] 林丹，王子凡，胡静. "经师"与"人师"统一：我国中小学教师职前培养的关键难点[J]. 现代教育管理，2024，（1）：96-105.

[3] 梁宏亮，艾美伶. 专业认证视域下师范生师德培育的生成逻辑、现实审思和实践进路[J]. 教师教育研究，2023，35（2）：15-21.

实现对师范生教师职业信念的培养、内在品质的提升、专业责任的涵养、职业理想的树立。第三，在师范专业育人体系中融入课程思政。师范院校的各专业院系可以联合学校教务部门、学工部门等，邀请国内外知名学者共同开展师德培养的课程与活动，通过师德育人共同体的组建为师范生提供师德讲座、师德主题活动等各种形式的师德课程，促进师范生师德养成教育，从思想源头上促进师范生学习投入水平的提升。

2. 明确培养目标，科学分配各类型课程比例

师范生课程体系的建设应合理分配理论课与实践课、选修课与必修课的比例，将理论与实践、教育热点有机结合，并依据师范生现有学习水平科学、合理地提高课程挑战度，促使师范生在课堂上集中注意力，不断提升学习专注度。第一，根据师范生培养目标，适当提高实践性课程比例。师范生课程应将理论与实践、教育热点有机结合，促进课程设置更为科学、全面、合理，从而满足教师岗位需求。师范院校应不断提高实践类课程学分在总学分中的占比，精心为师范生选择教育实践基地，通过设置智慧教室、实训基地，为师范生提供将教育理论转化为教学实践的沃土，并通过过程性评价与终结性评价相结合的方式，全面考量师范生在实践教学中表现出的专业知识、专业技能及职业素养，促使师范生深化专业认知、强化专业情感、坚定专业理想、提高学习热情。第二，优化选修课与必修课的课程设置比例。由于选修课本身更为灵活，能够满足师范生的不同学习需求，师范院校应优化选修课与必修课的设计比例，针对实际情况增加选修课占比，让师范生拥有更广阔的自主选择空间，基于师范生个人兴趣的选修课能够增强师范生学习的自主性、主动性与积极性。同时，师范院校可以将部分相关选修课的内容引入必修课程当中，以二者的结合增强课程的挑战性，同时通过在线课程、多媒体资源等现代教育技术助力师范生多维学习，更好地促进师范生对于知识的深度理解与思考，激发师范生的创新精神，培养更多具有鲜明个性特点和教育理念的创新型教师。

（二）增强教育实践主体参与性

教育实践是职前教师培养的重要环节之一，也是将教育理论转化为实践的重要桥梁。随着教育改革的深入，当前对于师范生的教学实践能力要求随之提高。教育实践课程通常以经验为基础，以案例为手段，与教育真实情境融为一体，成

为影响教师教学知识的重要路径。①在教育实践这一"职场初体验"中，通过具身认知及"为人师"经历，激发师范生的学习热情与创新能力，深化其教师角色认知，检视其职业情意。②

1. 丰富教育实践经历，强化师范生学习获得感

丰富的教育实践经历是师范生高质量从事教育教学工作的必要保障。针对师范生教育实践中存在的实践教学目标不够明确、实践教学质量良莠不齐等问题，师范院校的教育实践课程设置应坚持实践导向，通过实施校内实训、校外见习、社会实践等教育实践活动，丰富师范生的教育实践经历，强化师范生的学习获得感。第一，师范院校应重视师范生校内实训环节。师范院校的校内实训环节应践行"U-G-S"教师教育模式，不断完善师范大学、地方政府、中小学校三位一体共创教师教育实践合作模式，通过建立实践共同体加强对师范生校内实训指导，促进大中小学对师范生的协同共育，实现全员育人、全过程育人、全方位育人。第二，师范院校应丰富师范生校外实习经历。师范院校应为师范生精心选择教育实践基地、开展教育实习活动，给予师范生更多的机会参与教学实践活动，促进师范生亲临现场亲身体验教学，丰富师范生教育实践经历，为每位师范生提供走上讲台的机会，深入体验课堂管理，了解课堂运行规律，掌握与学生沟通交流等课堂管理技巧，进一步提升师范生的教学技能，增强师范生的学习获得感。第三，师范院校应鼓励师范生参与社会实践。师范院校应鼓励师范生参与家教、助教、义教等社会实践活动，丰富师范生教育实践经历。社会实践活动能够促进师范生将学科专业知识与教育理论知识在实践中综合运用，提升师范生的实际操作能力、问题解决能力，形成个性化的教育理念，不断提高其教育使命感和自我效能感。

2. 设置实践反思环节，增进师范生自我认知

反馈与指导是提高师范生教学实践能力的重要环节。师范院校应注重设置实践反思环节，增进师范生自我认知。首先，在教育实践之前，应增强师范生的榜样意识。师范院校应为师范生提供教育家型教师与优秀教师的教育教学典型案例，为师范生提供可借鉴的榜样，帮助师范生明确自身目标追求与价值定位，引导师范生明确自身与优秀教师的差距。其次，在教育实践过程中，应完善教育实

---

① 何茜. 教师职前职后一体化教育实践课程及其保障实施[J]. 教育研究，2015，36（8）：115-118.
② 任永灿，郭元凯. 教育实践满意度对师范生职业认同感的影响——心理资本和心理契约的链式中介模型[J]. 教师教育研究，2022，34（1）：86-93.

践监督机制。师范院校应建立健全实践教学监督机制,将师范生的出勤率、实践内容、教学能力、师德体验等纳入考核范畴,并由实习指导教师加强实时监督,指导师范生撰写教学日志,及时为师范生指点迷津,提升师范生的教育反思能力。最后,在教育实践结束后,应对师范生的教育教学表现提供针对性指导。指导教师应对师范生在教育实践中的表现提供相应指导,及时指出师范生的不足之处,并提出有针对性的改进建议,引导师范生从知识、技能等方面进行自我反思,帮助师范生清晰认识到自身的不足,从而产生努力学习的内驱动力,进而增强学习投入度。

(三)健全师范生学习评价体系

科学合理的评价体系是促进师范生努力学习的重要推动力。然而,当前师范生学习评价存在重结果、轻过程的现象,通常以师范生的专业知识、专业能力作为考量标准,导致师范生学习兴趣不足、学习积极性不强。师范院校应秉持"以评促学"理念,建立丰富多元的学习评价体系,通过增强评价标准的灵活性,注重评价方式的多样化,提升师范生学习投入水平,促进师范生优质发展。

1. 增强评价标准的灵活性

评价标准的灵活性能够满足当下复杂社会情境对高质量人才的需求。师范院校应因地制宜、因时制宜,完善师范生学习评价机制,设置切合师范生的评价标准。一方面,师范院校应改善以往重知识、轻品德的评价标准,在考核中增加灵活性、开放性试题,全方位考察师范生的语言表达能力、批判性思维、课堂教学能力、人际沟通能力等;同时,应将师范生对于教育事业的热情、责任感、敬业精神、师德师风、职业素养教育价值观等转化为可观测的量化评价指标,全面纳入师范生学习评价体系。另一方面,由于教育是一个持续发展的过程,师范生的评价标准也应具备动态性。师范院校在制定评价标准时要立足教育教学理念、教学方法与技术的更新迭代,关注师范生的个性发展,尊重其独特性、差异性,针对不同类型、不同特点的师范生制定差异化的评价标准,探索增值性评价,促进各类师范生都能够获得提升与发展。灵活多样的评价标准能够为师范生发展提供无限可能,鼓励师范生发挥自身才能与优势,给予师范生更广阔的空间展示才华,促进师范生增强学习的主动性与自主性,从而提升师范生的学习投入水平。

2. 注重评价方式的多样化

师范院校应倡导评价方式多样化,将定性评价与定量评价相结合,将终结性评价与过程性评价结合起来,涵盖师范生师德践行情况、专业课程掌握度、专业实习投入度等评价内容,实现对师范生四年专业学习和专业实践的综合性考察。①第一,定性评价与定量评价相结合。师范院校可以根据师范生培养目标与相关政策文件,明确师范生的专业知识、课程教学能力、班级指导能力、课程育人能力的考核指标,对其进行量化评价,以评价结果作为对师范生学习效果的有效反馈,促进师范生有针对性地进行专业学习。同时,师范院校可以通过课堂观察评价法、成长档案袋等新颖的评价方式对师范生学习过程中的具体表现进行质性评价,重点关注师范生在模拟教学过程中的教学设计能力、教学组织能力、语言表达能力等,促进师范生对自身的长处与不足形成清晰而客观的认识,不断提升师范生的学习参与度、增强师范生的学习积极性。第二,终结性评价与过程性评价相结合。师范生学习评价既要注重为师范生现阶段学习情况提供有效反馈,同时也要注重激发师范生的探究欲望,以开放性试题、测验取代标准化考试,鼓励师范生通过合作、交流,运用高阶思维解决学习过程中的难题。此外,评价的功能应不囿于甄别与选拔师范生,亦应为师范院校提供及时的诊断与反馈,其应成为师范院校不断修正培养目标、培养方式和培养策略的重要依据,形成"评价—反馈—持续改进"的螺旋上升且循环往复的闭环式评价体系,实现教学质量、人才培养质量的共同提升。

(四)引导师范生学会自我赋权

巴波特(Rappaport)认为,赋权是个体、组织或社群获得对他们所关心问题的掌控能力的过程。②作为教育学领域内的"赋权"倡导者,弗雷勒(Freyler)认为教育就是赋权,教育不仅要传授知识,更应该是一个鼓励人们去察觉、分析、反省行动的过程。③师范院校通过引导师范生学会自我赋权,给予师范生更多的话语权、参与权、评价权等,逐渐营造出民主、宽容、尊重的教育教学氛围。师范生被给予更广阔的赋能空间,在学习过程中体验到的"赋权感"越多,便越能冲破服从者和被动接受者的枷锁,化被动学习为主动学习。

1. 引导师范生学会自我管理

师范生学会自我管理能够帮助师范生实现可持续发展。师范生自身的主观能

---

① 柳海民,杨宇轩,柳欣源. 中国师范生:政策演进、现实态势与发展未来[J]. 华南师范大学学报(社会科学版),2023(5):119-133,243-244.

② Rappaport J. Terms of empowerment/exemplars of prevention: Toward a theory for community psychology[J]. American Journal of Community Psychology,1987,15(2):121-148.

③ 陈欧阳. 公关素养:赋权主义视角下的概念探讨[M]. 武汉:华中师范大学出版社,2015:49.

动性是一切调适策略实施与实现的基础，师范生形成专业自主权的意愿与能力是师范生努力学习的动力源泉。因此，师范院校应积极引导师范生进行自我管理，从而丰富师范生的教育感悟与情感体验，逐步实现其对于自我职业生涯的建构。第一，提高师范生自我管理意识。师范院校可通过开展自我管理相关讲座、优秀学生经验分享、读书分享等活动提高师范生的自我管理意识，帮助师范生认识到自我管理的重要性。第二，提高师范生自我管理能力。师范院校应重视对师范生自我管理能力的了解与监测，为师范生提供管理能力相关指导，为师范生进行自我管理提供具体有效的建议。第三，赋予师范生自我管理权利。师范院校应注重在教育教学过程中适时转移管理权，注重赋予师范生主人公的权利意识，为师范生营造平等且民主的学习氛围，构建良好的师生关系，着力引导师范生摆脱传统的被动接受知识的学习模式，提高师范生的自主意识，帮助师范生树立自主学习、自我管理和自我发展的意识，促进师范生主动学习与自我提升。

2. 赋予师范生自主选择权利

赋予师范生学习自主选择权是提高师范生学习投入的重要途径。师范院校可从如下方面尝试探索。其一，鼓励师范生行使学习自主权。师范院校可以尝试建立合理的激励机制促进师范生行使学习自主权，通过发放奖学金、提供实践机会、推荐优秀师范生深造学习等方式，鼓励师范生通过积极参与学校组织的各项教育教学活动，逐渐对教师职业信息与要求产生更多关注，不断加深师范生的身份认同与职业认同，激发师范生的教学热情。其二，为师范生提供课程选择空间。师范院校可以通过推行学分制，鼓励师范生根据自身兴趣、职业规划与实际情况自主选择课程，自主安排学习进度，以此激发师范生学习热情、提高学习效率。师范生在学习过程中收获的积极情感体验越多，专业认知程度越高，专业情感愈加深厚，投入学习的时间和精力便会越多。其三，为师范生提供学术研究选择空间。师范院校可以充分鼓励师范生积极参与学术研究，为师范生提供自主选题、实地调研的资源与平台，充分发挥其自身主观能动性，激发师范生的学习潜能，增强师范生的自我效能感，从而增加师范生的学习投入度。

第七章
师范生专业能力调查报告

　　教师是立教之本，兴教之源，只有依靠高水平的教师队伍，才能办好人民满意的教育。党的十八大以来，国家高度重视教师队伍建设。2022年，教育部等八部门联合印发了《新时代基础教育强师计划》，强调要着力推动教师教育振兴发展，努力造就新时代高素质专业化创新型中小学（含幼儿园、特殊教育）教师队伍。由此可以看出，党和国家已经勾勒出了高水平教师队伍建设的目标，那就是培养造就高素质专业化创新型的教师队伍。而师范生作为教师队伍的后备力量，其专业能力决定了未来教师队伍的专业化水平。因此，提升师范生专业能力对于未来教师队伍建设与高水平发展至关重要。本章主要以"师范生专业能力"为核心，介绍了师范生专业能力的本质内涵、构成要素和研究意义，确定了调查维度，分析了师范生专业能力的总体状况、各维度具体状况以及在院校区域、生源地区域和地域上的差异状况，据此判断制约师范生专业能力提升的关键问题，并制定师范生专业能力提升策略。

一、师范生专业能力基本内涵

（一）概念界定

分析师范生专业能力，首先要剖析师范生专业能力的本质内涵。师范生专业能力可以拆解为"师范生"和"专业能力"两个关键词。对于"师范生"，不同学者对其概念的界定也不尽相同。胡忠仁认为，师范生是指我国各级各类的普通师范院校（包括普通的高等和中等师范院校）的在校学生和各级各类的成人师范院校（亦称各级各类教师进修院校）的就读学员。[①]许占权将师范生界定为就读于各类院校的教师教育专业的学生。[②]梁倩倩认为，师范生是指学习师范类专业、以成为教师为职业定向的大学生，即未来教师的预备者。[③]潘国文和林一钢将师范生界定为四年制本科师范大学参加集中教育实习的学生。[④]根据学者对师范生的概念界定可以发现，师范生具有几个特征：一是就读于师范院校；二是学习教师教育或师范类专业；三是毕业后计划从事教师工作。基于此，本研究将"师范生"界定为就读于师范学校的师范类专业学生，即未来教师队伍的主力军，不包括就读于师范学校的非师范类专业学生。对于"专业能力"，其本意是指从事某种职业活动所必备的能力。因此，不同的职业对于专业能力的界定和要求也不同。本研究中的专业能力指的是从事教师工作的专业能力，但研究对象不是教师，而是未来会成为教师的师范生。因此，本研究中的"专业能力"指的是师范生专业能力。

研究发现，学界对师范生专业能力本质内涵的理解主要分为两种。一是认为，师范生专业能力就是师范生的教师专业能力，该能力是一种习得的性能，其提升是一个缓慢而艰难的过程，与教师专业能力的特点有直接关系。例如，吴志华和柳海民认为，教师专业能力是指教师在从事教育教学活动中，顺利完成教学任务所表现出来的个性心理特征，而师范生的教师专业能力培养需经过由被动性习得过渡到主动性习得、由虚拟性实践过渡到现实性实践、由规定性发展向迁移性发展过渡、由实践的一般感受性向实践的反思性过渡的发展过程。[⑤]张微等根据生涯发展理论提出，师范生教师职业能力的发展是从塑造教师人格到对职业的

[①] 胡忠仁. 论师范生的师德教育[J]. 高等师范教育研究，2001（1）：42-46.

[②] 许占权. 论师范生教育智慧的培养[J]. 温州大学学报（自然科学版），2009，30（2）：49-54.

[③] 梁倩倩. 新疆少数民族师范公民教育能力现状及提升路径[J]. 新疆职业大学学报，2017，25（4）：97-100.

[④] 潘国文，林一钢. 师范生实践性知识生成的个案研究[M]. 长沙：湖南教育出版社，2018：35.

[⑤] 吴志华，柳海民. 论教师专业能力的养成及高师教育课程的有效教学途径[J]. 教师教育研究，2004（3）：27-31.

初步认同，经过职业技能的成长和职业认同的成熟后最终发展为志向水平的教师职业认同。[1]在此基础上，还有学者基于教师专业能力的结构研究范式对教师专业能力的内涵进行了界定。例如，周志刚等认为，教师专业能力不仅仅表现在教育教学的行为方面，也不仅仅表现在教育组织对教师职责的规定性方面，而是需要在元能力的调控之下相互配合，在不断与任务目标校验、反馈与做出价值判断和调整的情况下才能够得以完成。[2]二是认为师范生与教师在角色定位上是不同的，因此，师范生专业能力不等同于教师专业能力。例如，任友群等认为，师范生具有双重角色，即学生角色和未来教师角色。师范生作为学生角色，其未来"教"的能力是可以部分从"学"的能力迁移得来的；作为未来教师角色，其应该掌握教师工作必备的信息化教学能力，这部分能力与在职教师能力要求相衔接，但又有所区别。[3]

综上，本研究中的"师范生专业能力"指的是师范生作为学生角色和未来教师角色所共同需要的从事教育教学活动必备的能力，即师范生能达成毕业要求、实现培养目标的必备能力（学生角色），也是其未来从事教育工作的基础能力（未来教师角色）。

（二）结构特点

有部分学者认为，师范生专业能力就是师范生的教师专业能力，因此下文将对师范生专业能力与教师专业能力的结构要素同时进行梳理。研究发现，学者关于师范生专业能力和教师专业能力结构要素的认识大体相同，都包括教学能力、教育能力、研究能力、创新能力等。例如，罗树华和李洪珍认为，教师专业能力主要包括教师的基础能力（智慧能力、表达能力、审美能力等）、教师的职业能力（教育能力、班级管理能力、教学能力等）以及教师的自我完善能力（自学能力、教育研究能力、撰写教学论文的能力、教学创造能力、正确处理人际关系的能力等）。[4]郝林晓和折延东认为，教师专业能力结构应由两维构成：横向上包括教育能力和教学能力两方面，纵向上包括前专业能力、专业意识及生成能力、专

---

[1] 张微，薛金凤，岳远航.师范生教师职业能力形成机理研究——基于生涯发展理论视角[J].教师教育论坛，2015，28（7）：42-47.

[2] 周志刚，闫智勇，朱丽佳.教师专业能力结构研究范式的源流与融合[J].天津大学学报（社会科学版），2013，15（2）：166-172.

[3] 任友群，闫寒冰，李笑樱.《师范生信息化教学能力标准》解读[J].电化教育研究，2018，39（10）：5-14，40.

[4] 罗树华，李洪珍.教师能力学[M].济南：山东教育出版社，1997：27.

业调适能力。①吴志华和柳海民认为，教师专业能力主要包括领会和把握教育教学目标的能力、自我反思（被认为是教师专业的元能力）和发展的能力、进行教育教学研究的能力、了解学生并能够进行有效沟通的能力、教育资源运用和开发的能力、教学测量与评价能力，以及教学设计、监控及现代教学技术运用能力。②李家清和冯士季基于 2012 年《中学教师专业标准（试行）》提出，师范生专业能力应包括教学设计、教学实施、班级管理与教育活动、教育教学评价、沟通与合作、反思与发展等能力。③黄正夫和郭平从影响教育对象、教育教学实践活动、教师自身专业发展 3 个维度构建了教师专业能力体系，其中影响教育对象的专业能力主要包括研究分析学生能力、教育沟通交往能力；教育教学实践活动的专业能力主要包括组织、开发和利用课程资源能力、教学设计能力、组织实施教学能力、科学教学评价能力；教师自身专业发展的专业能力主要包括教育教学研究能力、终身学习能力、教育创新能力。④胡卫平和张睆认为，教师专业能力包括基本能力、教学能力、教育能力、自我发展能力和教学创新能力。⑤王长平和吴文哲认为，师范生的核心素养应包括态度、知识、能力 3 个方面，其中能力应包括教育教学设计、实施、管理、评价、反思、发展能力，以及科学研究能力、终身学习能力等。⑥

此外，也有学者关注到了学科能力。经济合作与发展组织（Organization for Economic Co-operation and Development，OECD）下属的教育研究与革新中心（Centre for Educational Research and Innovation，CERI）于 1993 年对改进教师质量的政策进行了研究，在教师教学能力方面得出了两点结论：一是教师必须有使用学科教学法的能力，即教师在课堂中"知道其原理"并知道如何去教，能够将特定的概念、技能和信息传授给学生；二是教师有使用多种教与学模式的能力，即教师能够在适当的时间对特定的学生和为提高教学效果选择最适当的教学模式。⑦美国全国教师教育鉴定委员会于 2000 年颁布的关于面向 21 世纪的教师教

---

① 郝林晓，折延东. 教师专业能力结构及其成长模式探析[J]. 教育理论与实践，2004（14）：30-33.
② 吴志华，柳海民. 论教师专业能力的养成及高师教育课程的有效教学途径[J]. 教师教育研究，2004（3）：27-31.
③ 李家清，冯士季. 论基于《标准》的职前教师专业能力形成机理[J]. 教师教育研究，2013，25（6）：41-46.
④ 黄正夫，郭平. 教师专业能力体系研究——基于国家教师教育课程标准[J]. 内蒙古师范大学学报（教育科学版），2013，26（4）：64-66.
⑤ 胡卫平，张睆. 教师专业能力发展的理论与实践[J]. 陕西师范大学学报（哲学社会科学版），2018，47（2）：139-145.
⑥ 王长平，吴文哲. 新时代师范人才高质量培养的若干思考[J]. 教育研究，2022，43（4）：142-147.
⑦ 张典兵，王作亮. 教师专业发展[M]. 徐州：中国矿业大学出版社，2017：93.

育观念、培养新世纪的合格专业教师和其他教育专业人员的教师教育新专业标准规定，合格的师范毕业生首先要深入掌握学科知识，尤其是能够根据中小学的课程标准进行教学。[1]基于此，朱玉东提出教师专业能力结构应包含学科教学能力。[2]朱旭东也认为，教师专业能力应包括学科能力和专业能力，学科能力是教师基于学科知识的逻辑解决学科问题的能力，在学科能力中，教师的学科思想和方法的掌握与运用能力是教师专业发展的重要能力基础；而专业能力是教师基于学生学习和发展的知识逻辑解决教会学生学习、育人和服务的能力，在专业能力中，"以学定教"的能力是教师专业发展的重要能力基础。学科能力是专业能力发挥作用的基础性能力。[3]

综上可以发现，师范生专业能力与教师专业能力的结构要素大体相同，都包含教学能力、教育能力、研究能力、创新能力以及学科能力。

（三）调查维度

2021年，教育部办公厅发布了《中学教育专业师范生教师职业能力标准（试行）》等5个文件，文件指出了对师范生在师德践行能力、教学实践能力、综合育人能力、自主发展能力4个方面的要求。基于此，并结合上述文献分析，本章将师范生专业能力详细划分为学科转化能力、教学实践能力、综合育人能力和反思研究能力4个维度，各维度具体说明如下。

1."学科转化能力"维度

"学科转化能力"维度旨在了解师范生对拟任教学科本质的理解、将学科知识转化为学科教学知识以及进行跨学科教学的能力。这一维度又可详细地划分为学科理解能力、学科整合能力2个指标，共设有6个问题，例如"是否知道拟任教学科的发展历史""是否能将拟任教学科与其他学科进行交叉融合"等。

2."教学实践能力"维度

"教学实践能力"维度旨在了解师范生设计教学进程、实施课堂教学以及开展教学评价的能力。这一维度又可详细地划分为教学设计能力、教学实施能力2个指标，共设有9个问题，例如"是否能在教学前预判学生学习的疑难点""是否能将教学内容与真实情境相结合开展教学"等。

---

[1] 傅建明. 教育原理与教学技术[M]. 广州：广东教育出版社，2005：117.
[2] 朱玉东. 论教师的教育专业素质及其培养[J]. 中国教育学刊，2003（12）：54-57.
[3] 朱旭东. 论教师专业发展的理论模型建构[J]. 教育研究，2014，35（6）：81-90.

3. "综合育人能力"维度

"综合育人能力"维度旨在了解师范生践行师德规范以及对学生开展心理辅导的能力。这一维度又可详细地划分为立德树人能力、心理辅导能力2个指标，共设有7个问题，例如"是否能在教育实践中遵守教师职业道德规范""是否能及时发现学生的心理问题"等。

4. "反思研究能力"维度

"反思研究能力"维度旨在了解师范生进行自我诊断、开展科学研究以及实现科研创新的能力。这一维度又可详细地划分为诊断调控能力、研究创新能力2个指标，共设有7个问题，例如"是否能针对自身不足提出改进思路""是否能规范撰写学术论文"等。

为了解师范生专业能力的现实状况和制约能力提升的根本原因，本研究采用问卷调查和实地访谈的研究方法。在问卷调查法上，本研究编制了师范生专业能力调查问卷，由26个背景信息问题和29个利克特量表问题组成，对利克特量表中的5个选项赋值，"完全不符合"赋值为1，"比较不符合"赋值为2，"不确定"赋值为3，"比较符合"赋值为4，"非常符合"赋值为5，分别计算上述4个维度和每个维度下具体指标的均值，并比较均值大小，以分析师范生专业能力的现实状况。均值越高，表明师范生在该维度或该指标下对自己相应能力的认可度越高。在实地访谈方面，本研究编制了师范生专业能力调查的访谈提纲，主要包括3方面问题：一是师范生在职前、职后分别应该具有哪些专业能力；二是师范生在职前阶段的必备能力中，哪些能力比较突出，哪些能力比较薄弱；三是师范院校的哪些培养方式有利于师范生专业能力提升，哪些培养方式对师范生专业能力提升帮助不大。

二、师范生专业能力现实状况

（一）总体状况分析

1. 高年级师范生专业能力较强，低年级师范生专业能力较弱

通过调查不同年级师范生的专业能力总体状况发现，与低年级师范生相比，高年级师范生的专业能力更强。单因素方差分析发现，不同年级师范生的专业能力存在显著差异（$F=55.285$，$p<0.05$）。其中，大四年级师范生的专业能力（$M=3.96$）远高于其他年级的师范生，而大一年级（$M=3.89$）、大二年级

（M=3.88）、大三年级（M=3.89）师范生的专业能力没有显著差异。

2. 部属师范大学师范生的专业能力较强，高等专科学校师范生的专业能力较弱

通过调查不同高校类型师范生的专业能力总体状况发现，部属师范大学师范生的专业能力较强，而高等专科学校师范生的专业能力较弱。单因素方差分析发现，不同高校类型师范生的专业能力存在显著差异（F=20.705，p<0.05）。不同高校类型师范生的专业能力均值如图 7-1 所示。由此可见，部属师范大学师范生的专业能力较强，其次是省属师范大学的师范生，高等专科学校师范生的专业能力较弱。

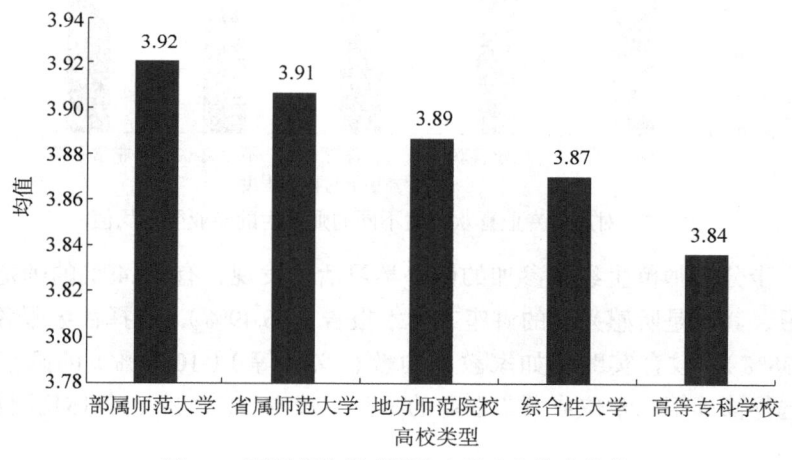

图 7-1　不同高校类型师范生的专业能力均值

3. 艺术专业师范生的专业能力较强，文科专业师范生的专业能力较弱

通过调查不同专业类别师范生的专业能力总体状况发现，艺术专业师范生的专业能力较强，文科专业师范生的专业能力较弱。单因素方差分析发现，不同专业类别师范生的专业能力存在显著差异（F=144.988，p<0.05）。其中，艺术专业师范生的专业能力较强（M=3.99），其次是理科专业师范生（M=3.92），文科专业师范生的专业能力较弱（M=3.86）。

4. 喜欢所学专业的师范生的专业能力较强，多数师范生经常参加课外在线学习活动

通过调查师范生对所学专业的喜欢程度发现，师范生越喜欢所学专业，其专业能力越强。单因素方差分析发现，对所学专业喜欢程度不同的师范生的专业能

力存在显著差异（$F=2421.381$，$p<0.05$）。对所学专业喜欢程度不同的师范生的专业能力均值如图 7-2 所示。由此可见，非常喜欢所学专业的师范生的专业能力较强，其次是比较喜欢所学专业的师范生，非常不喜欢所学专业的师范生的专业能力较弱。

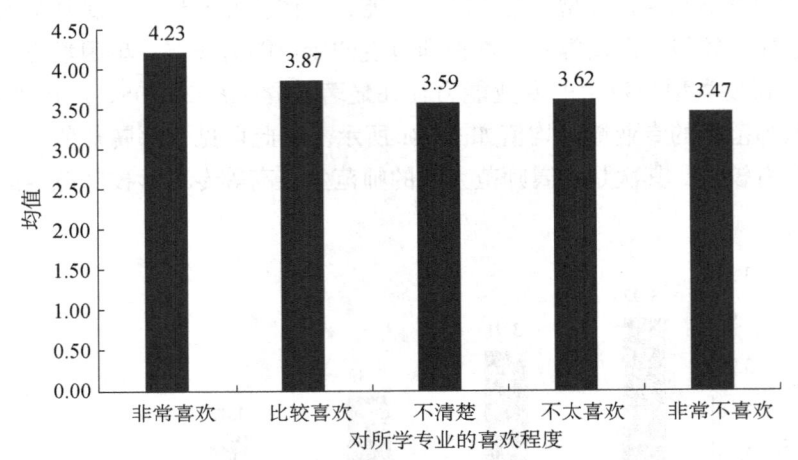

图 7-2 对所学专业喜欢程度不同的师范生的专业能力均值

进一步分析师范生经常参加的课外学习活动发现，有 17.49% 的师范生喜欢在线学习，其次是听感兴趣的讲座或学术报告（16.49%），选择社会服务或志愿者（11.38%）、教育实践（如家教、助教、义教等）（10.74%）的师范生也较多，而选择修读第二学位或第二专业的师范生较少（0.76%），具体情况如表 7-1 所示。

表 7-1 师范生经常参加的课外学习活动及占比

活动	占比/%
听感兴趣的讲座或学术报告	16.49
课题研究	7.21
在线学习	17.49
教育实践（如家教、助教、义教等）	10.74
学习社团（如读书会、英语社团等）	8.65
社会服务或志愿者	11.38
课程要求以外的外语学习（如考四六级、托福等）	7.00
各类教学、学术、专业、创业或设计竞赛	3.23
教学技能训练（如微格教学、粉笔字等）	5.94
备考专业资格证书或技能等级证书（如教师资格证、计算机等级证书）	6.93

续表

活动	占比/%
修读第二学位或第二专业	0.76
其他	4.18

5. 第一志愿进入所学专业学习的师范生的专业能力较强，多数师范生报考师范专业的原因是听取了家人、老师及朋友的建议

通过调查师范生的高考志愿发现，所学专业为高考第一志愿的师范生的专业能力较强，被调剂的师范生的专业能力较弱。单因素方差分析发现，不同志愿进入所学专业学习的师范生的专业能力存在显著差异（$F=76.278$，$p<0.05$）。不同志愿进入所学专业学习的师范生的专业能力均值如图 7-3 所示。由此可见，第一志愿进入所学专业学习的师范生的专业能力较强，其次是提前批进入所学专业学习的师范生，被调剂到所学专业学习的师范生的专业能力较弱。

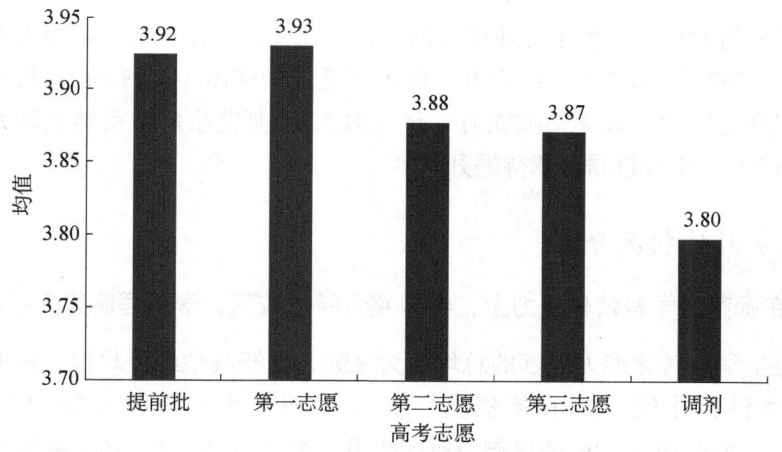

图 7-3　不同志愿进入所学专业学习的师范生的专业能力均值

进一步分析师范生报考师范专业的原因发现，有 28.69% 的师范生听取了"家人、老师及朋友的建议"，其次是"自己喜爱教师职业，以后想当老师"（26.31%），而选择"多一个录取机会"的师范生较少（4.20%），具体情况如图 7-4 所示。通过调查师范生的家庭成员或直系亲属是否从事教师职业发现，家庭成员或直系亲属是否从事教师职业对师范生的专业能力存在显著影响（$F=298.162$，$p<0.05$）。家庭成员或直系亲属从事教师职业的师范生的专业能力较强（$M=3.95$），家庭成员或直系亲属未从事教师职业的师范生的专业能力较弱（$M=3.87$）。

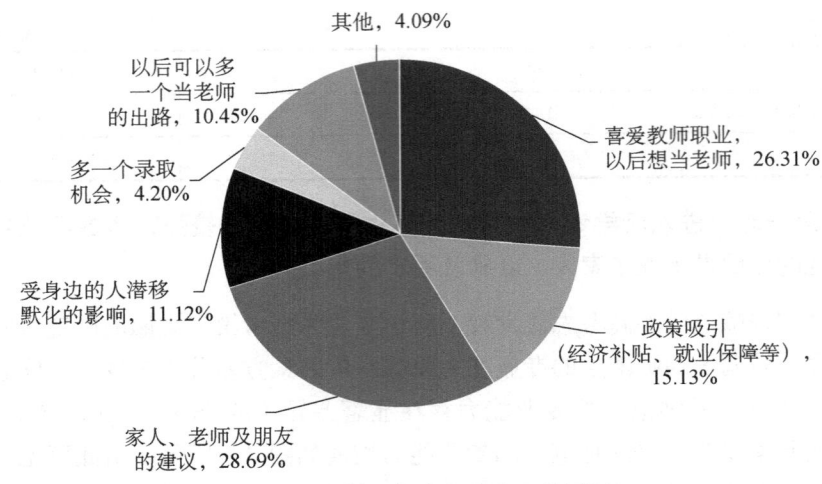

图 7-4　师范生报考师范专业的原因

6. 师范生综合育人能力表现突出，学科转化能力相对较弱

统计分析发现，师范生专业能力的均值为 3.90，总体来看，师范生专业能力表现较好。其中，师范生的综合育人能力表现最为突出（$M=3.94$），其次是师范生的反思研究能力和教学实践能力（$M=3.91$），而师范生的学科转化能力处于末位（$M=3.90$），相对较弱，亟待提升。

（二）具体状况分析

1. 在师范生学科转化能力上，学科整合能力较强，学科理解能力较弱

师范生学科转化能力维度的总均值为 3.90，低于其他维度均值，由此可知，师范生学科转化能力还有待提升。其中，师范生学科整合能力表现较好（$M=3.87$），而师范生学科理解能力有待提升（$M=3.80$）。进一步分析发现，在师范生学科整合能力上，师范生可以将拟任教学科在不同学段的知识内容衔接起来，但将拟任教学科与其他学科进行交叉融合的能力还有待提升；在师范生学科理解能力上，师范生可以理解拟任教学科的学科本质，但对拟任教学科发展历史的掌握还不够，有待进一步加深。

在年级上，单因素方差分析结果表明，不同年级师范生的学科转化能力存在显著差异（$F=63.881$，$p<0.05$）。其中，大一年级师范生的学科转化能力较强（$M=3.93$），其次是大四年级师范生（$M=3.92$），再次是大二年级师范生（$M=3.88$），而大三年级师范生的学科转化能力较弱（$M=3.85$）。

在高校类型上，单因素方差分析结果表明，不同高校类型师范生的学科转化能力存在显著差异（F=4.790，p<0.05）。不同高校类型师范生的学科转化能力均值如图 7-5 所示。由此可见，省属师范大学师范生的学科转化能力较强，其次是地方师范院校师范生，综合性大学和高等专科学校师范生的学科转化能力较弱。

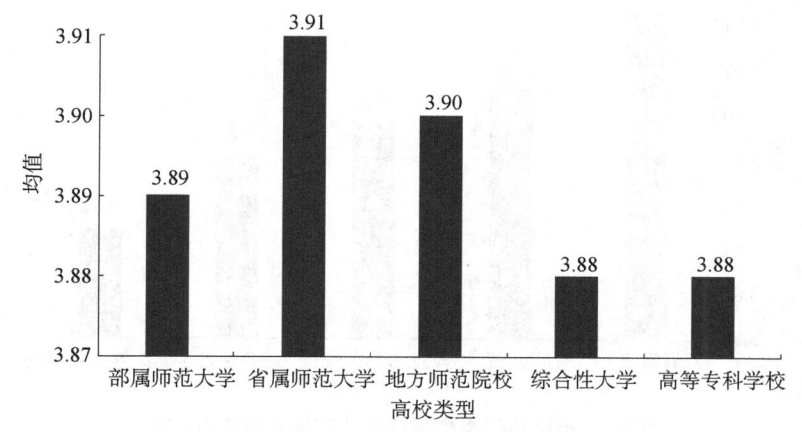

图 7-5 不同高校类型师范生的学科转化能力均值

在专业类别上，单因素方差分析结果表明，不同专业类别师范生的学科转化能力存在显著差异（F=197.970，p<0.05）。其中，艺术专业师范生的学科转化能力较强（M=4.03），其次是理科专业师范生（M=3.92），文科专业师范生的学科转化能力较弱（M=3.86）。

2. 在师范生教学实践能力上，教学实施能力较强，教学设计能力较弱

师范生教学实践能力维度的总均值为 3.91，总体来看，师范生教学实践能力较好。其中，师范生的教学实施能力表现较好（M=3.93），而教学设计能力有待提升（M=3.89）。进一步分析发现，在师范生教学实施能力上，师范生能使用数字化设备、软件、平台等数字技术进行教学，但通过数字技术对学生学习过程进行评价的能力还有待提升；在师范生教学设计能力上，师范生会依据课程标准进行教学，但很难在教学前预判学生学习的疑难点，这一点有待进一步提高。

在年级上，单因素方差分析结果表明，不同年级师范生的教学实践能力存在显著差异（F=53.170，p<0.05）。其中，大四年级师范生的教学实践能力较强（M=3.98），其次是大三年级师范生（M=3.91），再次是大一年级师范生（M=3.90），大二年级师范生的教学实践能力较弱（M=3.89）。

在高校类型上，单因素方差分析结果表明，不同高校类型师范生的教学实践能力存在显著差异（F=25.333，p<0.05）。不同高校类型师范生的教学实践能力

均值如图 7-6 所示。由此可见，部属师范大学师范生的教学实践能力较强，其次是省属师范大学师范生，高等专科学校师范生的教学实践能力较弱。

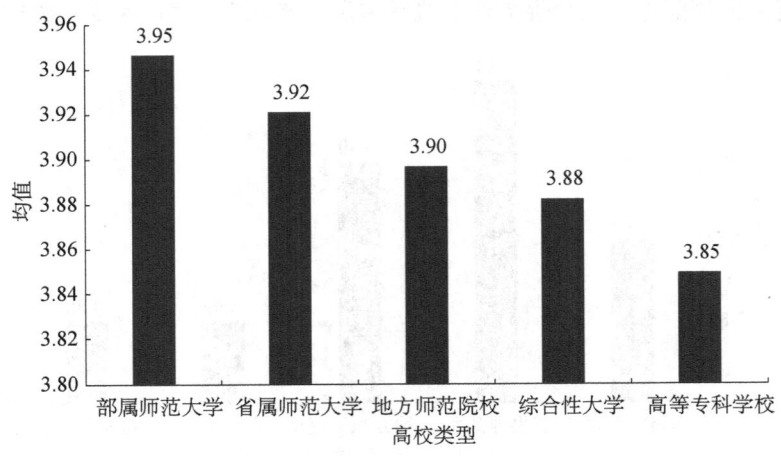

图 7-6 不同高校类型师范生的教学实践能力均值

在专业类别上，单因素方差分析结果表明，不同专业类别师范生的教学实践能力存在显著差异（$F=129.275$，$p<0.05$）。其中，艺术专业师范生的教学实践能力较强（$M=4.00$），其次是理科专业师范生（$M=3.94$），文科专业师范生的教学实践能力较弱（$M=3.88$）。

3. 在师范生综合育人能力上，立德树人能力较强，心理辅导能力较弱

师范生综合育人能力维度的总均值为 3.94，总体来看，师范生综合育人能力非常好。其中，师范生的立德树人能力表现较好（$M=4.00$），而心理辅导能力有待提升（$M=3.90$）。进一步分析发现，在立德树人能力上，师范生能在教育实践中遵守教师的职业道德规范，但对德育原理与方法的了解还不够充分；在心理辅导能力上，师范生能对存在心理问题的学生进行心理辅导，但对系统脱敏法、认知疗法等心理辅导方法的掌握还不够好，有待进一步学习和提升。

在年级上，单因素方差分析结果表明，不同年级师范生的综合育人能力存在显著差异（$F=37.946$，$p<0.05$）。其中，大四年级师范生的综合育人能力较强（$M=3.99$），其次是大一年级师范生（$M=3.94$），再次是大三年级师范生（$M=3.93$），大二年级师范生的综合育人能力较弱（$M=3.92$）。

在高校类型上，单因素方差分析结果表明，不同高校类型师范生的综合育人能力存在显著差异（$F=15.050$，$p<0.05$）。不同高校类型师范生的综合育人能力均值如图 7-7 所示。由此可见，部属师范大学与省属师范大学师范生的综合育

人能力较强，其次是地方师范院校师范生，高等专科学校师范生的综合育人能力较弱。

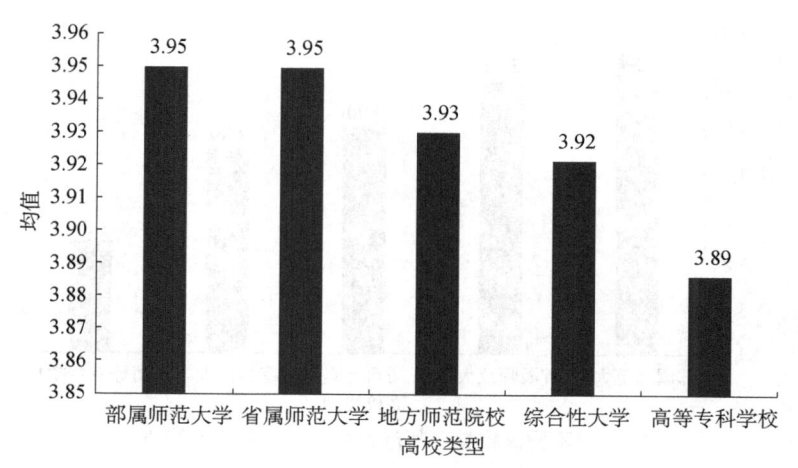

图 7-7 不同高校类型师范生的综合育人能力均值

在专业类别上，单因素方差分析结果表明，不同专业类别的师范生的综合育人能力存在显著差异（F=120.351，p<0.05）。其中，艺术专业师范生的综合育人能力较强（M=4.03），其次是理科专业师范生（M=3.96），文科专业师范生的综合育人能力较弱（M=3.91）。

4. 在师范生反思研究能力上，诊断调控能力较强，研究创新能力较弱

师范生反思研究能力维度的总均值为 3.91，总体来看，师范生反思研究能力较好。其中，师范生的诊断调控能力表现较好（M=3.99），而研究创新能力有待提升（M=3.86）。进一步分析发现，在诊断调控能力上，师范生能针对自身不足提出改进思路，但很少主动分析自身在教育教学方面存在的不足，其反思意识和批判性思维还有待进一步培养；在研究创新能力上，师范生能发现身边存在的教育教学问题，但规范撰写学术论文的能力不足，还有待进一步提升。

在年级上，单因素方差分析结果表明，不同年级师范生的反思研究能力存在显著差异（F=47.219，p<0.05）。其中，大四年级师范生的反思研究能力较强（M=3.97），其次是大一年级师范生（M=3.91），大二年级和大三年级师范生的反思研究能力较弱（M=3.90）。

在高校类型上，单因素方差分析结果表明，不同高校类型师范生的反思研究能力存在显著差异（F=23.659，p<0.05）。不同高校类型师范生的反思研究能力均值如图 7-8 所示。由此可见，部属师范大学师范生的反思研究能力较强，其次

是省属师范大学师范生，高等专科学校师范生的反思研究能力较弱。

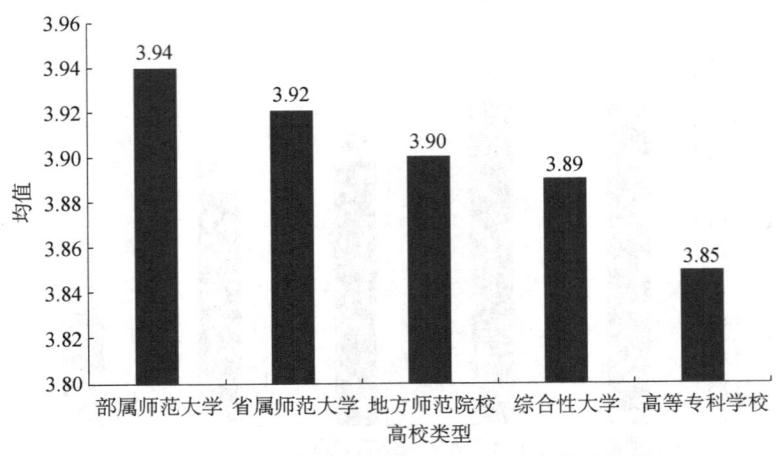

图 7-8 不同高校类型师范生的反思研究能力均值

在专业类别上，单因素方差分析结果表明，不同专业类别师范生的反思研究能力存在显著差异（$F=130.787$，$p<0.05$）。其中，艺术专业师范生的反思研究能力较强（$M=4.01$），其次是理科专业师范生（$M=3.93$），文科专业师范生的反思研究能力较弱（$M=3.88$）。

（三）差异状况分析

1. 在院校区域上，在东北地区就读的师范生的专业能力较强，在东部地区就读的师范生的专业能力较弱

单因素方差分析结果表明，不同院校区域师范生的专业能力存在显著差异（$F=276.778$，$p<0.05$）。其中，在东北地区就读的师范生的专业能力较强（$M=4.00$），其次是在中部地区和西部地区就读的师范生（$M=3.86$），在东部地区就读的师范生的专业能力较弱（$M=3.85$）。

不同院校区域师范生在专业能力4个维度上的均值如图7-9所示。在师范生学科转化能力上，单因素方差分析结果表明，不同院校区域师范生的学科转化能力存在显著差异（$F=291.048$，$p<0.05$）。其中，在东北地区就读的师范生的学科转化能力较强，其次是在西部地区就读的师范生，在东部地区就读的师范生的学科转化能力较弱。在师范生教学实践能力上，单因素方差分析结果表明，不同院校区域师范生的教学实践能力存在显著差异（$F=247.223$，$p<0.05$）。其中，在东北地区就读的师范生的教学实践能力较强，其次是在西部地区就读的师范生，在

东部地区和中部地区就读的师范生的教学实践能力较弱。在师范生综合育人能力上，单因素方差分析结果表明，不同院校区域师范生的综合育人能力存在显著差异（F=242.959，p<0.05）。其中，在东北地区就读的师范生的综合育人能力较强，其次是在西部地区就读的师范生，在东部地区和中部地区就读的师范生的综合育人能力较弱。在师范生反思研究能力上，单因素方差分析结果表明，不同院校区域师范生的反思研究能力存在显著差异（F=252.262，p<0.05）。其中，在东北地区就读的师范生的反思研究能力较强，其次是在中部地区和西部地区就读的师范生，在东部地区就读的师范生的反思研究能力较弱。

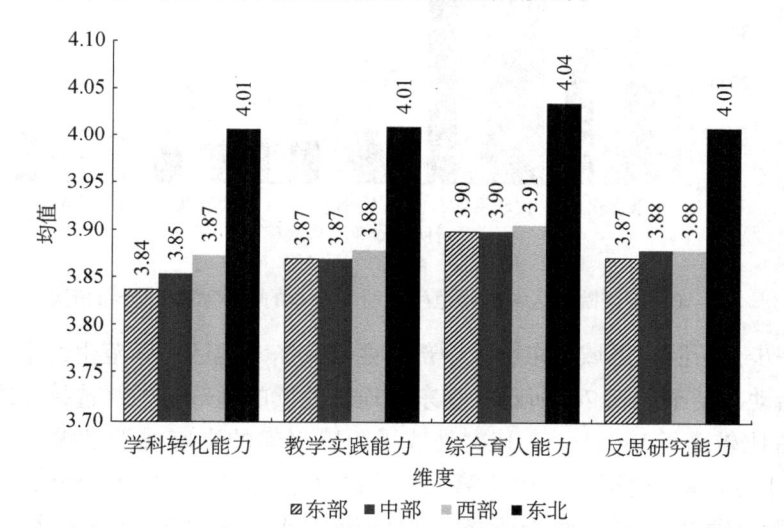

图 7-9 不同院校区域师范生在专业能力 4 个维度上的均值

通过调查师范生对所学专业的喜欢程度发现，师范生越喜欢所学专业，其专业能力越强。故进一步对院校区域为东部、中部、西部和东北地区的师范生对所学专业的喜欢程度加以统计，并进行对比分析，结果如图 7-10 所示。在东部地区就读的师范生中，比较喜欢所学专业的师范生占比较高（59.08%），其次是非常喜欢所学专业的师范生（18.90%），非常不喜欢所学专业的师范生占比较低（1.86%）；在中部地区就读的师范生中，比较喜欢所学专业的师范生占比较高（60.07%），其次是非常喜欢所学专业的师范生（20.05%），非常不喜欢所学专业的师范生占比较低（1.10%）；在西部地区就读的师范生中，比较喜欢所学专业的师范生占比较高（60.09%），其次是非常喜欢所学专业的师范生（20.88%），非常不喜欢所学专业的师范生占比较低（1.35%）；在东北地区就读的师范生中，比较喜欢所学专业的师范生占比较高（55.97%），其次是非常喜欢所学专业的师范生（27.07%），非常不喜欢所学专业的师范生占比较低（1.52%）。对比不同的院校区域发现，在东北地区就读的师范生喜欢所学专业的居多，而在东部地区就读的师范生喜欢所学专业的相对较少。

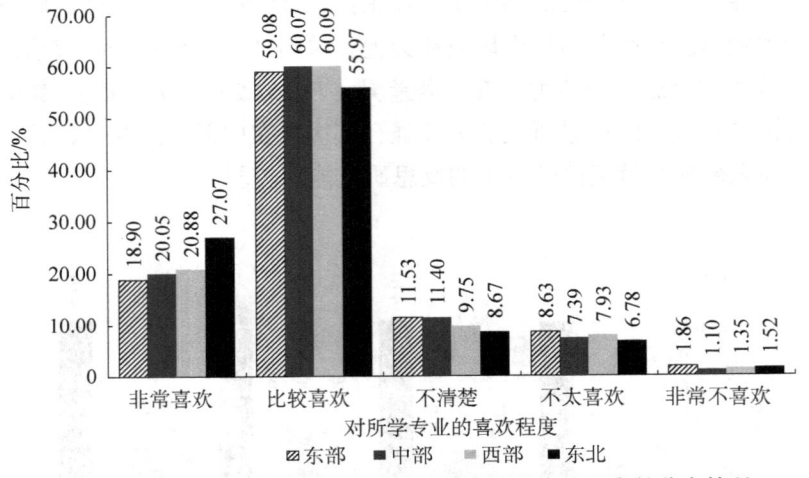

图 7-10 不同院校区域的师范生对所学专业的喜欢程度的分布情况

进一步分析院校区域为东部、中部、西部和东北地区的师范生经常参加的课外学习活动，结果如表 7-2 所示，在东部地区就读的师范生中，选择在线学习的师范生占比较高（16.76%），其次是选择听感兴趣的讲座或学术报告的师范生（15.42%），选择修读第二学位或第二专业的师范生占比较低（0.55%）；在中部地区就读的师范生中，选择听感兴趣的讲座或学术报告的师范生占比较高（17.89%），其次是选择在线学习的师范生（17.55%），选择修读第二学位或第二专业的师范生占比较低（0.83%）；在西部地区就读的师范生中，选择听感兴趣的讲座或学术报告的师范生占比较高（17.63%），其次是选择在线学习的师范生（17.03%），选择修读第二学位或第二专业的师范生占比较低（0.70%）；在东北地区就读的师范生中，选择在线学习的师范生占比较高（18.55%），其次是选择听感兴趣的讲座或学术报告的师范生（15.24%），选择修读第二学位或第二专业的师范生占比较低（0.96%）。对比不同的院校区域发现，在东部地区就读的师范生做社会服务或志愿者以及备考专业资格证书或技能等级证书（如教师资格证、计算机等级证书）的较多，在中部地区和西部地区就读的师范生听感兴趣的讲座或学术报告的较多，而在东北地区就读的师范生参加在线学习、教育实践（如家教、助教、义教等）、课程要求以外的外语学习（如考四六级、托福等），以及各类教学、学术、专业、创业或设计竞赛和教学技能训练（如微格教学、粉笔字等）的较多。

表 7-2　不同院校区域的师范生经常参加的课外学习活动及占比　（单位：%）

活动	东部	中部	西部	东北
听感兴趣的讲座或学术报告	15.42	17.89	17.63	15.24
课题研究	6.87	6.60	7.07	8.07
在线学习	16.76	17.55	17.03	18.55
教育实践（如家教、助教、义教等）	10.84	10.46	10.39	11.20
学习社团（如读书会、英语社团等）	8.44	8.78	8.71	8.67
社会服务或志愿者	13.52	11.65	12.46	8.26
课程要求以外的外语学习（如考四六级、托福等）	7.50	7.46	5.31	8.02
各类教学、学术、专业、创业或设计竞赛	2.93	3.01	3.25	3.62
教学技能训练（如微格教学、粉笔字等）	5.12	5.03	6.24	6.95
备考专业资格证书或技能等级证书（如教师资格证、计算机等级证书）	7.59	6.87	6.45	6.91
修读第二学位或第二专业	0.55	0.83	0.70	0.96
其他	4.46	3.87	4.76	3.56

通过调查师范生的高考志愿发现，所学专业为高考第一志愿的师范生的专业能力较强，被调剂的师范生的专业能力较弱。故进一步对院校区域为东部、中部、西部和东北地区的师范生的高考志愿加以统计，并进行对比分析，结果如图7-11所示。在东部地区就读的师范生中，第一志愿进入所学专业学习的师范生占比较高（37.75%），其次是通过其他方式进入所学专业学习的师范生（22.00%），调剂进入所学专业学习的师范生占比较低（3.61%）；在中部地区就读的师范生中，第一志愿进入所学专业学习的师范生占比较高（43.95%），其次是提前批进入所学专业学习的师范生（23.47%），调剂进入所学专业学习的师范生占比较低（3.29%）；在西部地区就读的师范生中，第一志愿进入所学专业学习的师范生占比较高（39.03%），其次是提前批进入所学专业学习的师范生（29.98%），调剂进入所学专业学习的师范生占比较低（5.17%）；在东北地区就读的师范生中，第一志愿进入所学专业学习的师范生占比较高（47.02%），其次是通过其他方式进入所学专业学习的师范生（16.65%），调剂进入所学专业学习的师范生占比较低（3.39%）。对比不同的院校区域发现，在东北地区，第一志愿进入所学专业学习的师范生居多，提前批较少；而在西部地区，提前批和调剂进入所学专业学习的师范生相对较多。

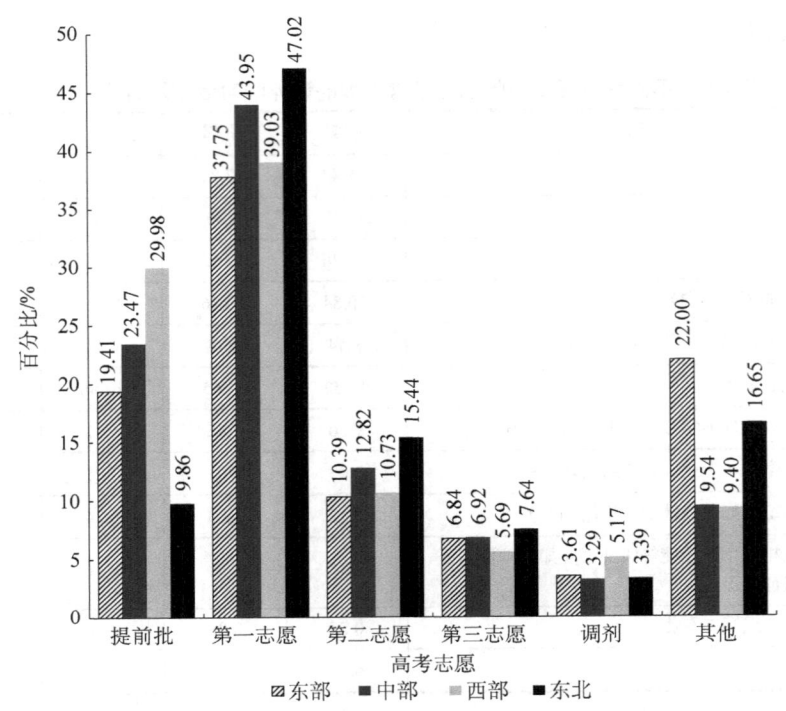

图 7-11　不同院校区域的师范生高考志愿的分布情况

进一步分析院校区域为东部、中部、西部和东北地区的师范生报考师范专业的原因，结果如表 7-3 所示，在东部地区就读的师范生中，选择"家人、老师及朋友的建议"的师范生占比较高（29.11%），其次是"自己喜爱教师职业，以后想当老师"的师范生（24.21%），选择"其他"的师范生占比较低（4.31%）；在中部地区就读的师范生中，选择"家人、老师及朋友的建议"的师范生占比较高（29.51%），其次是"自己喜爱教师职业，以后想当老师"的师范生（24.27%），选择"多一个录取机会"的师范生占比较低（4.07%）；在西部地区就读的师范生中，选择"家人、老师及朋友的建议"的师范生占比较高（28.45%），其次是"自己喜爱教师职业，以后想当老师"的师范生（26.53%），选择"多一个录取机会"的师范生占比较低（4.16%）；在东北地区就读的师范生中，选择自己"喜爱教师职业，以后想当老师"的师范生占比较高（29.38%），其次是选择"家人、老师及朋友的建议"的师范生（28.01%），选择"其他"的师范生占比较低（3.55%）。对比不同的院校区域发现，在东部地区就读的师范生因为以后可以多一个当老师的出路而报考师范专业的较多，在中部地区就读的师范生因为家人、老师及朋友的建议而报考师范专业的较多，在西部地区就读的师范生因为经济补贴、就业保障等政策吸引而报考师范专业的较多，而在东北地区就读的师范生因为自己喜爱教师职业，以后想当老师而报考师范专业的较多。

表 7-3　不同院校区域的师范生报考师范专业的原因及占比　　（单位：%）

报考原因	东部	中部	西部	东北
自己喜爱教师职业，以后想当老师	24.21	24.27	26.53	29.38
政策吸引（经济补贴、就业保障等）	14.32	15.24	16.69	14.09
家人、老师及朋友的建议	29.11	29.51	28.45	28.01
受身边的人潜移默化的影响	11.17	11.28	10.76	11.37
多一个录取机会	4.83	4.07	4.16	3.75
以后可以多一个当老师的出路	12.04	11.47	9.03	9.86
其他	4.31	4.16	4.38	3.55

2. 在生源地区域上，生源地区域为东北地区的师范生专业能力较强，生源地区域为中部地区和西部地区的师范生专业能力较弱

单因素方差分析结果表明，不同生源地区域的师范生的专业能力存在显著差异（F=247.001，p<0.05）。其中，生源地区域为东北地区的师范生的专业能力较强（M=4.02），其次是生源地区域为东部地区的师范生（M=3.89），生源地区域为中部地区和西部地区的师范生的专业能力较弱（M=3.86）。

不同生源地区域的师范生在专业能力 4 个维度上的均值如图 7-12 所示。在师范生学科转化能力上，单因素方差分析结果表明，不同生源地区域的师范生的学科转化能力存在显著差异（F=242.004，p<0.05）。其中，生源地区域为东北地区的师范生的学科转化能力较强，其次是生源地区域为东部地区的师范生，生源地区域为中部地区和西部地区的师范生的学科转化能力较弱。在师范生教学实践能力上，单因素方差分析结果表明，不同生源地区域的师范生的教学实践能力存在显著差异（F=224.140，p<0.05）。其中，生源地区域为东北地区的师范生的教学实践能力较强，其次是生源地区域为东部地区的师范生，生源地区域为西部地区的师范生的教学实践能力较弱。在师范生综合育人能力上，单因素方差分析结果表明，不同生源地区域的师范生的综合育人能力存在显著差异（F=217.000，p<0.05）。其中，生源地区域为东北地区的师范生的综合育人能力较强，其次是生源地区域为东部地区的师范生，生源地区域为西部地区的师范生的综合育人能力较弱。在师范生反思研究能力上，单因素方差分析结果表明，不同生源地区域的师范生的反思研究能力存在显著差异（F=224.679，p<0.05）。其中，生源地区域为东北地区的师范生的反思研究能力较强，其次是生源地区域为东部地区的师

范生，生源地区域为西部地区的师范生的反思研究能力较弱。

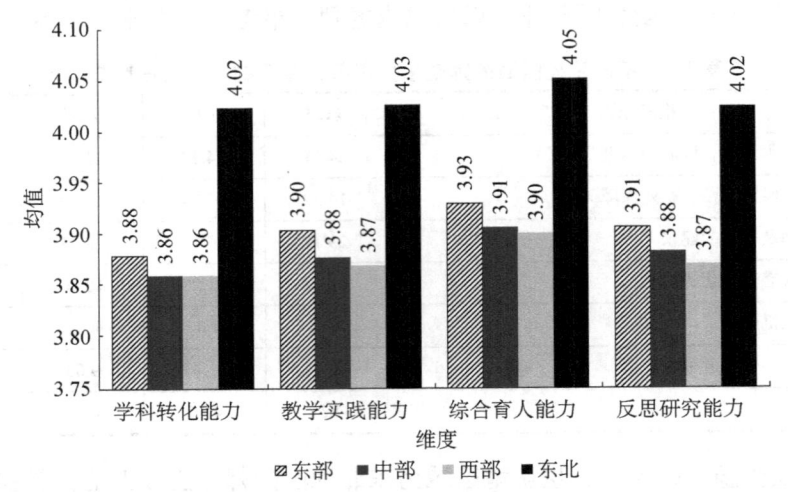

图 7-12 不同生源地区域的师范生在专业能力 4 个维度上的均值

通过调查师范生对所学专业的喜欢程度发现，师范生越喜欢所学专业，其专业能力越强。故进一步对生源地区域为东部、中部、西部和东北地区的师范生对所学专业的喜欢程度加以统计，并进行对比分析，结果如图 7-13 所示。在生源地区域为东部地区的师范生中，比较喜欢所学专业的师范生占比较高（58.63%），其次是非常喜欢所学专业的师范生（21.49%），非常不喜欢所学专业的师范生占比较低（1.73%）；在生源地区域为中部地区的师范生中，比较喜欢所学专业的师范生占比较高（60.26%），其次是非常喜欢所学专业的师范生（19.33%），非常不喜欢所学专业的师范生占比较低（1.15%）；在生源地区域为西部地区的师范生中，比较喜欢所学专业的师范生占比较高（60.37%），其次是非常喜欢所学专业的师范生（20.02%），非常不喜欢所学专业的师范生占比较低（1.39%）；在生源地区域为东北地区的师范生中，比较喜欢所学专业的师范生占比较高（54.36%），其次是非常喜欢所学专业的师范生（28.68%），非常不喜欢所学专业的师范生占比较低（1.62%）。对比不同的生源地区域发现，生源地区域为东北地区的师范生喜欢所学专业的居多，而生源地区域为东部地区的师范生喜欢所学专业的相对较少。

进一步分析生源地区域为东部、中部、西部和东北地区的师范生经常参加的课外学习活动，结果如表 7-4 所示，在生源地区域为东部地区的师范生中，选择在线学习的师范生占比较高（16.80%），其次是选择听感兴趣的讲座或学术报告的师范生（15.75%），选择修读第二学位或第二专业的师范生占比较低（0.68%）；

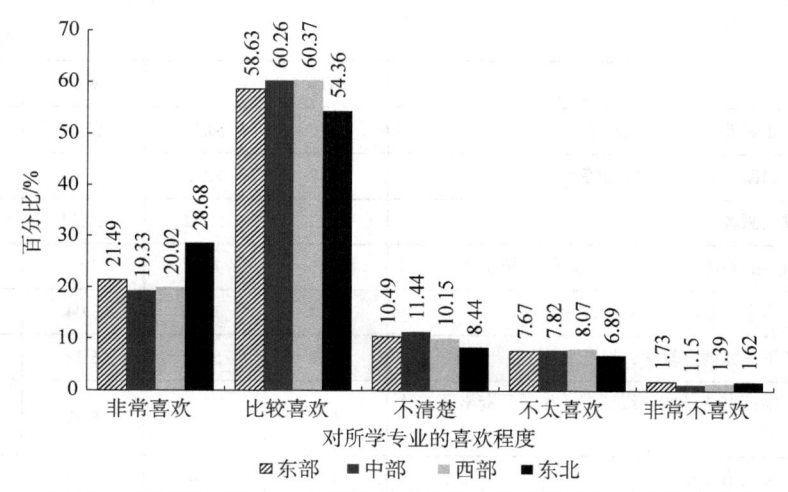

图 7-13 不同生源地区域的师范生对所学专业的喜欢程度的分布情况

在生源地区域为中部地区的师范生中，选择在线学习的师范生占比较高（17.79%），其次是选择听感兴趣的讲座或学术报告的师范生（17.27%），选择修读第二学位或第二专业的师范生占比较低（0.84%）；在生源地区域为西部地区的师范生中，选择听感兴趣的讲座或学术报告的师范生占比较高（17.50%），其次是选择在线学习的师范生（17.49%），选择修读第二学位或第二专业的师范生占比较低（0.64%）；在生源地区域为东北地区的师范生中，选择在线学习的师范生占比较高（18.06%），其次是选择听感兴趣的讲座或学术报告的师范生（14.93%），选择修读第二学位或第二专业的师范生占比较低（0.97%）。对比不同的生源地区域发现，生源地区域为东部地区的师范生参加社会服务或志愿者以及备考专业资格证书或技能等级证书（如教师资格证、计算机等级证书）的较多，生源地区域为中部地区和西部地区的师范生听感兴趣的讲座或学术报告的较多，而生源地区域为东北地区的师范生参加课题研究、在线学习、教育实践（如家教、助教、义教等）、学习社团（如读书会、英语社团等）、课程要求以外的外语学习（如考四六级、托福等），以及各类教学、学术、专业、创业或设计竞赛和教学技能训练（如微格教学、粉笔字等）的较多。

表 7-4 不同生源地区域的师范生经常参加的课外学习活动及占比 （单位：%）

活动	东部	中部	西部	东北
听感兴趣的讲座或学术报告	15.75	17.27	17.50	14.93
课题研究	7.19	6.82	6.85	8.25
在线学习	16.80	17.79	17.49	18.06

续表

活动	东部	中部	西部	东北
教育实践（如家教、助教、义教等）	11.08	10.30	10.49	11.17
学习社团（如读书会、英语社团等）	8.47	8.72	8.60	8.89
社会服务或志愿者	12.68	11.42	12.24	8.26
课程要求以外的外语学习（如考四六级、托福等）	7.31	7.81	5.57	7.99
各类教学、学术、专业、创业或设计竞赛	3.12	3.10	3.04	3.83
教学技能训练（如微格教学、粉笔字等）	5.39	5.19	6.22	7.05
备考专业资格证书或技能等级证书（如教师资格证、计算机等级证书）	7.37	6.81	6.62	6.99
修读第二学位或第二专业	0.68	0.84	0.64	0.97
其他	4.15	3.91	4.74	3.61

  通过调查师范生的高考志愿发现，所学专业为高考第一志愿的师范生的专业能力较强，被调剂的师范生的专业能力较弱。故进一步对生源地区域为东部、中部、西部和东北地区的师范生的高考志愿加以统计，并进行对比分析，结果如图7-14所示。在生源地区域为东部地区的师范生中，第一志愿进入所学专业学习的师范生占比较高（35.80%），其次是通过其他方式进入所学专业学习的师范生（24.65%），调剂进入所学专业学习的师范生占比较低（3.03%）；在生源地区域为中部地区的师范生中，第一志愿进入所学专业学习的师范生占比较高（42.44%），其次是提前批进入所学专业学习的师范生（23.69%），调剂进入所学专业学习的师范生占比较低（4.09%）；在生源地区域为西部地区的师范生中，第一志愿进入所学专业学习的师范生占比较高（41.85%），其次是提前批进入所学专业学习的师范生（24.59%），调剂进入所学专业学习的师范生占比较低（5.34%）；在生源地区域为东北地区的师范生中，第一志愿进入所学专业学习的师范生占比较高（49.24%），其次是通过其他方式进入所学专业学习的师范生（16.60%），调剂进入所学专业学习的师范生占比较低（2.76%）。对比不同的生源地区域发现，生源地区域为东北地区的师范生第一志愿进入所学专业学习的居多，提前批相对较少，而生源地区域为中部地区和西部地区的师范生提前批和调剂进入所学专业学习的相对较多。

  进一步分析生源地区域为东部、中部、西部和东北地区的师范生报考师范专业的原因，结果如表7-5所示，在生源地区域为东部地区的师范生中，选择"家人、老师及朋友的建议"的师范生占比较高（29.00%），其次是"自己喜爱教师

师范生专业能力调查报告 第七章

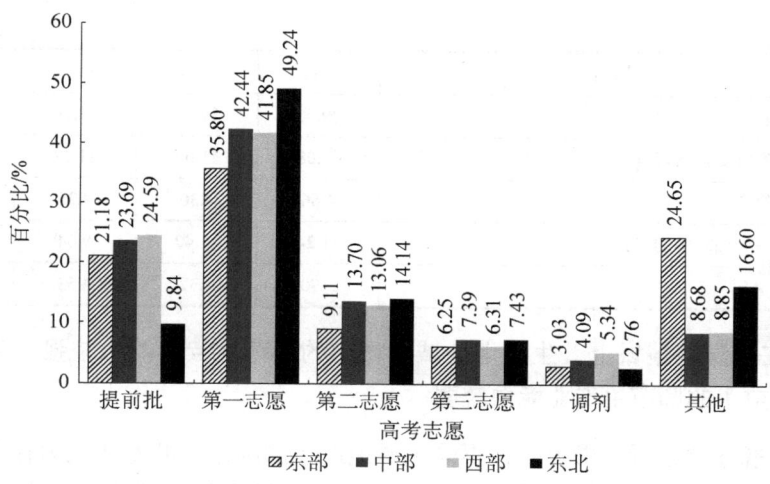

图 7-14 不同生源地区域的师范生高考志愿的分布情况

职业，以后想当老师"的师范生（25.07%），选择"其他"的师范生占比较低（3.90%）；在生源地区域为中部地区的师范生中，选择"家人、老师及朋友的建议"的师范生占比较高（29.30%），其次是"自己喜爱教师职业，以后想当老师"的师范生（23.98%），选择"多一个录取机会"的师范生占比较低（4.30%）；在生源地区域为西部地区的师范生中，选择"家人、老师及朋友的建议"的师范生占比较高（28.19%），其次是"自己喜爱教师职业，以后想当老师"的师范生（26.74%），选择"多一个录取机会"的师范生占比较低（4.25%）；在生源地区域为东北地区的师范生中，选择"自己喜爱教师职业，以后想当老师"的师范生占比较高（29.98%），其次是选择"家人、老师及朋友的建议"的师范生（28.44%），选择"其他"的师范生占比较低（3.28%）。对比不同的生源地区域发现，生源地区域为东部地区的师范生因为多一个录取机会而报考师范专业的较多，生源地区域为中部地区的师范生因为家人、老师及朋友的建议和经济补贴、就业保障等政策吸引、以后可以多一个当老师的出路而报考师范专业的较多，生源地区域为西部地区的师范生因为受身边的人潜移默化的影响和经济补贴、就业保障等政策吸引而报考师范专业的较多，而生源地区域为东北地区的师范生因为自己喜爱教师职业，以后想当老师而报考师范专业的较多。

表 7-5 不同生源地区域的师范生报考师范专业的原因及占比 （单位：%）

报考原因	东部	中部	西部	东北
自己喜爱教师职业，以后想当老师	25.07	23.98	26.74	29.98
政策吸引（经济补贴、就业保障等）	15.06	15.58	15.43	14.25

续表

报考原因	东部	中部	西部	东北
家人、老师及朋友的建议	29.00	29.30	28.19	28.44
受身边的人潜移默化的影响	11.08	11.06	11.22	11.07
多一个录取机会	4.66	4.30	4.25	3.35
以后可以多一个当老师的出路	11.24	11.40	9.64	9.62
其他	3.90	4.37	4.53	3.28

3. 在生源地地域上，生源地地域为城市的师范生专业能力较强，生源地地域为村（屯）的师范生专业能力较弱

单因素方差分析结果表明，不同生源地地域的师范生的专业能力存在显著差异（$F=128.088$，$p<0.05$）。其中，生源地地域为城市的师范生的专业能力较强（$M=3.96$），其次是生源地地域为县城的师范生（$M=3.90$），再次是生源地地域为乡镇的师范生（$M=3.88$），生源地地域为村（屯）的师范生的专业能力较弱（$M=3.85$）。

同生源地地域的师范生在专业能力4个维度上的均值如图7-15所示。在师范生学科转化能力上，单因素方差分析结果表明，不同生源地地域的师范生的学科转化能力存在显著差异（$F=73.947$，$p<0.05$）。其中，生源地地域为城市的师范生的学科转化能力较强，其次是生源地地域为县城的师范生，生源地地域为村（屯）的师范生的学科转化能力较弱。在师范生教学实践能力上，单因素方差分析结果表明，不同生源地地域的师范生的教学实践能力存在显著差异（$F=133.220$，$p<0.05$）。其中，生源地地域为城市的师范生的教学实践能力较强，其次是生源地地域为县城的师范生，生源地地域为村（屯）的师范生的教学实践能力较弱。在师范生综合育人能力上，单因素方差分析结果表明，不同生源地地域的师范生的综合育人能力存在显著差异（$F=86.039$，$p<0.05$）。其中，生源地地域为城市的师范生的综合育人能力较强，其次是生源地地域为县城的师范生，生源地地域为村（屯）的师范生的综合育人能力较弱。在师范生反思研究能力上，单因素方差分析结果表明，不同生源地地域的师范生的反思研究能力存在显著差异（$F=127.780$，$p<0.05$）。其中，生源地地域为城市的师范生的反思研究能力较强，其次是生源地地域为县城的师范生，生源地地域为村（屯）的师范生的反思研究能力较弱。

通过调查师范生对所学专业的喜欢程度发现，师范生越喜欢所学专业，其专业能力越强。故进一步对生源地地域为城市、县城、乡镇和村（屯）的师范生对

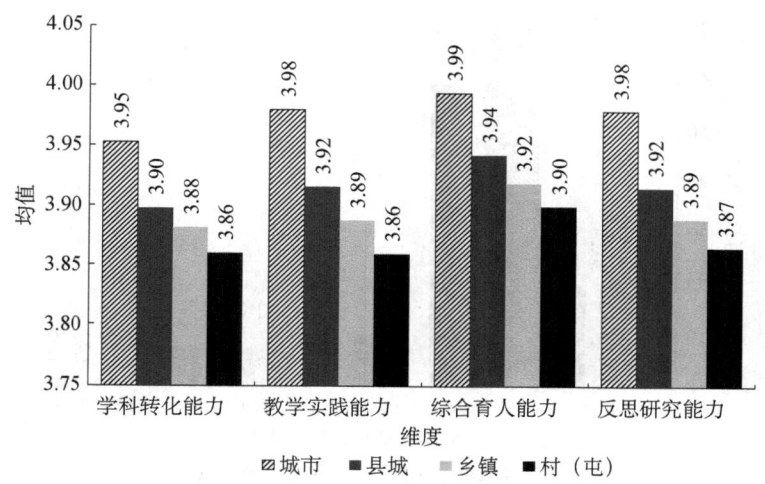

图 7-15 不同生源地地域的师范生在专业能力 4 个维度上的均值

所学专业的喜欢程度加以统计，并进行对比分析，结果如图 7-16 所示。在生源地地域为城市的师范生中，比较喜欢所学专业的师范生占比较高（55.64%），其次是非常喜欢所学专业的师范生（26.35%），非常不喜欢所学专业的师范生占比较低（1.63%）；在生源地地域为县城的师范生中，比较喜欢所学专业的师范生占比较高（59.88%），其次是非常喜欢所学专业的师范生（20.91%），非常不喜欢所学专业的师范生占比较低（1.42%）；在生源地地域为乡镇的师范生中，比较喜欢所学专业的师范生占比较高（60.32%），其次是非常喜欢所学专业的师范生（20.24%），非常不喜欢所学专业的师范生占比较低（1.23%）；在生源地地域为村（屯）的师范生中，比较喜欢所学专业的师范生占比较高（59.23%），其次是非常喜欢所学专业的师范生（20.20%），非常不喜欢所学专业的师范生占比较低（1.55%）。对比不同的生源地地域发现，生源地地域为城市的师范生喜欢所学专业的居多，而生源地地域为村（屯）的师范生喜欢所学专业的相对较少。

进一步分析生源地地域为城市、县城、乡镇和村（屯）的师范生经常参加的课外学习活动，结果如表 7-6 所示，在生源地地域为城市的师范生中，选择在线学习的师范生占比较高（16.62%），其次是选择听感兴趣的讲座或学术报告的师范生（15.77%），选择修读第二学位或第二专业的师范生占比较低（1.08%）；在生源地地域为县城的师范生中，选择在线学习的师范生占比较高（17.41%），其次是选择听感兴趣的讲座或学术报告的师范生（16.62%），选择修读第二学位或第二专业的师范生占比较低（0.78%）；在生源地地域为乡镇的师范生中，选择在线学习的师范生占比较高（18.03%），其次是选择听感兴趣的讲座或学术报告的师范生（17.26%），选择修读第二学位或第二专业的师范生占比较低（0.55%）；

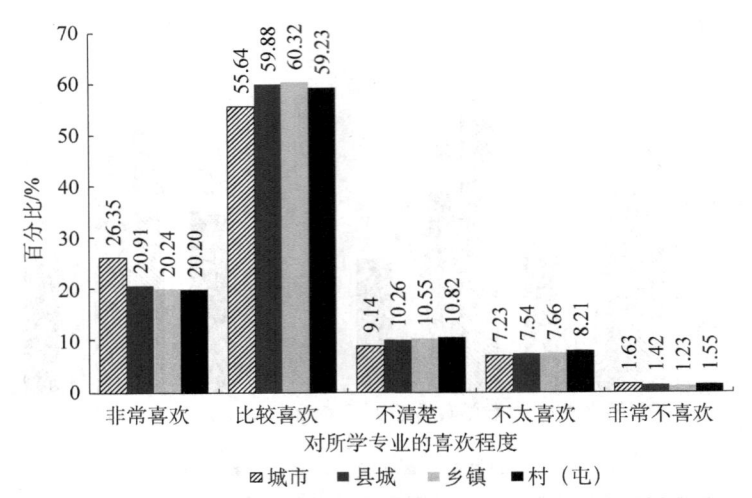

图 7-16　不同生源地地域的师范生对所学专业的喜欢程度的分布情况

在生源地地域为村（屯）的师范生中，选择在线学习的师范生占比较高（18.00%），其次是选择听感兴趣的讲座或学术报告的师范生（16.51%），选择修读第二学位或第二专业的师范生占比较低（0.60%）。对比不同的生源地地域发现，生源地地域为城市的师范生参加课题研究、课程要求以外的外语学习（如考四六级、托福等），以及各类教学、学术、专业、创业或设计竞赛和教学技能训练（如微格教学、粉笔字等）的较多，生源地地域为县城的师范生选择备考专业资格证书或技能等级证书（如教师资格证、计算机等级证书）的较多，生源地地域为乡镇的师范生听感兴趣的讲座或学术报告、在线学习、参加教育实践（如家教、助教、义教等）、学习社团（如读书会、英语社团等）、社会服务或志愿者的较多，而生源地地域为村（屯）的师范生选择备考专业资格证书或技能等级证书（如教师资格证、计算机等级证书）的较多。

表 7-6　不同生源地地域的师范生经常参加的课外学习活动及占比　　（单位：%）

活动	城市	县城	乡镇	村（屯）
听感兴趣的讲座或学术报告	15.77	16.62	17.26	16.51
课题研究	7.63	7.23	7.34	6.70
在线学习	16.62	17.41	18.03	18.00
教育实践（如家教、助教、义教等）	10.87	10.64	10.92	10.58
学习社团（如读书会、英语社团等）	8.65	8.86	8.87	8.30
社会服务或志愿者	10.52	11.48	11.83	11.79
课程要求以外的外语学习（如考四六级、托福等）	8.46	7.04	6.06	6.24

续表

活动	城市	县城	乡镇	村（屯）
各类教学、学术、专业、创业或设计竞赛	3.99	3.17	2.88	2.83
教学技能训练（如微格教学、粉笔字等）	6.20	5.98	5.53	5.93
备考专业资格证书或技能等级证书（如教师资格证、计算机等级证书）	6.75	6.88	6.49	7.45
修读第二学位或第二专业	1.08	0.78	0.55	0.60
其他	3.47	3.89	4.25	5.06

通过调查师范生的高考志愿发现，所学专业为高考第一志愿的师范生的专业能力较强，被调剂的师范生的专业能力较弱。故进一步对生源地地域为城市、县城、乡镇和村（屯）的师范生的高考志愿加以统计，并进行对比分析，结果如图 7-17 所示。在生源地地域为城市的师范生中，第一志愿进入所学专业学习的师范生占比较高（41.12%），其次是提前批进入所学专业学习的师范生（22.39%），调剂进入所学专业学习的师范生占比较低（3.80%）；在生源地地域为县城的师范生中，第一志愿进入所学专业学习的师范生占比较高（40.15%），其次是提前批进入所学专业学习的师范生（23.66%），调剂进入所学专业学习的师范生占比较低（3.66%）；在生源地地域为乡镇的师范生中，第一志愿进入所学专业学习的师范生占比较高（43.58%），其次是提前批进入所学专业学习的师范生（18.60%），调剂进入所学专业学习的师范生占比较低（3.96%）；在生源地地域为村（屯）的师范生中，第一志愿进入所学专业学习的师范生占比较高（43.17%），其次是提前批进入所学专业学习的师范生（17.09%），调剂进入所学专业学习的师范生占比较低（4.31%）。对比不同的生源地地域发现，生源地地域为城市和县城的师范生提前批进入所学专业学习的居多，调剂的相对较少；而生源地地域为乡镇和村（屯）的师范生调剂进入所学专业学习的较多，提前批进入所学专业学习的相对较少。

进一步分析生源地地域为城市、县城、乡镇和村（屯）的师范生报考师范专业的原因，结果如表 7-7 所示，在生源地地域为城市的师范生中，选择"家人、老师及朋友的建议"的师范生占比较高（28.29%），其次是"自己喜爱教师职业，以后想当老师"的师范生（26.54%），选择"其他"的师范生占比较低（3.78%）；在生源地地域为县城的师范生中，听取"家人、老师及朋友的建议"的师范生占比较高（29.36%），其次是"自己喜爱教师职业，以后想当老师"的师范生（25.26%），选择"其他"的师范生占比较低（3.74%）；在生源地地域为乡镇的师范生中，听取"家人、老师及朋友的建议"的师范生占比较高

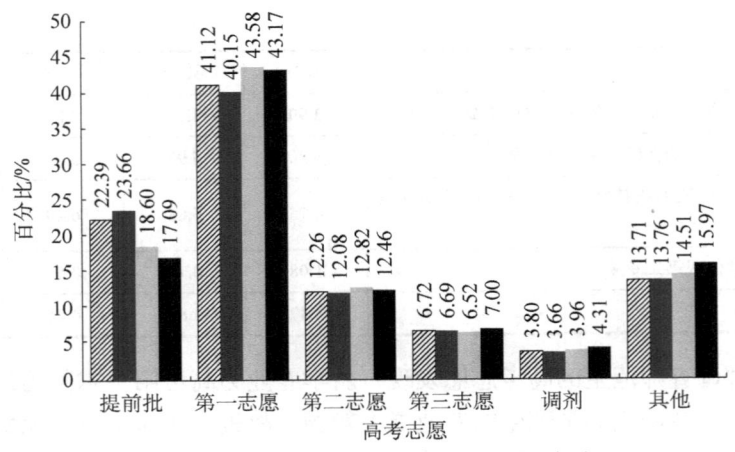

图 7-17 不同生源地地域的师范生高考志愿的分布情况

（28.72%），其次是"自己喜爱教师职业，以后想当老师"的师范生（26.83%），选择"多一个录取机会"的师范生占比较低（4.13%）；在生源地地域为村（屯）的师范生中，听取"家人、老师及朋友的建议"的师范生占比较高（28.42%），其次是"自己喜爱教师职业，以后想当老师"的师范生（26.71%），选择"多一个录取机会"的师范生占比较低（4.29%）。由此可见，对比不同的生源地地域发现，生源地地域为城市的师范生因为受身边的人潜移默化的影响和多一个录取机会而报考师范专业的较多，生源地地域为县城的师范生因为经济补贴、就业保障等政策吸引和家人、老师及朋友的建议而报考师范专业的较多，生源地地域为乡镇的师范生因为自己喜爱教师职业，以后想当老师而报考师范专业的较多，而生源地地域为村（屯）的师范生因为多一个录取机会和以后可以多一个当老师的出路而报考师范专业的较多。

表 7-7 不同生源地地域的师范生报考师范专业的原因及占比 （单位：%）

报考原因	城市	县城	乡镇	村（屯）
自己喜爱教师职业，以后想当老师	26.54	25.26	26.83	26.71
政策吸引（经济补贴、就业保障等）	15.34	15.91	14.97	14.33
家人、老师及朋友的建议	28.29	29.36	28.72	28.42
受身边的人潜移默化的影响	11.25	11.15	11.06	11.03
多一个录取机会	4.27	4.08	4.13	4.29
以后可以多一个当老师的出路	10.52	10.51	10.13	10.56
其他	3.78	3.74	4.15	4.67

三、师范生专业能力问题分析

（一）师范生从教意愿不强导致师范生缺乏专业能力提升动力

通过调查师范生对所学专业的喜欢程度发现，师范生越喜欢所学专业，其专业能力越强。他们在兴趣驱动下会参加有助于专业能力提升的课外活动，如听讲座或学术报告、进行课题研究、开展教育实践、参加各类教学竞赛等。然而，本研究发现，也有部分师范生并不喜欢师范专业，迫于无奈选择了师范专业且未来可能选择转专业等，这些师范生的从教意愿并不强，导致他们缺乏专业能力提升的动力，由此制约了专业能力的提升。

1. 师范生报考师范专业非主观意愿

分析师范生报考师范专业的原因发现，有28.70%的师范生是听取了家人、老师及朋友的建议，其次才是自己喜爱教师职业，以后想当老师，占到26.31%。实地访谈发现，在非主观意愿报考师范专业的师范生中，大部分师范生是受父母、老师等身边人的影响，也有部分师范生是由于高考分数不够而被迫选择师范专业。

我来这个地方是被我家人逼着来的，他们认为当老师的好处就是工作稳定。（师范生N-A-0-04）

这个专业是我爸妈让我选的，他们说女生适合当老师。（师范生C-A-0-02）

我最开始的目标是当律师，但后来发现律师分数有点太高了，那个目标我实在是够不上，后来觉得就退而求其次吧，当老师。（师范生D-C-0-01）

由此可见，由于师范生报考师范专业非主观意愿，他们不喜欢师范专业，缺乏专业学习的动力，制约了他们专业能力的提升。

2. 师范生由于优惠政策而选择师范专业

通过分析不同生源地地域的师范生报考师范专业的原因发现，生源地为东北地区的师范生因为自己喜爱教师职业，以后想当老师而报考师范专业的较多，但生源地为中部、西部地区的师范生却因为受经济补贴、就业保障等政策吸引而报考师范专业的相对较多。中部和西部地区因教师数量短缺而在师范专业报考方面存在政策倾斜，同时有部分师范生由于师范生就业稳定有保障而报考师范专业，因此这些师范生选择师范专业仅仅是为了享受政策福利，而非真正喜欢师范专业。

我挺愿意来师范专业的，因为我们有很多优惠政策。但随着对师范专业了解的增多，我身边有很多同学认为师范生把自己的路给走窄了，像定向师范，他们就会觉得没有体验到更多的职业多样性。（师范生M-B-1-02）

师范生可以享受一些优惠政策，比如工作稳定、待遇好、有五险一金之类的。（师范生C-C-0-01）

由此可见，部分师范生报考师范专业是受经济补贴、就业保障等政策吸引，而非真正喜欢师范专业，他们对师范专业缺乏兴趣，这制约了他们的专业能力提升。

3. 师范生对师范专业的就业前景较为担忧

研究发现，许多师范生是喜欢师范专业的，觉得做老师非常有成就感，但受就业形势、薪酬待遇、社会声望等外部因素的影响，他们对从事教师职业充满了担忧。

现在工作也不好找，因为生育率降低了，学的东西可能也没什么用，而且就业非常窄，如果毕业之后不能当老师，几乎就没有别的办法了。除非考研，但我也不想考研。（师范生N-A-0-04）

我感觉现在这个时代对老师没有以前那种尊重的氛围了，现在的教师行业更偏向服务行业，既要对上又要对下，行政要求太多了，就感觉已经不只是在教，如果只是纯教书的话，我觉得这还是一个很好的职业。（师范生N-C-0-02/03/04）

前两天我一个哥哥跟我说，南京这两年老师的编制也在缩减，待遇也不太理想。（师范生N-B-0-04）

由此可见，教师的就业形势严峻、薪酬待遇不理想、社会声望下降等原因导致师范生对未来的就业前景较为担忧，部分师范生考虑转专业或从事其他工作，这导致他们在就读期间忽视师范生专业能力养成。

（二）师范院校的师范生培养模式存在局限

通过调查不同高校类型师范生的专业能力状况发现，部属师范大学师范生的专业能力较强，而高等专科学校师范生的专业能力较弱。实地访谈发现，不同类型的学校在师范生培养模式上还是存在较大差异的，许多师范院校在师范专业的课程设置、教学水平、评价方式等方面存在局限，导致对师范生专业能力的培养不够充分，由此制约了师范生专业能力的提升。

1. 师范生课程内容老旧、重复，缺乏实践性

研究发现，多数师范生反映目前的师范类课程存在着课程内容老旧、重复等

问题，且理论性课程较多、实践性不强。

我们有一门课叫课件制作，课程太老了！我们要学两个软件，第一个软件叫作Authorware，美国那边2003年就停止更新了，结果2023年我们还在学，那东西学了也没用。第二个软件是ae剪辑，其实我觉得也完全没必要，现在很多中小学用的都是希沃了。（师范生M-D-0-02）

我觉得很多课程内容太重合了，像中国教育史、学前教育史这里面好多内容都学了很多遍了，但是还在学。（师范生M-B-1-04）

我觉得实践课程还需要再增加一点，就是自己亲身去做的这种课程还需要再增加一些，因为现在让学生主动去从事一些教学工作的课程太少了，主要还是以讲为主。（师范生M-C-1-01）

由此可见，许多师范生对目前的师范类课程质量的认可度不高，他们认为应该优化师范类课程内容，尤其是加强师范类课程的实践性。

2. 教师教学"枯燥"，师生缺少交流

研究发现，多数师范生不喜欢教师"满堂灌"，他们会觉得这样的课程非常枯燥，使他们失去学习兴趣，也有部分师范生表示平日里与授课教师交流较少。

有些老师就是放PPT，也不按课本讲，也不告诉我们期末要考什么，讲的内容跟书本上内容的关系不是特别大，也不知道自己怎么复习，再加上我本身也不是特别喜欢这门课，所以觉得有些老师的课很枯燥。（师范生M-A-0-01）

我觉得学校还是要加强一下老师的教学，要不断提升他们的教学水平。因为有的老师教学太过传统；有的老师上课不用PPT，就只是单纯讲课本，就很枯燥；还有的老师就单纯讲PPT，不跟学生互动，也会很乏味。（师范生N-C-0-07）

由此可见，教师的教学能力和教学态度会影响师范生的学习热情，进而影响师范生专业能力的发展。

3. 师范生教育实践活动有待丰富与深化

研究发现，教育实践对师范生未来从事教师工作的助益作用较大，师范生普遍表示希望通过见习、实习、竞赛、志愿服务等教育实践活动提升自身的专业能力。然而，目前的教育实践活动仍存在着流于形式、种类单一等弊端。

实习的话要看学校，有的学校对实习生比较好，给他们分配的工作比较少，更多的是教学方面的工作，但有的学校就不那么看重实习生，给他们分配的工作比较繁重，也不怎么考虑实习生的感受。（师范生M-D-1-01）

我感觉教育见习有点"花架子"，没有提前介绍一下哪些学校我们能去见习，也不知道这些学校的背景，也可能是受现实因素的影响，我们不能选择去哪个学校见习。所以我觉得就是尽量少点"真空"、落到实地吧！学校多多办一些教学比赛，让更多的师范生去试一试、练一练，对日后找工作也有帮助。（师范生 M-D-0-01）

由此可见，目前的教育实践活动还存在形式主义问题，没有真正落到实处，应以能力培养为导向设计教育实践活动，且活动的形式也有待进一步丰富，为师范生专业能力养成提供多渠道支持。

（三）师范生学科理解、研究创新能力亟待提升

通过调查师范生专业能力在各维度和各指标上的具体状况发现，师范生的学科理解能力与研究创新能力相对较弱。进一步研究发现，在学科理解能力上，师范生可以理解拟任教学科的本质，但对拟任教学科发展历史的掌握还不够；而在研究创新能力上，师范生能发现身边存在的教育教学问题，但规范撰写学术论文的能力不足，还有待进一步提升。

1. 师范生对拟任教学科的理解不够透彻

研究发现，多数师范生认为处理班级事务能力、应对突发情况能力等可以在职后慢慢培养，但专业知识必须在职前阶段就要掌握扎实，且应具有丰富的专业知识储备，对拟任教学科有深入的理解。

一个好的历史老师，首先他对专业知识和教材的理解要到位。（师范生 C-B-0-02）

我大学四年最大的收获就是学到了很多有用的数学学科知识。（师范生 M-D-1-01）

由此可见，师范生非常重视拟任教学科的专业知识，认为只有掌握专业知识，才能开展学科教学。但学科知识只是学科的外显部分，学科的思维方式才是学科的精神内化。然而，目前师范生对学科发展历史的掌握还不够，这就会导致师范生对拟任教学科的理解不够透彻，从而制约师范生的学科转化能力。

2. 师范生在研究创新方面存在短板

研究发现，在教师教学能力中，教学研究能力较为薄弱。[①]追根溯源发现，在教师职前阶段，师范生的研究创新能力也是其专业能力的短板。

---

① 李广，柳海民，等. 中国教师发展报告 2019：中小学教师队伍建设的成就、挑战与举措[M]. 北京：科学出版社，2020：216.

听说前段时间有科研立项，但我们公费师范生都不知道这个东西的来源渠道，不知道怎样做，都是"两眼一抹黑"。不都说搞这个东西需要前面的人带吗？但我都不知道该去哪儿找带的人。（师范生 M-B-0-01）

我们会有各种科研竞赛，但我都没参与，因为我以后从事的是教学工作，跟科研没有什么关系，所以在科研课题论文方面，我基本都没有投入，主要还是工作导向。（师范生 M-D-1-01）

由此可见，师范生的研究创新能力薄弱可以归结为两方面原因：一是师范生参与科研项目的路径不畅通；二是师范生对科研重要性的认识不充分。这两方面原因制约了师范生研究创新能力的提升。

四、师范生专业能力调适策略

（一）加强兴趣培养，引导师范生"热爱"师范专业

心理学研究表明，兴趣是学习动机中最为活跃和最为现实的心理因素，决定着人的大脑的工作频率，学习兴趣越浓厚，学习积极性就越高涨。[1]实地访谈发现，许多师范生认为首先要对师范专业感兴趣，产生情感上的动力，师范生才能主动学习，追求自身专业能力的提升。因此，应对师范生加强兴趣培养，引导他们"热爱"师范专业。

1. 开设经验分享、就业解读等相关讲座

研究发现，部分师范生选择师范专业并非出于热爱，因此他们的从教意愿并不强烈，还有部分师范生对未来的就业前景较为担忧，未来考虑转专业或从事其他工作。由于这些原因，他们对师范专业学习难以提起兴趣，这制约了他们的专业能力提升。为了帮助师范生树立教育信念和职业理想，明确学习目标，师范院校需要在师范教育过程中对师范生实施有针对性的职业生涯规划教育。[2]可以通过开设职后教师工作经验分享、就业形势解读等相关讲座，让师范生了解教师的具体工作内容、工作感受和就业前景，使师范生热爱师范专业，激发他们的学习主动性。

2. 组织各类教学、科研竞赛

教学、科研竞赛是考察师范生教学实践、研究创新能力的有效手段，通过比

---

[1] 王钱超. 从新手到行家[M]. 合肥：合肥工业大学出版社，2020：176.
[2] 王家云，张敏. 师范生"志趣与习惯"调查与思考[J]. 教师教育研究，2013，25（2）：38-41，47.

赛的方式可以激发师范生的学习兴趣与动力，促进师范生专业能力的不断提升。然而，研究发现，仅3.23%的师范生会参加各类教学、科研竞赛，但许多师范生表示愿意参加各类竞赛，认为其对专业能力提升非常有帮助。

我觉得竞赛很有用，比如我会对整个立项流程非常熟悉，清楚项目申报书该怎么写，整个论文体系该是什么样的，可以提前练习一下毕业论文怎么写，还有更多机会跟指导老师沟通。（师范生 M-B-1-04）

因此，师范院校应积极组织各类教学、科研竞赛，鼓励师范生多多参与其中，使其在比赛中逐渐提升对师范专业的喜欢程度，同时促进师范生专业能力的提升。

3. 鼓励师范生参加家教、支教等实践活动

家教、支教是师范生在现实场域中提升教学实践能力的重要途径。传统师范教育的一个明显缺陷就在于理论与实践的脱节[①]，而家教、支教等实践活动可以在理论与实践间架起一座桥梁，有助于师范生在实践中学习，坚定他们的从教信念。实地访谈发现，许多师范生认为家教、支教等实践活动可以使他们获得成就感和幸福感。

我们之前去支教过，那种真能给学生上课、看到他们的回应的感觉非常好，而且真能让他们学到一些东西让我也觉得非常自豪，很有成就感，这也算是学习专业的一种动力吧！（师范生 M-B-0-02）

因此，师范院校应为师范生参加家教、支教等实践活动提供支持，如为师范生提供做家教的空间，为愿意参加支教活动的师范生提供机会和帮助等。

（二）完善课程设置，根据从教需求重构课程体系

课程设置决定师范生的培养方式，只有构建科学、合理的课程体系，才能帮助师范生更好地形成其专业能力。然而，研究中多数师范生反映目前的师范类课程存在着课程内容老旧、重复等问题，且理论性课程较多、实践性不强。为此，应完善课程设置，根据师范生未来的从教需求重构课程体系。

1. 更新课程内容，体现时代性

随着科技社会的不断发展，教育理念不断优化，教学手段不断创新。师范生要成为未来的合格教师，首先要跟上时代的脚步，学习最前沿的知识、理论和方法。然而，实地访谈发现，部分师范生还在学习美国2003年就停止更新的

[①] 刘茗，王鑫. 顶岗实习支教——师范生成长的必由之路[J]. 辽宁教育研究，2008（10）：81-84.

Authorware 软件的使用方法，而现在的中小学教师早就不再使用了。由此可以看出，部分师范类课程的内容还是比较陈旧的，难以满足师范生未来的从教需求。因此，师范院校应及时了解教育前沿与实况，剔除老旧的课程内容，并根据师范生的未来从教需求更新课程内容。

2. 强化教育实习，重视实践性

教育实习是师范院校一门重要的专业实践课，也是师范生成长为合格教师的必由之路。[①]与其他课程相比，教育实习最突出的特征就是课程的实践性，有利于师范生熟悉中小学的教育实际，并通过实践教学提升专业能力。然而，实地访谈发现，部分师范生对目前的教育实习安排并不满意，他们认为有些实习流于形式，很多实习学校只为完成任务，并没有对师范生起到指导作用。因此，师范院校应进一步完善教育实习的课程方案，加强对教育实习的过程管理，落实师范院校、实习学校的双导师责任制，避免理论与实践脱节，确保师范生在教育实习过程中有体验、有成长。

3. 打破课程边界，突出融合性

师范院校的主要课程包括专业基础课、教育理论课、公共必修课和教育实习四部分。[②]研究发现，目前各类课程还是较为独立的，师范生先上专业基础课和公共必修课，而后是教育理论课，最后是教育实习，课程边界较为明显，不利于师范生学科教学能力的提升。对此，师范生也认为将专业基础课与教育理论课融合授课更为合适。

我觉得把教育学课程前移，跟专业课一起上比较合适，这样一边学着诸如语言学等课程，一边教学技能也就提升了。我们以后上课讲单词的时候，就会想到可以把语言学的构词方法也加进去。（师范生 C-C-0-01）

因此，师范院校在构建课程体系时应打破课程边界，重视不同类型课程的交叉配合，将专业基础课、教育理论课、教育实习有机融合，使其在培养师范生专业能力方面发挥合力作用。

（三）优化教学模式，提高师范生的学习效能感

教师是学生学习的组织者、引导者，其教学模式影响着学生的学习投入。文献研究发现，教师持有灌输式教学思想倾向对学生的学业成绩有负面影响，而教

---

① 盛忠兴. 教育实习学[M]. 长沙：中南工业大学出版社，1990：12-17.
② 盛忠兴. 教育实习学[M]. 长沙：中南工业大学出版社，1990：13.

书育人的教学观或互动式教学思想倾向对学生的学业成绩有正面影响。[1]实地访谈也发现，师范生普遍认为教师教学的风格和水平对自身学习积极性的影响非常大。因此，教师应根据学生的智力类型、学习风格等激发学生的学习欲望，引导学生通过亲自参与学习活动，主动而不是被动地获取知识，在真正意义上促进学生的发展。[2]

1. 鼓励引导，激发学习动力

恩格斯指出，"就个人来说，他们行动的一切动力，都一定要通过他的头脑，一定要转化为他的愿望和动机才能使他行动起来"[3]。这里所说的动机，就是指激励人去行动的动力。[4]由此可见，师范生的学习动机一旦形成，就会产生学习主动性，提高学习效率。实地访谈发现，多数师范生表示教师采取鼓励式教学会增加他们的学习兴趣，使他们愿意在课程学习中投入更多的时间和精力。

让我印象最深刻的是舞蹈课，因为老师本身就很有吸引力。她采取的是鼓励型教学，我们班有一些同学的自身条件不太好，老师会鼓励他们，也会给他们进行特殊指导。（师范生 C-A-0-04）

由此可见，教师的鼓励、引导对于师范生产生学习动力，甚至坚定从教信念都具有关键影响。因此，教师应在教学过程中给予师范生更多的鼓励和认可，使他们通过喜欢授课教师，从而喜欢师范类课程，进而热爱教师职业。

2. 因"课"施教，丰富教学方法

课程类型不同，教学目标也就不同，那么教师采用的教学方法也就应该具有差异性和针对性。有研究表明，理论课教学重在激发个体教育活动的感悟与思考，可采用问题分析、专题探讨等方法；方法技能课重在教学情境的营造，可采用录像分析、现场观摩等方法；教育实践课重在个体实践的反思，可采用对话反思、录像反思等方法。[5]由此可见，教师应掌握多种教学方法，并能根据教学需求灵活采用合适的教学方法，因"课"施教，提高教学质量。

---

[1] 高凌飚. 教师的教学观对学生学习的影响（下）[J]. 学科教育，2002（11）：16-19.
[2] 霍力岩. 教育的转型与教师角色的转换[J]. 教育研究，2001（3）：70-71.
[3] 马克思，恩格斯，列宁，斯大林. 马克思恩格斯选集 第4卷[M]. 北京：人民出版社，1972：274.
[4] 叶瑞祥，林振海. 大学生学习学[M]. 广州：广东高等教育出版社，1989：62.
[5] 吴志华，柳海民. 论教师专业能力的养成及高师教育课程的有效教学途径[J]. 教师教育研究，2004（3）：27-31.

3. 强化沟通，促进师生互动

课堂教学是师生的双边活动。[1]若只有教师的单边活动，课堂上只听见教师一个人的声音，缺少学生的参与、互动与回应，某种程度上会助长大学生懈怠和产生懒惰情绪，导致大学课堂怪象频生，如教师抱怨学生不热爱学习，学生抱怨教师上课没意思，致使师生关系疏离或紧张。[2]实地访谈发现，多数师范生描述自己喜欢的课堂都具有师生互动性强的特点。

那个老师讲课思路很清晰，吐词很清楚，板书很工整，也特别注重和学生之间的互动和反应。不像有的老师就是照着念PPT，全程语调很平，跟学生很少有互动甚至没有任何互动，这种课堂就很枯燥。（师范生 M-D-1-01）

因此，教师应加强与师范生之间的沟通交流，一方面，在进行课堂教学时，教师可通过提出问题、启发探究的方式提高师范生的课堂参与度；另一方面，教师在课后也应为有需要的师范生答疑解惑，持续保持沟通。

---

[1] 谢盛圻，王华敏. 教学的艺术[M]. 广州：广东教育出版社，1993：170.

[2] 杨淑萍，王德伟，张丽杰. 对分课堂教学模式及其师生角色分析[J]. 辽宁师范大学学报（社会科学版），2015，38（5）：653-658.

第八章
师范生职业愿景调查报告

　　职业愿景作为师范生发展的地图和指南，不仅有助于师范生在职业道路上抉择方向，也有助于提高其竞争力和适应性。师范生职业愿景包括职业目标、职业期望和职业规划3个维度，这些维度相互交织，共同构成了师范生未来职业发展的蓝图。职业目标是师范生对自己未来职业发展方向的目标定位；职业期望是师范生对未来职业发展的憧憬和期待；职业规划是师范生为达成目标进行的自主提升规划路径。系统呈现师范生的职业愿景，不仅有助于分析师范生群体的职业目标和职业规划情况，也能够通过深入探讨这一群体的就业决策和职业期望，为教育领域的人才培养和教师队伍建设提供有益参考。本章从师范生职业目标、职业期望和职业规划3个维度展开，分析师范生职业愿景的基本内涵、现实状况及面临的问题，并基于此提出师范生职业愿景调适策略。

一、师范生职业愿景基本内涵

（一）概念界定

关于"愿景"的探讨多集中在管理学领域，主要指向组织的共同愿望或理想目标，如改善企业管理、提升组织绩效等。在教育学研究领域，教师愿景多属于个人愿景范畴。哈姆尼斯（Hammerness）是最早将愿景引入教师发展研究的学者，他将教师愿景定义为教师关于理想课堂实践的图景，这些图景能够反映教师对自身、学生、班级以及学校的希望和梦想，并且这些图景在教师的生活和工作中起着非常重要的作用。①达菲（Duffy）将愿景作为教师的终极目标（ultimate goal），即帮助学生在未来成为什么样的成年人。②格林（Greene）称之为"个人实现"（personal reality），即一种特殊的立场，或者是在某一时间、空间下的一种特殊定位。③教师发展是一个过程，在时间维度上，不仅包括过去、现在，还应包括未来，教师愿景即基于对教师发展的"未来取向"的认识。④伴随教师生涯发展，教师自我愿景的关注点从聚焦于一般意义的教师形象到从"教"的层面定义自我形象，再到从"学习""学生发展"层面定义自我形象以及聚焦于"专业品质"的自我形象的发展变化。⑤从这个意义上来讲，教师愿景是教师关于职业和工作方面的愿景，是教师对理想的、希望的工作实践图景的设想，主要内容包括自我、教学、学生发展等3个方面。它源于教师内心并代表教师的一种个人教学立场，通常是教师个体寻求的更有价值的、超越一般课程要求的承诺，其中包含一定的道德目的（moral purpose）和对"好教师""好教学"或者"卓越教学"的追求。⑥

总的来看，目前关于教师愿景的研究主要聚焦于教师对于工作和职业方面的愿景设想，探讨其对教育事业、专业发展以及职业成就的期望和追求，而较少有研究关注师范生职业愿景。尽管师范生群体尚未正式步入教育工作岗位，

---

① Hammerness K. Visions of delight, visions of doubt: The relationship between emotion and cognition in teachers' vision[R]. Paper presented at the meeting of the American Educational Research Association, in Montreal, Quebec, Canada, 1999: 1-33.

② Duffy G. Visioning and the development of outstanding teachers[J]. Reading Research and Instruction, 2002 (41): 331-344.

③ Greene M. Teaching: The question of personal reality[J]. Teacher College Record, 1978, 80 (1): 23-35.

④ 贺敬雯, 张梦涛. "未来取向"的教师发展——哈姆尼斯教师愿景研究述评[J]. 现代教育科学, 2016 (9): 110-114.

⑤ 贺敬雯. 教师不同生涯时期自我愿景发展的特征研究——基于长春市初中教师的调查[J]. 教师发展研究, 2017 (1): 79-89.

⑥ 贺敬雯. 教师愿景与教师发展的关系研究[D]. 长春：东北师范大学, 2014.

但这一群体对于未来的工作或职业应具备独特的个人愿景。本研究中的师范生职业愿景是指师范生对未来教育职业的理想图景，是其对未来教师职业的目标定位、现实期望和行动路径的综合体现，涵盖职业目标、职业期望及职业规划三大维度。

（二）结构特点

围绕教师专业成长愿景，已有研究从不同维度进行了深入探讨。有研究将新任特岗教师的专业成长愿景划分为专业精神、专业道德、专业知识、专业能力以及教师培训等5个维度。[①]针对乡村新教师专业愿景，有研究提出其构成维度应包括人际关系、个体价值观、组织环境，其中人际关系包括环境塑造性、专业成长性、榜样示范性；个体价值观包括职业归属性、性格适宜性、职业匹配性；组织环境包括政策保障性、关系平衡性、工作抗压性。[②]也有学者将就业愿景分为对高校就业指导的态度、对未来就业的期望以及对就业市场的认知。[③]

师范生职业愿景既要体现其对教育事业的责任感和使命感，也应指向其对未来职业发展的期待和规划。本研究中的职业愿景构成要素分为职业目标、职业期望和职业规划3个维度。职业目标是指师范生职业理想教育想要达到的要求和标准，规定了师范生职业理想教育的内容、任务及其发展方向，是师范生职业理想教育的出发点和归宿。[④]职业期望是人对某种职业的渴求或向往，是个人内在职业价值观的外在表现。[⑤]职业规划是指个人通过对自身因素和客观环境的分析确立职业生涯发展目标，选择职业，制定相应的教育、培训和工作计划，采取必要行动以实现职业生涯目标的过程。[⑥]师范生职业规划是师范生在认真分析自己兴趣、爱好、性格特点的基础上，结合自己专业特长和知识结构，为将来从事的教师工作做出的方向性方案。[⑦]

[①] 金东海，蔺海沣. 新任特岗教师专业成长愿景与实现路径——基于甘肃省2012年新招录特岗教师的调查研究[J]. 教学与管理，2014（13）：9-12.

[②] 张佳，王莎. 乡村新教师专业愿景结构维度研究[J]. 内蒙古师范大学学报（教育科学版），2022（2）：58-65.

[③] 张欢，王丽. 中西部十省高校贫困生就业愿景现状调查报告[J]. 高等教育研究，2008（3）：39-45.

[④] 王华敏. 免费教育师范生职业理想教育目标体系建构[J]. 教师教育学报，20163（5）：18-27.

[⑤] 凌文铨，方俐洛，白利刚. 我国青年学生职业价值观研究[J]. 社会心理研究，1997（2）：11-15.

[⑥] 罗双平. 职业生涯规划[M]. 北京：中国人事出版社，1995；吴薇. 大学生职业生涯规划的现状调研及应对策略[J]. 教师教育研究，2009（5）：35-39.

[⑦] 梁梅. 师范生职业生涯规划与地方师范院校人才培养模式改革的思考[J]. 学术论坛，2010，33（2）：184-187.

（三）调查维度

职业目标是师范生职业发展的价值目标和方向。本研究采用利克特量表对师范生职业目标进行测量，具体包括国家指向和专业追求两个维度。其中，国家指向维度包括"我会以教育家为榜样，传承弘扬教育家精神"等3个题项，专业追求维度包括"工作后我也会不断提高自己的专业能力"等3个题项。

职业期望体现了师范生的职业选择与预期回报。本研究中的职业期望包括就业选择和综合待遇两个维度，具体包括"毕业后您期待工作单位所在地类型""参加工作后您期望月薪约为""您就业选择时更看重以下哪些因素"等6个题项。

职业规划是师范生达成目标和期望的行动路线。本研究采用利克特量表对师范生职业规划进行测量，具体包括规划制定和规划实施两个维度。其中，规划制定维度包括"我为自己制定了清晰的未来教师职业的发展规划"等4个题项，规划实施维度包括"我经常寻找自己感兴趣的相关职业领域和工作的详细信息"等7个题项。

二、师范生职业愿景现实状况

全面呈现师范生职业愿景的现实状况，有助于深入分析师范生的职业目标定位，反映其制定明确的职业目标和追求，为后续有针对性地提高师范生培养质量和岗位竞争力指明方向。

（一）总体状况分析

师范生职业目标较为清晰。职业目标指的是一个人在职业生涯中所期望达到的、具体而明确的目标或成就。这些目标通常涉及个人在工作中所追求的发展方向、职位或职业角色等方面的设想和期待。师范生职业目标是师范生对于职业发展的定位，合理的职业目标能够为其发展提供有效指引。师范生职业目标可以是长期的、中期的或短期的，师范生可根据自己的兴趣、能力、价值观和个人情况来确定自己的职业目标。本次调查发现，师范生职业目标总体上处于较高水平（M=4.06），表明师范生的职业目标较为清晰。

师范生职业期望水平普遍较高。师范生倾向性选择背后涉及多重因素的综合考量，包括经济发展水平、教育资源、职业发展机会、个人发展需求等。调查发现，师范生毕业更倾向于选择经济发达省份就业，如北京、广东、上海、浙江、重庆、江苏等地，同时也有一部分师范生更倾向于选择生源地或所在高校所在地就业。调查发现，师范生倾向选择前十个地区分别是北京（31.82%）、广东（20.79%）、上海（19.00%）、浙江（18.75%）、重庆（16.80%）、江苏（16.41%）、辽宁（14.13%）、山东（13.30%）、吉林（12.89%）和四川（11.33%），如图8-1所示。一方面，经济发达省份通常拥有更加丰富的就业机会和更好的发展前景。这些地区的经济水平相对较高，产业结构更加多元化，创造了更多的就业机会，也能够提供更好的医疗、住房、教育等方面的福利待遇。因此，师范生更倾向于选择经济发达省份就业，以获得更好的职业发展机会和发展前景。另一方面，师范生就业选择也受其家庭和教育背景的影响。对于公费师范生而言，考虑到与家人的距离、家庭成员的工作和生活情况等方面的因素，他们往往会倾向选择回到生源地工作。而对于非公费师范生而言，许多师范生在高校就读期间，与高校所在地建立了深厚的情感联系，选择在所在高校所在地就业可以为其提供更加熟悉和舒适的工作环境。

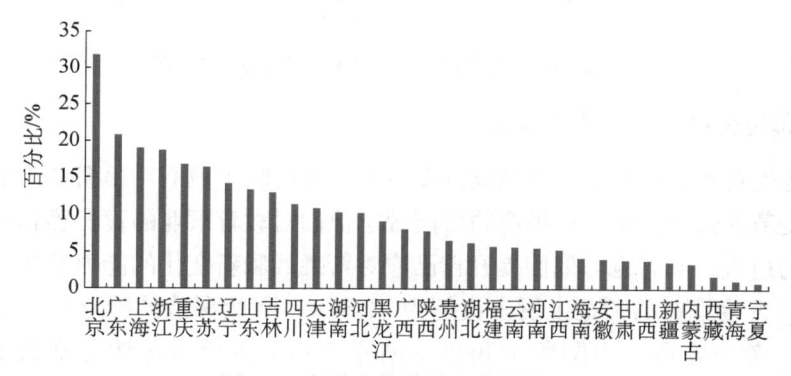

图 8-1 师范生期待就业省份情况

师范生职业规划得分较高。在职业规划的初期阶段，师范生需要对自己的兴趣、技能、价值观等方面进行深入的反思和评估，确定适合自己的职业方向。在此基础上，师范生则需要制定具体的计划和行动步骤，并不断调整和更新自己的职业规划，以适应外部环境的变化和个人发展的需求。本次调查发现，师范生职业规划总体上处于较高水平（M=3.98），表明师范生职业规划情况较为乐观。

（二）具体状况分析

1. 师范生意向从事教育行业

师范生在校期间接受专业的教育培训，毕业后多倾向于从事教育相关工作。调查发现，有91.38%的师范生毕业后期望的工作是教育相关工作，仅8.62%的师范生期望从事其他工作。在期望从事教育工作的师范生中，期望工作单位为高中的师范生占比为37.43%，期望工作单位为初中、小学和高等学校的师范生占比分别为19.74%、14.69%和11.91%，期望工作单位为幼儿园、中职中专和校外培训机构的师范生占比分别为2.99%、2.84%和1.78%，具体见图8-2。

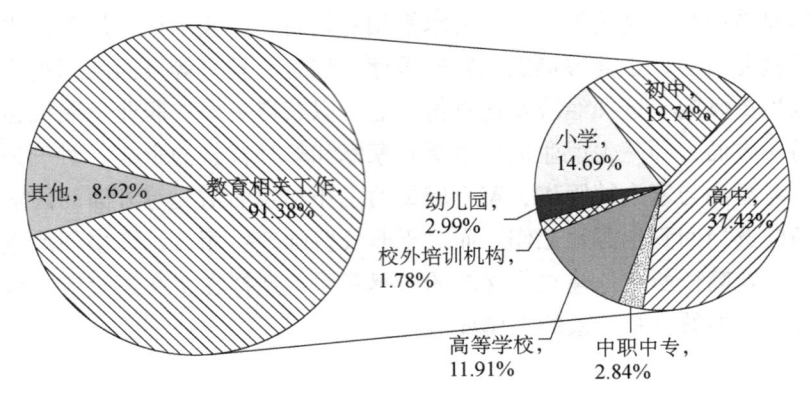

图 8-2 师范生毕业后期望工作单位及所占比例

2. 师范生继续深造意愿较强

师范生普遍表现出较强的继续深造意愿，这反映了他们对提高专业水平和适应教育变革的强烈渴望。这种愿望可能源于他们对教育事业的责任感和对个人职业发展的追求，同时也与他们提升自己应对新挑战和新变化的能力密切相关。总的来看，直接就业的师范生所占比例为41.56%，继续深造的师范生所占比例为38.38%，考公务员、出国留学和自主创业的师范生所占比例分别为5.73%、1.35%和1.17%，另有11.81%的师范生表示尚未明确就业意向。

3. 师范生倾向发达地区工作

师范生毕业后期待工作单位所在地主要为行政级别高且经济发达的地区。调查发现，期待工作单位为直辖市、省会城市和地级城市的师范生所占比例分别为11.85%、41.41%和29.68%，而期待工作单位为县城、乡镇和村（屯）的师范生所占比例分别为14.18%、2.35%和0.53%。经济发达地区的基础设施建设完善，能够提供更高的薪酬待遇和更加便利的生活条件。直辖市、省会城市和地级城市相对于县城、乡镇和村（屯）拥有更多的教育资源和发展机会。在大城市和发达地区工作，师范生可能获得更好的薪资待遇、职业发展前景和工作条件，因此更多的师范生倾向于选择在这些地方就业。而在一些县城、乡镇和村（屯），教育条件相对较差，教师的工作环境可能较为艰苦，待遇可能不够优厚，这会减弱师范生选择在这些地方就业的意愿。

4. 师范生期望月薪高于实际

师范生期望的月薪普遍高于教师实际收入水平。调查发现，师范生期望月薪均值为 7285.97 元，中值为 6000.00 元。从师范生期望月薪均值的分布情况来看，期望月薪为 3500 元及以下的师范生所占比例仅为 5.56%，期望月薪为 3501～5000 元的师范生所占比例为 34.80%，期望月薪为 5001～8000 元的师范生所占比例为 37.50%，期望月薪为 8001～10 000 元的师范生所占比例为 16.31%，期望月薪高于 10 000 元的师范生所占比例为 5.83%。

5. 师范生就业选择趋向保守

师范生进行就业选择时，不仅将薪酬福利作为首要考量因素，也往往会综合考量编制稳定、所在城市、工作环境等因素。调查发现，师范生就业选择看重的因素前 3 位分别是薪酬福利、编制稳定和所在城市，所占比例分别为 75.65%、66.85% 和 49.21%，工作环境、专业对口、发展空间、实现自我价值、工作强度、单位层次、定向履约到岗、其他等因素所占的比例分别为 36.29%、14.22%、12.95%、12.67%、9.04%、6.22%、1.62% 和 1.42%（图 8-3）。师范生在就业选择中看重的因素前 3 位分别是薪酬福利、编制稳定和所在城市，这一现象反映了师范生在就业决策中对于经济和稳定性的重视，以及对于生活环境和发展机会的考量。首先，薪酬福利是师范生就业选择的首要考量因素之一，表明了师范生对于经济收入和福利待遇的重视。由于薪酬福利直接关系到个人和家庭的经济收入水平，因此师范生普遍将其作为就业选择的重要考虑因素。其次，编制稳定意味着教师职业的长期性和稳定性，能够为师范生提供相对安稳的就业环境和职业发展保障。对于师范生而言，能够获得编制意味着可以在教育系统中长期从事教育工作，享受到相对稳定的工作岗位和待遇，因此编制稳定成为他们在就业选择中的重要考量因素之一。最后，不同的城市拥有不同的发展机会、生活环境和教育资源，师范生在就业选择中会权衡就业机会、发展空间、生活成本等各种因素，选择最适合自己发展的城市。

（三）差异状况分析

1. 职业目标差异分析

师范生的职业目标因个人背景、教育经历、兴趣爱好和社会环境等因素而有所不同，会存在一定的群体差异。基于人口学变量进行差异分析，可以发现师范

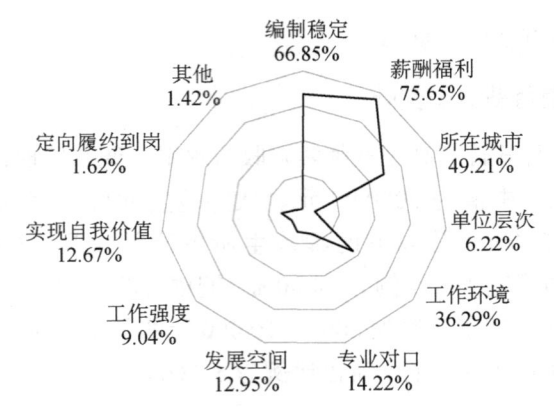

图 8-3 师范生就业选择时看重的因素

生职业目标的群体差异。如表 8-1 所示，从性别维度来看，男性师范生职业目标得分均值（M=4.09）高于女性师范生（M=4.05），不同性别师范生职业目标得分存在显著差异（t=6.174，p<0.001）。这表明男性师范生更倾向于追求明确的职业目标，以应对职业压力和期望。

表 8-1 师范生职业目标的人口学变量分析

维度	类型	n	M	SD	t/F 值
性别	男	17 953	4.09	0.72	6.174***
	女	62 582	4.05	0.63	
年级	大一	28 055	4.10	0.65	56.278***
	大二	20 926	4.04	0.66	
	大三	18 970	4.02	0.64	
	大四	12 584	4.07	0.66	
高校类型	部属师范大学	10 040	4.15	0.63	57.567***
	省属师范大学	44 972	4.06	0.65	
	地方师范院校	16 170	4.03	0.65	
	综合性大学	3 787	4.02	0.66	
	高等专科学校	5 132	4.00	0.62	
	其他	434	3.91	0.72	
身份	公费师范生	20 599	4.12	0.64	14.855***
	非公费师范生	59 936	4.04	0.65	
生源地	城市	21 106	4.11	0.69	57.663***
	县城	21 060	4.06	0.65	
	乡镇	15 522	4.04	0.62	
	村（屯）	22 847	4.03	0.63	

从年级维度来看，不同年级师范生职业目标得分均值存在显著差异（$F=56.278$，$p<0.001$），其中大一年级师范生的职业目标得分均值最高，为4.10，其次为大四年级师范生，职业目标得分均值为4.07，大二和大三年级师范生的职业目标得分均值分别为4.04和4.02。一般而言，大一年级学生刚进入大学，对未来的职业充满了热情和期待，对各种职业可能性和机会充满了好奇，并且可能对自己的职业目标持乐观态度。大二和大三年级学生可能处于学业和生活转折期，他们可能会面临更多的选择和不确定性，这可能会影响他们对职业目标的设定和确定度。同时，大二和大三年级师范生可能还没有完全投入到职业规划和就业准备中，因此在职业目标得分上可能略低。大四年级师范生即将面临毕业和就业，他们可能会感受到更大的就业压力，因此会更加注重对未来职业的规划和目标的设定，对于自己的职业目标可能有更具体和明确的规划。

从高校类型来看，师范生职业目标得分均值随院校层级递减而下降，不同层级高校的师范生的职业目标得分存在显著差异（$F=57.567$，$p<0.001$）。其中，部属师范大学师范生的职业目标得分均值最高，为4.15，省属师范大学、地方师范院校、综合性大学和高等专科学校师范生的职业目标得分均值分别为4.06、4.03、4.02和4.00。不同层级高校的师范生的职业目标得分存在差异主要有以下3个方面的原因。其一，高层级的院校可能拥有更丰富的教学资源、更优秀的教师队伍和更先进的教学设施，这可能会促使其师范生在职业目标设定上更有信心和目标更加明确。其二，高层级的院校通常具有更浓厚的学术氛围和更好的师范生培养环境，这可能会对师范生的职业目标设定产生积极影响。在这样的学术氛围中，师范生可能更容易接触到各种职业选择和发展机会，从而有助于他们明确自己的职业目标。其三，毕业于高层级高校的师范生可能会受到社会的更高度认可，拥有更广阔的职业发展前景，这种社会认可度和职业发展前景可能会增强师范生对自身职业目标的信心和目标确定性。

从身份来看，公费师范生对其职业目标更加清晰。调查发现，公费师范生和非公费师范生的职业目标得分均值分别为4.12和4.04，两者存在显著差异（$t=14.855$，$p<0.001$）。相对于非公费师范生，公费师范生在享受政府资助的同时，也需要承担毕业后回生源地服务一定工作年限的义务。这种较为明确的就业方向使其能够更早认清职业目标，从而更好地规划自己的职业发展道路。

从生源地来看，师范生的职业目标得分均值随生源地行政层级递减而下降，不同生源地师范生的职业目标得分存在显著差异（$F=57.663$，$p<0.001$）。生源地为城市的师范生的职业目标得分均值最高，达4.11，生源地为县城的师范生的职业目标得分均值为4.06，而生源地为乡镇和村（屯）的师范生的职业目标得分

均值则分别为 4.04 和 4.03。生源地的行政层级差异可能意味着师范生的个人经历和社会资源获取存在差异。城市地区师范生可能更容易接触到各种社会资源和机会，从而对未来的职业有更多的了解和规划。而乡镇和村（屯）地区师范生可能缺乏相应的社会资源和机会，这可能会影响他们对未来职业的设想和规划。

2. 职业期望差异分析

分从师范生身份来看，公费师范生与非公费师范生毕业后期望工作单位存在显著差异。调查发现，有 95.35% 的公费师范生期望工作单位为教育相关部门，而非公费师范生中期待工作单位为教育行业的占比为 90.01%。这种差异表明公费师范生毕业后更倾向于为社会公共利益服务，选择在学校、教育机构或相关教育项目中工作；而非公费师范生则可能更灵活地考虑各种行业和领域的就业机会，注重多元职业发展机会。

从师范生高校类型来看，不同高校类型师范生的毕业后期望工作单位存在显著差异。调查发现，部属师范大学师范生毕业后期望到高中学校任教的比例最高，达 63.94%，期望工作单位为初中和小学的比例分别为 13.25%、6.30%，期望工作单位为高等学校、幼儿园和中职中专的比例分别为 7.33%、2.28% 和 1.65%，仅 0.91% 的师范生期望工作单位为校外培训机构。相对于部属师范大学，省属师范大学师范生毕业后期望到高中学校任教的比例大幅降低，但其占比仍高达 39.83%，期望工作单位为初中和小学的比例分别达 19.82% 和 10.32%，期望工作单位为高等学校、幼儿园和中职中专的比例分别为 14.50%、1.99% 和 2.95%，具体如图 8-4 所示。高中教师岗位通常需要教师具备更深入的学科知识和教育技能，相对而言可能被视为具有更强的专业性和更高的社会地位。部属师范大学和省属师范大学的师范生的专业学习经历，使其毕业后大多数能够胜任高中学校教育教学工作，因此不少部属和省属师范大学毕业生期待毕业后到高中学校任教。相对于部属师范大学和省属师范大学，地方师范院校、综合性大学以及高等专科学校师范生毕业后期望工作单位为高中的比例依次下降，而期望到幼儿园、小学工作的比例则依次提高。

从师范生身份来看，公费师范生和非公费师范毕业后的就业意向存在显著差异（$t=-56.131$，$p<0.001$）。调查发现，公费师范生毕业后的就业意向为直接就业的比例最高，达 71.58%，继续深造、考公务员、出国留学、自主创业和尚不清楚的比例分别为 15.26%、3.24%、1.15%、1.00% 和 7.78%；非公费师范生毕业后就业意向为继续深造的比例最高，达 46.33%，直接就业、考公务员、出国留学、自主创业和尚不清楚的比例分别为 31.24%、6.58%、1.42%、1.23% 和

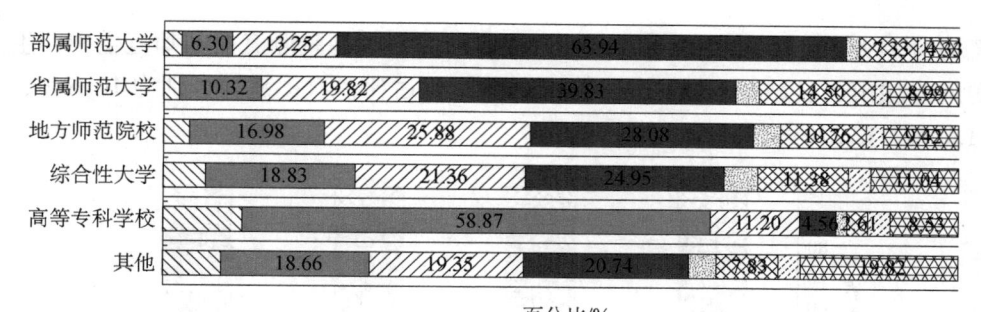

学校类型	幼儿园	小学	初中	高中	中职中专	高等学校	校外培训机构	其他
部属师范大学		6.30	13.25	63.94				
省属师范大学		10.32	19.82	39.83		14.50		8.99
地方师范院校		16.98	25.88	28.08		10.76		9.42
综合性大学		18.83	21.36	24.95		13.38		11.04
高等专科学校			58.87		11.20	4.56	2.61	8.53
其他		18.66	19.35	20.74	7.83		19.82	

百分比/%

□幼儿园 ■小学 ▨初中 ■高中 ▦中职中专 ▨高等学校 ▧校外培训机构 ▩其他

图 8-4 不同类型学校师范生毕业后期望工作单位情况

13.20%。公费师范生和非公费师范生之所以在就业意向上存在显著差异，是因为受到多种因素的影响。公费师范生在校期间享受免学费、生活补助等政策优惠，并且毕业后需要按照服务协议回到其生源地从事教育工作一定年限。因此，即使毕业后有其他就业选择，大多数公费师范生出于定向履约或教育情怀的考虑，更倾向于选择直接就业并回到生源地工作。在就业市场竞争激烈的情况下，公费师范生通常有机会在毕业后直接获得教师编制，而非公费师范生则更倾向于通过继续深造来增强自己在就业市场中的竞争力。

从师范生生源地来看，不同生源地师范生毕业后的就业意向存在显著差异。选择直接就业的师范生比例随生源地行政层级的提高而逐渐降低，而选择继续深造的师范生的比例则随生源地行政层级的提高呈递增提升。调查发现，生源地为城市、县城、乡镇和村（屯）的师范生毕业后的就业意向为直接就业的比例逐渐升高，分别为36.77%、41.57%、43.58%和44.61%；就业意向为继续深造的师范生比例逐渐降低，分别为43.76%、38.99%、36.09%和34.41%；就业意向为考公务员的师范生的比例分别为5.04%、5.83%、6.26%和5.90%，城市师范生选择考公务员的比例显著低于农村师范生。这表明家庭经济资本可能会影响师范生的就业意向，并且家庭经济资本越多的师范生，就业意向越倾向于继续深造或出国留学，而家庭经济资本较为薄弱的农村师范生更倾向于直接就业，以减轻家庭经济负担。同时，具有出国留学、自主创业意向的城市生源师范生比例显著高于农村生源师范生，且对于毕业后就业意向尚不清楚的师范生占比随生源地行政层级下降而逐渐提高，表明农村生源师范生对其职业选择可能更加迷茫。调查发现，生源地为城市、县城、乡镇和村（屯）的师范生毕业后具有出国留学意向的比例分别为2.90%、1.16%、0.65%和0.57%；生源地为城市的师范生毕业后具有自主创业意向的比例为1.24%，而生源地为县城、乡镇和村（屯）的师范生的自主创业意向分别为 1.05%、1.20%和 1.19%；在目前尚不清楚就业意向的师范生中，生源地为城市、县城、乡镇和村（屯）的师范生占比依次提高，分别为 10.30%、11.40%、12.22%和 13.31%（图 8-5）。

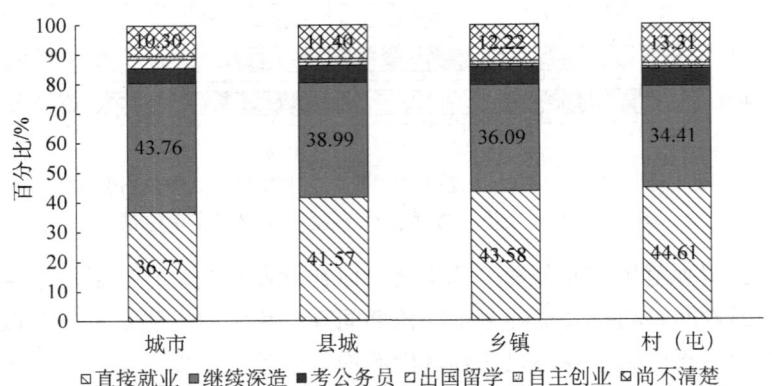

图 8-5　师范生毕业后的就业意向

不同生源地的师范生的毕业后期待工作单位所在地也存在较大差异（χ^2=5062.734，$p<0.000$）。城市生源的师范生多期待工作单位为地级市和省会城市，而期待工作单位为县城、乡镇及村（屯）地区的师范生中，乡镇及村（屯）生源所占比例更高（图 8-6）。一方面，在期待工作单位所在地为直辖市或省会城市的师范生中，城市、县城和乡镇及村（屯）下生源的师范生所占比例分别为 66.61%、51.81%和 46.72%；而在期待工作单位所在地为地级市的师范生中，城市、县城和乡镇及村（屯）生源的师范生所占比例则较为均衡。直辖市和省会城市通常拥有更多的就业机会、更高的薪资待遇和更便利的生活设施。城市生源师范生生活并成长于城市，具有便利和舒适的生活环境，毕业后也更倾向于留在城市工作，以获得更多的职业发展机会。另一方面，在期待工作单位所在地为县城、乡镇及村（屯）的师范生中，城市、县城、乡镇及村（屯）的师范生的所占比例分别为 3.18%、17.82%和 24.27%。农村地区的教育资源通常相对匮乏，教育条件相对较差，但对教育人才的需求却很大。许多农村学校长期存在师资短缺的情况，相对于城市学校，农村地区教师岗位的竞争性大幅下降，许多农村生源的师范生更愿意回到这些地区工作，在寻求稳定的教师编制的同时，也能为当地的教育事业贡献自己的力量。

师范生和非师范生的就业选择存在较大差异（χ^2=4364.250，$p<0.000$）。公费师范生需要回到生源地，其期待就业单位选择往往与生源地相吻合。对公费师范生期待就业省份进行分析发现，有 59.66%的公费师范生仅选择了一个期待就业

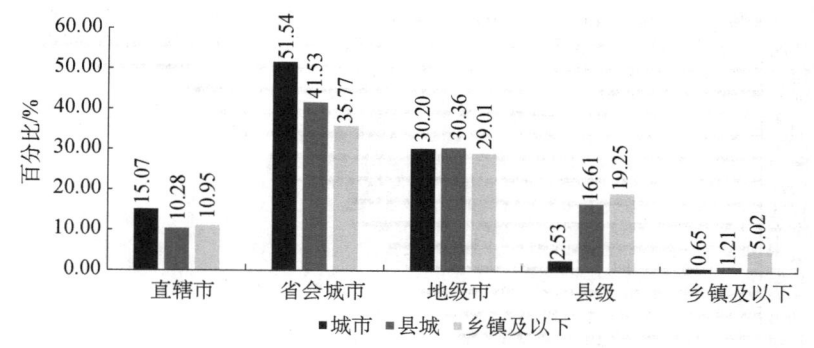

图 8-6 不同生源地的师范生毕业后期待工作单位所在地

省份,而这部分群体所期待的就业省份与其生源地省份基本相吻合。调查样本中,公费师范生的生源地省份前 10 位分别为广西(8.02%)、吉林(7.45%)、河北(6.35%)、山东(5.99%)、辽宁(5.69%)、陕西(5.42%)、山西(5.35%)、福建(4.56%)、湖南(4.51%)和贵州(4.10%);公费师范生的期待就业省份前十位分别为广西(7.51%)、吉林(6.55%)、山东(6.08%)、河北(5.92%)、陕西(5.61%)、辽宁(5.55%)、山西(5.00%)、福建(4.57%)、湖南(4.39%)和贵州(3.92%),两者位序基本一致(图 8-7)。公费师范生需要根据服务协议回到生源地从事教育工作,因此其期待就业单位省份选择往往与生源地所在省份相吻合。选择回到生源地工作不仅可以满足服务协议的要求,也能够减少适应新环境的困难,为个人的职业发展提供更好的支持和保障。

不同性别师范生期望月薪存在显著差异($t=12.515$,$p<0.000$)。调查发现,男性师范生期望月薪为 7714.82 元;女性师范生期望月薪为 7164.67 元。男性师范生期望月薪高于女性师范生,可能受到社会文化观念、性别角色定位以及个人职业发展期望等因素的影响。首先,社会文化观念和性别角色定位可能导致男性师范生更倾向于追求高薪酬。在传统社会文化观念中,男性被普遍认为是家庭的经济支柱,他们承担着更多的家庭经济责任。因此,男性师范生可能更有动力追求高薪酬,以满足社会对男性的期待和角色定位。其次,个人职业发展期望也可能影响男、女师范生对月薪的期望。男性师范生可能对于事业发展有着更高远的期望,他们希望通过高薪酬来实现个人事业目标和生活理想。相比之下,女性师范生可能更注重工作、生活的平衡性和工作稳定性,对于薪酬可能没有那么高的期待。再次,职业选择和就业领域的不同也可能导致男、女师范生对月薪的期望有所差异。部分男性师范生虽就读师范专业,但可能更倾向于选择高薪酬的职业领域或行业,如科技、金融等,而大多数女性师范生则可能更倾向于选择教育、社会服务等领域,这些领域的薪酬可能相对较低。

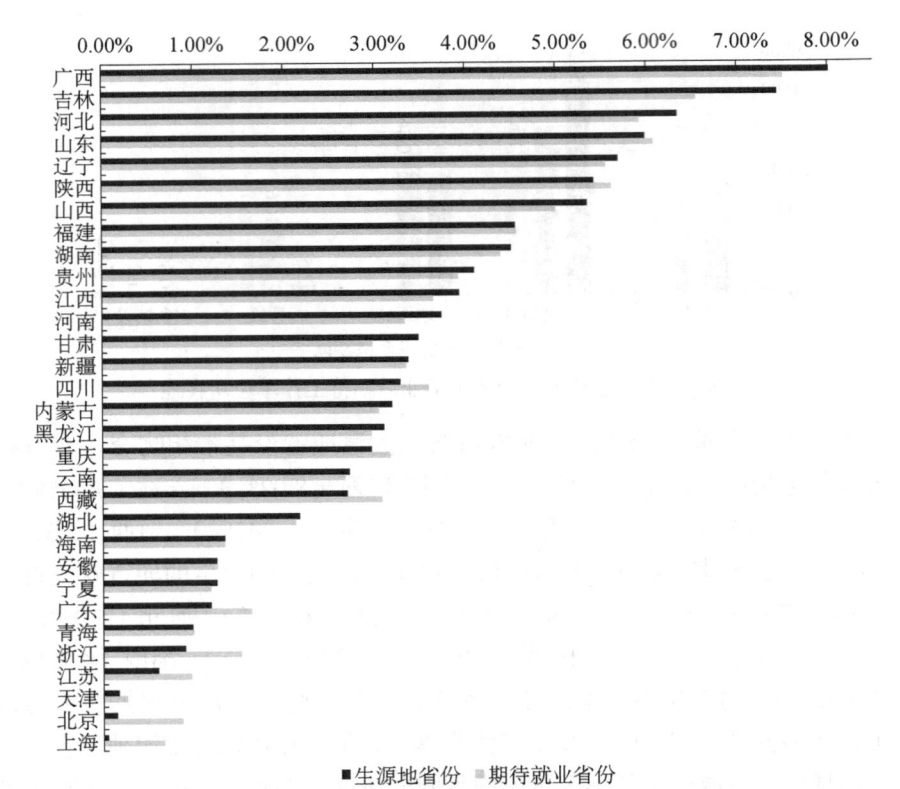

图 8-7 公费师范生生源地省份与期待就业省份分布情况

不同生源地师范生的毕业后期望月薪存在显著差异（$F=157.860$，$p<0.000$）。调查发现，生源地为城市的师范生的期望月薪均值为 7850.08 元；生源地为县城的师范生期望月薪均值为 7329.13 元；生源地为乡镇的师范生期望月薪均值为 7017.59 元；生源地为村（屯）的师范生期望月薪均值为 6914.89 元。城市生源的师范生通常受益于家庭经济资本的支持，这使得他们更有能力承受一定的就业风险，并追求较高的薪资水平。由于城市地区的教育资源和经济条件较为优越，城市生源师范生往往在求职过程中有更多选择和机会，因此他们更倾向于追求高薪资。相比之下，农村生源师范生可能更注重稳定性和就业机会，而对于薪资要求则相对较低。农村地区的教育资源和经济发展水平相对较低，农村生源师范生可能更注重就业的稳定性和持续性，而对于薪资的要求则不那么高。不同生源地师范生的毕业后期望月薪存在显著差异，实际上也反映了不同地区的教育和经济发展水平，以及个人对于职业发展和生活质量的不同追求。

不同高校类型师范生的毕业后期望月薪存在显著差异（$F=206.335$，$p<0.000$）。这反映了各类高校在师范教育和毕业生就业准备方面的差异，同时也受

到个人和就业市场因素的影响。调查发现,部属师范大学师范生的期望月薪均值为7885.54元;省属师范大学师范生的期望月薪均值为7512.77元;地方师范院校师范生的期望月薪均值为6937.46元;综合性大学师范生的期望月薪为6845.77元,高等专科学校师范生的期望月薪均值为5568.51元。部属师范大学通常拥有更多的教育资源和声誉优势,其教学设施、师资队伍以及实习实践机会等方面往往比其他类型学校更为优越,因此部属师范大学毕业生更有信心能够获得较高的薪资水平。相对而言,省属师范大学和地方师范院校尽管在区域内具有一定知名度和影响力,但其教育条件和师资力量可能相对较弱,这些学校的师范生毕业时在就业市场上面临的竞争压力较大,薪资期望相对较低。综合性大学的师范教育往往与专业的师范大学有一定的差距,且调查样本中的综合性大学在综合实力和知名度上优势不足,导致其毕业生在就业市场上的竞争力较弱,薪资期望相对较低。高等专科学校的师范生期望月薪最低,这主要是因为高等专科学校在师范教育方面的地位相对较低。这些学校通常在教育层次和资源配置上处于劣势地位,其毕业生在就业市场上面临较大的挑战,因此他们对薪资的期望较为保守。

不同身份师范生的毕业后期望月薪存在显著差异($t=-8.910$,$p<0.000$)。公费师范生的期望月薪为7045.37元,非公费师范生的期望月薪则为7368.70元。公费师范生在学习期间接受了更为系统和专业的师范教育,其教师专业素养和教学能力相对突出。但是,受公费师范生身份限制,公费师范生需要回到生源地从事教育工作一定年限,其就业选择受到一定的限制,因而对于薪资的期望也相对较低。相对而言,非公费师范生在就业市场上可能更具有灵活性和选择权。他们不受服务地区约束,可以根据个人的意愿和职业规划选择就业地点与工作单位,这使得非公费师范的毕业后期望月薪高于公费师范生。

不同专业师范生的毕业后期望月薪存在显著差异($F=54.550$,$p<0.000$)。总体来看,理科专业师范生的期望月薪显著高于文科专业师范生。调查发现,计算机科学与技术(8378.14元)、音乐(8030.38元)专业师范生的期望月薪超过8000元,物理学(7978.15元)、体育(7940.40元)、化学(7793.94元)、心理学(7669.27元)、美术(7514.51元)、生物科学(7465.71元)、数学与应用数学(7440.96元)以及地理科学(7379.33元)专业师范生的期望月薪均高于师范生期望月薪均值(7285.97元);英语(7231.77元)、汉语言文学类(7188.65元)、思想政治教育(7101.10元)、历史学(7032.70元)以及教育学类(6614.75元)专业师范生的期望月薪则普遍低于师范生期望月薪均值(图8-8)。理科专业师范生普遍接受的是具有技术性和实用性的教育,这使得他们在毕业后具备更加丰富

的专业技能和实践经验，从而期望更高的薪资待遇。相对而言，文科专业师范生所学的知识和技能可能更加广泛但相对抽象，其应用性和实用性可能较弱。同时，文科专业师范生所学专业的就业市场需求可能相对较低，竞争压力较大，因此毕业后可能更倾向于接受薪资较低的职位，导致其期望月薪较低。

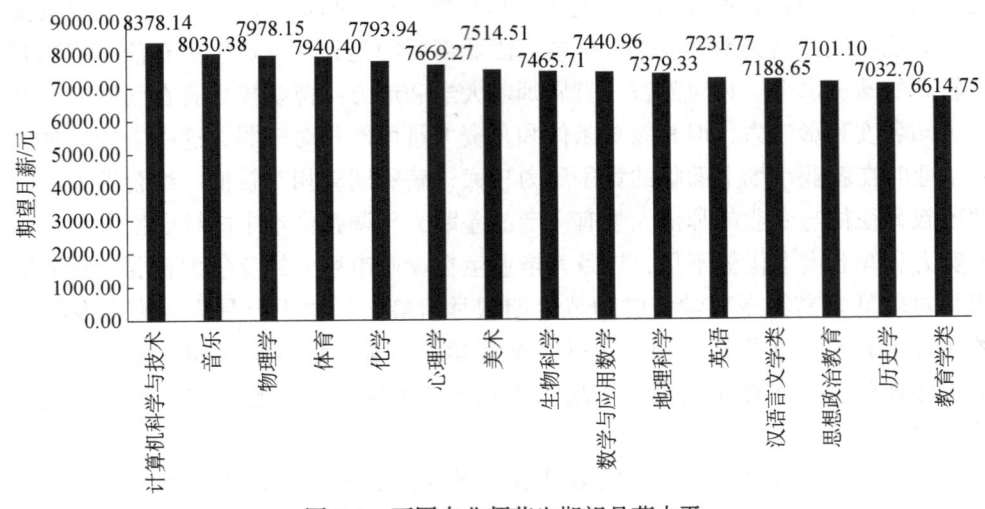

图8-8　不同专业师范生期望月薪水平

公费师范生就业选择更看重编制稳定、工作环境以及实现自我价值等，而非公费师范生就业选择时则更看重薪酬福利、所在城市、专业对口以及发展空间等因素。公费师范生和非公费师范生在就业选择上的差异既受到服务协议和政策的影响，也反映了其不同的职业认同和个人价值取向。这种差异不仅是个体选择的结果，也与社会背景、教育政策以及职业社会化等因素密切相关。调查发现，公费师范生就业选择时看重编制稳定、工作环境和实现自我价值等因素的比例分别为69.79%、36.53%和13.41%，而非公费师范生就业选择时看重这3个因素的比例分别为65.84%、36.21%和12.41%；公费师范生就业选择时看重薪酬福利、所在城市、专业对口以及发展空间等因素的比例分别为73.75%、43.32%、13.16%和12.63%，而非公费师范生就业选择时看重这些因素的比例分别为76.30%、51.23%、14.58%和13.06%，见图8-9。公费师范生毕业后需回到所在地或指定地区从事一定年限的教育工作，因此编制稳定对于他们来说是一个首要考虑因素。由于接受了国家的培养和支持，公费师范生往往更加倾向于将教育工作视为一种社会责任和使命，注重个人社会价值和公共利益的实现。相对而言，非公费师范生更多地将教育工作视为一种职业，更注重个人经济利益和职业发展前景。非公费师范生不受服务协议的约束，这使得他们在就业选择上更加灵活，更多考虑个人经济收入和职业发展，以通过工作获得更好的经济回报和职业发展机会。

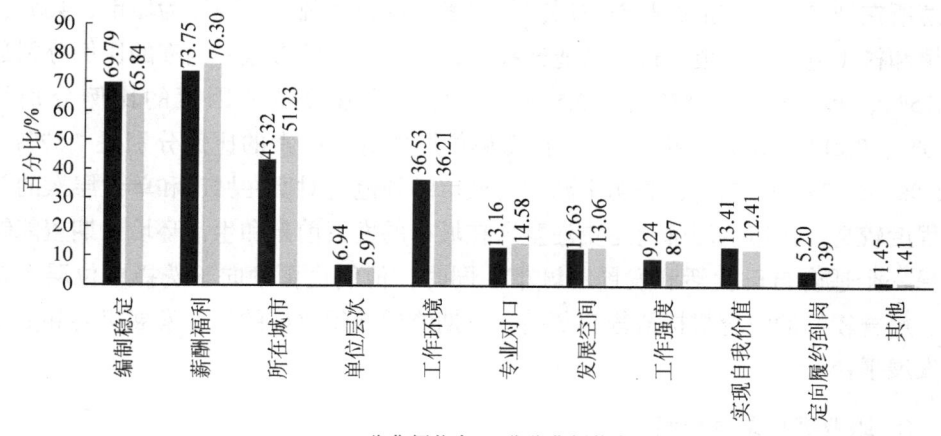

因素	公费师范生	非公费师范生
编制稳定	69.79	65.84
薪酬福利	73.75	76.30
所在城市	43.32	51.23
单位层次	6.94	5.97
工作环境	36.53	36.21
专业对口	13.16	14.58
发展空间	12.63	13.06
工作强度	9.24	8.97
实现自我价值	13.41	12.41
定向履约到岗	5.20	0.39
其他	1.45	1.41

图 8-9 不同身份师范生就业选择时看重的因素

在就业选择上，不同年级师范生之间存在显著差异，这反映了他们在职业发展和生活规划上的不同考量。相对于大一、大二和大三年级师范生，大四年级师范生更看重编制稳定、薪酬福利、所在城市以及工作强度等因素。这表明大四年级师范生在面临就业时往往更加务实和成熟，更加注重一些与职业发展和生活水平直接相关的因素。调查发现，大一、大二、大三和大四年级师范生就业选择时看重编制稳定这一因素的比例分别是 65.43%、66.41%、66.97%和 70.56%，看重薪酬福利这一因素的比例分别是 71.79%、76.50%、78.50%和 78.53%，看重所在城市这一因素的比例分别是 46.71%、49.46%、50.07%和 53.07%，看重工作强度这一因素的比例分别是 8.00%、9.11%、9.82%和 10.06%。相对于大四年级师范生临近就业选择，低年级师范生更看重单位层次、工作环境、专业对口、发展空间和实现自我价值。这些因素反映了他们在职业起步阶段对于职业发展和个人成长的追求与期待，为他们未来的职业道路奠定了坚实的基础。

从师范生生源地来看，城市、县城、乡镇和村（屯）师范生就业选择时主要在意的因素存在较大差异。调查发现，生源地为城市、县城、乡镇和村（屯）的师范生进行就业选择时，在意编制稳定这一因素的比例分别是 63.88%、68.01%、67.64%和 67.99%，表明生源地为城市的师范生就业时看重编制稳定的比例相对较低。这可能与城市生源师范生对职业发展的期待和态度有关。相较于农村地区，城市的就业机会更加多样，市场竞争更为激烈，因此他们可能更倾向于追求个人的职业发展和成长，而不是将编制稳定作为首要考虑因素。但是，相对于生源地为县城、乡镇和村（屯）的师范生，生源地为城市的师范生就业时更在意所在城市、工作强度和单位层次等因素。调查发现，生源地为城市、县城、乡镇和村（屯）的师范生进行就业选择时，在意所在城市这一因素的比例分别是55.15%、49.22%、46.53%和45.52%，在意工作强度这一因素的比例分别是9.86%、9.21%、8.67%和8.37%，在意单位层次这一因素的比例分别是7.87%、6.26%、5.37%和5.23%，表明生源地为城市的师范生对所在城市和单位层次的关注程度较高。城市生源师范生更注重所在城市的发展前景和生活环境，期望能够选择一个适合自己生活和发展的城市。同时，他们也更倾向于选择单位层次较高、声誉较好的教育机构或教育部门，以期能够获得更好的职业发展机会和更高的发展平台。

3. 职业规划差异分析

基于人口学变量的差异分析，能够反映师范生职业规划的群体差异，结果见表8-2。

表8-2 师范生职业规划的人口学变量分析

维度	类型	n	M	SD	t/F 值
性别	男	17 954	4.03	0.71	10.601***
	女	62 582	3.97	0.62	
年级	大一	28 056	4.01	0.64	50.304***
	大二	20 926	3.97	0.65	
	大三	18 970	3.94	0.63	
	大四	12 584	4.00	0.65	
高校类型	部属师范大学	10 040	4.02	0.63	23.635***
	省属师范大学	44 973	3.99	0.65	
	地方师范院校	16 170	3.97	0.65	
	综合性大学	3 787	3.95	0.65	23.635***
	高等专科学校	5 132	3.93	0.62	
	其他	434	3.86	0.71	
身份	公费师范生	20 599	4.02	0.64	8.645***
	非公费师范生	59 937	3.97	0.65	

续表

维度	类型	n	M	SD	t/F值
生源地	城市	21 106	4.04	0.67	101.691***
	县城	21 061	3.98	0.65	
	乡镇	15 522	3.96	0.61	
	村（屯）	22 847	3.94	0.63	

从性别来看，不同性别师范生的职业规划得分存在显著差异（$t=10.601$，$p<0.001$），男性师范生的职业规划得分均值为 4.03，女性师范生的职业规划得分均值为 3.97，男性师范生的职业规划得分均值整体高于女性师范生。一般而言，男性通常比女性更倾向于表现出自信和果断的特质，这可能使得男性师范生更有能力制定并实施职业规划，而女性师范生可能相对缺乏自信心，对于自己的能力和职业目标可能表现出更多的犹豫和担忧，并影响其职业规划的制定和实施。

从年级来看，不同年级师范生的职业规划得分均值存在显著差异（$F=50.304$，$p<0.001$），其中大一年级师范生的职业规划得分均值最高，为 4.01，其次为大四年级师范生的职业规划得分均值，为 4.00，大二和大三年级师范生的职业规划得分均值分别为 3.97 和 3.94。大一年级学生可能会得到来自学校、家庭和社会的更多关注与支持，如各高校可能会组织一些职业规划指导课程或活动，帮助师范生认识自己的兴趣和能力，了解不同职业领域的发展前景，这有助于其制定相对清晰的职业规划。大二和大三年级学生已经适应了大学的学习生活，且可能处于学业和生活的压力之下，可能尚未充分了解自己的兴趣和能力，也缺乏对不同职业领域的深入了解，对职业规划和未来发展的认知可能还不够成熟。大四年级学生通常已经完成了大部分学业，开始准备步入社会，对未来的职业规划和就业选择更为重视。此时，学校可能会提供更多的实习机会、职业指导和就业辅导，帮助学生更好地规划未来。

从高校类型来看，师范生的职业规划得分均值随院校层级递减而下降，不同层级院校师范生的职业规划得分存在显著差异（$F=23.635$，$p<0.001$）。其中，部属师范大学师范生的职业规划得分均值最高，为 4.02，省属师范大学、地方师范院校、综合性大学和高等专科学校师范生的职业规划得分均值分别为 3.99、3.97、3.95 和 3.93。不同层级院校可能有不同的校园文化和氛围，这会影响到师范生的职业规划表现。高层级院校可能更注重鼓励学生追求个人发展和职业目标，并且这些院校可能会有更多的职业规划活动、实习机会以及与企业合作的项目，有助于师范生更好地制定和实施职业规划。相比之下，低层级院校可能更偏

向于采用传统的教育模式，对职业规划的重视程度可能较低，且受教育资源有限制约，许多学校师资力量较弱，无法提供足够的支持和指导，导致师范生在职业规划上的表现较差。

从身份来看，公费师范生和非公费师范生的职业规划得分均值分别为4.02和3.97，两者存在显著差异（$t=8.645$，$p<0.001$）。这表明，相对于非公费师范生，公费师范生在职业规划上的表现更好。公费师范生在学习期间可能接受到更系统、更全面的教育学专业学习，也可能有更多机会接触到职业规划的相关知识和资源，从而更加了解自己的职业发展方向，制定更为明确和合理的职业规划。

从生源地来看，师范生职业规划得分均值随生源地行政层级递减而下降，不同生源地师范生的职业规划得分存在显著差异（$F=101.691$，$p<0.001$）。生源地为城市的师范生的职业规划得分均值最高，达4.04，生源地为县城的师范生的职业规划得分均值为3.98，而生源地为乡镇和村（屯）的师范生的职业规划得分均值分别为3.96和3.94。师范生的职业规划得分均值随生源地行政层级递减而下降，可能受到多种因素的影响。生源地行政层级的不同可能反映了该地区的经济发展水平和教育资源情况。一般而言，行政层级较高的地区往往拥有更丰富的教育资源和更好的经济发展状况，城市生源师范生通常接受的教育资源更加丰富，拥有更多的机会接触先进的教育理念和技术，因此对未来的职业规划有更清晰的认识和更高的期望。相反，行政层级较低的地区可能面临教育资源匮乏、经济发展滞后等问题，来自这些地区的师范生获得的教育资源和就业机会有限，对职业规划的理解和认识相对较低。

三、师范生职业愿景问题分析

师范生职业愿景对师范生个人职业发展起着关键作用。当前，师范生职业愿景存在职业目标缺位、就业选择趋同、职业期望过高以及职业规划不足等诸多问题，这些现实问题不仅会影响师范生在校期间的学业表现，也会对其未来的职业发展产生诸多不利影响。

（一）师范生职业目标缺位导致学习动力不足

职业目标是个人对未来职业发展的预期和期望，是激发个人学习动力和行动的内在动力源泉，也直接影响着个人的就业决策与职业发展。师范生职业目标的制定与实施直接关系其在校期间的学习动力以及未来个人职业发展。然而，当前许多师范生在学校学习期间缺乏明确的职业目标，导致其在未来职业选择过程中出现盲目性选择的行为。一方面，师范生个人认知能力的不足导致职业目标缺位。许多师范生对于自身的职业发展和未来的教育事业缺乏深入的思考与认识，无法确定自己未来的职业方向和发展路径。由于职业目标定位模糊，许多师范生在校期间表现出了对于专业学习不重视和不积极的态度。另一方面，高校教育管理与就业指导不足导致师范生职业目标缺位。当前，许多学校在教育教学中重视的是知识的传授和技能的培养，而忽视了对学生职业目标的引导和培养。由于教师职业常被视为一种传统、稳定而缺乏挑战性的职业，许多师范生仅将教师作为一种职业，而未能形成更清晰、明确的职业目标。

职业目标缺位不仅会影响师范生学习的积极性和主动性，也会对其未来发展产生诸多不利影响。第一，职业目标缺位可能导致师范生在学习过程中缺乏动力和目标导向。部分师范生在制定职业目标时可能存在迷茫、不确定的情况，使其在学习过程中感到缺乏动力和方向，从而影响其学习的积极性和主动性。尤其是公费师范生，他们毕业后需要回到生源地服务，对未来的职业发展缺乏清晰的目标，会影响他们对学习的投入和动力。第二，职业目标缺乏可能使师范生在面对挫折和困难时缺乏坚定的信念与动力。师范生在日常学习和生活中往往会面临各种挑战与困难，明确的职业目标可以为他们提供前进的动力和坚定的信念。而缺乏职业目标或目标不明确的师范生，在面对职业选择的不确定性和挫折、困难时容易动摇从教信念。第三，职业目标缺位可能导致师范生在职业选择过程中缺乏准则和指导。师范生在面对各种职业选择时，往往无法确定自己的职业兴趣和发展方向，从而无法做出符合个人特点和愿望的职业选择。在这种缺乏准则和指导的情况下，师范生可能会盲目跟风，选择热门专业或职业，而不是根据自己的兴趣和能力来进行选择，导致选择与个人实际情况不匹配的职业方向。第四，职业目标缺位可能使师范生在职业发展规划上缺乏连贯性和系统性。职业发展规划是一个长期的过程，需要从个人的兴趣爱好、专业技能、职业目标等方面进行全面考量，并逐步制定出可行的发展路径和计划。然而，如果缺乏明确的职业目标，师范生往往无法确定自己的职业发展方向和目标，从而无法有效地进行规划。这种情况下，师范生可能会在职业发展过程中丧失方向感，导致职业发展出现诸多不确定性。第五，职业目标缺位还会影响师范生的职业自信和职业认同感。职业目标是个人对未来职业生涯的期望和愿景，能够为个人提供明确的方向和目标，并激发个人的职业动力和积极性。若师范生缺乏明确的职业目标，往往会对自己的职业前景和发展方向感到迷茫和不安，缺乏自信心和认同感，并影响其未来职业发展。

（二）师范生就业选择趋同加剧岗位竞争压力

师范生就业选择趋同表现为学生在面临就业市场时往往集中选择相似的职业岗位或工作领域，具体有以下几种表现。一是职业偏好一致性。大多数师范生倾向于选择相似类型的工作岗位，如城市中的公立学校或知名学府能够提供较好的工作条件和发展机会，成为众多师范生争相竞逐的对象。相比之下，农村地区或偏远地区的教育资源和待遇相对较低，这些地区的学校岗位则相对缺乏竞争。二是职业期望趋同性。在面对就业选择时，大多数师范生更偏向于选择能够提供较高薪酬和福利待遇的工作岗位，这也成为师范生就业选择的一种普遍趋势。三是岗位选择集中化。经济发达城市能够满足师范生对生活质量和工作环境的要求，因而越来越多的师范生倾向于选择相似的就业城市和工作环境。就业选择趋同导致相似类型岗位的竞争日益激烈，许多优秀师范生面临着更大的竞争压力。岗位竞争的加剧也可能导致教育资源的不均衡分配，使得一些地区或学校缺乏优质的师资力量和教育资源，影响了教育的公平性和质量。

师范生就业选择趋同不仅会加剧岗位竞争压力，也会影响师范生的职业发展和就业机会。第一，师范生面临的信息不对称情况导致他们对不同类型岗位的了解程度存在明显差异，进而加大了部分岗位的竞争性。师范生在校期间主要接触到与教育相关的知识和信息，这使得他们在教育领域的专业素养和技能相对突出。然而，相对于其他行业或岗位，师范生所了解的信息较为有限，部分师范生综合能力有限，也制约其职业发展转型。这种信息不对称性使得师范生在面对就业选择时更容易选择教育岗位，这进一步加大了教育岗位的竞争性，也提高了其他行业或岗位的就业难度。因此，即使存在适合个人兴趣和能力的其他行业或岗位，师范生也可能因为缺乏相关信息而未能将其纳入职业选择范畴，所以错失更广阔的职业发展空间。第二，师范生就业市场不确定性使其对于未来发展缺乏清晰规划。随着学龄人口规模变化以及教育事业深化改革，传统的教育岗位可能面临新的挑战和变革，师范生所面临行业的需求和就业机会也在不断变化。这种不确定性使得师范生难以准确把握就业市场的动向，无法确定哪些岗位或行业将来会更具发展潜力，从而缺乏对未来的清晰规划和方向。由于对于自己的就业前景存在担忧和不确定性，许多师范生更倾向于选择稳定的、较为熟悉的工作岗位，以规避就业风险。第三，不同类型学校的社会评价差异对师范生的就业决策产生重大影响。优质公立学校通常享有良好的声誉和丰富的教育资源，能够为师范生提供更广阔的职业发展空间。因而许多师范生倾向于将这些学校作为就业目标，希望能够获得更好的职业发展机会和平台。然而，由于这些学校的录用标准较高，这使得师范生在就业选择过程中面临更大的不确定性。相对而言，普通公立学校和民办学校由于资源相对匮乏，社会评价不及优质公立学校。师范生在面对就业选择时，可能会降低对学校类型的期望，以确保就业的稳定性和迅速进入职场的可能性。

（三）师范生职业期望高于教育行业薪酬待遇

师范生期望月薪与实际收入存在较大差距的现象涉及多重因素，其中既包括师范生个体期望与实际情况之间的认知差异，也受到整个教育行业薪酬水平、用人市场供需关系等因素的共同影响。据调查，在中小学教师中，年收入为0～3万元的教师所占的比例为8.52%，年收入4万～6万元的教师所占的比例为45.39%，年收入7万～9万元的教师所占的比例为30.32%，10万及以上的教师所占比例为15.77%。[1]师范生的职业期望受家庭、学校以及社会的教育背景和价值观等诸多因素影响。其一，个体期望与现实认知差异。个体对职业期望通常受到主观臆断、理想化倾向的影响，导致其对待薪资福利存在较高的期望。由于缺乏相关工作经验和实践经历，师范生可能无法准确地评估自己在就业市场上的竞争力和市场价值，导致自己薪资水平的期望过高。一些师范生可能在相对富裕和稳定的家庭环境中成长，对自身的职业发展有着较高的期望和要求，这可能使其在面对实际工作时感到失望。其二，薪酬水平的行业局限性与区域差异性。一方面，教育行业的薪酬体系相对比较固化，晋升渠道相对狭窄，使得从事教育工作的师范生的薪酬增长空间有限。相较于金融、科技等其他行业，教育行业的薪酬相对偏低，尤其是基层教育岗位和农村地区的教育岗位。另一方面，教育行业薪酬水平存在地区差异和资源分配不均的现象。一般来说，发达地区的教育岗位待遇相对较好，而欠发达地区的教育岗位待遇相对较低。其三，用人市场供需关系。教育行业的薪酬水平也受到用人市场供需关系的影响。由于每年毕业的师范生数量较多，加之教师职业的稳定性和安全性受到认可，教育行业教师岗位的供给相对过剩。尽管教育行业的社会认可度较高，但其薪酬待遇并不一定与其社会地位成正比。

（四）师范生职业规划不足制约向上发展空间

作为未来的教育工作者，师范生需要在教育领域中明确自己的定位，并为此制定有效的职业发展规划。然而，许多师范生可能对自己的兴趣、能力和价值观

---

[1] 李广，柳海民，梁红梅，等. 中国教师发展报告2022：中小学教师工作强度现实审视、面临挑战与调适策略[M]. 北京：科学出版社. 2023, 110.

了解不足，缺乏清晰的自我认知。这使得他们难以确定适合自己的职业发展方向，也不知道如何将个人特长和优势与教育行业的岗位需求匹配起来。在师范生的职业规划过程中，学校和相关机构可能缺乏有效的职业规划指导体系，使得师范生在职业规划过程中缺乏有效的支持和帮助。大多数师范生面临着就业压力和竞争，很多人可能将重心放在尽快找到工作上，而忽视了对未来职业发展的规划。

许多师范生缺乏系统性的职业规划，导致他们在职业发展中缺乏长远的眼光和策略，容易受到外界因素的影响而迷失方向。首先，师范生职业规划不足导致其缺乏明确的职业目标和价值追求。如果师范生在职业规划上缺乏系统性和深度不够，可能会导致他们对未来的职业发展缺乏清晰的认识和方向。这种模糊的职业规划会使师范生在职业发展道路上缺乏目标性和计划性，可能导致他们在面对职业选择时感到迷茫和困惑，无法把握好职业发展的方向和步伐。其次，师范生职业规划不足可能导致其难以应对职业发展中的问题和挑战。师范生在职业规划上不够成熟和全面，可能使其对行业的变化和发展趋势缺乏敏感性和洞察力，无法及时调整自己的职业发展策略，错失发展机遇，甚至面临职业发展的危机和困境。因此，职业规划不足可能会限制师范生在职业发展中的灵活性和适应性，使他们难以应对职业发展中的各种挑战和变化。最后，师范生职业规划不足可能导致其在职业竞争中处于劣势地位。那些具有明确职业目标和规划、能够合理规划个人职业生涯的师范生能够为自己的职业发展制定出更加科学和有效的发展策略，也因而更容易受到用人单位的青睐，从而在职业竞争中占据有利地位。而如果师范生在职业规划上不够清晰和明确，可能会使其在职业竞争中缺乏竞争优势，难以脱颖而出。

四、师范生职业愿景调适策略

个人职业愿景不仅是对个人职业发展的期许和规划，更是与社会需求和行业趋势相契合的关键因素。在当今快速变化的社会环境下，教育事业在不断演进，对教育人才提出了更新、更高的要求。为了实现个人职业愿景与教育事业的需求相匹配，需要从个人发展需求、行业趋势和社会需求等多方面综合发力，引导师范生积极有效调适职业愿景。

（一）明确师范生职业目标定位

师范生的职业目标定位不应仅是个人求职谋生的手段，更是个人价值实现的体现以及达成对教育事业的职业承诺。师范生明确职业目标定位，应从多个方面进行引导和培养，以确保其在教育事业中有清晰的方向和目标。第一，弘扬教育家精神，培养教育使命感。师范生的教育理念和价值观对其职业选择有着重要影响。为此，师范生应明确自己的教育目标和追求，深化对教育的理解和认知，从而确定适合自己的职业方向。高校在师范生培养过程中，应注重弘扬教育家精神，鼓励师范生向优秀的教育家学习，激发其对教育事业的热爱和追求。第二，树立正确的价值观，形成科学的教育理念。教师作为学生健康成长的指导者和灵魂工程师，其教育理念和价值观将直接影响学生的成长与发展。因此，师范生培养应当注重强调教育理念和价值观的塑造，引导他们深入学习各种教育思想理论，从而建立起科学的教育理念和价值取向。师范生应通过对教育领域重要著作和理论的学习，了解不同的教育思想和理论，拓宽自己的学识视野，形成对教育问题的深刻认识和洞察。同时，需要结合教育实习和实践中接触到的各种教育情境和问题，逐步形成自己的教育信念和价值观。第三，挖掘职业兴趣点，形成多元职业目标。高校应组织学生参与教育实践、社会实践和行业调研等活动，使师范生深入了解各种职业的特点和要求，形成更清晰的职业目标，为其职业选择提供参考。通过自我评估和职业测评，师范生应深入思考自己的职业兴趣和能力，全面地认识自己的职业定位，结合自身特点和优势选择适合自己的职业方向，增加就业机会和拓宽发展空间。

（二）精准对接师范生供给需求

面对学龄人口减少和教师需求下降的挑战，师范生的社会需求日益减少，就业市场竞争更加激烈。师范生应充分考虑当前就业市场的需求和趋势，选择具有发展前景和就业机会的职业方向，提高就业竞争力。第一，强化师范生的个性化教学能力。随着学龄人口减少，各级各类学校办学规模逐渐向小班化发展，而小班化教学模式要求教师具备更强的个性化教育能力和教学创新能力，对高素质、专业化师范生的需求日益增加。另外，教师的角色不再局限于传授知识，而是应更加注重学生的全面发展和个性化需求。在理论课程设置上，可以增加与人工智能、科学教育、小班化管理等相关的课程。师范生应注重发展自己的个性化教育能力，包括对学生的情感认知、兴趣培养和学习动机的把握，以更好地适应小班化教学需求。第二，提升师范生的综合实践能力。在实践教学环节上，加强教育实习和校外实践，培养师范生的团队合作、创新思维和实践能力，为其未来的职业发展打下良好基础。高校可根据教育行业的发展趋势和教师的需求，设计和开设更加贴近实际教学需要的专业实践课程，让师范生在实践中锻炼自己的实践能力和解决问题的能力。第三，加强跨学科和跨领域的综合实践教育。现代教育已经不再是单一学科的传授，而是需要多学科的交叉和综合。因此，学校可以开设一些跨学科的实践课程或项目，使师范生在跨学科的环境中进行学习和实践，培养其跨学科思维和解决问题的能力。

（三）拓宽师范生职业发展空间

随着师范生数量的持续增加，教育系统的招聘竞争日益激烈，这使得师范生面临着前所未有的就业挑战。为了应对这一挑战，应通过探索本硕一体化的师范生培养体系、推进跨界合作和交流、支持创业和自主创新等方式，有效拓宽师范生的职业发展空间，提升其竞争力和适应能力，为师范生未来职业发展打下坚实基础。首先，探索本硕一体化的师范生培养体系。2022年，教育部等八部门印发《新时代基础教育强师计划》，提出培养高素质教师人才的重要任务，明确要培养一批硕士层次中小学教师和教育领军人才。本硕一体化师范生培养模式，使师范生在本科阶段打下扎实的教育学基础，并在教育硕士研究生阶段深化教育专业知识和教学技能，使其能够更好地胜任教师职业。师范生培养应综合考虑不同阶段学生的学习需求和发展特点，设计出具有整体性和连贯性的课程目标，通过对不同学科、领域的知识进行整合，打破学科之间的壁垒，构建起全面、多元的课程体系，以促进师范生的全面发展。其次，搭建职业信息资源中心，提供全面丰富的就业信息。整合各行业的就业前景、薪资水平、岗位要求等信息，为师范生提供全面、及时、准确的职业信息。依托这一平台，师范生可以深入了解不同领域的就业趋势和行业动态，为自己的职业选择做出明智的决策。为帮助师范生更好地规划职业发展，高校应组织职业规划讲座、实践实习活动等，帮助师范生了解各个领域的工作内容、职业发展前景以及所需技能和能力；通过与企业、科研机构、社会组织等的合作，可以为师范生提供更广阔的职业发展空间，使其有机会参与实践项目、行业交流，拓展人际关系和职业资源。最后，积极推进跨界合作和交流，给予创业和自主创新以更多的支持。不同领域的交流和合作可以激发师范生的创新思维，促使其跳出传统的教育范畴，探索跨学科、跨行业的发展机会，为教育领域带来创新理念。同时，开展创新创业教育，采取理论学习和实践操作相结合的方式，可以培养师范生的创新思维、创业技能和团队合作能力。

（四）加强师范生职业规划教育

为增强师范生的学习动力、提高师范生的培养质量，应加强职业规划教育，使师范生明确自己的职业目标和发展路径，从而提高自己的职业竞争力。第一，提供个性化、全方位的职业规划服务，帮助师范生明确职业目标和发展路径。高校应建立职业规划指导中心或团队，为师范生提供个性化的职业规划指导和咨询服务，帮助他们了解自己的职业兴趣和专业特长，制定符合其个人发展的职业规划方案。通过专业的指导和辅导，师范生可以更清晰地认识自己的职业目标，获取实用的职业建议和行业信息，进而明确职业目标和规划。第二，开设职业规划相关课程，帮助师范生了解不同职业领域的特点和发展趋势。通过提供针对性培训和课程，提供丰富多样的实践体验机会，让师范生亲身感受不同职业领域的工作环境和要求。通过丰富的教育实践活动，师范生可以深入了解教育行业的工作环境和岗位要求，增强对教育职业的认同感和归属感，尽早确定自己的职业目标和规划。第三，建立师范生职业规划激励机制，使师范生积极参与职业发展规划。高校应强调终身学习和职业发展的重要性，鼓励师范生不断提升自己的专业素养和能力水平，通过设立奖励机制等方式，鼓励师范生积极参与职业规划和发展，增强其职业发展的动力和信心。

第九章
中国师范生发展群像素描

　　中国师范生发展在新时代之所以具有独特的研究价值，核心在于建设教育强国背景下优秀教师资源的示范性、稀缺性与引领性。本章将从多重维度描述师范生发展的不同样态，试图勾勒师范生发展的整体群像：其一，城乡师范生发展现状呈现有助于理解城乡师范生发展的具体差异；其二，非公费与公费师范生的差异表现为师范生政策研制提供了重要参考；其三，不同专业师范生的差异化表现影响不同学科教师的专业发展路径；其四，不同年级师范生差异鲜明的专业认知能够展现师范生专业成长的时间线；其五，不同区域高校的师范生存在独特的区域表现；其六，综合性大学等高校的师范生培养工作为分析师范生发展提供了丰富视角；其七，非师范专业学生呈现出师范生发展的独特表现；其八，师范生班主任能力培养现状调研分析彰显了师范生发展的别样图景。本章通过师范生发展群像的系统性素描，整体呈现了丰富多样的师范生培养过程，这既是中国独特教育国情的局部缩影，也是推动教育强国建设的实践根基。中国师范生的差异化表现特征，也必然为全球师范教育发展贡献中国智慧、提供中国方案。

一、城市与乡村师范生发展比较分析

教育兴国，强师兴教。2023年，习近平总书记就"教师队伍建设"作了重要讲话，强调"强教必先强师"，指明新时代加强教师队伍建设的根本遵循。[①]近年来，国家先后出台了相关政策文件，大力支持教师队伍建设，重视师范生培养教育。2018年，《中共中央 国务院关于全面深化新时代教师队伍建设改革的意见》提出"实施教师教育振兴行动计划""切实提高生源质量""以实践为导向优化教师教育课程体系"，为教师教育创新发展提供了制度保障。同年，教育部等五部门印发的《教师教育振兴行动计划（2018—2022年）》对教师教育改革与发展做出了全面部署，提出要"发挥师范院校主体作用，加强教师教育体系建设。加大对师范院校的支持力度，不断优化教师教育布局结构"，实施"师范生生源质量改善行动"等。2022年，教育部等八部门联合印发《新时代基础教育强师计划》，要求"整体提升中小学教师队伍教书育人能力素质，促进教师数量、素质、结构协调发展"，并特别提到要"强化教育实践环节，提高师范生培养质量"。

造就优秀教师，成就教育事业，师范生培养高质量发展成为必然要求。关于师范院校培养教师的目的、过程和结果等一系列基本问题，我国教育界不乏理论与实践探索，然而从多维度对师范生进行深层次分析的研究较少。因此，以师范生为主体进行大型调查，以了解师范生的时代画像，对于审视政策执行、洞察实践问题、展望未来发展具有重要意义。本部分将以师范生生源地的不同为切入视角，比较城乡师范生的发展现状。

（一）城乡师范生发展现状分析

1. 城乡师范生发展现状整体分析

调查样本中，师范生总发展水平及子维度的发展水平均处于中等偏上程度。整体来看，师范生总发展水平得分为3.92分。其中发展水平略低的是学习投入水平和专业能力维度，均为3.90分，居中的是角色认同维度，为3.92分，较高的是职业愿景维度，为4.01分，这种差异也反映在城乡师范生的发展状况上。

（1）城乡师范生发展整体水平

研究发现，城市、县城、乡镇和村（屯）师范生具有明显的差异化表现，如表9-1所示。从总发展水平来看，城市师范生发展水平最高（M=3.97），其次是

[①] 中国政府网. 习近平主持中央政治局第五次集体学习并发表重要讲话[EB/OL]. （2023-05-29）[2024-03-15]. https://www.gov.cn/yaowen/liebiao/202305/content_6883632.htm.

县城师范生（M=3.92），再次是乡镇师范生（M=3.90），发展水平最低的是村（屯）师范生（M=3.88）。对这 4 组结果进行统计，发现城乡师范生发展水平的 F 检验达到了显著水平（F=100.801，$p<0.001$）。

表 9-1　城乡师范生发展整体水平对比

生源地	N	M	SD	F 值
城市	21 106	3.97	0.61	100.801***
县城	21 061	3.92	0.58	
乡镇	15 522	3.90	0.55	
村（屯）	22 847	3.88	0.57	

（2）城乡师范生发展及其子维度水平

分析城乡师范生的各维度得分情况，发现城乡师范生在角色认同、学习投入、专业能力和职业愿景维度上的差异都达到了显著水平（$p<0.001$），如表 9-2 所示。横向对比 4 个维度，城乡师范生在职业愿景维度上的得分均最高，其中城市师范生的得分为 4.07，高于其他生源地师范生的得分，也高于师范生在其他维度上的得分。在角色认同、学习投入和专业能力维度，城市师范生的得分均高于县城、乡镇和村（屯）师范生。随着生源地从城市到县城、乡镇和村（屯）变化，师范生在不同维度上的发展水平逐渐降低。

表 9-2　城乡师范生发展及其子维度水平对比

维度	生源地	N	M	SD	F 值
角色认同	城市	21 106	3.96	0.62	60.776***
	县城	21 061	3.92	0.58	
	乡镇	15 522	3.90	0.56	
	村（屯）	22 847	3.88	0.57	
学习投入	城市	21 106	3.95	0.68	87.529***
	县城	21 061	3.90	0.65	
	乡镇	15 522	3.88	0.62	
	村（屯）	22 847	3.86	0.63	
专业能力	城市	21 106	3.96	0.66	128.075***
	县城	21 061	3.90	0.64	
	乡镇	15 522	3.88	0.60	
	村（屯）	22 847	3.85	0.62	
职业愿景	城市	21 106	4.07	0.66	88.329***
	县城	21 061	4.01	0.63	

续表

维度	生源地	N	M	SD	F 值
职业愿景	乡镇	15 522	3.99	0.60	88.329***
	村（屯）	22 847	3.97	0.62	

2. 城乡师范生发展现状的人口学变量分析

（1）性别差异

以师范生的性别为自变量，以师范生总发展水平及其子维度发展水平为因变量，进行方差齐性检验和单因素方差分析。采用 F 检验考察发展水平差异，采用 Welch 检验考察角色认同、学习投入、专业能力和职业愿景差异。不同性别师范生的总发展水平差异检验结果如表 9-3 所示，不同性别师范生在总发展水平和 4 个维度的发展水平上均存在显著差异（$p<0.001$）。

表 9-3 不同性别师范生发展水平的差异检验

性别	发展水平	发展水平 F 检验	角色认同水平	角色认同 Welch 检验	学习投入水平	学习投入 Welch 检验	专业能力水平	专业能力 Welch 检验	职业愿景水平	职业愿景 Welch 检验
男	3.98	255.341***	3.97	192.983***	3.97	237.791***	3.97	231.268***	4.05	83.996***
女	3.90		3.90		3.88		3.88		4.00	

以性别和生源地为双重自变量、以师范生的发展水平为因变量，采用 SPSS 26.0 进行师范生发展的性别与生源地因素交叉分析，结果见表 9-4。

表 9-4 师范生发展的性别与生源地因素交叉分析

性别	城市	县城	乡镇	村（屯）
男	4.05	3.97	3.97	3.94
女	3.95	3.91	3.89	3.87

由表 9-4 可知，从性别维度来看，不同生源地师范生的发展水平都是男性高于女性，发展水平最高的是来自城市的男性师范生（$M=4.05$），发展水平最低的是来自村（屯）的女性师范生（$M=3.87$）。生源地不同，男、女师范生的发展差距不同，其中城市男、女师范生的发展水平差距最大（$M_男=4.05$，$M_女=3.95$），说明来自城市的师范生中，男性师范生的发展水平明显高于女性师范生。而县城师范生的发展水平受性别影响较小，男、女师范生的发展水平差距最小（$M_男=3.97$，$M_女=3.91$）。

（2）身份差异

在统计调查样本时，我们将师范生的身份分为公费师范生和非公费师范生。

以师范生是否为公费师范生为自变量，以师范生的发展及其子维度的发展水平为因变量，进行方差齐性检验，结果发现，不同身份师范生在整体发展水平和角色认同、专业能力以及职业愿景维度上方差不齐，在学习投入维度上方差齐性（$p>0.05$），由此得出不同身份师范生在学习投入维度上的水平差异不存在统计学意义。再对方差不齐的师范生发展水平及子维度进行单因素方差分析。总发展水平的差异比较采用 F 检验，角色认同、专业能力和职业愿景的差异比较采用 Welch 检验。不同身份师范生发展水平的差异检验如表 9-5 所示，结果表明，不同身份的师范生在总发展水平和角色认同、专业能力及职业愿景维度发展水平上均存在显著差异（$p<0.001$）。

表 9-5 不同身份师范生发展水平的差异检验

身份	发展水平 F 检验	发展水平	角色认同 Welch 检验	角色认同水平	专业能力 Welch 检验	专业能力水平	职业愿景 Welch 检验	职业愿景水平
公费师范生	56.955***	3.95	121.872***	3.95	20.984***	3.92	123.296***	4.05
非公费师范生		3.91		3.90		3.90		4.00

另外，我们以师范生身份和生源地做双重自变量，以师范生发展的总发展水平为因变量做交叉分析，利用 SPSS26.0 软件计算出师范生总发展水平得分，如表 9-6 所示。

表 9-6 师范生发展的身份与生源地因素交叉分析

身份	城市	县城	乡镇	村（屯）
公费师范生	4.00	3.95	3.92	3.91
非公费师范生	3.96	3.92	3.90	3.87

由此可以发现，从师范生的身份维度来看，城乡师范生的总发展水平都是公费师范生高于非公费师范生，发展水平最高的是来自城市的公费师范生（$M=4.00$），发展水平最低的是来自村（屯）的非公费师范生（$M=3.87$）。但是在生源地维度上，不同身份师范生的发展差距比较小，分别相差 0.04、0.03、0.02、0.04，其中发展水平受身份影响最大的是城市和村（屯）师范生，最小的是乡镇师范生。总体来看，由生源地因素造成的发展差距较由身份因素造成的发展差距更加明显。

3. 城乡师范生发展现状的组织变量分析

（1）院校差异

我们将样本师范生的院校划分为 6 类，以此为自变量，进行方差齐性检验和单因素方差分析，探究师范生的总发展水平及子维度发展水平。采用 F 检验考察总发展水平的差异，采用 Welch 检验考察角色认同、学习投入、专业能力和职业愿景维度的差异，判断是否符合方差齐性检验条件，采用塔姆黑尼对比进行事后比较，得到不同高校类型师范生的总发展水平及 4 个维度的发展现状，如表 9-7 所示。

表 9-7 不同高校类型师范生发展水平的差异检验

高校类型	发展水平 F 检验	塔姆黑尼对比	角色认同 Welch 检验	塔姆黑尼对比	学习投入 Welch 检验	塔姆黑尼对比	专业能力 Welch 检验	塔姆黑尼对比	职业愿景 Welch 检验	塔姆黑尼对比
部属师范大学（A）	16.643***	A>B>C>D>E>F	20.393***	A>B>C>D>E>F	5.147***	B>C>A>D>E>F	20.340***	A>B>C>D>E>F	35.518***	A>B>C>D>E>F
省属师范大学（B）										
地方师范院校（C）										
综合性大学（D）										
高等专科学校（E）										
其他（F）										

另外，我们采用 SPSS26.0，以师范生在读高校类型和生源地为双重自变量，以师范生总发展水平为因变量做交叉分析，结果如表 9-8 所示。

表 9-8 师范生发展的高校类型与生源地因素交叉分析

生源地	部属师范大学	省属师范大学	地方师范院校	综合性大学	高等专科学校	其他
城市	4.00	3.97	3.97	3.93	3.90	3.85
县城	3.93	3.93	3.92	3.89	3.91	3.72
乡镇	3.90	3.91	3.89	3.92	3.88	3.92
村（屯）	3.89	3.89	3.88	3.85	3.86	3.73

结果显示，随着师范生就读院校层级由高到低变化，城乡师范生的发展水平均呈降低趋势，发展水平最高的是就读部属师范大学的城市师范生，其次是就读于省属师范大学和地方师范院校的城市师范生；发展水平最低的是就读于其他学校的县城师范生，其次是就读于其他学校的村（屯）师范生。在不同类型的师范院校中，不同生源地师范生的发展差距也不同：部属师范大学师范生的发展水平最高，其中城市师范生和村（屯）师范生的发展差距最大，达到了 0.11；其他学

校师范生的发展水平最低，其中乡镇师范生和县城师范生的发展差距最大，达到了 0.20；在省属师范大学、地方师范院校、综合性大学和高等专科学校中，城乡师范生的发展差距都相对较小，说明仅在部属师范大学和其他学校中，不同生源地师范生的发展水平差距较大。

（2）年级差异

我们以年级为自变量，进行方差齐性检验和单因素方差分析，探究师范生的总发展水平及子维度发展水平。采用 F 检验考察总发展水平的差异，采用 Welch 检验考察角色认同、学习投入、专业能力和职业愿景的差异，判断是否符合方差齐性检验条件，采用塔姆黑尼对比进行事后比较，得到不同年级师范生的总发展水平及 4 个维度的发展水平，如表 9-9 所示。

表 9-9　不同年级师范生发展水平的差异检验

年级	发展水平 F 检验	塔姆黑尼对比	角色认同 Welch 检验	塔姆黑尼对比	学习投入 Welch 检验	塔姆黑尼对比	专业能力 Welch 检验	塔姆黑尼对比	职业愿景 Welch 检验	塔姆黑尼对比
大一（A）	49.311***		87.913***	D>A>B>C	62.976***	A>D>B>C	58.220***	D>C>A>B	55.216***	A>D>B>C
大二（B）										
大三（C）										
大四（D）										

整体来看，大四年级师范生经过了大学 3 年时间的培养，呈现出的发展水平最高。然而，在角色认同、学习投入和职业愿景 3 个维度上，大一年级师范生的发展水平明显高于其他 3 个年级的师范生。对所有年级师范生进行横向对比，发现大三年级师范生在总发展水平和 3 个子维度的发展水平上都低于其他年级的师范生。

我们采用 SPSS26.0，将师范生的年级和生源地作为双重自变量，将师范生的发展水平作为因变量进行交叉分析，结果如表 9-10 所示。

表 9-10　师范生发展的年级与生源地因素交叉分析

生源地	大一	大二	大三	大四
城市	4.02	3.97	3.91	3.99
县城	3.94	3.91	3.91	3.94
乡镇	3.92	3.90	3.87	3.93
村（屯）	3.90	3.86	3.86	3.92

如表 9-10 所示，受到生源地和年级的双重因素影响，师范生总发展水平呈现出了不同的变化，其中发展水平最高的是大一年级的城市师范生，发展水平最低的是大二和大三年级的村（屯）师范生。普遍来看，大一至大四年级师范生的发展水平均随着城乡级别的降低而降低，其中大一年级师范生的发展水平因城乡差异而产生的差距最大，其中分差最大的是城市师范生与村（屯）师范生，得分相差 0.12；大三年级师范生总发展水平因城乡差异而产生的差异最小，其中分差最大的是城市师范生与村（屯）师范生，得分相差 0.05。

（二）城乡师范生发展的困境分析

1. 城乡师范生发展水平不均衡

在城乡师范生发展的横向比较上，我们分别对比了来自城市、县城、乡镇和村（屯）的师范生的总发展水平和子维度发展水平，发现随着生源地从城市向县城、乡镇和村（屯）变化，师范生的发展水平逐渐降低，详见表 9-2。

对城乡师范生在角色认同、学习投入、专业能力和职业愿景 4 个维度上的发展水平进行比较，发现师范生在学习投入和专业能力维度上的得分均低于（或等于）其他两个维度。结合问卷调查的指标，学习投入是指在认知投入、情感投入和行为投入上做出充分的努力和付出；专业能力指的是学科转化能力、教学实践能力、综合育人能力和反思研究能力这 4 个项能力的熟练水平。这两项短板表明，师范生为成为优秀的从教者所付出的努力和付出还不够充足，并且在相应的教育教学能力水平上有所欠缺。

2. 城乡师范生发展机会不平等

将师范生所在区域划分为东部、西部、中部和东北部，统计后发现师范生的生源地和就读地不一致，即产生区域流动会促使师范生进入层次更好的学校学习，进而获得更好的发展机会和更高的发展水平。通过比较区域流动前师范生进入各层次院校的占比（B）和产生区域流动后师范生进入各层次院校的占比（A），可以发现他们的发展机会变化（O），计算公式为：O=（A−B）/B*100%。对不同生源地的学生进入不同层次院校的占比进行分析，结果如表 9-11 所示。

表 9-11　产生区域流动后师范生进入各层次院校的发展机会变化　（单位：%）

生源地	部属师范大学	省属师范大学	地方师范院校	综合性大学	高等专科学校	其他
城市	79.25	−7.55	−30.25	−39.13	−59.09	0.00
县城	139.42	−6.40	−26.00	−35.56	−70.37	0.00

续表

生源地	部属师范大学	省属师范大学	地方师范院校	综合性大学	高等专科学校	其他
乡镇	158.57	6.69	−17.57	−45.61	−75.24	−8.57
村（屯）	185.71	18.94	−31.58	−28.07	−78.51	−22.22

结果表明，在原本不进行区域流动的情况下，进入部属师范大学的城市师范生占比最多；在进行区域流动的情况下，县城、乡镇和村（屯）学生进入部属师范大学的概率增加得极其明显，同时乡镇和村（屯）学生也可以通过区域流动进入层次更好的省属师范大学。显然，在可以进行区域流动的情况下，师范生，尤其是乡镇和村（屯）师范生有机会进入更高层次的师范院校，这也就意味着他们有机会提升自身的发展水平。

区域流动可以大幅度提升乡镇和村（屯）学生进入高层次师范院校的概率，但是乡镇和村（屯）学生能够有机会和资源实现区域流动的占比非常低。对样本数据进一步筛选，并对于选定的 80 536 名师范生样本进行分析。分析城乡学生在选择就读院校时是否会产生区域流动，结果如图 9-1 所示。在生源地与在读地区域一致的统计中，可以发现来自村（屯）的师范生不产生区域流动的占比最高，说明来自村（屯）的师范生在选择高等院校时，更倾向于留在自己原本所在的区域。而在生源地与在读地区域不一致的统计中，乡镇师范生占比最低；约有 1/3 的区域流动来自城市生源师范生，他们选择跨地区进行学习，产生较大的区域流动。也就是说，城乡学生在进行院校选择时，城市学生可以更加便利地进行区域流动，提高进入高层次院校学习的概率，获得更好的发展机会；而村（屯）师范生较为保守，缺少进行区域流动的支持，不容易获得更好的发展机会。

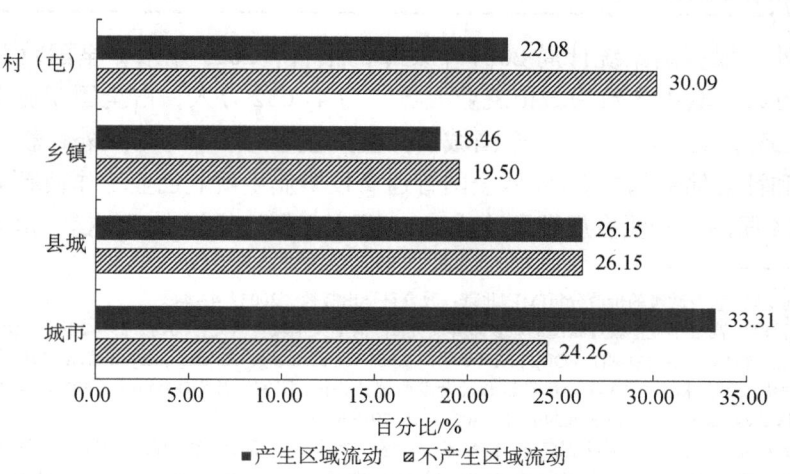

图 9-1 城乡师范生区域流动情况

（三）城乡师范生发展的影响因素分析

1. 城乡发展差异造成的多重阻力

首先，教育政策支持不到位。教育政策从本质上说是对教育利益和资源的分配，主要表现在为个体的身心发展提供机会、条件以及资格认同。教育利益分配对于每一个社会个体的意义都十分重大。在现代社会，如果个体失去了有效、公平的教育利益分配机会，这也就意味着其教育权利、教育机会的丧失，以及无法获得发展水平和资格认定，那么他就可能丧失非常多的发展机会。①

其次，我国的城乡经济发展差异大。改革开放以来，我国经济发展取得了举世瞩目的伟大成就。无论是城镇居民还是农村居民，收入水平和生活质量都有了显著提高。但是，城乡居民的收入差距并没有随着经济的快速发展而缩小，反而存在差距扩大的压力，主要影响因素有经济起飞对城乡差异的负面影响、城市化对城乡差异的负面影响、产业结构变化对城乡差异的负面影响，以及世界经济特点对城乡差异的负面影响。②2018—2022年我国城乡居民的收支差异如表9-12③所示，可以看到，城镇和农村存在着较大的收支差异，城镇居民的收入和支出都明显高于农村居民。

表9-12　2018—2022年我国城乡居民的收支差异　（单位：元）

类别	2022年	2021年	2020年	2019年	2018年
城镇居民人均可支配收入	49 283	47 412	43 834	42 359	39 251
城镇居民人均消费支出	30 391	30 307	27 007	28 063	26 112
农村居民人均可支配收入	20 133	18 931	17 131	16 021	14 617
农村居民人均消费支出	16 632	15 916	13 713	13 328	12 124

此外，根据国家统计局2024年发布的报告，2023年末，全国就业人员为74 041万人，其中多数为城镇就业人员，为47 032万人，占全国就业人员的比重为63.5%，而2023年末，全国城镇调查失业率为5.1%。④此外，教育部、人力资源和社会保障部在2024届全国普通高校毕业生就业创业工作视频会议上指出，2024届高校毕业生规模预计达1179万人，同比增加21万人。⑤由此可见，

---

① 刘复兴. 教育政策的价值分析[M]. 北京：教育科学出版社，2003：43-44.
② 岳昌君. 高校毕业生就业状况的城乡差异研究[J]. 清华大学教育研究，2018，39（2）：92-101.
③ 国家统计局. 年度数据[EB/OL]. [2024-03-15]. https://data.stats.gov.cn/easyquery.htm?cn=C01.
④ 中华人民共和国2023年国民经济和社会发展统计公报. 国家统计局[EB/OL]. （2024-02-29）[2024-03-17]. https://www.stats.gov.cn/sj/zxfb/202402/t20240228_1947915.html.
⑤ 教育部，人力资源和社会保障部. 教育部 人力资源社会保障部共同部署做好2024届全国普通高校毕业生就业创业工作[EB/OL]. （2023-12-05）[2024-03-15]. https://hudong.moe.gov.cn/jyb_xwfb/gzdt_gzdt/moe_1485/202312/t20231205_1093287.html.

社会层面上的就业压力逐年增大，尤其是对于农村高校毕业生，他们可以获得的家庭社会资源较少、选择渠道相对狭窄、信息和机会获取短缺、求职成本无形增大，这使得农村毕业生在求职市场上处于劣势。[1]根据2018—2022年全国统计数据[2]，整体来看，全国的就业机会有所减少，如表9-13所示。

表9-13 2018—2022年城乡居民的人口和就业情况

类别	2022年	2021年	2020年	2019年	2018年
城镇人口总数/万人	92 071	91 425	90 220	88 426	86 433
城镇就业人数/万人	45 931	46 773	46 271	45 249	44 292
城镇就业指数/%	50	51	51	51	51
农村人口总数/万人	49 104	49 835	50 992	52 582	54 108
农村就业人数/万人	27 420	27 879	28 793	30 198	31 490
农村就业指数/%	56	56	56	57	58

注：城镇就业指数=城镇就业人数/城镇人口总数×100%，农村就业指数=农村就业人数/农村人口总数×100%

在不同城乡地区，学生所接受的中学教育质量和资源配置存在明显差异，包括师资力量和学校设施等公共教育资源的配备等的差异，这些直接影响学生能够获取的教育水平是不同的。同时，中学教师的专业满意度和教育热情会在不知不觉中渗透到他们的教学行为中，这样的态度也会间接塑造学生对从事教育行业的看法，从而影响他们未来选择师范类院校的倾向。此外，城市及乡村政府对教育的投入和支持、对教师职业的重视程度，都会对学生的学业成绩产生影响，也会在一定程度上影响学生对于成为教师的看法。

2. 城乡家庭显性、隐性支持水平

来自乡村的学生家庭所在的地理位置一般相对偏远、信息闭塞、发展落后，获得的家庭经济支持和心理支持都相对欠缺。已有研究表明，父母的经济地位越高，一般其受教育程度和职业社会地位也越高，下一代会有更好的教育资本支持。[3]按照不同城乡所在地对调查样本的父亲和母亲受教育程度进行统计，结果发现：生源地从村（屯）、乡镇、县城向城市变化时，师范生父母所接受的教育程度越来越高；其中城市师范生父母受教育程度较高的占比较高，乡镇和村

---

[1] 张恺. 城乡背景给高校毕业生带来了什么[D]. 北京：北京大学，2016：13.
[2] 国家统计局. 年度数据[EB/OL]. （2024-02）[2024-03-15]. https://data.stats.gov.cn/easyquery.htm?cn=C01.
[3] 周雪涵，张羽. 高中阶段家庭教育成本及其影响因素分析[J]. 清华大学教育研究，2015，36（5）：110-117.

（屯）师范生父母受教育程度大多为初中及以下，如表9-14所示。

表 9-14　城乡师范生父亲和母亲受教育程度统计　　（单位：%）

类别	初中及以下	高中	大专	本科	硕士	博士
城市父亲	28.11	24.84	21.80	22.43	1.93	0.90
县城父亲	47.02	24.47	15.90	12.00	0.36	0.25
乡镇父亲	66.24	21.61	7.61	4.35	0.07	0.12
村（屯）父亲	77.93	16.04	4.05	1.55	0.09	0.33
城市母亲	31.80	23.74	22.43	19.95	1.34	0.74
县城母亲	53.38	21.17	14.86	10.11	0.28	0.20
乡镇母亲	72.95	17.06	6.55	3.23	0.08	0.13
村（屯）母亲	83.96	11.45	3.11	1.07	0.12	0.30

很多农村父母选择让孩子学师范专业的原因在于投入较少且工作相对体面和稳定。对于农村家庭，后代能够从农民成为人民教师，是一种社会身份的上升，这符合我国社会分层中每一层次向上流动的预期和规律。[1]所以在心理层面，农村父母对于自己的孩子未来职业的要求并不是很高，读书更多的是为了安稳地就业和生活，而且更倾向于选择离家近的学校，这也影响了学生后续对于工作地点的选择意向。较少的农村父母会让孩子去做冒险性选择和尝试。正如斯科特认为的，农民家庭对风险的承受能力，随着生产资源满足其基本生存需要的紧张程度的不同而不同，越是接近生存边缘线——只要处于生存线之上——的家庭，对风险的耐受性越小。[2]此外，统计城乡师范生每月的平均开支，结果如表9-15所示：在低于1500元的月度开支的师范生中，村（屯）师范生占比最高，其次是乡镇、县城师范生，最后是城市师范生；而在高于1500元的月度开支的师范生中，城市师范生占比最高，其次是县城、乡镇和村（屯）师范生。由此可以看出，从生源地为村（屯）到乡镇、县城和城市，师范生的家庭经济投入越来越高，其对学生发展的支持程度也越来越高。

表 9-15　城乡师范生每月平均开支统计　　（单位：%）

生源地	1000元及以下	1001~1500元	1501~2000元	2001~2500元	2501~3000元	3001~4000元	4001~5000元	5001元及以上
城市	5.80	31.20	33.30	16.80	7.20	2.90	1.00	1.90

---

① 刘福才，周磊．试析师范生免费教育政策的几个前提性假定[J]．中国教师，2011，（13）：15-18．
② 詹姆斯·C. 斯科特．农民的道义经济学——东南亚的反叛与生存[M]．程立显，刘建，等译．南京：译林出版社，2013：5-6，19-22，26-27．

续表

生源地	1000元及以下	1001~1500元	1501~2000元	2001~2500元	2501~3000元	3001~4000元	4001~5000元	5001元及以上
县城	8.70	43.10	31.10	11.20	3.40	1.30	0.40	0.90
乡镇	13.20	51.10	24.90	6.80	2.20	0.60	0.40	0.80
村（屯）	19.40	54.00	19.30	4.30	1.30	0.50	0.30	0.90
总计	11.90	44.60	27.10	9.90	3.60	1.30	0.50	1.10

3. 师范生学习的动力和投入程度

（1）报考师范专业的动机分析

根据对本次调查样本的统计，师范生选择师范专业有不同的从教动机，如表 9-16 所示。师范生有了自发的动机和向往，就会通过刻苦学习以实现自己的目标，从而在诸如学习习惯、学习能力、时间和金钱投入等方面呈现出不同的表现，这在很大程度上影响着师范生的发展。但从表 9-16 中可以发现，师范生之所以走上了从教道路，最大的影响因素是别人（家人、老师及朋友）建议，其次才是出于喜爱教师职业。

表 9-16　师范生报考师范专业的动机占比　　　　（单位：%）

生源地	职业喜爱	政策吸引	别人建议	周边影响	录取机会	就业出路	其他
城市	58.20	33.60	62.00	24.70	9.40	23.10	8.30
县城	56.50	35.60	65.70	25.00	9.10	23.50	8.40
乡镇	59.80	33.40	64.00	24.60	9.20	22.60	9.30
村（屯）	59.30	31.80	63.10	24.50	9.50	23.40	10.40

从已有研究结果中我们可以发现，就业有保障、经济投入低、职业稳定、个人喜好、高考风险低是农村家庭学生报考师范专业的几大原因，其中最重要的是就业有保障，这是现代农村家庭实现低风险、高收益的一种现实选择。[1]

（2）学习目的导向分析

如表 9-17 所示，来自不同生源地的师范生对于未来的职业期待存在差异。同样是选择了师范专业，但是来自乡镇和村（屯）的师范生会更多选择毕业后直接就业。而城市师范生则更倾向于继续深造或者出国留学。学生对于就业的期待影响着他们对于当下自我发展的要求。倾向于毕业马上就业的学生会更加关注自我现在

---

[1] 李静美. 农村教师定向培养政策的生源吸引力——基于对湖南省的调查研究[J]. 高等教育研究，2019，40（1）：58-67.

的实践能力，而目标是继续深造或者出国留学的学生在学习投入水平上会更高。

表 9-17　不同生源地师范生的职业期待统计　　　　　（单位：%）

生源地	直接就业	继续深造	考公务员	出国留学	自主创业	尚不清楚
城市	36.80	43.80	5.00	2.90	1.20	10.30
县城	41.60	39.00	5.80	1.20	1.00	11.40
乡镇	43.60	36.10	6.30	0.70	1.20	12.20
村（屯）	44.60	34.40	5.90	0.60	1.20	13.30

（3）情感投入分析

人的喜欢程度影响着其对事情的努力和投入程度。我们调查了师范生对于目前所读师范专业的喜欢程度，结果如表 9-18 所示。多数师范生对于师范专业是非常喜欢或者比较喜欢的，其中城市师范生非常喜欢所读专业的占 26.40%，表明城市师范生对自己的专业热爱程度非常高，这能够促使他们有更多的认知、情感和行为付出。而表示对于所读专业比较喜欢的师范生中，来自县城、乡镇和村（屯）的师范生占比几乎相当，均高于城市师范生。并且相比于城市师范生，县城、乡镇和村（屯）师范生觉得不清楚或者不太喜欢自己所读专业的占比都更高。总的来看，城市师范生对于师范专业的喜欢程度高于其他师范生。

表 9-18　不同生源地师范生对于所读专业的喜欢程度　　　（单位：%）

生源地	非常喜欢	比较喜欢	不清楚	不太喜欢	非常不喜欢
城市	26.40	55.60	9.10	7.20	1.60
县城	20.90	59.90	10.30	7.50	1.40
乡镇	20.20	60.30	10.50	7.70	1.20
村（屯）	20.20	59.20	10.80	8.20	1.50
总计	22.00	58.70	10.20	7.70	1.50

二、公费与非公费师范生发展比较分析

教师教育作为一项公共事业，一直以来都被党中央高度重视。为了促进区域教育均衡发展，我国于 2007 年开始实施"师范生免费教育政策"（2018 年调整为"师范生公费教育政策"），2015 年开展了"乡村教师支持计划"，2021 年又推出了"优师计划"。"优师计划"的工作目标是从源头上提高中西部欠发达地区中小学教师队伍质量，培养造就大批优秀教师[1]。国家对师范生培养政策的设计突

---

[1] 教育部. 教育部等九部门关于印发《中西部欠发达地区优秀教师定向培养计划》的通知[EB/OL].（2021-08-02）[2024-01-31]. http://www.moe.gov.cn/srcsite/A10/s7011/202108/t20210803_548644.html.

出了国家需要和公共责任，强调教师职业的公共属性，体现了国家从经济援助向精神尊重的价值转变，同时也向全社会进一步展现了教师职业的光辉形象。[1]公费师范生、部属师范大学和生源所在地省级教育行政部门签订《师范生公费教育协议》，公费师范生在享受免缴学费、住宿费和补助生活费政策的同时，也要履行回到生源所在地中小学任教6年以上的义务。公费师范生是教师预备队伍中的重要组成部分，为我国教育均衡发展做出了无法磨灭的重要贡献。对公费师范生与非公费师范生之间的发展状况进行比较分析，了解公费师范生与非公费师范生之间发展情况的差异，有助于进一步提高高等院校师范生的培养质量，为政府的政策制定提供理论依据。

本次调研采用随机取样的方法，通过网络问卷的方式进行问卷发放与回收。在有效问卷中，公费师范生中的男生占26.2%、女生占73.8%；非公费师范生中，男生占21.0%，女生占79.0%；非师范生中，男生占31.7%，女生占68.3%。从调查结果来看，非师范生中的男生占比最高，非公费师范生中的男生占比最低。师范生群体以女性为主，这在一定程度上会影响未来教师队伍的性别比例。在可以预见的未来，女教师依然会是我国中小学教师队伍的主要力量。

本研究发放的问卷包含角色认同量表、学习投入量表、专业能力量表和职业愿景量表4个部分。对调研数据进行分析，可以对师范生群体的发展状况有更加科学和理性的认识。

（一）公费师范生的角色认同程度较高

角色认同量表包括从教潜质、从教意愿、从教意志、职业使命感4个一级指标，一级指标又可进一步细分为个性特征、基础素质、从教选择、心理准备、从教条件、从教承诺、导向力、意义价值和利他贡献9个二级指标，该量表共包含36题。为了了解不同身份学生的师范生角色认同程度差异，我们对调研数据进行差异分析，结果如表9-19所示。

表9-19 师范生角色认同差异均值表

指标	公费师范生	非公费师范生	非师范生	F值
个性特征	4.09	4.07	3.97	66.953**
基础素质	3.90	3.89	3.80	40.146**
从教选择	4.11	3.99	3.64	760.196**

---

[1] 吴东照，王运来，操太圣，等. 师范生公费教育的政策创新与实践检视[J]. 中国教育学刊，2019（11）：89-93.

续表

指标	公费师范生	非公费师范生	非师范生	F 值
心理准备	4.00	3.95	3.75	275.855**
从教条件	3.86	3.78	3.65	156.047**
从教承诺	3.89	3.83	3.63	220.260**
导向力	3.86	3.81	3.63	155.323**
意义价值	4.08	4.00	3.76	373.190**
利他贡献	3.78	3.71	3.49	649.294**

从表 9-19 中可以看出，公费师范生在从教潜质、从教意愿、从教意志和职业使命感 4 个维度上的均值都显著高于非公费师范生和非师范生。采用最小显著差异法（least significant difference，LSD）进行事后多重比较，结果发现公费师范生、非公费师范生以及非师范生的角色认同依然存在显著差异。公费师范生比非公费师范生拥有更高的角色认同程度，而非公费师范生比非师范生有更高的角色认同程度，非师范生的角色认同程度最低。

这种结果可能是由多方面原因导致的。2012 年就有研究者对免费师范生的角色认同影响因素进行了研究，认为免费师范生的角色认同同时受到自身内在的主观因素和社会及他人的外在客观因素的影响。[1]虽然现在已经从"免费师范生"改称为"公费师范生"，但有理由认为，影响二者的角色认同因素应具有一定程度的相似性。影响公费师范生的主观因素应包括师范生的入学动机、师范生对所享受到的教育的幸福感、师范生对公费教育政策的信心等。而社会及他人的外在客观因素应包括重要他人对公费师范生的态度、他人对进入大学后的公费师范生的态度、社会对公费师范生的态度、大学所学专业与中小学教师职业的关系等。

总之，从数据分析结果来看，相较于其他群体而言，公费师范生群体具有更高的角色认同感。更高的角色认同感能够激励师范生积极勤奋地进行专业学习和提高专业素质，获得更高的专业发展起点。[2]可以说，公费师范生培养制度为有朝气与活力的教师队伍提供了人才之源。

（二）公费师范生的学习投入较多

学习投入量表包括认知投入、情感投入和行为投入 3 个一级指标，3 个一级

---

[1] 崔海英. 免费师范生角色认同研究[J]. 河北师范大学学报（教育科学版），2012，14（6）：29-32.
[2] 宁金平. 职前教师角色认同培育的意义与策略[J]. 教育理论与实践，2014，34（29）：20-22.

指标又可以细化为学习策略、自我监控、学习热情、学习韧性、主动参与、学业专注、学以致用 7 个二级指标。对学习投入差异进行分析，结果如表 9-20 所示。相较于非公费师范生和非师范生，公费师范生的学习投入水平更高。

表 9-20　师范生学习投入差异均值表

类别	学习策略	自我监控	学习热情	学习韧性	主动参与	学业专注	学以致用
公费师范生	3.99	3.98	3.99	3.99	3.78	3.83	3.80
非公费师范生	3.97	3.96	3.96	3.97	3.78	3.82	3.79
非师范生	3.87	3.87	3.80	3.87	3.74	3.78	3.73
F 值	57.808**	51.984**	150.044**	63.634**	5.683*	6.985*	16.073**

对这些数据进行 LSD 事后多重比较，结果发现，公费师范生和非公费师范生在主动参与、学业专注、学以致用这 3 个指标上的差异不显著。这 3 个二级指标均属于行为投入，也就是说，公费师范生和非公费师范生在学习投入的行为投入方面的差异不显著。这可以在一定程度上表明，公费师范生和非公费师范生在学习活动的行为参与方面是比较接近的。在认知投入和情感投入指标上，公费师范生与非公费师范生之间的差距并不大。导致这一结果的原因可能是，相对于行为，认知与情感具有更强的可塑性，易于在不同群体之间出现较大差异。这与"知易行难"类似，身份的差异对师范生认知和情感的影响要比对其行为的影响更大。

行为与认知、情感之间的距离确实无法消弭，但这并非意味着成为公费师范生对学生的行为投入完全没有积极作用。2019 年就有研究者对学习行为投入与认知投入之间的关系展开了研究，结果发现，在开放学习环境中，行为投入与认知投入之间存在显著的正相关关系。[①]虽然本研究的数据经过 LSD 事后多重比较表明，公费师范生与非公费师范生之间在学习行为投入上的差异并不显著，但若认可认知投入和情感投入能够在一定程度上推动行为投入这一前提，那么公费师范生制度会在一定程度上促进师范生的学习行为投入就是符合逻辑的事实。对师范生学习行为投入的分析是复杂的，有待于进一步开展研究。

（三）公费师范生的专业能力更强

为了测量师范生的专业能力，本研究设计了专业能力量表，包括学科转化能力、教学实践能力、综合育人能力和反思研究能力 4 个一级指标，每个一级指标

---

① 王红梅，张琪，黄志南. 开放学习环境中学习行为投入与认知投入的实证研究[J]. 现代教育技术，2019，29（12）：48-54.

又包括两个二级指标，这些二级指标为学科理解、学科整合、教学设计、教学实施、立德树人、心理辅导、诊断调控、研究创新。对这些二级指标进行单因素方差分析，结果如表9-21所示。

表9-21 师范生专业能力差异均值表

类别	学科理解	学科整合	教学设计	教学实施	立德树人	心理辅导	诊断调控	研究创新
公费师范生	3.82	3.84	3.92	3.95	4.02	3.90	4.01	3.87
非公费师范生	3.79	3.82	3.88	3.92	3.99	3.90	3.98	3.85
非师范生	3.67	3.69	3.72	3.76	3.80	3.76	3.82	3.74
F值	72.680**	79.049**	155.495**	155.564**	212.388**	87.102**	170.641**	70.046**

进行LSD事后多重比较，发现公费师范生与非公费师范生在心理辅导这项指标上的差异不显著，但在其余二级指标上的差异显著。这也从侧面说明了当下加强师范生心理辅导能力培养的必要性。导致公费师范生与非公费师范生之间心理辅导能力存在显著差异的原因可能是，当下的高等师范教育对师范生的心理辅导能力培养依然不够重视。这个解释也可以与调研过程中所取得的访谈材料相互印证。担任Y校科研处副主任的受访教师表示，教师必须在高等教育阶段学习一定的心理学知识，因为现在的学生中有不少存在抑郁情绪，教师应能够及时发现、疏导学生的不良情绪，甚至在紧急情况下采取有效的应急措施，这些都是在高等教育阶段就必须要着手培养的能力，高等院校加强对师范生心理辅导能力的培养势在必行。

虽然在心理辅导方面，公费师范生与非公费师范生之间的差异并不显著，但总体来看，公费师范生在专业能力上依然领先于非公费师范生和非师范生群体。这充分说明公费师范生制度为建设高质量教师队伍提供了有力支撑。值得注意的是，公费师范生群体在"立德树人"这一指标上的表现相当突出。公费师范生群体因其独特性，更能够深刻认识到立德树人的重要性。毫无疑问，公费师范生群体在投入教育工作中之后，将会成为实现"立德树人"这一教育根本目标的重要力量。

（四）公费师范生具有更强的就业意愿

职业愿景量表分为职业目标、职业期望和职业规划3个一级指标，3个一级指标又细分为6个二级指标：国家指向、专业追求、就业选择、综合待遇、规划制定、规划实施。其中，职业目标和职业规划这两个一级指标下属的二级指标也如之前一样，可以进行单因素方差分析，分析结果如表9-22所示。

中国师范生发展群像素描 第九章

表 9-22 师范生职业愿景差异均值表

类别	国家指向	专业追求	规划制定	规划实施
公费师范生	4.12	4.11	3.95	4.06
非公费师范生	4.05	4.03	3.91	4.01
非师范生	3.81	3.82	3.78	3.84
F 值	413.035**	374.458**	104.336**	212.369**

进行 LSD 事后多重比较，发现公费师范生、非公费师范生和非师范生之间差异显著。公费师范生的就业方向比较明确，这种明确的就业方向虽然对师范生的就业自由会有所束缚，但从另一个角度来看，这种束缚也减少了师范生就业选择时的迷惘。相比非公费师范生和非师范生群体来说，公费师范生的就业烦恼更少，能够投入更多的时间和精力到专业学习、专业追求中去，并且因为公费师范生的工作目标更加明确，所以他们在专业追求、职业规划和实施方面往往更加坚定。此外，因为公费师范生与国家、政府之间的特殊关系，他们更加信任国家并且愿意贯彻政府的教育理念与教育目标，这对推动我国教育事业发展，促进中国特色社会主义现代化有重要作用。

综合待遇这一指标反映出的是学生就业选择时所看重的因素。公费师范生、非公费师范生、非师范生在该指标上所做出的选择分布（人数）如图 9-2 所示。

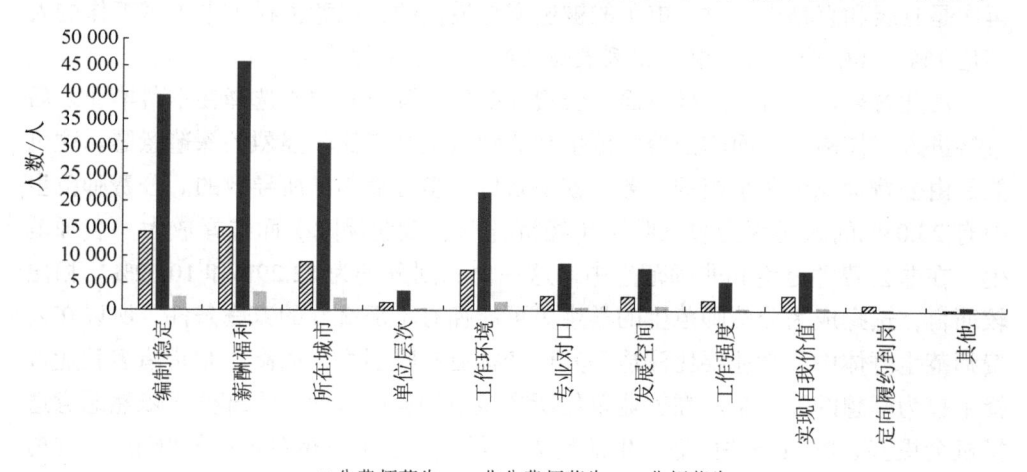

图 9-2 不同学生群体择业影响因素

公费师范生、非公费师范生和非师范生群体在择业时的价值排序类似。无论哪个群体都把薪酬福利和编制稳定视为重要因素。相对而言，非师范生择业时会更加看重就业所在城市，这可能和不同城市薪资待遇有所差异有关。在就业选择上，无论是哪个群体，都更加愿意去北上广这类发达地区工作。

在就业意向上，公费师范生更多选择在毕业后直接参加工作，而非公费师范生群体更倾向于进一步深造。在公费师范生中，有71.6%选择毕业后直接参加工作，15.3%选择继续深造，3.2%选择考公务员，1.1%选择出国留学，1.0%选择自主创业，7.8%尚未考虑清楚自己的就业意向。非公费师范生和非师范生在就业意向方面则与公费师范生有较大差异。在非公费师范生中，有31.2%选择毕业后直接参加工作，46.3%选择继续深造，6.6%选择考公务员，1.4%选择出国留学，1.2%选择自主创业，13.2%尚未考虑清楚自己的就业意向。在非师范生中，有24.5%选择毕业后直接参加工作，39.5%选择继续深造，11.6%选择考公务员，3.1%选择出国留学，2.9%选择自主创业，18.4%尚未考虑清楚自己的就业意向。

公费师范生和非公费师范生群体最乐于选择的工作单位都是高中。希望去高中任教的人数分别占公费师范生和非公费师范生群体的47.6%和33.9%。在非师范生群体中，选择最多的则是去其他单位工作，有2048人选择了"其他"这一选项，占了非师范生总人数的44.3%。

公费师范生、非公费师范生和非师范生对工作单位所在地类型的选择偏好是类似的。最受欢迎的工作单位所在地类型是省会城市，其被选率分别达到了39.9%、41.9%和52.1%；其次是地级市，其被选率为26.7%、30.7%和21.1%；再次是县级和直辖市；村（屯）的被选率是最低的，愿意去村（屯）里工作的人不足1%，其中选择村（屯）比例最高的群体是公费师范生。

由此看来，在就业选择方面，公费师范生无疑更倾向于选择在本科毕业之后直接进入工作岗位，而非公费师范生和非师范生则有比较强烈的深造意愿。这可能是由公费师范生所承担的义务、家庭条件等多方面因素所导致的。公费师范生中有23.03%的人是因为政策吸引（经济补贴、就业保障）而选择成为一名师范生，在非公费师范生和非师范生中，这一比例则分别为12.29%和10.02%。相比较而言，选择成为公费师范生的学生更可能拥有不那么好的家庭条件，所以在公费师范生群体中，就业要比深造等其他选择更有吸引力，而高中则是诸多就业选择中较为理想的那一个。在就业单位所在城市的偏好方面，大部分人依然愿意选择机会更多、物质条件更好、生活更为便利且竞争压力相对较小的城市，"逃离北上广"，转战中小城市是面对就业压力不断上升而做出的就业选择调整[①]。直辖市工作压力、竞争压力太大，县和乡村的建设相对落后，所以省会城市与地级市

---

① 李春玲. 疫情冲击下的大学生就业：就业压力、心理压力与就业选择变化[J]. 教育研究，2020，41（7）：4-16.

就成为比较理想的选择。选择工作单位时，高中则因其薪资水平、稳定性、入职门槛等优势而成为师范生最热门的选择。

综上所述，公费师范生制度在教师队伍建设方面发挥了不可忽视的重要作用，公费师范生在教师角色认同、学习投入、专业能力以及就业意愿方面都强于非公费师范生与非师范生。因此，为了进一步推动我国教育事业的发展，建设教育强国，应在现有基础上进一步发展、完善公费师范生制度，使其更好地服务于我国教师队伍的建设。

三、不同学科专业师范生发展比较分析

本次调研采用随机取样的方法，通过网络问卷的方式进行问卷发放与回收，样本结构比较合理，且考虑到了地区、性别、学段等方面的差异。样本分布遍及全国各地，性别分布符合目前女多男少的情况，样本结构体现出多样性和全覆盖性，可以代表全国师范生的基本情况。本部分将比较不同学科专业师范生的发展现状，了解不同学科专业师范生之间发展情况的差异性，以利于进一步提高高等院校师范生的培养质量。

（一）角色认同方面

以不同学科专业为组别，探究专业类别对角色认同的差异性，经过方差齐性检验以及正态性检验，最终选择韦尔奇检验，结果如表9-23所示。本部分将从从教潜质、从教意愿、从教意志、职业使命感4个维度来考察师范生的角色认同情况，结果如表9-24所示。不同学科专业师范生的角色认同差异均值高于中等水平，呈现出较好的角色认同感，其中体育专业师范生的各项指标均值都显著高于其他学科。

表 9-23 不同学科专业师范生角色认同均值及差异比较结果

类别	M	SD	F 值
汉语言文学	3.90	0.59	
英语	3.88	0.58	
数学与应用数学	3.98	0.60	
教育学类	3.86	0.59	73.111***
地理科学	3.94	0.58	
历史学	3.89	0.57	
物理学	4.01	0.62	

续表

类别	M	SD	F 值
生物科学	3.94	0.58	
化学	3.99	0.60	
计算机科学与技术	3.80	0.67	
心理学	3.71	0.58	
美术	3.93	0.63	73.111***
音乐	3.96	0.66	
思想政治教育	3.96	0.56	
体育	4.12	0.62	
其他	3.85	0.63	

表9-24 不同学科专业师范生角色认同各维度均值及差异比较结果

类别	从教潜质	从教意愿	从教意志	职业使命感
汉语言文学	3.99	3.97	3.76	3.87
英语	3.97	3.96	3.75	3.85
数学与应用数学	4.02	4.06	3.91	3.91
教育学类	3.92	3.94	3.78	3.81
地理科学	4.00	4.03	3.84	3.89
历史学	3.94	3.98	3.78	3.86
物理学	4.06	4.09	3.94	3.94
生物科学	3.99	4.02	3.86	3.88
化学	4.05	4.07	3.92	3.92
计算机科学与技术	3.92	3.83	3.73	3.73
心理学	3.84	3.78	3.53	3.70
美术	4.02	4.00	3.85	3.84
音乐	4.06	4.04	3.87	3.86
思想政治教育	4.02	4.04	3.86	3.94
体育	4.18	4.21	4.08	4.01
其他	3.93	3.92	3.78	3.79
F 值	56.861***	72.102***	79.807***	58.662***

1. 不同学科专业师范生在从教潜质上的差异

师范生对教师这一角色的内在认同有助于激活教师自我发展的需要，因此师范生要对教师职业产生深刻的理解和认识，具备积极的心理体验和情绪，即具备合格的从教潜质。本研究将从教潜质分为个性特征和基础素质两个维度，结果如表 9-25 所示，由此可以看出，不同学科专业师范生在个性特征和基础素质方面均存在显著差异。无论是汉语言文学、英语还是教育学类专业等，师范生的从教潜质均处于较为良好的水平，而体育专业师范生的从教潜质均值显著高于其他学科专业，可说明体育专业师范生的从教潜质优于其他学科专业师范生。

表 9-25　不同学科专业师范生从教潜质均值及差异比较结果

类别	个性特征	基础素质
汉语言文学	4.08	3.90
英语	4.06	3.87
数学与应用数学	4.12	3.93
教育学类	4.02	3.82
地理科学	4.09	3.91
历史学	4.04	3.85
物理学	4.15	3.97
生物科学	4.09	3.89
化学	4.14	3.96
计算机科学与技术	4.01	3.83
心理学	3.99	3.69
美术	4.09	3.95
音乐	4.13	3.98
思想政治教育	4.12	3.93
体育	4.25	4.12
其他	4.01	3.84
F 值	44.986***	63.513***

2. 不同学科专业师范生在从教意愿上的差异

师范生要为毕业后自己需要承担的中小学教师的义务与责任做好充分准备，不仅要努力提升自身的专业知识储备与教学技能，还要在心理上做好长期从事教师职业的准备。本研究将从教意愿分为从教选择和心理准备两个维度，结果如表 9-26 所示，体育专业师范生的从教意愿强于其他学科专业的师范生，即他们不仅从心理上准备好从事教师职业，还具备坚定的选择意愿。

表 9-26　不同学科专业师范生从教意愿均值及差异比较结果

类别	从教选择	心理准备
汉语言文学	4.00	3.94
英语	3.98	3.94
数学与应用数学	4.10	4.03
教育学类	3.96	3.91
地理科学	4.06	4.00
历史学	4.01	3.94
物理学	4.13	4.06
生物科学	4.06	3.98
化学	4.09	4.04
计算机科学与技术	3.80	3.87
心理学	3.76	3.81
美术	4.03	3.98
音乐	4.06	4.01
思想政治教育	4.09	3.99
体育	4.24	4.18
其他	3.94	3.89
F 值	71.008***	59.056***

3. 不同学科专业师范生的从教意志差异

高水平的从教意志主要关注我可能成为谁、在哪些条件下我可能成为谁、如果进行选择的话我将成为谁等问题。本研究将从教意志划分为从教条件和从教承诺两个维度，结果如表 9-27 所示，体育专业师范生更具备坚定的从教意志，能够自觉将"他者"的角色期望与"主我"的角色观念有机融合，实现自我的超越与持续更新。而心理学等专业的学科针对性不强，师范生在择业过程中常常会比较迷茫，因此其从教意志弱于其他学科专业的师范生。

表 9-27　不同学科专业师范生从教意志均值及差异比较结果

类别	从教条件	从教承诺
汉语言文学	3.74	3.79
英语	3.72	3.78
数学与应用数学	3.88	3.95
教育学类	3.77	3.79

续表

类别	从教条件	从教承诺
地理科学	3.80	3.88
历史学	3.75	3.81
物理学	3.90	3.97
生物科学	3.83	3.89
化学	3.88	3.95
计算机科学与技术	3.74	3.72
心理学	3.52	3.54
美术	3.85	3.85
音乐	3.87	3.88
思想政治教育	3.83	3.89
体育	4.08	4.09
其他	3.78	3.78
F 值	70.512***	78.271***

4. 不同学科专业师范生在职业使命感上的差异

职业使命感的培养会让师范生形成对教师职业的积极情感，坚定教师职业理想，增强师范生的角色认同感。本研究将职业使命感划分为导向力、意义价值和利他贡献 3 个维度，结果如表 9-28 所示。综合来看，体育专业师范生的职业使命感最强，对教师职业的角色认同感最高。

表 9-28 不同学科专业师范生职业使命感均值及差异比较结果

类别	导向力	意义价值	利他贡献
汉语言文学	3.79	4.03	3.79
英语	3.77	4.01	3.78
数学与应用数学	3.90	4.08	3.75
教育学类	3.78	3.96	3.69
地理科学	3.82	4.06	3.78
历史学	3.79	4.03	3.76
物理学	3.92	4.12	3.78
生物科学	3.83	4.05	3.76
化学	3.90	4.09	3.75
计算机科学与技术	3.70	3.88	3.60

续表

类别	导向力	意义价值	利他贡献
心理学	3.51	3.85	3.75
美术	3.86	4.00	3.66
音乐	3.89	4.03	3.66
思想政治教育	3.89	4.11	3.82
体育	4.12	4.21	3.70
其他	3.78	3.94	3.65
F值	72.127***	54.852***	67.600***

（二）学习投入方面

学生的积极性、主动性以及刻苦学习的表现即为学习投入。以不同学科专业为组别，探究不同专业类别师范生的学习投入差异性，经过方差齐性检验以及正态性检验，最终选择韦尔奇检验，结果如表9-29所示。不同学科专业师范生的学习投入存在显著差异，差异均值均高于中等水平，其中体育专业师范生的学习投入均值显著高于其他学科专业师范生，这表明体育专业师范生的学习投入呈现出较高水平。本研究将从认知投入、情感投入、行为投入3个维度，来调查师范生的学习投入发展水平，不同学科专业师范生在学习投入各维度上的结果如表9-30所示。

表9-29　不同学科专业师范生学习投入均值及差异比较结果

类别	M	SD	F值
汉语言文学	3.90	0.63	
英语	3.89	0.60	
数学与应用数学	3.96	0.64	
教育学类	3.84	0.63	
地理科学	3.91	0.63	
历史学	3.88	0.61	74.563***
物理学	4.00	0.66	
生物科学	3.92	0.62	
化学	3.98	0.64	
计算机科学与技术	3.85	0.69	
心理学	3.72	0.58	

续表

类别	M	SD	F值
美术	3.97	0.64	74.563***
音乐	4.00	0.69	
思想政治教育	3.94	0.61	
体育	4.15	0.65	
其他	3.85	0.66	

表 9-30 不同学科专业师范生学习投入各维度均值及差异比较结果

类别	认知投入	情感投入	行为投入
汉语言文学	3.98	3.96	3.77
英语	3.97	3.94	3.75
数学与应用数学	4.01	4.02	3.85
教育学类	3.90	3.90	3.73
地理科学	3.97	3.97	3.78
历史学	3.95	3.94	3.75
物理学	4.05	4.06	3.90
生物科学	3.98	3.99	3.80
化学	4.03	4.04	3.87
计算机科学与技术	3.90	3.89	3.76
心理学	3.83	3.80	3.53
美术	4.01	4.00	3.89
音乐	4.04	4.03	3.93
思想政治教育	4.01	4.01	3.81
体育	4.16	4.19	4.11
其他	3.90	3.90	3.77
F值	56.109***	66.521***	95.329***

1. 不同学科专业师范生在认知投入上的差异

本研究将认知投入划分为学习策略和自我监控两个维度，不同学科专业师范生在认知投入各维度上的结果如表 9-31 所示。心理学专业师范生的认知投入均值最低，同时也表现为其学习策略存在问题，自我监控能力不足。这和专业学习方式有很大关系，如体育专业师范生常常要面临实操练习等环节，物理学专业师范生在做实验的同时也需要主动合作，而心理学专业师范生的上课方式通常为教师讲解、学生做笔记，学习策略上的差异显现出认知投入上的差异。如表9-30所示，各学科专业师范生整体的认知投入水平均处于中等偏上，但是体育专业师范生的认知投入均值最高，心理学专业师范生的认知投入均值最低。

表9-31 不同学科专业师范生认知投入均值及差异比较结果

类别	学习策略	自我监控
汉语言文学	3.98	3.97
英语	3.97	3.97
数学与应用数学	4.00	4.02
教育学类	3.91	3.89
地理科学	3.97	3.97
历史学	3.95	3.95
物理学	4.04	4.06
生物科学	3.98	3.98
化学	4.03	4.03
计算机科学与技术	3.90	3.90
心理学	3.83	3.82
美术	4.00	4.01
音乐	4.04	4.04
思想政治教育	4.02	4.00
体育	4.16	4.17
其他	3.91	3.89
F值	45.402***	62.405***

2. 不同学科专业师范生在情感投入上的差异

本研究将情感投入划分为学习热情和学习韧性，不同学科专业师范生在情感投入各维度上的结果如表9-32所示。体育专业师范生的运动量大，学习时需要手脑并用，由此他们的学习热情更高，而且运动本身就需要强大的意志力去坚持，这也就证明了其学习之韧性，因此，体育专业师范生的情感投入均值高于其他专业的师范生。

表9-32 不同学科专业师范生情感投入均值及差异比较结果

类别	学习热情	学习韧性
汉语言文学	3.95	3.97
英语	3.93	3.95
数学与应用数学	4.02	4.02

续表

类别	学习热情	学习韧性
教育学类	3.91	3.90
地理科学	3.98	3.97
历史学	3.93	3.95
物理学	4.05	4.06
生物科学	3.99	3.99
化学	4.04	4.05
计算机科学与技术	3.87	3.91
心理学	3.77	3.83
美术	4.00	4.01
音乐	4.03	4.04
思想政治教育	4.01	4.01
体育	4.19	4.18
其他	3.90	3.90
F 值	63.934***	62.494***

3. 不同学科专业师范生在行为投入上的差异

本研究将行为投入划分为主动参与、学业专注和学以致用，不同学科专业师范生在行为投入各维度上的结果如表 9-33 所示。体育、音乐学科专业师范生的行动力较强，由于其独有的学习方式，其学业专注力也高于其他学科专业师范生，学以致用的能力更强。而汉语言文学、英语、教育学类等文科专业不需要动手操作，也不需要像物理学专业那样做实验，因此体育专业师范生的行为投入均值显著高于其他专业师范生，心理学专业师范生的均值最低。

表 9-33 不同学科专业师范生行为投入均值及差异比较结果

类别	主动参与	学业专注	学以致用
汉语言文学	3.74	3.81	3.75
英语	3.75	3.79	3.72
数学与应用数学	3.83	3.87	3.83
教育学类	3.71	3.75	3.73
地理科学	3.77	3.80	3.79
历史学	3.72	3.79	3.74
物理学	3.88	3.92	3.89

续表

类别	主动参与	学业专注	学以致用
生物科学	3.78	3.83	3.79
化学	3.86	3.89	3.87
计算机科学与技术	3.74	3.79	3.75
心理学	3.49	3.57	3.53
美术	3.88	3.90	3.89
音乐	3.94	3.94	3.92
思想政治教育	3.79	3.83	3.80
体育	4.11	4.11	4.10
其他	3.75	3.78	3.76
F 值	100.775***	81.896***	83.339***

（三）专业能力方面

调查显示，师范生专业能力的均值为3.89，均大于中间值3，整体结果较为理想（表9-34）。其中师范生综合育人能力均值为3.94，在4项能力中最强，第二是反思研究能力，均值为3.91，第三是教学实践能力，均值为3.91，第四是学科转化能力，均值为3.81，在4项能力中相对较弱，这表明师范生将学科知识、教育学知识等进行加工整合的能力相对较弱。从专业上来看，体育专业师范生在4个维度上的均值最高，物理学第二，心理学最低。

表9-34 不同学科专业师范生专业能力各维度描述性分析（$M \pm SD$）

类别	学科转化能力	教学实践能力	综合育人能力	反思研究能力
汉语言文学	3.80 ± 0.69	3.92 ± 0.63	3.94 ± 0.62	3.92 ± 0.61
英语	3.75 ± 0.69	3.89 ± 0.63	3.91 ± 0.62	3.88 ± 0.60
数学与应用数学	3.85 ± 0.71	3.96 ± 0.65	3.98 ± 0.64	3.95 ± 0.63
教育学类	3.73 ± 0.69	3.84 ± 0.64	3.88 ± 0.62	3.85 ± 0.62
地理科学	3.85 ± 0.69	3.95 ± 0.63	3.97 ± 0.62	3.94 ± 0.61
历史学	3.83 ± 0.65	3.90 ± 0.61	3.92 ± 0.61	3.91 ± 0.59
物理学	3.91 ± 0.73	4.00 ± 0.68	4.02 ± 0.66	3.99 ± 0.65
生物科学	3.83 ± 0.68	3.93 ± 0.62	3.95 ± 0.62	3.92 ± 0.61
化学	3.88 ± 0.71	3.97 ± 0.65	3.99 ± 0.64	3.96 ± 0.64
计算机科学与技术	3.75 ± 0.77	3.84 ± 0.72	3.85 ± 0.71	3.84 ± 0.71

续表

类别	学科转化能力	教学实践能力	综合育人能力	反思研究能力
心理学	3.63 ± 0.70	3.76 ± 0.63	3.85 ± 0.62	3.79 ± 0.59
美术	3.87 ± 0.70	3.94 ± 0.67	3.98 ± 0.66	3.96 ± 0.65
音乐	3.88 ± 0.75	3.95 ± 0.71	3.98 ± 0.69	3.96 ± 0.69
思想政治教育	3.84 ± 0.67	3.94 ± 0.61	3.98 ± 0.59	3.94 ± 0.59
体育	4.08 ± 0.70	4.12 ± 0.66	4.15 ± 0.66	4.13 ± 0.65
其他	3.75 ± 0.72	3.83 ± 0.67	3.87 ± 0.66	3.84 ± 0.66

根据对4项能力数据的分析所得到的正态P-P图，我们可以看出，样本数据均服从正态分布。方差齐性检验结果表明 $p<0.05$，因此可以认为样本来自的总体均不满足方差齐性假设。由于不满足方差齐性，我们利用塔姆黑尼方法对数据进行多重比较。两两比较时，如果 $p<0.05$，说明两类数据存在显著差异；$p>0.05$，则说明两类数据不存在显著差异。

1. 不同学科专业师范生在学科转化能力上的差异

在4个维度上，体育专业师范生与其余15个专业的师范生均存在显著差异，其均值均高于其余专业的师范生，说明体育专业师范生的学科转化能力、教学实践能力、综合育人能力和反思研究能力均优于其余专业的师范生。在对学科转化能力和教学实践能力进行分析时发现，心理学专业师范生在学科转化能力和教学实践能力上与其余专业的师范生均存在显著差异，且其平均值低于其余专业师范生，说明心理学专业师范生的学科转化能力和教学实践能力均逊于其余15个专业的师范生。

在学科转化能力方面，教育学类专业的师范生与除英语和计算机科学与技术专业之外的其余专业的师范生均存在显著差异，且其平均值低于除了心理学专业之外的其余专业，说明教育学类专业师范生的学科转化能力相对差强人意。究其原因，教育学专业的师范生缺乏学科背景，未能深入地理解和掌握学科知识。

2. 不同学科专业师范生在教学实践能力上的差异

在教学实践能力方面，英语专业师范生与除汉语言文学、计算机科学与技术和历史学之外的其余专业的师范生均存在显著差异，在这些其余专业中，英语专业师范生的学科转化能力仅高于教育学类、心理学和其他专业的师范生，说明英语专业师范生在教学设计和教学实施方面的能力有所欠缺。

3. 不同学科专业师范生在综合育人能力上的差异

在综合育人能力上，心理学师范生与除教育学、计算机科学与技术以及其他专业之外的其余专业的师范生相比能力较弱。化学专业的师范生比汉语言文学专业、英语、教育学类、历史学、计算机科学与技术、心理学以及其他专业的师范生的能力强。教育学类师范生的育人水平与除计算机科学与技术、心理学专业之外的其余专业的师范生均存在显著差异，且平均值低于其余这些专业的师范生，说明教育学类师范生在综合育人能力方面有待加强。

4. 不同学科专业师范生在反思研究能力上的差异

在反思研究能力上，心理学类的师范生与除计算机科学与技术专业以及其他专业之外的其余专业均存在显著差异，且均值低于其余专业，心理学专业师范生的反思能力在其余这些专业中最弱，教育学类专业的显著性同上，均值低于除心理学外的其余专业，说明教育学类专业师范生的反思能力仅高于心理学专业，也是处于较低水平。

（四）职业愿景方面

1. 不同学科专业师范生在职业目标差异上的差异

在职业目标方面，教育学类专业师范生与除其他专业之外的其余 14 个专业的师范生均存在显著差异，且均值低于除计算机科学与技术外的其余专业的师范生，说明教育学类师范生的职业目标追求较低。体育专业师范生依旧在职业目标上处于最高水平。

2. 不同学科专业师范生在职业期望上的差异

在毕业后的就业意向上，各专业师范生之间的差异较小，直接就业和继续深造成为各专业师范生的主要毕业选择。心理学专业师范生由于就业面受限，仅 28.7% 的学生选择直接就业，半数以上的学生会选择继续深造。汉语言文学和计算机科学与技术专业由于考公岗位相对较多，师范生的考公意向与其余专业相比较强。从工作单位来看，地理科学、历史、生物科学、化学、体育专业半数以上的师范生更倾向于到高中任教，究其原因，初中对于该类师范生的需求较小，招聘名额较少。教育学类师范生由于缺乏学科背景，更倾向于去幼儿园、小学任教。各专业师范生就业时看重的因素差异较小：薪酬福利是师范生就业时首先考虑的因素，除此之外，工作环境、编制稳定和所在城市也是较为重要的因素。

3. 不同学科专业师范生在职业规划上的差异

体育专业师范生在职业规划上与其余学科的师范生存在显著差异，他们对未来职业的规划最为清晰，有详细的学习计划，能够规划自己4年的师范学习。心理学专业师范生与除计算机科学与技术专业之外的师范生在职业规划上均有显著差异，且均值低于这些专业，说明心理学专业师范生在职业规划上相对迷茫。

四、不同年级师范生发展比较分析

以年级为变量对有效样本进行统计，师范生的总人数为80 536人，其中大一年级师范生有28 056人，占总人数的34.84%；大二年级师范生有20 926人，占总人数的25.98%；大三年级师范生有18 970人，占总人数的23.55%；大四年级师范生有12 584人，占总人数的15.63%。

对师范生的发展情况进行分析（表9-35），发现各个年级师范生的得分均值都超过了3，说明整体发展处于中等偏上水平。具体而言，师范生的角色认同、学习投入与职业愿景得分均值在大二和大三年级连续下降，之后在大四年级有所回升，整体发展呈波动状态。这表明师范生带着憧憬与希望进入大学校园，而后各种原因导致其感受到现实落差，因此师范生产生了心理波动与怀疑。由专业能力数据变化可知，师范生前3年的专业能力有所波动，大四年级师范生的均值则明显高于其他各个年级，表明大四时期的学业和实习对师范生的发展起到了积极作用。

表9-35 不同年级师范生发展情况及差异检验结果

类别	角色认同	学习投入	专业能力	职业愿景
大一	3.96	3.93	3.89	4.04
大二	3.90	3.89	3.88	4.00
大三	3.87	3.85	3.89	3.97
大四	3.92	3.92	3.96	4.02
F值	85.664***	61.989***	55.289***	54.324***

差异检验结果显示，不同年级师范生在以上4个维度上均存在显著差异（$p<0.001$）。由表9-35的多重比较结果可知，在角色认同维度上，不同年级师范生的均值排序为：大一年级师范生＞大四年级师范生＞大二年级师范生＞大三年级师范生；在学习投入维度上，不同年级师范生的均值排序为：大一年级师范生＞大四年级师范生＞大二年级师范生＞大三年级师范生；在专业能力维度上，不同年级师范生的均值排序为：大四年级师范生＞大三年级师范生≈大一年级师范生≈

大二年级师范生；在职业愿景维度上，不同年级师范生的均值排序为：大一年级师范生＞大四年级师范生＞大二年级师范生＞大三年级师范生。4个年级的师范生均值最高的均为职业愿景，大一与大二年级的师范生均值最低的为专业能力，大三年级的师范生均值最低的为学习投入，大四年级师范生则在角色认同与学习投入维度上均呈现较低均值。

（一）不同年级师范生角色认同的比较分析

如表9-35所示，角色认同维度下全部题项的方差分析检验结果表明，不同年级师范生的角色认同感存在显著差异（$F=85.664$，$p<0.001$）。师范生的角色认同感水平在大一年级时最高，而后逐年降低，直到大四年级时有所回升，但总体而言，师范生的角色认同感水平呈下降趋势。然而，师范生的角色认同感均值在大一和大二年级时在4个维度中均位列第二，说明师范生在前两年的师范学习中仍有较高的角色认同感。整体来讲，师范生的角色认同感较高。

1. 大二、大三年级师范生角色认同显著下降

角色认同维度包括4个一级指标，分别为从教潜质、从教意愿、从教意志及职业使命感。由表9-36可知，从教意志均为4个年级的师范生最为薄弱的一项，而从教潜质与从教意愿均始终呈现较好态势。方差分析结果表明，不同年级师范生在不同指标上存在显著差异（$p<0.001$）。

表9-36　不同年级师范生角色认同差异均值表

类别	从教潜质	从教意愿	从教意志	职业使命感
大一	4.02	4.03	3.87	3.89
大二	3.97	3.98	3.82	3.83
大三	3.94	3.95	3.77	3.80
大四	4.00	4.00	3.82	3.84
F值	58.460***	74.360***	66.708***	97.117***

具体而言，从教潜质与从教意愿呈相同趋势，由多重比较结果可知，大一年级师范生的均值显著高于大二、大三年级师范生（$p<0.001$），同时显著高于大四年级师范生（$p<0.05$），相邻年级之间均存在显著差异（$p<0.001$）。对从教意愿下的题项"我不后悔自己选择师范专业"进行分析，大一年级中有30.24%的师范生选择"完全符合"，大二年级中有26.38%的师范生选择"完全符合"，而大三年级中只有23.89%的师范生选择"完全符合"。这说明，在师范生真实进入

师范专业的学习后，部分学生感受到了现实与想象的落差，对自己的专业选择产生了怀疑。就从教意志与职业使命感而言，大一年级师范生的均值均显著高于其他 3 个年级的师范生（$p<0.001$），大二、大三年级师范生均显著低于其前一年级师范生（$p<0.001$）。总体而言，师范生到大二与大三年级时，其角色认同感显著下降，在这个阶段，师范生对自身专业认同感降低，未来从教意愿与坚守岗位的意志有所动摇。

2. 大四年级师范生角色认同显著回升

由方差检验及表 9-36 数据可知，大四年级师范生的角色认同各指标比大三年级师范生均有显著提升（$p<0.001$）。仍以从教意愿下的题项"我不后悔自己选择师范专业"为例进行分析，大四年级师范生中选择"完全符合"的人数占比上升为 26.81%。而其他指标下的题项也有类似的回升，例如，对于职业使命感指标下的题项"与其他职业相比，我感觉自己理所应当要从事教师职业"，大三年级师范生中选择"完全符合"的人数占 18.69%，大四年级师范生中选择"完全符合"的人数上升为 21.96%，且方差分析结果显示，两个年级之间有显著差异（$p<0.001$）。这说明师范生的角色认同进入毕业阶段时有显著提升，师范生在进入社会之际提升了对自身专业的认可度，其从教的可能性增大。

（二）不同年级师范生学习投入的比较分析

由方差检验及表 9-35 可知，不同年级师范生的学习投入存在显著差异（$F=61.989$，$p<0.001$），大一年级师范生的学习投入水平明显高于其他年级，其次分别是大四、大二、大三年级的师范生，师范生的学习投入水平随年级增长呈现出先波动下降后有所回升的势态，且最终大四年级师范生与大一年级师范生的学习投入之间不存在显著差异。

1. 大一年级师范生的情感投入最高

由图 9-3 可知，大一年级师范生的情感投入均值为 4.02，方差分析结果也显示，其显著高于其他 3 个年级（$p<0.001$）。对其中的题项"我认为师范生的专业学习过程充满了乐趣"进行分析，大一年级师范生中选择"完全符合"的人数占 23.40%，大二、大三、大四年级师范生中选择"完全符合"的人数分别占 20.84%、18.16%、21.09%，这说明师范生在大一年级时学习热情最高，情感投入最多，而其情感投入的减少与认知投入和行为投入的下降相互影响。另外，对于题项"您对您所学专业的喜欢程度"，不同年级师范生的选择分布也呈现相同

的趋势，大一年级师范生中选择"非常喜欢"的人数占 24.20%，而大二、大三、大四年级师范生中选择"非常喜欢"的人数分别占 21.54%、19.01%、22.39%。师范生对自身专业的喜欢程度在不同年级之间存在差异，大一年级师范生对专业的喜欢程度最高，其对专业学习的投入程度也最高。

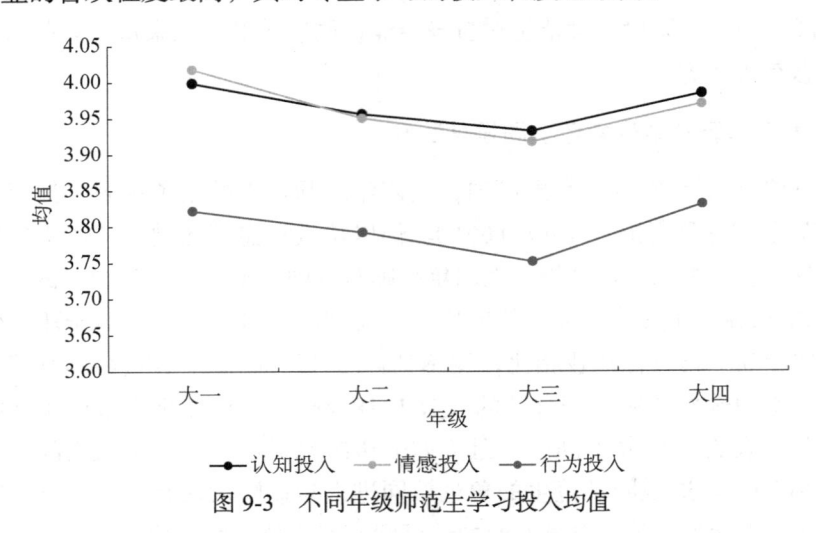

图 9-3 不同年级师范生学习投入均值

2. 大二、大三年级师范生的认知投入与行为投入显著下降

如表 9-37 所示，在认知投入方面，大二年级师范生的均值显著低于大一年级师范生（$p<0.001$），大三年级师范生的均值又显著低于大二年级师范生（$p<0.001$），师范生的认知投入水平连续两年下降，表明师范生在大一至大三的专业学习过程中降低了学习策略的使用，对自身的自我监控也有所松懈。在行为投入方面，大二年级师范生的均值显著低于大一年级师范生（$p<0.001$），大三年级师范生的均值又显著低于大二年级师范生（$p<0.001$），在该指标下的题项选择分布中，大二、大三年级师范生选择"完全不符合"的占比有所升高，选择"完全符合"的占比逐年降低，这说明师范生随着感情投入的减少及认知投入的降低，在专业学习过程中的主动性、专注性及研究性也显著降低。

表 9-37 不同年级师范生学习投入情况表 （单位：%）

项目	类别	完全不符合	完全符合
我经常主动与同学讨论教育教学现象	大一	0.86	20.74
	大二	0.91	19.31
	大三	0.98	16.90
	大四	1.00	20.26

续表

项目	类别	完全不符合	完全符合
学习时我达到了忘我的境界	大一	1.84	17.97
	大二	2.10	16.74
	大三	2.42	14.55
	大四	2.21	17.44
我经常运用教育研究方法解决教育科研问题	大一	0.87	20.43
	大二	0.93	18.75
	大三	1.07	16.39
	大四	0.97	19.36

（三）不同年级师范生专业能力的比较分析

此问卷中的专业能力部分包含 4 个一级指标，分别是学科转化能力、教学实践能力、综合育人能力以及反思研究能力，由参数检验及表 9-38 可知，不同年级师范生在这 4 个指标上存在显著差异（$p<0.001$）。

表 9-38　不同年级师范生专业能力差异均值表

类别	学科转化能力	教学实践能力	综合育人能力	反思研究能力
大一	3.78	3.90	3.94	3.91
大二	3.80	3.89	3.92	3.90
大三	3.81	3.91	3.93	3.90
大四	3.90	3.98	3.99	3.97
F 值	81.817***	53.170***	37.936***	47.220***

1. 大二年级师范生的专业能力最弱

由表 9-38 数据及多重比较可知，师范生的专业能力在大二年级时未得到显著提升，甚至有部分降低，如大二年级师范生的综合育人能力水平均显著低于大一年级师范生（$p<0.05$），由此造成了大二年级师范生的专业能力水平最低的局面。联系问卷其他维度均值的变化趋势可知，大二年级师范生的角色认同与学习投入水平均显著降低，因此，其专业能力的降低是有依据的。大一年级师范生初入校园，对自身的自信心及投入的精力较高，且大一、大二年级是积累专业知识的阶段，大部分师范院校均是课程任务较多而实践活动较少，师范生的专业能力水平可能因此无法得到切实提升。

2. 大三、大四年级师范生的专业能力显著提高

具体而言，在学科转化能力方面，大四年级师范生的均值显著高于其他3个年级的师范生（$p<0.001$），大二与大三年级的师范生之间不存在显著差异，大三年级的师范生的均值显著高于大一年级师范生（$p<0.05$）。例如，在"我知道拟任教学科的发展历史"这一题项上，大四年级师范生的均值（$M=3.77$）显著高于大一（$M=3.61$）、大二（$M=3.68$）和大三年级师范生（$M=3.67$），可以认为师范生在接受师范教育过程中逐年提升了自身的学科转化能力。在教学实践能力方面，大三年级师范生的均值显著高于大二年级师范生（$p<0.05$），大四年级师范生的均值显著高于其他年级的师范生（$p<0.001$）。对题项"我会依据课程标准进行教学"进行参数检验分析，发现大三（$M=3.93$）、大四年级（$M=4.00$）师范生的均值高于大一（$M=3.91$）、大二年级（$M=3.90$）师范生，表明师范生的教学实践能力在大三、大四年级得到了实质性的提升。在综合育人能力方面，大二年级师范生的均值显著低于（$p<0.01$）大一年级师范生，大三年级师范生的均值显著高于（$p<0.05$）大二年级师范生，大四年级师范生的均值又显著提升（$p<0.001$）。相较于大一、大二年级的专业课程学习，师范院校基本上都会将师范生的实习期安排在大三和大四两个学年，由此推测，师范生在实习阶段中发挥了专业知识，并锻炼了实践能力，经过大三和大四这两年理论与实践相联系的实习过程，师范生切实提升了专业能力，使得专业能力在毕业之际达到了较高水平。

（四）不同年级师范生职业愿景的比较分析

问卷中，职业愿景部分包含职业目标、职业期望与职业规划3个一级指标，其中，职业目标与职业规划下的题项为量表类题项，职业期望下的题项为选择题，通过对其中的量表类题项进行方差分析可知，不同年级师范生之间存在显著差异（$F=54.324$，$p<0.001$），即不同年级师范生的职业目标与职业规划存在显著差异（$p<0.001$）。

1. 大一年级师范生的职业目标与职业规划最为清晰

如图9-4所示，相较于其他3个年级，大一年级师范生的职业目标均值最高（$M=4.10$）。由多重比较结果可知，大二年级师范生显著低于大一年级师范生（$p<0.001$），大三年级师范生的均值显著低于大二年级师范生（$p<0.01$），大四年级师范生的均值显著高于大三年级师范生（$p<0.001$），但又显著低于大一年级师范生（$p<0.05$），因此，师范生的职业目标在大一时最为清晰，在大二、大三年

级时清晰度逐年减弱，在大四年级时有所回升，但依旧弱于大一年级。师范生在职业规划方面呈现出相似趋势，即在前3年，职业规划水平呈显著降低势态（$p<0.001$），在大四年级时有所回升，但仍显著低于大一年级（$p<0.05$）。

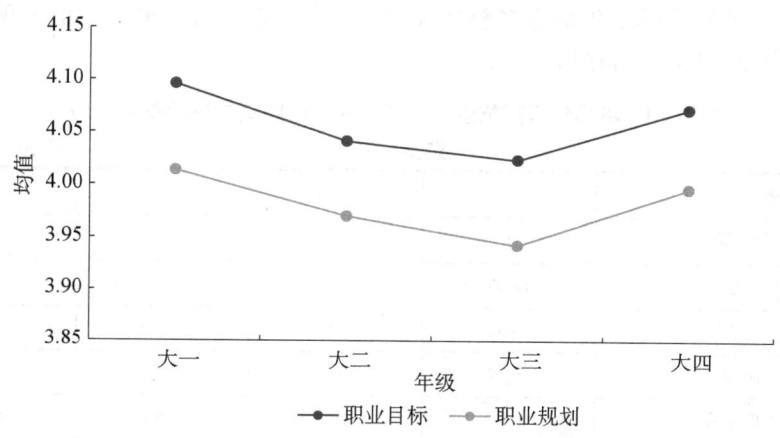

图9-4　不同年级师范生职业目标和职业规划均值

2. 不同年级师范生的就业意向随年级增长而逐年增强

对于职业期望维度下的题项"毕业后您的就业意向"，各年级师范生的选择分布如表9-39所示，可以看出，选择"直接就业"的师范生人数逐年上升，选择"继续深造"的师范生人数逐年降低，而选择"考公务员""自主创业""出国留学"的人数变化不大，选择"尚不清楚"的人数总体上逐年减少。由此可知，师范生的就业期望逐年上升，毕业方向也逐年明晰。

表9-39　不同年级师范生关于"毕业后您的就业意向"的选择分布　（单位：%）

就业意向	大一	大二	大三	大四
直接就业	36.88	39.00	43.46	53.39
继续深造	40.48	39.33	38.79	31.52
考公务员	6.25	5.23	4.98	6.52
出国留学	1.43	1.44	1.15	1.32
自主创业	1.33	1.30	0.92	0.96
尚不清楚	13.63	13.70	10.71	6.29

3. 不同年级师范生的就业选择概况整体相似

对于题项"毕业后您期望工作的单位"，各年级师范生的选择分布如表9-40所示，可以发现，4个年级中排在前3位的工作单位均为高中、初中、小学。师范教育主要为基础教育服务，随着年级的升高，师范生选择期望进入幼儿园、小学、初中及中职中专的人数呈上升趋势，而最初受最多人选择的高中的人数则逐年减少。此外，对于"您就业选择时更看重以下哪些因素"这一多选题，调查数据显示，不同年级师范生的选择整体相似，4个年级中选择最多的前3项均为薪酬福利、编制稳定及所在城市。

表 9-40　不同年级师范生关于"毕业后您期望工作的单位"的选择分布　　（单位：%）

期望工作单位	大一	大二	大三	大四
幼儿园	2.87	2.78	3.29	3.12
小学	14.88	14.18	13.16	17.42
初中	16.81	20.24	21.47	22.84
高中	40.72	36.79	37.24	31.43
中职中专	1.61	2.78	3.80	4.23
高等学校	12.38	12.91	11.40	10.00
校外培训机构	2.13	1.66	1.57	1.55
其他	8.60	8.66	8.08	9.42

（五）主要结论

以年级为变量对师范生的发展进行比较分析，发现不同年级师范生在角色认同、学习投入、专业能力及职业愿景之间存在显著差异。第一，在角色认同维度上，大一年级师范生的角色认同水平最高，大二、大三年级师范生的角色认同水平显著降低，大四年级师范生的角色认同水平显著提升。第二，在学习投入维度上，对其包含的3个指标进行多重比较结果，发现大一年级师范生的情感投入水平最高，其他3个年级师范生均为认知投入水平最高；在认知投入与情感投入指标上均为大一年级师范生得分最高，在行为投入指标上为大四年级师范生得分最高。第三，在专业能力维度上，大二年级师范生的专业能力最弱，大一与大三年级师范生的专业能力没有显著差异，大四年级师范生的专业能力最强。第四，在职业愿景维度上，通过分析问卷数据可知，不同年级师范生的就业选择状况相似，但大一年级师范生的职业目标与职业规划均最为清晰，大二、大三年级师范生的职业目标与职业规划较为模糊，大四年级师范生的职业目标与职业规划的较大二、大三年级有所回升。

五、不同区域师范生发展比较分析

在当今这个多元化和全球化的时代，教师的角色变得愈加复杂而关键。师范生作为未来教师队伍的中坚力量，其质量直接关系到下一代的成长与发展。特别是在我国"教育强国"的战略背景下，提升师范生培养质量已成为推动教育事业持续发展的关键环节。然而，由于我国地域辽阔，不同区域间的经济、文化、教育水平等差异显著，这些差异不可避免地会影响师范生的成长与发展。通过深入了解和比较不同区域师范生的特点，我们可以更好地制定有针对性的教育措施，激发师范生的内生动力，提高其综合素质，为我国教育事业的发展贡献力量。

本次调查问卷分为3个部分。第一部分大多为非量表题，通过填空题、单选题和多选题等题项了解受访者的背景信息。第二部分均为量表题，分为角色认同量表、学习投入量表、专业能力量表和职业愿景量表4个部分。每个量表都采用5点计分，大多数题目采用正向计分，即得分越高，师范生发展水平越高；少数题目采用负向计分，即得分越高，师范生发展水平越低。此外，在分析职业愿景这一维度的数据时，需综合考虑量表题与第一部分非量表题的结果得出结论。第三部分为开放式问题，受访者可根据自身情况阐述自身在发展过程中存在的主要问题。

（一）各地区师范生发展现状与比较

1. 各地区师范生发展现状与比较

根据我国经济社会加速发展的新形势，31个省份（不含港澳台）分为四大经济区域：东部地区、中部地区、西部地区和东北地区。在本书中，东部地区包括山东、浙江、河北、江苏、福建、广东、海南、北京、天津、上海；中部地区包括河南、山西、安徽、江西、湖北、湖南；西部地区包括新疆、宁夏、西藏、甘肃、青海、云南、贵州、陕西、四川、重庆、广西、内蒙古；东北地区包括黑龙江、吉林、辽宁。目前，各地区发展的主要内容为东部率先发展、西部大开发、中部崛起和东北振兴。

对各地区师范生发展现状进行分析，结果如表9-41所示。各地区师范生在角色认同、学习投入、专业能力、职业愿景上的得分均值都超过3，整体发展处于中等偏上水平，总体良好。其中，东北地区师范生的发展水平较高，东部、中部、西部地区师范生的发展水平基本持平，但东部师范生的发展水平相对较低。

表 9-41　四大地区师范生各维度得分情况

类别	东部地区 M	东部地区 SD	中部地区 M	中部地区 SD	西部地区 M	西部地区 SD	东北地区 M	东北地区 SD
角色认同	3.85	0.60	3.87	0.57	3.90	0.56	3.98	0.64
学习投入	3.83	0.65	3.85	0.63	3.87	0.62	3.99	0.68
专业能力	3.84	0.64	3.85	0.62	3.86	0.61	3.98	0.68
职业愿景	3.95	0.65	3.96	0.62	3.99	0.61	4.08	0.67

不同地区高校师范生的发展水平存在显著差异。根据调查数据，不同地区师范生的发展水平由高到低依次为东北地区、西部地区、中部地区、东部地区。方差分析结果表明，我国东部、中部、西部、东北地区师范生在角色认同（$F=190.35$，$p<0.05$）、学习投入（$F=288.27$，$p<0.05$）、专业能力（$F=245.77$，$p<0.05$）、职业愿景（$F=182.20$，$p<0.05$）4个方面均存在显著差异。具体而言，师范生整体角色认同水平的地区排名顺序为：东北地区＞西部地区＞中部地区＞东部地区。师范生整体学习投入水平的地区排名顺序为：东北地区＞西部地区＞中部地区＞东部地区。师范生整体专业能力水平的地区排名顺序为：东北地区＞西部地区＞中部地区＞东部地区。师范生整体职业愿景水平的地区排名顺序为：东北地区＞西部地区＞中部地区＞东部地区。

2. 各地区师范生角色认同发展现状与比较

角色认同是指师范生对自己作为未来教师的专业身份和角色的认知、接受和内化。角色认同包括师范生的从教潜质、从教意愿、从教意志和职业使命感4个指标。对4个指标进行方差分析，结果发现，不同地区师范生在从教潜质（$F=233.141$，$p<0.001$）、从教意愿（$F=155.816$，$p<0.001$）、从教意志（$F=230.204$，$p<0.001$）、职业使命感（$F=103.600$，$p<0.001$）上存在显著差异。

本研究将从教潜质分为个性特征和基础素质两个维度，将从教意愿分为从教选择和心理准备两个维度，将从教意志分为从教条件和从教承诺两个维度，将职业使命感分为导向力、意义价值和利他贡献3个维度。调查结果显示，东北地区师范生在从教潜质、从教意愿和从教意志3个维度上的得分均高于其他地区的师范生，而东部地区师范生在这3个维度上的得分普遍较低。其中，在职业使命感维度上，东北地区师范生在导向力和意义价值两个维度上的得分高于其他3个地区的师范生，而中部地区师范生在利他贡献维度上的得分最高，其次是东部地区和西部地区师范生，最后是东北地区师范生（图9-5）。

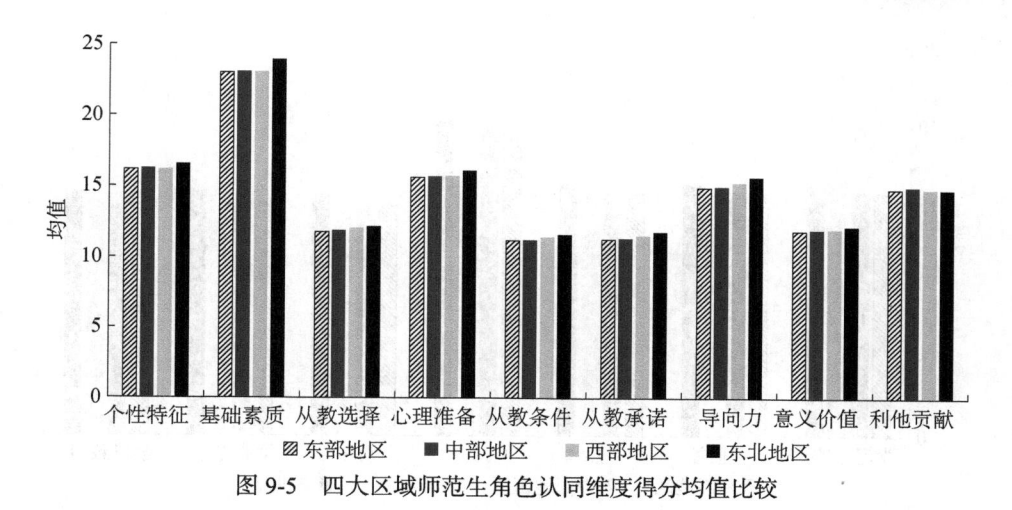

图 9-5 四大区域师范生角色认同维度得分均值比较

3. 各地区师范生学习投入发展现状与比较

对于师范生来说，学习投入意味着他们在专业学习中所付出的努力和时间，以及对于教育教学事业的热情和投入。学习投入包括认知投入、情感投入和行为投入 3 个指标。对 3 个指标进行方差分析，结果表明，不同地区师范生在认知投入（$F=208.134$，$p<0.001$）、情感投入（$F=206.957$，$p<0.001$）、行为投入（$F=365.834$，$p<0.001$）上存在显著差异。

本研究将认知投入分为学习策略和自我监控两个维度，将情感投入分为学习热情和学习韧性两个维度，将行为投入分为主动参与、学业专注和学以致用 3 个维度。调查结果显示，在认知投入和情感投入维度上，东北地区师范生得分均高于其他 3 个地区的师范生，中部地区和西部地区师范生得分接近，东部地区师范生得分最低。在行为投入维度上，东北地区师范生在主动参与和学业专注两个维度上的得分明显高于其他 3 个地区的师范生，中部地区和西部地区师范生得分接近，东部地区师范生得分最低；而在学以致用维度上，东北地区师范生得分最高，其次依次为西部地区、东部地区、中部地区师范生，见图 9-6。

4. 各地区师范生专业能力发展现状与比较

对于师范生来说，专业能力是他们所掌握的与教育教学相关的知识和技能，包括学科转化能力、教学实践能力、综合育人能力、反思研究能力 4 个指标。对 4 个指标进行方差分析，结果表明，不同地区师范生在学科转化能力（$F=279.485$，$p<0.001$）、教学实践能力（$F=215.470$，$p<0.001$）、综合育人能力（$F=210.866$，$p<0.001$）、反思研究能力（$F=227.459$，$p<0.001$）上存在显著差异。

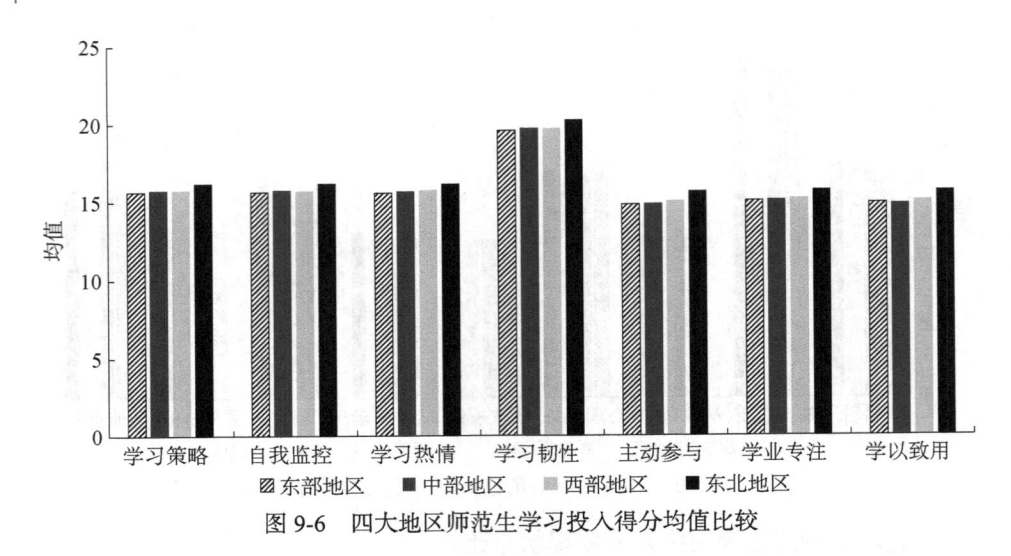

图 9-6 四大地区师范生学习投入得分均值比较

本研究将学科转化能力分为学科理解和学科整合两个维度，将教学实践能力划分为教学设计和教学实施两个维度，将综合育人能力分为立德树人和心理辅导两个维度，将反思研究能力分为诊断调控和研究创新两个维度。

调查结果显示，在学科转化能力维度上，东北地区师范生得分均高于其他3个地区的师范生，其中，在学科理解维度上，除东北地区师范生外，其他3个地区师范生得分均值由高到低依次为西部地区、中部地区、东部地区师范生；在学科整合维度上，除东北地区师范生外，其他3个地区师范生的得分均值由高到低依次为西部地区、东部地区、中部地区师范生。在教学实践能力维度，东北地区师范生得分均高于其他3个地区的师范生，中部地区和西部地区师范生得分接近，东部地区师范生得分最低。在教学实践能力维度上，东北地区师范生得分均高于其他3个地区的师范生，其中，在教学设计维度上，除东北地区师范生外，其他3个地区师范生得分均值由高到低依次为西部地区、中部地区、东部地区师范生；在教学实施维度上，除东北地区师范生外，其他3个地区师范生得分均值由高到低依次为西部地区、东部地区、中部地区师范生。在综合育人能力维度上，东北地区师范生得分均高于其他3个地区的师范生，中部地区和西部地区师范生得分接近，东部地区师范生得分最低。在反思研究能力维度上，东北地区师范生得分均高于其他3个地区的师范生，其中，在诊断调控维度上，除东北地区师范生外，其他3个地区师范生得分均值由高到低依次为中部地区、西部地区、东部地区师范生；在研究创新维度上，除东北地区师范生外，其他3个地区师范生得分均值由高到低依次为西部地区、东部地区、中部地区师范生（图9-7）。

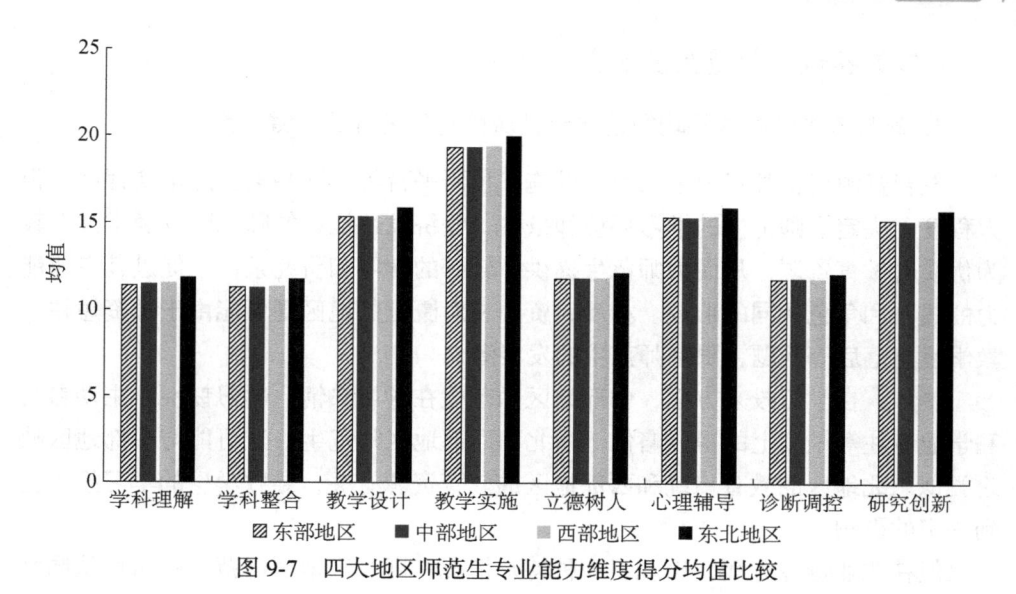

图 9-7　四大地区师范生专业能力维度得分均值比较

5. 各地区师范生职业愿景发展现状与比较

职业愿景是师范生对未来职业发展的规划和期望，是他们对自己未来职业生涯的设想和向往，包括职业目标、职业期望、职业规划 3 个指标。对 3 个指标进行方差分析，结果表明，不同地区师范生在职业目标（$F=113.105$，$p<0.001$）、职业规划（$F=216.658$，$p<0.001$）上存在显著差异。

本研究将职业目标分为国家指向和专业追求两个维度，将职业规划分为规划制定和规划实施两个维度。调查结果显示，在这两个维度上，东北地区师范生得分最高，其次依次为西部地区、中部地区、东部地区师范生（图 9-8）。

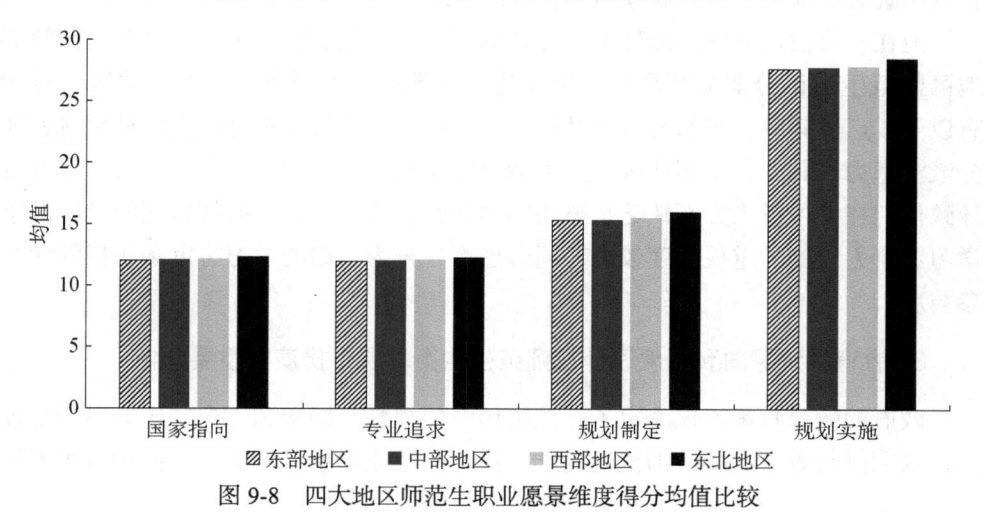

图 9-8　四大地区师范生职业愿景维度得分均值比较

（二）各地区师范生发展差异的影响因素

1. 教育资源分配的不均衡是导致区域师范生差异的关键因素

教育资源包括师资力量、教学设施、科研平台等，这些资源的丰富程度在很大程度上决定了师范生的学习环境和条件。经济发达地区的师范院校通常拥有较为优质的教育资源，从而为师范生提供了较好的学习和研究条件，促进其专业能力的提升和角色认同的形成。相反，资源相对匮乏的地区则可能由于师资短缺、教学设施落后等问题，限制师范生的发展潜力。

例如，在学习投入方面，中部地区师范生在学习热情、学习韧性、主动参与和学业专注等维度上的得分略低于东北和西部地区师范生。这可能与中部地区缺乏类似东北地区的教育传统和西部地区的教育资源有关，导致学生的学习投入受到一定的影响。

但在职业选择方面，出现了一种特殊情况，即东部地区师范生的角色认同水平普遍低于西部和中部地区师范生，这可能是由于东部地区教育资源丰富，导致师范生面临的竞争压力较大，从而影响了他们的职业选择和承诺。

2. 经济发展水平的差异是影响师范生发展的基础性因素

经济发展水平高的地区通常可以提供更多的就业机会和更高的薪酬待遇，这不仅能吸引优秀的师范生投身教育行业，也能激发他们在学习过程中的积极性和主动性。此外，经济的繁荣往往伴随着教育投入的增加，这为师范生提供了更多的进修和研修机会，有助于其专业能力的提升。而经济欠发达地区则可能面临教育资源匮乏、师资力量薄弱等问题，限制了师范生的专业发展。

但在学习投入方面，出现了一种特殊情况，即经济发展水平相对落后的西部地区师范生的得分要显著高于经济发达的东部地区的师范生。究其原因，可能有以下3点。其一，东部地区的经济发展较快，学生可能更容易受到外部诱惑和分散注意力。其二，东部地区学生可能更容易获得各种学习资源和机会，但这也导致他们在学习投入方面缺乏足够的动力和紧迫感。其三，西部地区的学生对于学习和个人发展的重视程度较高，同时也有着较为坚韧的学习态度和积极的学习参与度。

3. 教育政策导向和制度设计在师范生均衡发展中扮演着重要角色

政府的教育政策不仅决定了师范生培养的规模、结构和方向，还通过资金投入、政策倾斜等方式影响师范生的学习投入和职业远景。例如，一些地区可能实施更为优惠的师范生资助政策，或者提供特定的就业指导和服务，这些都有助于师范生形成积极的学习态度和明确的职业规划。

例如，在职业愿景方面，西部地区师范生在规划制定和实施方面表现较好，但在国家指向和专业追求方面还有提升空间，这可能是因为政府和教育部门对该地区的教育发展给予了更多的支持和指导，但还需要在国家指向和专业追求方面加以引导和提升。

4. 地域文化差异是影响师范生发展的重要因素

不同地区的文化背景、教育观念和社会价值观的差异，会影响师范生的自我认同和对待学习的态度。一些地区的文化可能更加强调集体主义和社会责任感，而另一些地区可能更注重个人主义和自我实现。这种文化差异会导致师范生在角色认同和学习投入上的差异，进而影响他们的专业发展和职业选择。

例如，东北地区师范生在个性特征、基础素质、从教选择、从教条件、从教承诺、导向力、意义价值等方面表现出较高的角色认同，就可能与该地区对教师职业的社会地位认可以及地方文化中对教育的重视有关；在利他贡献方面的落后可能反映了该地区师范生对于服务社会、无私奉献的精神培养不足，或者是社会环境对于利他行为的支持和激励不够。

5. 师范教育培养模式是影响师范生均衡发展的重要因素

师范教育培养模式决定了师范生如何获得知识和技能，以及如何将这些知识和技能应用于未来的教育实践中。不同的培养模式可能强调不同的教育理念和教学方法，从而影响师范生的专业能力。

例如，在专业能力方面，东北地区师范生在教学实施维度上的得分最高，其次是心理辅导、教学设计和研究创新，说明东北地区师范教育比较注重实践教学，注重培养学生的实际教学能力，也注重心理辅导和研究创新能力的培养，注重培养学生的全面素质和综合能力。同时，东北地区师范生在立德树人、诊断调控、学科理解和学科整合等维度上的得分也相对较高，这表明东北地区的师范教育比较注重立德树人，注重学科知识的系统性和完整性，注重培养学生的教学设计能力和课程整合能力。

6. 师范生个人因素的影响也不容忽视

个人因素包括个体的背景、价值观、兴趣、动机和自我效能感等方面的差异。这些个人因素会影响师范生的学习态度和努力程度，进而影响他们的专业能力和职业发展。例如，个人背景包括个人的家庭背景、教育经历等，这些因素可能影响师范生的学习动机和职业规划。比如，一些来自教育世家的师范生可能对教育事业有更强的使命感和责任感，更愿意投入时间和精力来提升自己的专业能力。

（三）各地区师范生水平均衡发展的对策

在当今教育环境中，如何确保各地师范生水平均衡发展，是摆在我们面前的重要课题。针对这一问题，我们需要从以下几个方面着手，以构建更加公平、高效、富有活力的师范生培养体系。

第一，优化教育资源分配。加强中央和地方政府的协调，确保教育资源在不同地区间的均衡分配。鼓励优质师资的跨地区流动，通过教师交流、支教等方式，提升欠发达地区的师资水平。加大对教学设施和科研平台的投入，特别是在中西部地区，确保师范生有良好的学习和研究环境。

第二，促进经济发展与教育投入相协调。经济发展较快的地区应增加对教育的投入，避免经济繁荣带来的教育资源分散和师范生学习动力下降的问题。经济欠发达地区应利用政策优势，吸引外部投资，提升当地教育水平，为师范生提供更多发展机会。

第三，完善教育政策导向和制度设计。制定更加明确和具体的师范生培养政策，包括资助政策、就业指导等，确保师范生有明确的发展路径。加强对师范生职业规划和角色认同的引导，特别是在西部地区，提升师范生的国家指向和专业追求。

第四，尊重并融合地域文化差异。在师范生培养过程中，注重融入地方文化元素，培养师范生对当地教育环境的适应性和认同感。加强不同地区师范生之间的交流与合作，促进文化交融，提升师范生的综合素质。

第五，创新师范教育培养模式。探索多样化的师范教育培养模式，如校企合作、产学研结合等，提升师范生的实践能力和创新能力。针对不同地区的实际需求，调整师范教育的内容和方式，确保师范生能够适应当地的教育环境。

第六，关注师范生个人因素，实施个性化培养。了解师范生的个人背景和兴趣需求，为他们提供个性化的学习和发展建议。加强师范生的心理健康教育，提升他们的学习动力和自信心，帮助他们更好地应对学习和生活中的挑战。

六、不同类型高校师范生发展比较分析

本研究中的高校类型分为六大类，即部属师范大学、省属师范大学、地方师

范院校、综合性大学、高等专科学校、其他。本研究共搜集了 80 536 份有效数据，其中部属师范大学的数据为 10 040 份，占总调查人数的 12.47%；省属师范大学的数据为 44 973 份，占总调查人数的 55.84%；地方师范院校为 16 170 份，占总调查人数的 20.08%；综合性大学为 3787 份，占总调查人数的 4.70%；高等专科学校为 5132 份，占总调查人数的 6.37%；其他为 434 份，占总调查人数的 0.54%，具体分析如下。

（一）不同高校类型师范生发展情况基本描述

1. 不同高校类型师范生发展总体状况

本次调查发现，6 种高校类型的师范生发展水平均较好，部属师范大学优于省属师范大学、地方师范院校、综合性大学、高等专科学校与其他。师范生发展水平主要通过 4 个维度进行考察，即角色认同度、学习投入度、专业能力水平和职业愿景。在这 4 个维度中，6 种高校类型的师范生在职业愿景维度上的均值差异较大，在其他 3 个维度上的均值差异较小。具体分析，第一，在角色认同维度上，部属师范大学师范生（$M=3.95$，$SD=0.57$）的发展水平略高于省属师范大学（$M=3.92$，$SD=0.61$）、地方师范院校（$M=3.90$，$SD=0.62$）、高等专科学校（$M=3.89$，$SD=0.57$）、综合性大学（$M=3.89$，$SD=0.60$）和其他师范生（$M=3.78$，$SD=0.70$）。第二，在学习投入维度上，省属师范大学师范生的发展水平（$M=3.92$，$SD=0.64$）略高于部属师范大学（$M=3.91$，$SD=0.63$）、地方师范院校（$M=3.91$，$SD=0.65$）、综合性大学（$M=3.90$，$SD=0.63$）、高等专科学校（$M=3.89$，$SD=0.61$）和其他师范生（$M=3.79$，$SD=0.74$）。第三，在专业能力维度上，部属师范大学师范生（$M=3.92$，$SD=0.62$）的发展水平高于省属师范大学（$M=3.91$，$SD=0.64$）、地方师范院校（$M=3.89$，$SD=0.64$）、综合性大学（$M=3.87$，$SD=0.63$）、高等专科学校（$M=3.84$，$SD=0.62$）和其他师范生（$M=3.76$，$SD=0.73$）。第四，在职业愿景维度上，部属师范大学师范生（$M=4.07$，$SD=0.61$）的发展水平远高于省属师范大学（$M=4.02$，$SD=0.64$）、地方师范院校（$M=3.99$，$SD=0.64$）、综合性大学（$M=3.98$，$SD=0.64$）、高等专科学校（$M=3.96$，$SD=0.61$）和其他师范生（$M=3.88$，$SD=0.71$）。

2. 不同高校类型师范生角色认同发展现状

本次调查发现，6 种高校类型的师范生角色认同度较高，部属师范大学师范生的角色认同度最高（$M=3.95$，$SD=0.57$）。师范生角色认同度主要通过 4 个维度考察，即从教潜质、从教意愿、从教意志和职业使命感。其中，6种高校类型的师范生在从教潜质和从教意愿维度上的均值要高于从教意志和职业使命感。

根据调查结果，在从教潜质维度上，部属师范大学师范生的发展水平与省属师范大学师范生发展水平相同，且高于地方师范院校、综合性大学、高等专科学校和其他。在从教意愿维度上，部属师范大学师范生的发展水平高于省属师范大学、地方师范院校、高等专科学校、综合性大学和其他。在职业使命感维度上，部属师范大学师范生的发展水平高于省属师范大学、地方师范院校、综合性大学、高等专科学校和其他。但是，在从教意志维度上，高等专科学校师范生的均值最高，其次是地方师范院校，然后依次是部属师范大学、省属师范大学、综合性大学和其他。

3. 不同高校类型师范生学习投入发展现状

总体来看，部属师范大学师范生的学习投入发展水平较高（M=3.91，SD=0.63）。本研究中，学习投入主要通过认知投入、情感投入、行为投入3个维度进行观测，其中6种高校类型师范生在认知投入和情感投入维度上的均值要远高于行为投入均值。根据调查结果，在认知投入和情感投入维度上，部属师范大学师范生的均值要高于省属师范大学、地方师范院校、综合性大学、高等专科学校和其他师范生。在行为投入维度上，地方师范院校学生的均值最高，其次依次是省属师范大学、综合性大学和高等专科学校师范生，最后是部属师范大学和其他师范生。

4. 不同高校类型师范生专业能力发展现状

总体来看，部属师范大学师范生的专业能力发展水平总体较高（M=3.92，SD=0.62）。本研究中，专业能力维度主要通过学科转化能力、教学实践能力、综合育人能力、反思研究能力4个维度进行观测。其中6种高校类型师范生在教学实践能力、综合育人能力与反思研究能力维度上的均值要明显高于学科转化能力均值。根据调查结果，在学科转化能力维度上，部属师范大学师范生的发展水平最高，随后依次是省属师范大学、地方师范院校、综合性大学、高等专科学校和其他师范生。在教学实践能力、综合育人能力和反思研究能力维度上，6种高校类型的师范生均表现出上述趋势。

5. 不同高校类型师范生职业愿景发展现状

总体来看，部属师范大学师范生的职业愿景发展水平较高（M=4.07，SD=

0.61）。本研究中，职业愿景维度主要通过职业目标与职业规划两个维度进行观测。其中，6种高校类型师范生在职业目标维度上的均值要高于职业规划均值。根据调查结果，部属师范大学师范生在职业目标和职业规划维度上的均值远高于省属师范大学师范生，随后依次是地方师范院校、综合性大学、高等专科学校和其他师范生。

（二）不同高校类型师范生发展情况多维度差异分析

1. 不同高校类型师范生发展水平的比较分析

不同高校类型师范生的发展水平存在差异，见表9-42。根据调查数据，不同高校类型师范生的发展水平由高到低依次为部属师范大学、省属师范大学、地方师范院校、综合性大学、高等专科学校及其他。单因素方差分析和平均值相等性稳健检验结果显示：在角色认同、专业能力、职业愿景维度上，不同高校类型师范生的发展水平由高到低依次为部属师范大学、省属师范大学、地方师范院校、综合性大学、高等专科学校和其他师范生。在学习投入维度上，省属师范大学师范生的发展水平最高，随后依次是部属师范大学和地方师范院校、综合性大学、高等专科学校和其他师范生。

表9-42 不同高校类型师范生发展各项差异均值表

高校类型	角色认同	学习投入	专业能力	职业愿景
部属师范大学	3.95	3.91	3.92	4.07
省属师范大学	3.92	3.92	3.91	4.02
地方师范院校	3.90	3.91	3.89	3.99
综合性大学	3.89	3.90	3.87	3.98
高等专科学校	3.89	3.89	3.84	3.96
其他	3.78	3.79	3.76	3.88
F值	17.362***	6.175***	21.053***	36.094***

2. 不同高校类型师范生角色认同度的比较分析

不同高校类型师范生在角色认同度上存在一定差异，见表9-43。单因素方差分析结果显示，在从教潜质上，不同高校类型师范生的发展水平存在显著差异，部属师范大学和省属师范大学师范生均值相同、地方师范院校和综合性大学师范生均值相同，随后是高等专科学校和其他师范生。在职业使命感上，由高到低依次为部属师范大学、省属师范大学、地方师范院校、综合性大学、高等专科学校和其他师范生。在从教意愿上，不同高校类型师范生的发展水平由高到低依次为部属师范大学、省属师范大学师范生，地方师范院校和高等专科学校师范生持平，最后是综合性大学和其他师范生。在从教意志上，高等专科学校师范生的发展水平最高，随后依次是地方师范院校、部属师范大学和省属师范大学、综合性大学、其他师范生。

表9-43 不同高校类型师范生角色认同各项差异均值表

高校类型	从教潜质	从教意愿	从教意志	职业使命感
部属师范大学	4.00	4.07	3.82	3.93
省属师范大学	4.00	3.99	3.82	3.86
地方师范院校	3.97	3.97	3.83	3.84
综合性大学	3.97	3.96	3.80	3.83
高等专科学校	3.92	3.97	3.87	3.82
其他	3.84	3.83	3.74	3.71
F值	22.019***	39.055***	6.418***	45.489***

3. 不同高校类型师范生学习投入度的比较分析

不同高校类型师范生在学习投入度上存在一定差异，见表9-44。单因素方差分析结果显示，不同高校类型师范生的认知投入均值由高到低依次为部属师范大学、省属师范大学、地方师范院校、综合性大学、高等专科学校和其他师范生。不同高校类型师范生的情感投入均值由高到低依次为部属师范大学、省属师范大学、地方师范院校、综合性大学、高等专科学校和其他师范生。不同高校类型师范生的行为投入均值由高到低依次为地方师范院校、省属师范大学、综合性大学和高等专科学校、部属师范大学、其他师范生。

表9-44 不同高校类型师范生学习投入各项差异均值表

高校类型	认知投入	情感投入	行为投入
部属师范大学	3.99	3.98	3.76
省属师范大学	3.98	3.97	3.80
地方师范院校	3.96	3.96	3.82
综合性大学	3.95	3.95	3.79
高等专科学校	3.93	3.94	3.79
其他	3.83	3.84	3.72
F值	14.789***	8.519***	10.036***

4. 不同高校类型师范生专业能力发展水平的比较分析

不同高校类型师范生在专业能力发展上存在一定差异，见表9-45。单因素方差分析结果显示，不同高校类型师范生在学科转化能力、教学实践能力、综合育人能力、反思研究能力水平上，由高到低依次为部属师范大学、省属师范大学、地方师范院校、综合性大学、高等专科学校和其他师范生。

表9-45 不同高校类型师范生专业能力各项差异均值表

高校类型	学科转化能力	教学实践能力	综合育人能力	反思研究能力
部属师范大学	3.84	3.94	3.96	3.95
省属师范大学	3.82	3.92	3.96	3.93
地方师范院校	3.81	3.89	3.94	3.91
综合性大学	3.78	3.88	3.93	3.89
高等专科学校	3.75	3.85	3.89	3.85
其他	3.70	3.75	3.81	3.78
F值	14.940***	25.427***	16.176***	25.423***

5. 不同高校类型师范生职业愿景维度的比较分析

不同高校类型师范生在职业愿景维度上存在一定差异，见表9-46。单因素方差分析结果显示，不同高校类型师范生在职业目标和职业规划上由高到低依次为部属师范大学、省属师范大学、地方师范院校、综合性大学、高等专科学校和其他师范生。

表9-46 不同高校类型师范生职业愿景各项差异均值表

高校类型	职业目标	职业规划
部属师范大学	4.15	4.00
省属师范大学	4.06	3.97
地方师范院校	4.03	3.96
综合性大学	4.02	3.93
高等专科学校	4.00	3.92
其他	3.91	3.85
F值	57.483***	18.465***

（三）高校师范生发展水平的影响因素分析

定量数据分析结果显示，不同高校类型师范生的整体发展水平差异较小。下文结合课题组取得的访谈数据，试图理解影响师范生角色认同、学习投入、专业能力和职业愿景的因素。由于时间及各种客观原因，受访师范生的院校主要包括部属师范大学、省属师范大学和地方师范院校。

1. 师范生教师角色认同的影响因素

师范生身份认同不仅是师范生为职前培养过程赋予意义的来源和学习的动力，也是衡量师范生培养质量的重要因素。[1]分析访谈结果发现，师范生教师角色认同的影响因素主要有个人情感体验、职业认知和重要他人3个方面。

（1）个人情感体验

师范生的个人经验会对教师角色认同产生影响，比如：

我平时在寒暑假会做一些兼职，去教学生一些音乐方面的知识，当老师让我很有成就感，尤其是看到学生成绩提升时更是如此。（师范生 N-C-0-05）

此外，师范生的个人情感也会对教师角色认同产生影响，比如：

我个人比较喜欢教师这个职业，因为高考的时候，我既然选择以这个分数来读西南大学的公费师范生，心里自然是比较喜欢的。（师范生 M-D-1-01）

（2）职业认知

师范生对教师职业的认知影响他们的教师角色认同，比如：

我觉得薪资不是特别影响我，反而是教师职业的寒暑假让我比较心动。（师范生 N-C-0-05）

此外，师范生对整个社会的外部环境感知也会影响他们的教师角色认同度，如某师范生基于现实就业环境的考量，选择报考公费师范生，认同教师职业，比如：

重庆大的就业形势不是很好，考编还是挺难的，特别是在重庆主城区，但是公费师范生是包分配的。（师范生 M-D-1-01）

（3）重要他人

师范生的教师角色认同还受到成长过程中重要他人的影响，这种影响起到正面榜样的激励作用。比如，师范生对教师角色的高认同就深受自己学习生涯中接触到的好教师的影响。

我从小到大遇到的老师都很好，对我的影响特别深，老师在我的生活中扮演着一个特别重要的角色，日积月累，我也想成为一个好教师。（师范生 M-D-0-03）

除教师外，很多师范生还深受家里人的影响，立志做教师。

---

[1] 赵明仁. 先赋认同、结构性认同与建构性认同[J]. 教育研究，2013（6）：78-85.

我奶奶就是一名语文老师，我从小和她一起生活。受她的影响，我认为教师是一个很重要的职业。（师范生 N-C-0-05）

2. 师范生学习投入的影响因素

学习投入是一种与学习相关的积极、充实的精神状态，表现在个体学习时具有充沛的精力和良好的心理韧性，认识到学习的意义，对学习充满热情，沉浸于自己的学习之中。[1] 已有研究发现，学习投入受个体因素和环境因素的影响。本研究发现，师范生学习投入受到师范生个人维度、课程维度与外部环境维度三重因素的交织影响。

（1）个人维度

个人维度既包括个体内部动因，如个人兴趣，自我成就感，也包括客观因素，如学业的繁忙程度，比如：

我们在大三开始准备考教师资格证，备考各类证书，所以大三会自主形成一种学习动力，大家会关注就业方向以及考研动向这一类信息，会逐渐学习这类知识，并产生一定的学习行为。（师范生 U-C-0-07）

此外，师范生在学习过程中获得的成就感也会正向加强他们的学习投入，比如：

自己完成一幅美术作品后获得一种成就感，接下来就会投入更多。（师范生 U-C-0-07）

大一师范生在从高中向大学学习场域过渡的适应期阶段也会增加学习投入，比如：

大一很焦虑，因为大学的学习方法和高中的不太一样，所以需要自己投入更多的时间精力。（师范生 U-C-0-07）

另外，大多数师范生会因为期末考试而增加学习投入，比如：

一般期末的时候会投入很多，因为要考试了。（师范生 D-A-0-01）

（2）课程维度

师范生的学习投入会受到课程的难度、有用性、重要性的影响，比如：

有一门教师技能课，干货特别多，这门课我投入也比较多，收获也是最大的。我会主动翻资料、记笔记、找案例以及和老师讨论。（师范生 M-D-0-01）

我在专业课上投入较多，比如，在没有课的时候去画室提升自己的技能。（师范生 U-C-0-07）

---

[1] 何瑾，王一诺，庄明科，等. 大学新生学习投入的影响因素和辅导策略[J]. 教育学术月刊，2021（1）：85-90.

此外，课程的难度也会影响师范生的学习投入，比如：

有一门课考试难度很大，老师讲的内容比较少，难以满足期末考核的要求，所以我只能在 B 站上找资料，自己学习。（师范生 M-D-0-01）

（3）外部环境维度

师范生的学习投入会受外部就业环境的影响，比如：

影响我学习投入的因素有很多，比如，很多学校把奖学金设置成一个就业门槛，所以，为了找到好工作，只能努力学习去争取奖学金。（师范生 M-B-1-02）

另外，教师的正反馈也会增加师范生的学习投入，比如：

如果老师给予我很多正面评价，那么相应地我在那门课上也会投入更多。（师范生 U-C-0-07）

3. 师范生专业能力的影响因素

师范生认为学科知识与教师基本技能是职前阶段应该培养的专业能力，而与家长、校长等交流沟通的能力，以及应对突发情况的能力是可以在工作后真实的场域中慢慢锻炼的。根据师范生访谈结果，专业能力与个人素养之间存在一定的相关性，比如：

我性格比较开朗，工作能力也稍微强一些，我觉得我在面对别人、学生以及一些重大场合的时候不太会胆怯。工作后如果遇到一些突发情况，我也不会太紧张、太焦虑。（师范生 U-C-0-07）

4. 师范生职业愿景的影响因素

总体来看，师范生会根据自己的年龄和教师工作的周期性来做职业规划，比如：

30 岁之前，我会努力多拿一些含金量高的奖项。另外，小学阶段是一个周期性的过程，每个班需要跟 6 年，所以我也希望自己带的第一届学生能让我在教学上更成熟。（师范生 M-D-0-01）

省属师范大学师范生会将"成为教师"作为职业规划的分水岭，比如：

学校毕业的一些基本门槛是获得英语四级、普通话证书二级，所以在大二的时候我想把这类证书都考完，大三的专业课相对于大一、大二会有所减少，我想利用这些空余时间在自己将来所要从事的学科专业上继续深耕。成为教师之后，我会更加关注学生常规性的班级管理事宜，课堂上更加专注提升课堂教学质量。（师范生 D-B-0-05）

地方师范院校师范生的职业规划有明显的工作导向色彩，比如：

我今后想考研,所以会专注提升自己的专业水平,拓宽自己的知识见解。如果还有时间的话,我希望能教小朋友画画,积攒自己授课的勇气。同时,我也要多参与学校开展的关于教师口语培训的课程,多上台,让自己变得更加大方、自信,只有这样,才能把自己的专业水平展现出来。(师范生 U-B-0-06)

此外,师范生职业规划还受工作环境因素的影响,如薪资、工作后可自由支配的时间、学校的环境与位置等。

七、师范与非师范专业师范生发展比较分析

师范生通常在大学期间需要接受专业的教育训练,包括教育学、心理学、学科教学法等课程,并且通常在学习期间需要完成一定的实习或教育实践,以便获得实际的教学经验,为未来的从教生涯做好准备。本研究中的非师范生是指在大学期间并未选择师范类专业,但是在此期间通过各种途径获取了教育学和教学法知识,以培养自身教育教学能力的学生。这些学生可能主修数学、物理、化学、生物、历史、地理等非教育类专业,但是在大学期间参加了教师教育类课程、实习等,以掌握教师所需的专业知识和技能。

教师资格制度开放化改革后,我国教师队伍中的非师范生数量增多。为全面了解师范生和非师范生发展的现实样态,本研究以师范生的教育专业背景为切入点,对师范生的角色认同、学习投入、专业能力以及职业愿景等 4 个关键维度进行了细致的分析。调查问卷采用利克特五点量表计分,完全不符合、比较不符合、不确定、比较符合和完全符合分别计为 1、2、3、4 和 5 分,个别题目使用反向计分。本研究数据均在 SPSS 26.0 软件中进行统计处理。

(一)样本信息

从师范生的教育专业背景来看,本研究数据包括 4621 份非师范生数据和 80 536 份师范生数据,师范生样本的教育专业背景情况如表 9-47 所示。其中,被调查样本中,非师范生数量较少,约占 5.43%;师范生约占 94.57%。整体来看,不同教育专业背景的师范生占比情况基本符合实际,可对师范生与非师范生发展状况进行差异分析。

表 9-47　师范生样本的教育专业背景情况

维度	n	百分比/%
非师范生	4 621	5.43
师范生	80 536	94.57

（二）师范与非师范专业师范生发展情况基本描述与分析

1. 师范生角色认同度较高

对从教潜质这一题项得分进行独立样本 t 检验，结果表明，师范生、非师范生的从教潜质存在显著差异（$t=8.692$，$p<0.001$）。对从教意愿这一题项得分进行独立样本 t 检验，结果表明，师范生、非师范生的从教意愿存在显著差异（$t=22.68$，$p<0.001$）。对从教意志这一题项得分进行独立样本 t 检验，结果表明，师范生、非师范生的从教意志存在显著差异（$t=14.098$，$p<0.001$）。对职业使命感这一题项得分进行独立样本 t 检验，结果表明，师范生、非师范生的职业使命感存在显著差异（$t=21.237$，$p<0.001$）。

师范生、非师范生的角色认同维度均值如图 9-9 所示，总体来看，师范生的角色认同水平显著高于非师范生。具体来看，师范生在个性特征、基础素质、从教选择、心理准备、从教条件、从教承诺、导向力、意义价值、利他贡献方面的均值都显著高于非师范生。由此可见，师范生拥有更加适应教师角色的性格特点和素质；对于教师职业具有更强烈的意愿和向往；在职业意志上表现出坚定的态度，展现出更加高尚的职业情操；对工作的价值感和使命感有着更深刻的理解与认同。

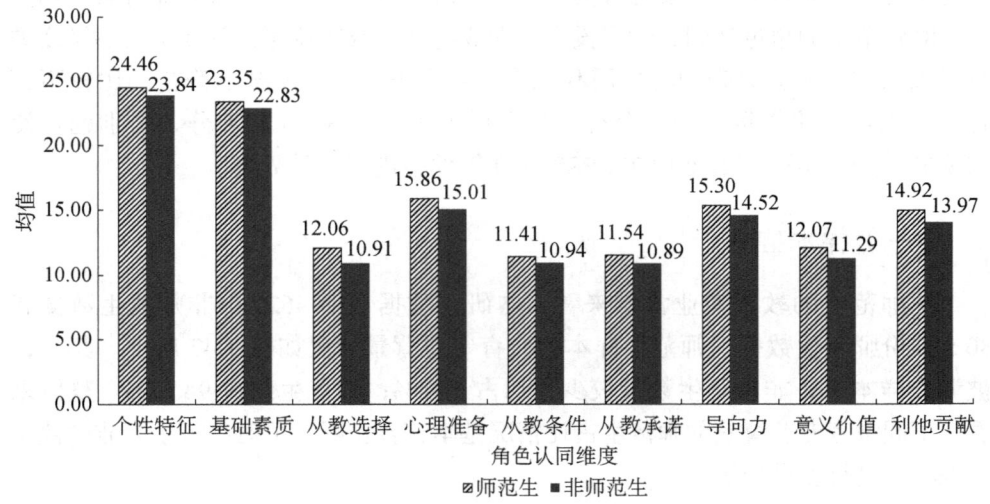

角色认同维度	师范生	非师范生
个性特征	24.46	23.84
基础素质	23.35	22.83
从教选择	12.06	10.91
心理准备	15.86	15.01
从教条件	11.41	10.94
从教承诺	11.54	10.89
导向力	15.30	14.52
意义价值	12.07	11.29
利他贡献	14.92	13.97

图 9-9　师范生、非师范生的角色认同维度均值

综上所述，师范教育在塑造师范生专业特质方面取得了显著成效，进一步印证了师范教育体系在培育合格教师方面的独特功能。在师范专业的学术旅程中，

师范生不仅专注于积累学科知识和提升教学能力，更关键的是，学校致力于培育他们崇高的师德和为人师表的担当能力。教师的个人品质对学生的品德塑造具有深远的影响。相较之下，非师范生在大学期间往往缺乏系统的职业道德教育，且缺少实际的教学实习经验，难以深入领会教师的内在职责和使命。因此，师范生必须不断加深对教师角色的认同。而对于非师范生而言，若要走上教师岗位，就必须深刻理解教师的内涵，从而建立起坚定的角色认同。这一认识对于非师范生未来的教育职业发展至关重要。

2. 师范生学习投入度较高

对认知投入这一题项得分进行独立样本 t 检验，结果表明，师范生、非师范生的认知投入水平存在显著差异（$t=8.760$，$p<0.001$）。对情感投入这一题项进行独立样本 t 检验，结果表明，师范生、非师范生的情感投入水平存在显著差异（$t=11.622$，$p<0.001$）。对行为投入这一题项得分进行独立样本 t 检验，结果表明，师范生、非师范生的行为投入水平存在显著差异（$t=4.056$，$p<0.001$）。

师范生、非师范生的学习投入维度均值如图9-10所示，总体来看，师范生的学习投入均值显著高于非师范生。具体来看，师范生在学习策略、自我监控、学习热情、学习韧性、主动参与、学业专注、学以致用方面的均值都显著高于非师范生。由此可见，师范生不仅能够更加熟练地掌握和运用科学的学习策略，而且能够有意识地对自己的学习过程进行有效的监控与调整；在学习过程中展现出更为积极的心态，无论是对待学习内容还是周围环境，都表现出不畏艰难、敢于突破的精神；能够将被动接受知识转变为主动探求知识，全身心地投入到学术研究中。更为重要的是，师范生的投入不仅限于吸收和理解知识，还能够主动地将所学知识合理运用到实际情境中，从而真正实现学以致用。这种将理论与实践相结合的能力，无疑极大地增强了师范生的教育实践能力和专业素养，为未来成为教育工作者打下了坚实的基础。

综上所述，师范生所展现出的这些优势的形成主要归功于系统而全面的教育教学训练。这种训练使得师范生在教育学科的学习上更加得心应手，为他们成为合格的教育工作者奠定了坚实的基础。在学习教育专业知识的同时，师范生能够将这些教育教学策略运用于自身的学术追求中，从而在确保对教师角色有深刻认同的同时，也拥有了学习策略方法上的支撑。因此，师范生在学习投入上的表现，无论是在质量上还是在效率上，都显著优于非师范专业的同行。这种优势的积累不仅反映了他们在学术上的成就，更预示着他们在未来教育实践中能够发挥出巨大潜力。

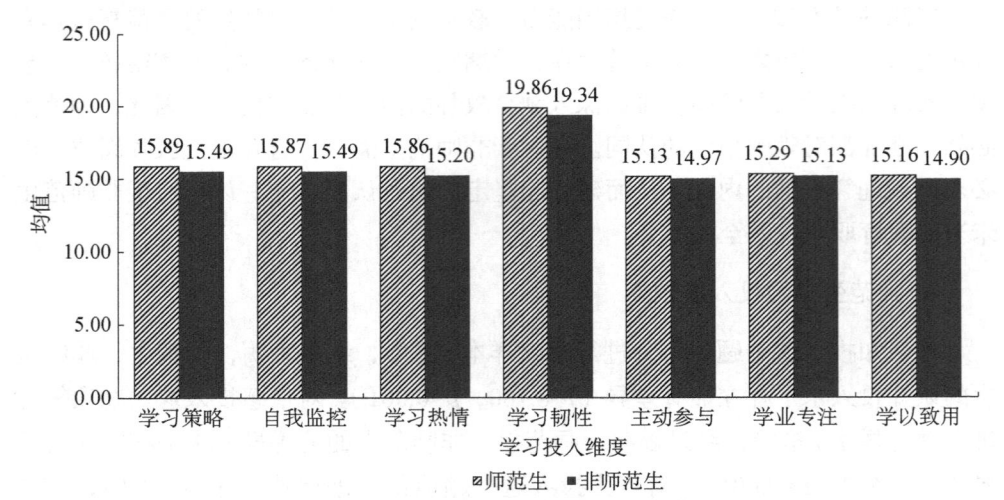

图 9-10　师范生、非师范生的学习投入维度均值

3. 师范生专业能力较强

对学科转化能力这一题项得分进行独立样本 t 检验，结果表明，师范生、非师范生的学科转化能力存在显著差异（$t=10.239$，$p<0.05$）。对教学实践能力这一题项得分进行独立样本 t 检验，结果表明，师范生、非师范生的教学实践能力存在显著差异（$t=13.879$，$p<0.05$）。对综合育人能力这一题项得分进行独立样本 t 检验，结果表明，师范生、非师范生的综合育人能力存在显著差异（$t=13.434$，$p<0.05$）。对反思研究能力这一题项得分进行独立样本 t 检验，结果表明，师范生、非师范生的反思研究能力存在显著差异（$t=12.002$，$p<0.05$）。

师范生、非师范生的专业能力维度均值如图 9-11 所示，总体来看，师范生的专业能力均值显著高于非师范生。具体来看，师范生在学科理解、学科整合、教学设计、教学实施、立德树人、心理辅导、诊断调控、研究创新方面的均值都显著高于非师范生。由此可见，相比于非师范生，师范生能够更深入、系统地认识和理解学科内容；在跨学科教学过程中，能够更加有效地对不同学科的知识、技能和教学法进行综合，创造性地设计并实施教学活动；能够根据教育目标、学生的特点和学习需求，更加科学地规划教学过程，选择恰当的教学方法和手段，设置合理的教学目标，组织有效的教学活动，并对教学效果进行综合评价；在教育教学实践中，能够更加有效地培育学生的道德品质和综合素质；能够更加灵活地运用心理学知识、技巧，帮助学生诊断、解决心理问题，提高学生的心理素质;在教育实践中,能够更加灵活地运用批判性思维来对教育问题进行深入思考和理性分析。综上所述,师范生在专业能力方面的发展优于非师范生。

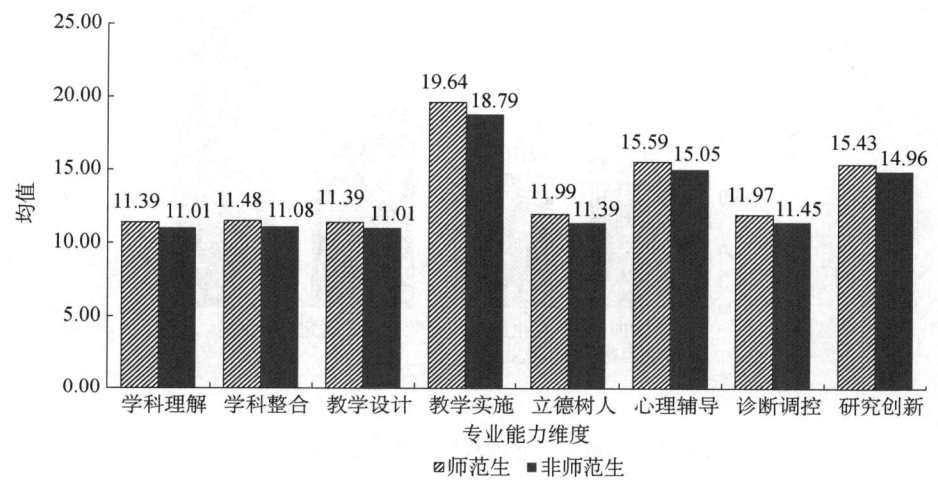

图 9-11 师范生、非师范生的专业能力维度均值

4. 师范生职业愿景较强

对职业目标这一题项得分进行独立样本 t 检验,结果表明,师范生、非师范生的职业目标存在显著差异(t=20.130,p<0.05)。对职业规划这一题项得分进行独立样本 t 检验,结果表明,师范生、非师范生的职业规划存在显著差异(t=14.026,p<0.05)。

师范生、非师范生的职业愿景维度均值如图 9-12 所示,总体来看,师范生的职业愿景均值要显著高于非师范生。具体来看,师范生在国家指向的职业目标、专业追求的职业目标、职业规划制定、职业规划实施方面的均值都显著高于非师范生。由此可见,在职业目标方面,师范生更加倾向于追求具有明确指向的、专业的职业目标;在职业规划方面,师范生会明确地制定规划,并且付诸行动实施规划。

综上所述,师范生在角色认同、学习投入、专业能力和职业愿景 4 个关键维度上的发展水平均显著高于非师范生。这一发现表明,师范生教育对于培养未来教师具有决定性影响。这种专业教育不仅为师范生提供了必要的教育理论和技能,还培育了他们独特的职业道德素养。相比之下,非师范生由于缺乏系统的教师教育,在这 4 个关键维度上表现出明显的不足,这一差距凸显了接受正规教师教育的重要性。对于非师范生而言,若有意投身教育行业,接受职前教师教育是必不可少的。这样的教育能够帮助他们获得成为合格教师所需的各项素养,为他们的教学生涯打下坚实的基础。

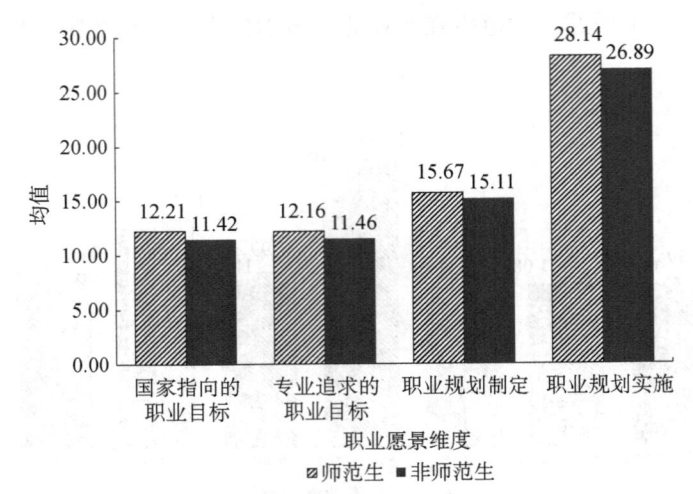

图 9-12　师范生、非师范生的职业愿景维度均值

八、师范生班主任能力培养现状调研分析

班主任是班集体的组织者、教育者、指导者，在教育政策的实施、学生全面健康成长、任课教师工作协调、家校协同育人等方面扮演着关键角色，其工作的成功与否直接决定着学校教育教学的质量与水平。班主任要想做好班级管理工作，必须具备相应的班主任能力，这就要求班主任不断学习与成长，提升自身能力，同时也对师范生培养体系提出了明确要求。本部分旨在了解师范生班主任能力培养现状，分析其优点与不足，并提出针对性建议。

（一）师范生班主任能力培养的总体状况

对师范生班主任能力的调查包括师范生对班主任工作的认知情况、师范生对班主任能力的掌握情况、班主任能力培养相关课程的开设情况和班主任能力培养相关课程的教学实施情况 4 个方面。

1. 师范生对班主任工作的认知比较全面

在师范生对班主任工作的认知方面，首先，受访师范生普遍认同班主任工作的重要性，肯定担任班主任需要具备特定的能力。例如，访谈时，某院校大三年级师范生表示：

班主任在一个班级当中起到一个主导作用，每个团体都要有一个负责人，而

班主任就起到了这个负责人的作用。（师范生 U-C-0-04）

其中有几位师范生还结合自身经历说明了班主任在学生学习和成长的过程中产生的重要影响。参与本次调研的师范生普遍表示愿意从事班主任工作，他们对班主任工作的肯定往往来自以往求学过程中遇到的班主任的正向影响。

其次，对于班主任工作的具体内容，受访师范生的回答集中在维持班级纪律、协调各科老师促进学生学习、培养学生品行、家校合作、进行学生心理辅导等方面。例如，某院校大二年级师范生认为：

班主任肯定会比其他的单科教师更忙碌，我觉得班主任工作不仅包括学生的学习方面，还包括学生的生活方面。（师范生 N-B-0-05）

某院校大三年级师范生表示：

很多事情都需要班主任去负责，包括班级的纪律、教学等。（师范生 N-C-0-05）

某院校大一年级师范生表示：

班主任需要去关注学生的心理动态，还有他的学习成绩等。每一个学生个体都是复杂的，班主任不能妄下定论，需要用心感受为什么会产生某一结果，由此才能对症下药。（师范生 U-A-0-10）

最后，对于班主任具体应掌握哪些能力，受访师范生的回答总体上涉及专业能力和师德师风两方面。在专业能力方面，教学能力、沟通能力、合作能力、组织能力、决策能力和学习能力被提及的频率最高。例如，某院校大三年级师范生表示：

班主任具有双重身份，除了是班级的管理者外，班主任还是科任老师，承担着具体的学科教学工作。因此，班主任必须掌握所教学科的专业知识与专业技能，具备基本的学科教学能力。（师范生 U-C-0-04）

某院校大二年级师范生表示：

班主任的沟通能力也很重要，一是需要跟学生沟通，二是需要跟学校其他老师或者其他领导沟通，三是需要跟家长沟通。（师范生 N-B-0-05）

某院校大三年级师范生认为：

学校本身就是一个集体，班主任作为学校集体中的一员，理应与集体中的其他成员团结合作、和睦相处。对于班主任来说，教书育人不是单打独斗的过程，需要与学生、家长、同事以及教育管理者协同展开。（师范生 N-C-0-06）

某院校大二年级师范生表示：

班级活动的展开需要班主任的有效组织与引导。（师范生 U-B-0-06）

某院校大三年级师范生表示：

班级中有各种问题等待着班主任去解决,班主任还会面临许多突发情况,这些都需要班主任做出快速且准确的决策。(师范生U-C-0-05)

在师德师风方面,关爱学生和对所有学生一视同仁是受访师范生反复提及的班主任品质。例如,某院校大一年级师范生表示:

我觉得班主任很像学生的父母,对于学生的关心和关爱可能要更加用心,让他们感受到老师是一个非常值得信赖、非常可以依靠的人,让他们可以敞开心扉和老师交流。(师范生U-A-0-11)

某院校大一年级师范生认为:

班主任得做好表率,要平等对待每一位学生,不能偏心,这些品质是要有的。(师范生N-A-0-08)

某院校大二年级师范生表示:

班主任要为人正直,他的德行一定要非常好,这样才能把学生带到正轨上去。(师范生N-B-0-05)

2. 师范生对班主任能力的掌握情况较好

与其他科任老师相比,班主任在德育和学生心理辅导方面承担了更多责任。班主任作为班级管理者,承担着立德树人根本任务,必须具备良好的育人能力。班主任应严格遵守并认真践行教师职业道德,掌握扎实的德育原理与方法。班主任自身也必须具备高尚的品行,为学生树立良好的榜样,做好学生成长道路上的引路人。本研究中,有80.5%的师范生认为自己能秉持以德为先,促进学生全面发展,81.2%的师范生认为自己能在教育实践中遵守教师职业道德规范,76.4%的师范生认为自己较好地掌握了德育的原理与方法。由此可见,师范生在育人能力方面表现得比较好,大部分师范生具备较强的育人意识,掌握了比较扎实的德育原理和方法,同时也具备比较坚定的师德信念。

心理健康是学生健康成长的重要基础,是学校落实立德树人根本任务的基本前提。因此,班主任还必须具备优秀的心理辅导能力,了解学生的心理发展特点,掌握扎实的心理辅导方法,能及时发现并解决学生的心理问题。本研究中,有76.8%的师范生认为自己了解学生的心理发展特征,66.2%的师范生掌握了心理辅导的方法,如系统脱敏法、认知疗法等,76.2%的师范生认为自己能够及时发现学生的心理问题,77.5%的师范生认为自己能对存在心理问题的学生进行心理辅导。由此可见,大部分师范生具备一定的心理辅导能力,在此基础上,针对师范生心理辅导能力的培养还需要进一步加强,应注重师范生对心理辅导方法的掌握,提高师范生的心理辅导能力。

3. 师范生班主任能力培养相关课程的开设数量较少

我们在对全国部分教育部直属师范大学公费师范生的培养方案进行比较分析后发现,"班主任工作""班级管理"等班主任专业培养类的课程已经被明确地列为"基础课""通识课",这充分表明班主任专业课程已经受到师范院校的高度重视,成为培养未来人民教师的重要课程。[①]然而访谈发现,有 2/3 的师范生反映本专业未开设针对班主任能力培养的专门课程,关于班主任能力培养的内容分散在其他教师教育类课程和实践活动当中。例如,某院校大一年级师范生表示:

我们的课程是没有明确涉及班主任的,但是这些课程的一些内容与班主任能力有关,比如心理学,班主任肯定是需要掌握的……还有就是一些以班主任为主题的讲座,包括班主任经验分享等,学校会请外面一些经验丰富的班主任来给我们做经验分享。(师范生 N-A-0-08)

某院校大三年级师范生表示:

我们会开设一些班主任技能大赛。(师范生 N-C-0-06)

只有 1/3 的师范生在访谈中提到本专业开设了与班主任工作技能有关的课程,比如"班级管理""中小学班主任工作艺术""班主任工作"等课程。遗憾的是,这类课程往往学分较低,在课时分配、资源建设等方面明显不足;也有不少师范院校将这类课程列为选修课,并不强制要求师范生修读这类课程。

4. 师范生班主任能力培养相关课程的实践性不高

访谈发现,当前师范类专业班主任能力培养相关专业课程的授课方式以理论知识型传授为主,实践性训练很少。理论知识诚然十分重要,将有关班主任个体的知识、班级管理的知识、学生思想教育的知识、教育心理学的知识不断引入班主任教育之中,能够引导师范生夯实关于班主任的理论功底,从而帮助师范生形成从事班主任工作的知识基础。[②]然而,班主任工作不仅需要扎实的理论基础和丰厚的知识学养,更需要具备将理论知识应用于实践之中的能力以及不断积淀的丰富经验,这显然不是以理论知识为核心要素的班主任教育所能解决的。我们在访谈中了解到,有些教师会结合现实的教育案例传授班主任理论知识,相比于单纯的理论灌输,这是学生更能够接受的教学方式。某院校大三年级师范生表示:

老师会让我们先自己预习,然后去剖析一些较为实在的问题。我感觉那位老师不光是照着课本去教,他能运用生活当中的一些实际例子让我们更好地理解作为班主任应该怎么去管理学生。(师范生 U-C-0-04)

---

① 张聪. 新时代中小学班主任的职业幸福感[J]. 教育科学研究,2021(12):81-88.
② 张聪. 班主任生成之困——当前我国班主任教育的问题及应对[J]. 班主任,2016(8):5-9.

班主任能力培养相关课程的最终成绩评定主要由课堂出勤率、平时分和期末测验组成的，平时分主要依靠学生课上任务以及课后作业的完成情况来评定。某院校大三年级师范生表示：

平时分的话，老师会让我们做一些班会方案、家长会方案等，还会提出几种课堂突发状况，并让我们提出相应的解决对策等，并且让我们自己做PPT展示这些内容。（师范生U-C-0-04）

期末测验则以纸笔测验或者课程论文的形式为主。

总而言之，师范生普遍能意识到班主任工作的重要价值，且愿意在未来从事班主任工作，对班主任的工作内容、工作能力以及师德师风也有一定的认识与理解。但是，由于高校师范类专业师范生能力培养相关课程开设较少，对师范生班主任能力的培养程度不够，师范生对班主任能力的认知往往更多来自以往求学历程中的具体经验，而非师范院校的理论和实践培养。访谈还发现，师范生对班主任能力的认知存在年级差异，随着年级的增长，师范生会接触到更多教师教育类课程，还会经历教育实习、教育实训、教育见习，有机会深入真实的教育教学情境，在准备考取教师资格证的过程中也会接触到与班主任有关的内容，这使得与低年级师范生相比，高年级师范生对班主任认知的理论水平更高，而低年级师范生，尤其是刚入学不久，还未接触到教师教育类课程的师范生，对班主任各方面的认知几乎全部来自以往求学历程中的具体经验，还停留在浅表的经验层面。

（二）师范生班主任能力培养的优点

班主任能力培养是高等师范院校师范生教师职业能力培养的重要组成部分，加强师范生班主任能力培养是高等师范院校教育教学工作不可缺少的内容。师范生班主任能力培养的优点主要体现在师范生自身班主任能力培养和高校对师范生班主任能力培养两方面。

在师范生自身班主任能力培养方面，其一，师范生从事班主任工作的意愿较强。大部分师范生表示愿意在未来从事班主任工作，原因主要有两点：一是受到以前班主任的正面影响，二是出于自身专业成长的需要。例如，某院校大三年级师范生表示：

如果有担任班主任工作的机会的话，我肯定会去争取，因为我觉得这对我来说也是一种培养、一种成长。（师范生N-C-0-05）

其二，师范生对班主任能力的认知较为全面。受访师范生普遍能够意识到班主任工作的重要性，对于班主任应该掌握哪些能力有着比较全面的认识与理解。有些受访师范生表示自己还会在专业学习过程中自觉地提升自身的班主任能力，比如，选修班主任专门课程、参加班主任技能比赛、聆听中小学班主任经验分享等。某院校大一年级师范生表示：

  我会主动参加一些活动和比赛来提升自身的班主任工作技能，比如，我参加过演讲比赛和 PPT 制作大赛。（师范生 N-A-0-08）

  其三，师范生非常重视班主任的师德师风。师德师风直接影响着教师队伍整体素质，关乎培养什么人、怎样培养人、为谁培养人等教育的根本问题，关乎立德树人根本任务的落实。班主任作为班级德育工作的重要承担者，必须严格遵守并认真践行师德师风。在访谈过程中，多名师范生反复强调师德师风的重要性，其中，关心爱护学生、对学生一视同仁、严慈相济、热爱教育事业这几种品质被提到的频率最高。

  在高校对师范生班主任能力培养方面，高校在一定程度上意识到了职前班主任能力培养的必要性与重要性。本次调研的高校中，虽然只有较少的师范专业专门开设了独立课程以培养师范生的班主任能力，但有一定的班主任理论知识分散在教师教育类课程中，而且高校还会通过组织班主任技能比赛、邀请中小学班主任进行经验分享、开展班主任专题讲座等活动培养师范生的班主任能力。

（三）师范生班主任能力培养的不足

  在高校师范类专业认证的背景下，关于师范生教师教育技能的培养受到前所未有的重视，而随着认证的开展，一些问题逐渐暴露出来，师范生班主任工作能力发展就是其中一项短板。目前高校师范类专业对师范生班主任能力培养总体上重视不足，具体来说存在以下三点不足。

  其一，高校师范类专业班主任能力培养的相关课程设置较少。课题组在调研两所地方高校师范生的过程中发现，在教师教育课程模块中，只有极少专业专门开设了班主任相关课程，如"班级管理""中小学班主任工作艺术""班主任工作"等，与班主任能力有关的内容主要分散在其他专业课程的学习中，对学生班主任能力的培养无法做到协调一致、高效进展。

  其二，高校开设的班主任能力培养相关课程多是理论类型，缺乏可操作性。师范类高校开设的教育学课程普遍存在强于理论而弱于实践的问题[①]，班主任能力培养课程也不例外。高校教师大多缺乏中小学班主任工作的实践经历，难以运用丰富的实践知识、鲜活的真实案例讲述班级管理理论，难以体现班主任工作的应用性、实践性特点。这不仅与培养实践型中小学班主任的目标不相适应，而且

[①] 潘光文. 论普通高师院校教育学课程的实践转向与协同教学[J]. 教师教育研究，2010，22（3）：37-43.

在实践中也面临困境。

其三，高校实践教学活动缺乏明确的针对师范生班主任能力考核的评价体系。教育实习、教育实训、教育见习等实践教学活动是高校师范类专业的重要培养方式，对于提升师范生的教育教学能力意义重大，上述主要的实践教学活动并未设置明确的针对师范生班主任能力考核的评价体系，师范生在教育实习、教育实训、教育见习过程中往往也缺乏担任班主任工作的机会。

（四）师范生班主任能力培养的建议

班主任能力的掌握是师范生成为合格教师的必备条件之一，也是适应当前基础教育改革发展的要求。但是，班主任能力不是一朝一夕就能形成的，需要经过长期的训练。借鉴其他高校师范类专业的经验并结合地方高校实际情况，针对师范生班主任能力培养方面存在的不足，本研究提出以下几点建议。

1. 完善课程设置，整合理论与实践

针对高等师范院校在师范生班主任能力培养方面存在课程少、课时短、重理论轻实践等问题，需要进一步完善课程设置，将理论与实践整合起来。

（1）增加课程开设数量

高校可以适当调整师范生培养方案，在教师教育模块的课程设置中尝试将与班主任能力培养有关的课程纳入必修课中，如"班主任的沟通艺术""中小学班主任工作技能训练""班主任工作实务""班主任与班级建设"等课程，以加强师范生的班主任工作能力训练，也可以适当开设一到两门与班主任工作技能相关的、理论与实践并重的选修课程供学生自由选择。

（2）尝试推行"双导师制"

高校可以尝试推行"双导师制"，由高校教师和中小学班主任共同承担师范生班主任能力的培养工作。前者侧重向师范生传授关于班主任工作的理论知识，指导师范生在校内进行实践训练；后者侧重指导师范生在实习基地的实习活动。高校也可以邀请优秀中小学班主任为师范生举办专题讲座，传授班主任工作经验，弥补师范生班主任工作实践经验的不足。二者优势互补，将班主任理论和实践紧密结合在一起，更有利于师范生班主任能力的培养。

（3）提高实践课时比例

高校一个学期可组织多次教育见习或教育实习等，让师范生能有更多时间与机会走进基础教育第一线，了解班主任工作的基本情况。在教育见习或教育实习的前期，主要是让师范生观摩学习班主任工作，观摩一线班主任如何开展主题班

会、如何进行个别教育、如何开展有效的家校沟通等。教育见习或教育实习的中后期，给师范生提供担任班主任的机会，比如，担任"一日班主任"或"一周班主任"，让他们运用所学的理论知识和方法技巧处理班级日常管理中的一些问题，从而提高他们的班主任能力。

2. 改进教学实施，增强针对性与吸引力

针对高校在师范生班主任能力培养教学中存在的教学模式传统老套、理论灌输为主、缺乏可操作性等问题，需要从教学内容、教学理念、教学方法等方面改进教学实施，使教学更具针对性与吸引力。

（1）整合教学内容，加强专题教学

班主任工作内容十分丰富，需要面对各种对象和各类问题，对班主任能力提出了多种要求。为了提高师范生的班主任能力水平，使师范生走上工作岗位后能尽快进入班主任角色，师范院校可针对班主任工作的不同内容对教学内容进行整合，比如，将教学内容整合为"家校沟通""学生心理辅导""主题班会"等专题，有针对性地培养师范生了解学生的能力、组建班集体的能力、进行个别教育的能力、开展主题班会的能力、班级管理的能力、家校合作沟通的能力等。此外，还应注重培养其对班主任身份的职业认同，为日后师范生作为班主任获得职业幸福感打好基础。[1]

（2）坚持以学生为中心，调动学生积极性

以理论讲授为主的传统教学模式比较枯燥，一味地灌输也忽视了师范生的内在需求，导致师范生学习积极性普遍不高，教学效果不佳，不利于师范生班主任能力的培养。教学应贯彻"学生中心"原则，以学生为主体，调动学生的学习积极性，这就需要教师在教学过程中创新教学方法，把主动权交给学生。比如，教师可以增加"情景模拟"等学生展示环节，让师范生通过角色扮演的方式模拟班主任实际工作中可能会遇到的各种问题，如对问题学生的教育转化、家校沟通、开展主题班会等，让学生一边学习班主任工作知识与技能，一边在亲身经历的基础上，通过扮演教师与学生等不同角色实现换位思考，形成积极的班主任工作态度和合理的班主任工作价值观。

（3）创新考核方式，贴合学生实际情况

传统的师范生班主任能力培养的考核方式以考查学生对理论的记忆为主，有时也会以课程论文的方式进行考核，这类方式往往远离学生的真实体验，缺乏深刻性。访谈发现，师范生早年的学生经历会深刻影响他们对班主任工作的体认，

---

[1] 张聪. 新时代中小学班主任的职业幸福感[J]. 教育科学研究，2021（12）：81-88.

由此，让师范生撰写教育自传不失为一种好的考核方法，通过撰写教育自传，让他们回忆自己与班主任的故事，一方面，可以从师范生的角度了解"好班主任"的形象特点；另一方面，对于即将从事教育事业的师范生而言，教育自传也让他们对于班主任这一岗位有新的认知与思考。[1]这会让他们认识到，想要成为一名"好班主任"，自己还要做哪些方面的努力。

（五）师范生班主任素养培养中存在的问题和解决对策

1. 特殊的时代背景对班主任素质提出了更高要求

调研发现，过去师范生培养计划中涉及班主任素质培养的相关部分课程已难以满足这个时代对师范生所提出的要求。

由于当下这个时代的特殊性，相比于过去，学生的心理状态在各类因素的影响下已经发生了巨大变化。有些孩子患上了心理疾病。患心理疾病的学生人数和心理疾病的复杂程度都较此前任何一个时期高。在调研过程中，所有调研中学的受访者都提到了这一点。有受访教师认为，教师必须在高等教育阶段学习一定的心理学知识，因为现在有不少学生存在抑郁情绪，能够及时发现、疏导学生的不良情绪，甚至在紧急情况下采取有效的应急措施，都是在高等教育阶段就必须要着手培养的能力。其他教师也有类似的说法，他们认为现在学生的心理问题频出，需要教师具有更多的心理学知识储备和更强的心理辅导能力。那么，学生心理问题相对于过去出现得更多、更频繁，会是调研学校被访谈教师的个人感觉，或是特殊现象、偶然现象吗？从各种学术研究和调查结果来看并非如此，新冠疫情给人们的心理健康带来了巨大冲击，其中青少年群体更是心理问题频发的群体。2021年就有研究者对儿童、青少年群体的心理健康问题做了研究。研究者认为，为了应对新冠疫情而关闭学校，导致教育时间缩短、同伴交往受限以及日常生活结构改变等，这些变化可能对学生的身心健康产生了隐匿性的不良影响，而对于已经诊断有精神障碍的儿童，新冠疫情则可能会加重他们的病情。[2]在新冠疫情过去之后，依然不断有关于新冠疫情给儿童心理健康带来冲击的相关研究，2023年，一位研究者对当时儿童、青少年的心理健康状况做出了解读。他认为世界上的任何动荡都最容易影响到儿童的心理健康，为应对这些动荡而采取的停课、停市、停摆、隔离等措施加重了人们的孤独感、抑郁、沮丧、挫败感、

---

[1] 于川，窦迎春，霍国强. 师范生眼中的"好班主任"具象研究——基于教育自传的文本分析[J]. 教师教育研究，2020，32（4）：122-128.

[2] 刘佳佳，阚建宇，张安易，等. 新冠疫情对儿童青少年心理健康的影响及应对建议[J]. 科技导报，2021，39（18）：20-24.

无力感、阶段症状和心理创伤。2023 年发布的调查数据显示，儿童、青少年整体心理障碍流行率为 17.5%，儿童心理健康事业需要更多技术、资源和政策投入。[①]同年，《人民教育》也刊文《英国：关注疫情对儿童的心理健康影响》。该文简要介绍了英国国家教育研究基金会对新冠疫情对不同儿童群体的不同影响的研究，同时提示学校应扩大对儿童的早期干预并为儿童和年轻人提供专业支持，以降低学生在以后生活中遭受重大困难的风险。[②]可见，新冠疫情给青少年、儿童群体带来了心理上的冲击并非只是一线教师的"身边统计学"，而是新冠疫情后的普遍现象。

针对中小学生群体中频发且更加严重的心理问题，学校教师队伍建设方面也应该应时代需求做出相应的调整。虽然所调研的学校都配有专门的心理健康教师，但心理健康教师在学生心理问题的干预方面是无法完全替代班主任的。相比于心理健康教师而言，班主任与学生共同生活的时间更长，对学生的了解程度更深，并且一名合格的班主任在引导家校合作方面也会起到更大作用。这些优势使得班主任能够更近距离地了解、接触学生，深挖学生心理疾病背后的原因，并对其进行引导，将之消解。此外，因为班主任长时间与学生共同学习、生活，他们在学生生命中的重要性非心理健康教师可以比拟，所以班主任的疏解、开导往往能起到比心理健康教师更好的效果。只要班主任能够做好自身的工作，取得学生的信任，那么他们在预防学生因心理疾病而产生过激行为方面就能起到更大的作用。有教师认为，相比于学校的心理健康教师而言，班主任更加了解学生，学生也更愿意将自己心里的秘密告诉班主任，所以班主任在及时开导学生并阻止学生因心理问题而产生极端行为方面具有无可替代的优势。

2. 师范生的班主任素质培养需要得到进一步重视

虽然时代背景对班主任队伍建设提出了新的要求，但高校在班主任培养方面的内容设计却是相对滞后的。之所以做出这个判断，不仅是基于中小学教育工作者对新任班主任所做出的评价，还可以从对高等师范院校师范生的访谈内容中得出相同的结论。几乎所有受访的师范生对班主任这一职业角色的认识都停留在经验阶段，相当粗浅。虽然学校开设了一些班主任相关的理论课程，但从访谈结果来看，学生并没有很好地内化这些课程内容。他们在谈及对班主任的认识时，多以自身求学时所遇到的班主任为例，对这些班主任身上的特点进行经验性概述。比如，某学院大一年级师范生表示：

---

① 静进. 当前儿童青少年心理健康状况解读与对策建议[J]. 中国学校卫生，2023，44（2）：161-166，175.
② 杨文荟. 英国：关注疫情对儿童的心理健康影响[J]. 人民教育，2023（1）：39.

比较接近我理想中的班主任的是我的高中班主任，他在高二时接手我们班，是一个比较自由的人，跟学生打成一片，就像一个朋友一样。（师范生 N-A-0-08）

在谈及和班主任相关的课程时，某院校大一年级师范生说道：

没有上过班主任相关课程，目前只参加过一个师德师风演讲比赛和PPT制作大赛，这都是我自愿参加的。（师范生 N-A-0-08）

还有其他一些受访学生也表示学校没有开设过和班主任相关的课程。少数学生上过和班主任相关的课程，但数量不多，而且理论化、系统化程度不高。某院校一位大三年级师范生被问及学过几门和班主任有关的课程时表示：

像现在学的"班级管理"就是班主任课程，然后"教师职业道德"也涉及一些班主任的相关知识，"教育心理学"中也会提到班主任的相关知识。在我的记忆中，像"教师职业倦怠""教育学原理"等课程中都涉及过班主任的相关知识。（师范生 U-C-0-06）

从访谈材料中不难得出，高等师范院校不仅和班主任相关的课程开设得较少，而且所开设课程的理论化、系统化程度不高。目前的高等师范院校师范生培养过程中，多以讲座、比赛、实践活动等形式开展班主任相关内容的培训。某院校一位大三年级师范生被问及是否有和班主任相关的课程时说道：

有，我们也会开设一些班主任技能大赛，具体来说，就是考察上课、写教案的能力。这类大赛一般让大三年级以上学生参加，每个人去担任为期半年的班主任助理。专门学习班主任相关内容的课程只在选修课里有。（师范生 N-C-0-06）

某院校一位大二年级师范生则提到了名为"实践周"的班主任培养安排：

实践周进行过两次。第一次是我们到一所初中进行见习，主要内容一般是听一些教学水平较高的老师的课程，然后还会学习一些与班主任及其他工作有关的内容。因为我们出去可能当班主任，所以这种学习应该是必要的。第二次是学校给我们安排了一些讲座。（师范生 N-B-1-01）

总之，目前高等院校在对师范生的培养过程中，不够重视班主任培养的相关内容，班主任培养计划相对于时代来说已经滞后，导致刚毕业的师范生在进入工作岗位后，需要校方投入更多的时间、资源对新任班主任进行培养，以使其能够胜任班主任的工作。虽然班主任工作要求的诸多素质必须在实践过程中逐步养成，高等院校的培养无法完全替代职后的学习与实践，但高等师范教育阶段作为职业基本知识、基本技能养成的关键阶段，目前在班主任培养方面存在不足。师范生在高等师范教育阶段至少应该对班主任角色有理论化、系统化的认识，扎实掌握教育心理学、班级管理学的基本知识，能够对学生进行简单而规范的心理辅导，设计合理的班级管理制度。

3. 专任班主任制与班主任方向师范生培养相配合

我国高等师范教育的师范生培养现状与班主任制本身的特点是密切相关的。我国在有了班主任制度之后，几乎一直都是由科任教师兼任班主任。这在过去是有一定合理性的，也是最符合我国学龄人口众多、教师资源相对匮乏这一基本国情的选择。但在当今时代，不仅学生日益严重的心理问题对班主任队伍建设提出了新的要求，而且我国逐渐进入少子化时代，教师资源状况、师生比相对过去来说是有所变化的，每位学生相比于过去能够获得更多的关注，每位教师要承担的工作量相比过去而言也应当是能够有所减少的。在这种大的时代背景的变化下，我国是否可以试行专任班主任制，让班主任能够更加专心从事学生管理、心理辅导等相关工作，提高班主任工作的质量。我国的班主任研究专家张聪曾发文强调，要澄清班主任工作的边界，以实现班主任工作的减负增效。[①]这种对班主任工作边界澄清的诉求，也可被视为专任班主任制试行诉求的一种征兆。当然，若要试行专任班主任制，高校也需要推行班主任培养内容的改革，即开设专门的班主任培养方向的专业。如果不实行专任班主任制度，那么推行班主任培养内容的改革是难以实现的，因为对于兼任班主任制来说，班主任工作相比于科任教师工作而言总归是"兼职"。在这种观念的影响之下，相比于班主任相关知识的学习，师范生更重视自身专业知识水平和教育教学基本功等方面能力的提升。师范院校若不开设专门的班主任培养方向的专业，那么他们也不可能使"更重要的"专业知识和教育教学技能让位于班主任培养。在目前师范生课业压力已经很大的情况之下，不删减专业课程或教育教学技能相关课程的话，师范院校是不可能再增加其他课程的。

若要进行班主任相关的课程改革，应主要关注两个方面：一是对班主任相关知识的系统化、体系化教学；二是对班主任工作中所需要用到的理论知识的教学。前者主要侧重于介绍班主任这一职业角色的理论内容，如班主任工作的目的、内容、方法以及班主任与其他教师之间的角色关系等。后者则侧重于班主任工作中所必需的理论知识，如德育理论、心理学理论、班级管理学理论等。此外，已有的相关班主任实践类课程应在以往实施经验的基础上继续加强建设。从高等院校师范生的反馈来看，他们大多认为实践类课程对于他们能力的提升帮助较大。某院校大二年级师范生在提到他们学校的实践周时说道：

我觉得实践周挺有助于我们学习班主任相关知识和养成相应能力。因为实践周的见习学校的老师会给我们讲述怎么管理学生、怎样培养学生的综合素质之类的内容。比如，大二的那次见习让我印象非常深刻，那时候我们的指导老师就给

---

① 张聪. 中小学班主任工作负担：现实表征、深层困局与防范机制[J]. 现代教育管理，2022（9）：46-53.

我们讲要以德育人，也就是说不能只要求学生成绩好，而是要以德树人，培养学生的优良素质。（师范生 N-B-1-01）

某院校大三年级师范生在谈及他们的实习时是这么说的：

我们的教育实习安排在大四，实习时是要到中学承担教学工作的，然后还会参与班主任管理的工作。我们有4周时间的教育见习，我们会到中学听课，主要听的是老师的教学方法、班主任工作、学校德育工作等，这些活动我们都会有所参与，总体来看是很全面的。（师范生 U-C-0-05）

由此可见，相对于班主任相关的理论课程来说，高校的实践类课程安排要做得更好一些，但也存在实践类课程时间短、机会少的问题。如果能够开设专门的班主任培养方向的专业，那么相关实践类课程也能获得进一步扩充。这样，班主任实践经验的积累就可以从高等师范教育阶段便开始进行，这也有利于师范生日后成为真正的班主任时更快、更好地处理班主任工作。

对上述内容进行简要总结，可以归为以下几点：①儿童、青少年群体中心理疾病发病的数量、复杂程度较过去有所提高，学校亟须调整教师队伍结构，为应对儿童、青少年群体的心理问题提供支持。②学校专门的心理健康教师在应对学生心理问题、为学生提供必要的心理辅导方面无法替代班主任，班主任与学生接触时间更长、更深入，更加了解学生，且班主任对学生来说是更为独特的存在，一名成功的班主任更有可能阻止学生因心理问题而发生悲剧。③虽然时代对教师队伍建设提出了新的要求，但高校的师范生培养却是相对滞后的。现在高校对学生班主任能力的培养依然不够重视，许多师范生对班主任这一角色的认识依然停留在经验化阶段，并没有对这一角色形成理论化、系统化的认识。他们所掌握的心理学等班主任所需的相关知识与技能也略显不足，这导致师范生在进入学校工作后，学校需要花大量时间对新任班主任进行培养，以使其胜任班主任的工作。④高等师范院校对师范生的培养与班主任制度设计也是息息相关的，基于国情，我国长期实行兼任班主任制，这就导致人们对班主任工作本身的重视程度不如对作为科任教师的教育教学工作的重视程度。这又进一步导致高校更重视对师范生教育教学能力的培养，以及师范生本身更重视培养自身的教育能力这两个事实。⑤考虑到少子化、后疫情这两个大的时代背景，我国是否可以考虑试行专任班主任制，让班主任更好地专注于学生的德育、管理及心理健康工作？一方面，在少子化时代，我国师生比相比于过去有所提高，教师资源能够满足专任班主任制的试行条件；另一方面，在特殊时代背景下，学生心理健康问题频发也客观要求更加专业的班主任队伍来开展育人工作。如果可以试行专任班主任制，师范院校也可以进行一些改革，培养专门的、班主任方向的师范生，为专任班主任队伍建设储备人才。

第十章
中国师范生发展典型培养案例分析
—— 以东北师范大学 "3+1+2" 卓越中学教师培养计划为例

  东北师范大学"3+1+2"卓越中学教师培养计划，是该校对于本硕一体化贯通式培养这一创新型学生培养范式的一项教育实验；是该校在教育现代化这一时代背景下，基于我国教师教育诉求由扩增"量"重心转移至打磨"质"这一阶段性国情的一卷教育答题；是该校在不断思索、践行、改进师范生培养的道路上，对于我国师范生培养大框架未来改革合适方向的一声教育问路。该计划从宏观上响应国家对于人才培养的战略需要，从中观上根植于该校教育探索脉络的网格之间，从微观上切合当下师范学生自身的现实成长需求。学校明确将"一理念四能力"作为学生培养的核心目标，在教师教育研究院与学生所在学科学院共同参与的培养过程中，兼顾融合的教师教育课程设置与特色的教育实践体系，为探索高质量的本硕一体化贯通式学生培养模式积累了宝贵的经验：加强"3"阶段引领、完善"1"阶段过渡、确保"2"阶段追踪，不仅是我们对于东北师范大学"3+1+2"卓越中学教师培养计划实施多年后的反思总结，亦能为即将到来的"国优计划"项目机制建设提供现实借鉴，也可为将来我国公费师范生培养制度的创新性改革贡献理论依据。

一、历史背景与现实意义

随着我国教师教育发展的逐渐深化，为适应教育现代化这一时代命题，我国教师教育核心任务由扩大教师教育规模以解决师资短缺问题走向引领教师队伍高质量发展。[①] 探索创新性、多元化的教师培养体系亦是师范大学发展和教师教育改革的核心。[②] "高素质""高层次""卓越"等概念在教师教育领域相关政策文件及研究报告中逐渐被高频提及。在此大的时代背景下，基于东北师范大学自身的教育探索，东北师范大学"3+1+2"卓越中学教师培养计划应运而生。

（一）政策文件的宏观引领导向

2018年，教育部等五部门印发《教师教育振兴行动计划（2018—2022年）》，该文件在目标任务中明确提出，"提升培养规格层次，夯实国民教育保障基础。全面提高师范生的综合素养与能力水平。根据各地实际，为义务教育学校培养更多接受过高质量教师教育的素质全面、业务见长的本科层次教师，为普通高中培养更多专业突出、底蕴深厚的研究生层次教师，为中等职业学校（含技工学校，下同）大幅增加培养具有精湛实践技能的'双师型'专业课教师，为幼儿园培养一大批关爱幼儿、擅长保教的学前教育专业专科以上学历教师，教师培养规格层次满足保障国民教育和创新人才培养的需要"，以及"创新教师教育模式，培养未来卓越教师"。该文件在主要措施中还强调"教师培养层次提升行动。引导支持办好师范类本科专业，加大义务教育阶段学校本科层次教师培养力度。按照有关程序办法，增加一批教育硕士专业学位授权点。引导鼓励有关高校扩大教育硕士招生规模，对教师教育院校研究生推免指标予以统筹支持。支持探索普通高中、中等职业学校教师本科和教育硕士研究生阶段整体设计、分段考核、有机衔接的培养模式"。

同年，《教育部关于实施卓越教师培养计划2.0的意见》发布。该意见在"改革任务和重要举措"中明确"分类推进培养模式改革。适应五类教育发展需求，分类推进卓越中学、小学、幼儿园、中等职业学校和特殊教育学校教师培养改革。面向培养专业突出、底蕴深厚的卓越中学教师，重点探索本科和教育硕士研究生阶段整体设计、分段考核、有机衔接的培养模式，积极支持高水平综合大

---

① 李广，李欣桐.中国共产党百年教师教育政策：历史进程、伟大成就与发展愿景[J].现代教育管理，2021（6）：1-9.
② 钟秉林.论师范大学的发展与教师教育的改革——以北京师范大学的改革探索为例[J].北京师范大学学报（社会科学版），2010（1）：5-12.

学参与"。

上述政策内容反映了国家对于教育事业的关注重点，以及对于专业突出、底蕴深厚的研究生层次教师的深切需求，也标志着我国教师教育进入了以创新为引领的高质量发展阶段。

（二）师范学校的介观教育探索

东北师范大学是首批国家"211 工程"重点建设大学；2004 年 6 月，经教育部批准设立研究生院；2007 年，入选国家"985 工程"教师教育优势学科创新平台建设高校；2017 年 9 月，首批入选国家"双一流"建设高校。学校现有人民大街校区和净月大街校区。截至 2023 年底，学校有在校全日制本科生 15 000 余人；在校硕士研究生 15 000 余人，博士研究生 3000 余人；在校留学生 700 余人。教职员工 3000 余人，专任教师 1700 余人，其中教授 560 人、副教授 657 人。学校设有 21 个学院（部），学科专业体系覆盖 12 个学科门类，其中本科专业 82 个，入选国家级一流本科专业建设点 46 个、教育部基础学科拔尖学生培养计划 2.0 基地 3 个；博士学位授权一级学科 23 个，博士专业学位类别 4 个，硕士学位授权一级学科 34 个，硕士专业学位类别 25 个；博士后科研流动站 22 个。学校拥有马克思主义理论、教育学、世界史、化学、统计学、材料科学与工程 6 个国家"双一流"建设学科，入选数量位列全国第 19 位。学校现有思想政治教育、教育学原理、世界史、细胞生物学、生态学 5 个国家重点学科；在教育部学位中心第四轮学科评估中，获评 A 类学科 6 个（其中 A+学科 1 个）、B 类学科 15 个。学校以教育教学为立校之本。建校 70 余年来，形成了"为基础教育服务"的鲜明办学特色，被誉为"人民教师的摇篮"。20 世纪 50 年代，著名教育家、原学校校长成仿吾提出了为中小学教育服务的办学思想，学校开创中国高师函授教育之先河；80 年代，学校主动服务农村基础教育，走出了一条享誉基础教育界的"长白山之路"；90 年代，学校实施"优师工程"，为基础教育培养优秀教师；进入 21 世纪，学校启动实施"教育家培养工程"，探索"U-G-S"教师教育新模式，获批全国唯一的教师教育省部共建协同创新中心。"优师工程""U-G-S"教师教育新模式先后荣获高等教育国家级教学成果奖一等奖。国家基础教育实验中心、教育部幼儿园园长培训中心、教育部东北高师师资培训中心均设在东北师范大学。①

2007 年，东北师范大学创造性地提出并实施了"U-G-S"教师教育新模

---

① 东北师范大学. 学校概况[EB/OL].（2023-11-29）[2024-03-24]. https://www.nenu.edu.cn/xxgk/xxjj.htm.

式。①以东北为基点向全国布局，以"量的增长"筑基"质的提升"，在师范大学、地方政府、中小学校合作三方协作联合培养的创新机制下，以"教育见习—模拟教学—实地实习—实践反思"的教师教育实践课程体系，创造性地优化了师范生教育实习模式的传统模式。②2014年，"U-G-S"教师教育新模式的理论研究与实践探索荣获高等教育国家级教学成果奖一等奖。在此基础上，东北师范大学全日制教育硕士研究生培养综合改革亦取得了显著成效。③基于上述成就，同时为了回应国家对教师教育领域的重大战略需求，借鉴现有的国内外领先经验，东北师范大学开启了对于本硕贯通制学生培养模式的新探索，即东北师范大学"3+1+2"卓越中学教师培养计划。

（三）师范学生的主观成长诉求

近年来，我国本科生考研比例逐年上升，"考研热""考研内卷"已经成为每年例行的热门话题。无论从学生自身的素养发展，还是就业指向的学历要求出发，"考研""考公"成为当下无数学子的优先选择。而对于师范生而言，很多情况则需要具体讨论。如前面章节所述，2007年实施的《免费办法》开启了新世纪我国高水平师范大学专项师范生教育的免费时代，自此数以万计的莘莘学子经由专业化的培养后投身到教育事业当中，为我国教育事业发展、教育体系健全、教师队伍成长做出了卓越贡献。但随着时代的发展，在一系列瞩目成就不断涌现的同时，新的矛盾也在不断累积。2009年北京师范大学的一项调查显示，有高达80%的公费师范生对政策中限制升学政策持反对意见。④2018年，我国正式实行《教育部直属师范大学师范生公费教育实施办法》，同年，我国多省份印发地方公费师范生教育办法。⑤然而，尽管支持性政策为师范生职业发展提供了切实保障，但政策的限制性要求与师范生毕业择业时的自由选择需求仍存在矛盾。⑥由此，本硕贯通模式下的师范生培养模式创新，既可以响应国家政策的引领导

---

① 刘益春，李广，高夯. "U-G-S"教师教育模式实践探索——以"教师教育创新东北实验区"建设为例[J]. 教育研究，2014（35）：107-112.

② 李广. 教师教育协同创新机制研究——东北师范大学"U-G-S"教师教育模式新发展[J]. 教育研究，2017，38（4）：146-151.

③ 体验·提升·实践·反思 东北师范大学全日制教育硕士研究生培养综合改革[J]. 教育研究，2014（35）：2，161.

④ 姚云，董晓薇. 全国师范生免费教育政策实施认同度调查[J]. 教育研究与实验，2009，（1）：45-50.

⑤ 沈红宇，蔡明山. 公平价值的引领：从免费到公费的师范生教育[J]. 大学教育科学，2019，174（2）：66-71，124.

⑥ 姚崇，赵可欣，周晨琛，等. 公费教育政策满意度对师范生教师职业认同的影响——社会认知因素的影响[J]. 心理与行为研究，2020，18（2）：241-247.

向、切合师范学校的教育探索，同时也可以为公费师范生培养提供富有价值的下一步改革方向的探索性实践，满足广大师范生的主观成长诉求。

二、理论构想与实践运行

东北师范大学"3+1+2"卓越中学教师培养计划，旨在培养理想信念坚定、职业情怀执着、教育理念先进、学科素养深厚、教育能力高超、领导能力卓越、教研能力突出、反思能力优良、自主学习擅长，能胜任并引领基础教育创新发展的研究型中学卓越教师。以"一理念四能力"为培养目标，以教师教育研究院与学生所在学科学院共同参与的本硕贯通式培养为表现形式，以"融合的教师教育"理念指导下的课程设置为基础，以"U-G-S"教师教育新模式保障下的教育实践为桥梁，东北师范大学"3+1+2"卓越中学教师培养计划在国家师范生培养从积累"量"到追求"质"的时代背景下对于教师教育范式做出了积极探索。

（一）以卓越为目标的培养计划

1. 培养目标

用"一理念四能力"可以很凝练地概括东北师范大学"3+1+2"卓越中学教师培养计划对于学生的培养目标：①所培养的学生应秉持立德树人的职业理念，体现为具有坚定的理想信念、高尚的师德修养、真挚的教育情怀、积极向上的人生态度、立德树人的责任意识，立志做学生的"四个引路人"；②所培养的学生应具有透彻的学科理解力，表现为养成严谨的治学态度，拥有扎实的学科专业基础，对学科历史演进、学科知识体系、学科思想与方法论等有深刻透彻的理解，对学科探究过程与方法、学科发展前沿等有较好把握，能指导中学生开展学科探究研究；③所培养的学生应具有扎实的教育实践力，具备较为娴熟的教学技能，能够依据所教学科课程标准，设计与实施多种形态的创新性课程，掌握中学德育的原理与方法，能够结合学科教学进行育人活动；④所培养的学生应具有丰富的教育创造力，着眼于具有追求卓越的职业态度、良好的教育反思与批判思维能力，敏于发现教育教学问题，善于运用科学理论和方法研究实践问题，能够从实际出发创新性地设计与实施教育教学活动；⑤所培养的学生应具有一定的教育领导力，尤其是具有团队协作精神，掌握沟通合作技能，能够以项目为载体，与同伴共同确立目标，制定规划，组织与激励实施规划。

2. 培养范围

依据上述培养目标，东北师范大学对入选"3+1+2"卓越中学教师培养计划项目的学生实施本硕贯通式培养。学生基本学习年限为6年。其中，本科基本学习年限为4年，研究生基本修业年限为2年，需要强调的是，大学第四年为本硕培养衔接期，故名为"3+1+2"。该项目所培养的学生是东北师范大学的非公费师范专业本科生，在大四学年年初遴选具有卓越教师潜质的优秀在校生免试攻读全日制教育硕士，遴选时实行"学分绩点+综合面试"的考核方式，面试环节注重考查学生的综合素质、职业倾向和从教潜质。

3. 培养方式

如果以学年这一底层的学生成长逻辑来划分培养周期，"3+1+2"三个阶段有着明确的培养侧重。其中，在本科的"3"阶段，学生的培养以通识教育与学科教育为重点，倡导注重过程的探究教育，激发学生基于兴趣的内生动力，养成批判反思的思维习惯，奠定学生的人文与科学素养，夯实学科素养，掌握学科研究的基本思想与方法。之后为本科"1"阶段，重点强化学生对本学科知识体系、思想和方法的深入理解与整合，系统学习教育基本理论与技能，体验教育实践，奠定基本的教育素养与情怀。大四学年修读的课程学分，既被纳入本科阶段的课程学分，也作为研究生阶段的课程学分。位于学制后期的"2"阶段的培养核心在于深化学生的学科理解能力，强化教育的深度理解与学科的教育转化，开展反思性与研究性实践，着力提升教育教学研究能力与创新能力。

从上位的学生管理视角看待整个"3+1+2"培养周期，其反映出由简入繁的体系设计。学生在本科的前3年由学科所在学院全面负责学生教学与管理工作，大四与研究生阶段则由学院负责学科课程教学与学生管理工作，同时教师教育研究院负责教师教育课程教学以及师范生的职业养成教育。教师教育研究院以书院制方式管理师范生的养成教育与教育实践，有专职的辅导教师，组织建立师生学习、生活与成长共同体，帮助学生的成长；同时制度化聘请中学一线卓越教师、学校各学院教师，对师范生进行品德提升、学业进步和人生规划方面的指导，组织促进师范生成长的教育活动；协调相关学院、附属中学等组织开展教育实践。在整个过程中，学生的学科所在学院及教师教育研究院将先后为学生配齐4位导师，即以学科教学论导师为组长，"学科教学导师+学科导师+中学导师+教育学导师"的四导师协同指导制。根据培养阶段的任务需要，学校为学生配备具有丰富教学经验和指导热情的大学学科教学导师、学科专业导师和中学实践导师以及教育学导师作为共同指导教师，指导师范生整合学科知识，提升学科素养，开展教育实践、实践反思和论文研究，打造由大学导师、中学导师、师范生（教育硕士）共同参与、共同成长的培养共同体。

（二）以融合为导向的培养体系

1. 课程设置[①]

"3+1+2"卓越中学教师培养计划的课程体系基于"融合的教师教育"理念，将课程学习、教育实践与论文研究等环节贯通设置，构建了由通识教育、学科素养、学科教学、教育实践与研究等四大模块组成的，学科专业课程、教师教育课程比重适当的，结构合理、理论与实践深度融合的课程体系。"3+1+2"卓越中学教师培养计划的课程设置详见表 10-1。

表 10-1　"3+1+2"卓越中学教师培养计划的课程设置

课程类别		课程名称	学分	开课学期
通识教育	公共	专业外语*	2	研1
		马克思主义理论*	2	研1
	教育基础	教育原理*	2	研1
		心理发展与教育*	2	研1
		课程与教学论*	2	研1
		教育研究方法Ⅰ*	2	本8
		教育技术学*	2	研2
	教育拓展	教育研究方法Ⅱ*	2	研1
		教育领导力	2	研2
		基础教育问题研究	2	本8
		中学生心理研究专题	2	研1
	教育选修	教育政策与法规	2	本7
		道德教育专题	2	本7
		国际基础教育改革	2	本8
		心理咨询与生涯辅导	2	研2
		教师专业发展Ⅰ	1	研1
		教师专业发展Ⅱ	1	研2

[①] 本部分内容及表格出自《东北师范大学"'3+1+2'卓越中学教师培养计划"培养方案》（2021年版），引用时有适当调整。

续表

课程类别		课程名称	学分	开课学期
学科素养	学科理解	学科理解课Ⅰ*	13	本7
		学科理解课Ⅱ*	3	研1
	专业选修	专业选修1	2	本8
		专业选修2	2	研1
		专业选修3	2	研2
		专业选修4	2	研2
学科教学	理论课程	学科课程与教材研究*	2	研1
		学科教学设计与实施*	2	研1
		学科教学研究专题*	2	研3
		学科自设课	2	研2
	技能课程	学科教学能力综合训练Ⅰ*	1	本7
		学科教学能力综合训练Ⅱ*	3	本8
教育实践与研究		教育实践	8	本7、本8
		本科毕业论文	6	本7、本8

*表示必修课

以下为相应的课程要求：①硕士学位论文为必修环节，不计学分。②"1+2"阶段至少应修满50学分，其中大四阶段应修满17学分，硕士阶段应修满33学分。③应在教育通识模块课程中至少修满21学分，其中必修课程17学分，选修课程4学分。公共课、教育基础课为必修课程，在教育拓展中，"教育研究方法Ⅱ"为必修课程，学生应至少选修2门教育选修课程。④应在学科素养模块课程中至少修满10学分，其中必修课程6学分，选修课程4学分。⑤应在学科教学模块课程中至少修满12学分，其中学科教学理论课程8学分，学科教学技能课程4学分。⑥应在教育实践与研究模块课程中至少修满14学分，其中教育实践课程8学分，本科毕业论文6学分。⑦对于学科素养与学科教学课程，各专业可以根据实际情况进行设置。

2. 教育实践

"3+1+2"卓越中学教师培养计划实施贯通式教育实践，由校内实训和校外实践组成。校内实训主要是开设中学学科教学能力综合训练课（包括中学学科实验、实践训练），在本科第4学年进行为期两个学期的实训。校外实践由基础实践、应用实践和研究实践3部分组成：基础实践旨在增进理论与实践融合，深化课程学习；应用实践旨在应用转化所学知识与理论，发展教育教学实践能力；研究实践旨在培养实践创新能力与自主发展能力。

基础实践在本科第 4 学年，即本科第 7、8 学期进行，每月有 3 周在大学进行课程学习，每月有 1 周在中学进行教育实践，采用双导师制方式，大学和中学导师共同指导硕士研究生的教育实践观摩、教育反思、磨课、授课和教研活动。应用实践在研究生第 2 学年的秋季学期进行，为期 2 个月，硕士研究生在此期间要深入实践基地学校进行全方位的教学实践和教学研究。研究实践贯穿"1+2"阶段，本科第 7、8 学期结合教育研究方法课程的学习，以基础实践为依托开展项目研究；本科第 8 学期开展毕业论文的研究，毕业论文在学科导师的指导下进行学科领域的问题研究；研究生阶段的研究实践，由导师组根据学生选题方向组织安排项目研究、论文研究。

此外，根据国内外实际情况，研究生第 3 学期组织开展到国内中小学名校进行为期半个月的游学研修活动，并选拔优秀学生进行国际基础教育发达国家教育见习与研修活动。

3. 毕业要求

入选"3+1+2"卓越中学教师培养计划项目的学生达到下列要求，方可申请毕业：①在职业道德水平上，高度认同立德树人根本任务，热爱教师职业，具有崇高的职业理想和坚定的职业信念；②在教研水平上，完成人才培养方案规定的相关课程学习，并撰写较高水平的教育调研报告；③在教学水平上，参加各学科国家教学指导（专业）委员会组织的国家级教师技能比赛，以及省级教师技能比赛并获奖，或者通过学校组织的教师技能水平认定小组的考核。

入选"3+1+2"卓越中学教师培养计划项目的学生在规定的修业年限内完成课程学习，修满规定学分，通过思想品德考核、学位论文答辩，符合毕业要求，准予毕业，颁发本科和硕士研究生毕业证书；符合《中华人民共和国学位条例》的有关规定，达到学校相关学位授予标准，经学校学位评定委员会审核，授予本科相应专业学士学位和教育硕士专业学位。

（三）以基础实践为枢纽的培养特色

相较于传统的"本科+硕士研究生"阶段，东北师范大学"3+1+2"卓越中学教师培养计划的创新内核是利用好"1"这一衔接阶段，帮助在"3"阶段，即本科前 3 年基于个性化发展的本科学生，完成其所在学科知识体系、思想和方法的深入理解与整合，巩固教育基本理论与技能，奠定基本的教育素养与情怀，并为学生在"2"阶段深入学习、强化学科理解能力、学科教育转化能力、教育教学研究能力与创新能力等做好进阶准备。而这一创新内核的落地生根，离不开高标准的基础实践过程。

教师教育研究院负责大四衔接期的"3+1+2"卓越教师基础实践工作，遵循"3+1+2"卓越中学教师培养计划实施"全程贯通一体化的教育实践模式"及"实践导向的课程与教学模式"的指导思想，大四两学期分别为秋季学期和春季学期，秋季学期重视学生的体验活动，春季学期重视学生的实践活动。基础实践任务包括三大方面，即教学技能、校内微格训练和校外基础实践。教学技能是学生自主进行钢笔字、粉笔字等的自我训练过程，为教学做准备；校内微格训练是学生在大学指导教师的指导下在校内进行教学模拟训练，校内实训为校外基础实践做好准备；校外基础实践是指在大学指导教师和中学指导教师的双重指导下，在实践学校进行教学实践、班主任实践、课例研究等实践过程，从而为研究生阶段的应用实践奠定基础。

1. 基础实践基地[①]

东北师范大学"3+1+2"卓越中学教师培养计划的实习学校为东北师范大学附属中学，实习的年级一般分布在高一年级及高二年级，涉及的学科根据实际实习学生情况而定，主要包含语文学科、英语学科、数学学科、化学学科、地理学科、物理学科及生物学科 7 个学科。作为吉林省乃至全国知名重点中学，东北师范大学附属中学可以为参与该计划的学生提供高水平的学习、实践场域。

东北师范大学附属中学肇基于 1950 年，是中央部委直属高校附属中学，隶属教育部。首任校长为我国著名教育家陈元晖先生。20 世纪 50 年代末，学校被评为"吉林省重点中学"，80 年代学校以"实验性、研究型"的办学特色跻身于全国知名重点中学行列，被评为"全国教育系统先进集体""全国德育先进校"。进入 21 世纪，学校深化素质教育，实施文化管理，探索多元人才培养模式，实现了跨越式发展，成为首批"吉林省示范性高中"，获得"全国五一劳动奖状"。进入新时代，学校秉承"学术、创新、自觉、友善"的办学理念，树立"坚持理想、追求卓越、勇开风气、兼容并包"的附中精神，确立学术型中学的办学方向，先后获得"吉林省模范集体""全国五四红旗团委""全国文明校园""普通高中新课程新教材实施国家级示范校"等荣誉称号，为海内外知名高校和社会各界输送了近十万名优秀人才，被誉为"吉林省基础教育的名片"。

---

① 本部分内容出自：东北师范大学附属中学. 校园概况[EB/OL]. (2017-03-28) [2024-03-14]. https://www.msannu.cn/ms-mcms/html/1/158/167/index.html.

东北师范大学附属中学现有自由、青华、明珠、净月、北京朝阳、新城、深圳 7 个校区，涵盖幼儿园、小学、初中、高中、国际部、艺术部等多个学部，总占地面积为 44 万余平方米，一线教职工有 1690 余人，在校学生有 19 500 余名。首任校长陈元晖先生高瞻远瞩地提出"附中教师要做教育家，不要当教书匠"，因此学校立足于学生发展专心从教，着眼教育规律潜心教研，逐渐形成了一支才高德馨、名师云集、结构合理的学术型教师队伍。近年来，学校更是积极创新教师培养模式，通过启动"元晖工程"、创办《东北师大附中学报》、"教师学术论坛"、支持专家型教师建设名师工作室等措施，建设学术型教师培养的"12345"工程，不断引领教师学术成长、提升教师专业素养、拓展教师教育视野，努力做党和人民满意的教育家型好老师。

此外，东北师范大学附属中学一直秉承"为学生一生奠基，对民族未来负责"的办学指导思想，坚持立德树人，培育和践行社会主义核心价值观，探索形成了"主体性德育实践课程体系"。学校致力教育创新，全面开展综合素质评价改革，构建了基于中国学生发展核心素养基础理科、人文社科、工程创造、科技创新、语言文学、体育特长、艺术创意、国际理解等八大人才培养模式。学校深入整合课程资源，完善课程体系，优化课程结构，建立了为学生一生发展奠基的现代化、国际化"学术型"课程结构体系：以中国大学先修课为代表的拔尖创新人才课程；以剑桥大学技能拓展课程（Skills Development Programme，SDP）、集思堂创新思维训练为代表的国际直通课程；以附中通识课程、博雅学堂课程、学术锤炼课程为代表的多元化校本课程，以及正在搭建的"智慧校园"带来创造性的"互联网+"学习方式变革。这种臻于至善且富有学术性文化的课程体系，充分满足了学生全面而有个性发展的需要。多年来，东北师范大学附属中学学生的综合素质表现一直在本地区稳居第一，毕业生后续发展更是强势领先，在本地区乃至全国都有着极高的声誉。

2. 基础实践目标

基础实践旨在为"3+1+2"卓越教师形成初步的教育教学实践能力，为应用实践奠定基础。根据"3+1+2"卓越中学教师培养的总体目标、具体目标及课程设置，以及教育实践的总体安排，基础实践课程目标如下。

（1）体验并坚定教师的职业理念：在基础实践过程中体验与感悟教师工作，认识与理解教育工作及教师职业的特点。

（2）提升并加深学科理解能力：结合学科教学内容分析，深化对学科知识体系、学科思想与方法、学科历史演进的了解，理解学科教学内容的本质。

（3）感知并发展教学实践能力：通过课堂观摩、参加教研活动，进行课例分析等实践活动，感知对教师教学实践能力的要求。在教学实习过程中，通过学科教学的准备、实施、课后反思以及教研活动，发展与提高教育教学实践能力。

（4）感受并学习班级管理技能：在班主任实践过程中，学习班主任工作经验，发展班级管理技能，尝试班主任工作。

（5）关注并发展教学研究与反思能力：关注与反思教育教学实践中的问题，结合课例分析，学习从研究的视角分析课堂教学以及其他感兴趣的教育问题，发展与提升教育教学实践研究能力以及自我反思与发展能力。

3. 基础实践任务及考核要求

"3+1+2"卓越教师基础实践任务主要包括教学技能训练、校内教学模拟训练、校外基础实践，其中校外基础实践又包含观课与助课实践、课堂教学实践与教研实践，共计5部分子内容，考核评价方式实行档案袋评价与表现性评价。

1）教学技能训练：要求学生自行练习钢笔字，结合学科专业特色进行必要的技能训练（表10-2）。

表10-2　教学技能训练任务及考核

实践任务	实践要求及考核内容
要求学生每周完成3页钢笔字临摹作业，拍照上传给指导教师	期末，教师教育研究院检查作品；期末，教师教育研究院组织粉笔字考核
学科特色的教学技能训练	留取必要作品

2）校内教学模拟训练：鉴于各学科微格训练计划不一，各学科对学生进行模拟教学训练，总课时不少于5课时（表10-3）。

表10-3　校内教学模拟训练任务及考核

实践任务	实践要求及考核内容
对各学科小组进行教学模拟训练，总课时不少于5课时，每位学生不少于5次	期末上交教学设计、上课用PPT、讲课视频、讲课实录、教学反思

3）观课与助课实践：教育实践时期，实习生可以随指导教师进班听课，进行课堂观察。要自觉地转变角色，站在教师的角度审视、反思课堂教学。教学过程中可以帮助教师进行课堂管理、批改作业、辅导学生等（表10-4）。

表10-4　观课与助课实践任务及考核

序号	实践任务	实践要求及考核内容
1	听课不少于3节/周，并完成听课记录	期末上交听课记录3份

续表

序号	实践任务	实践要求及考核内容
2	整理指导教师教学课例的实录或教学设计，并进行课例分析，1节/周。（*指选择指导老师上的典型课，整理成教学实录或教学设计，并就某些方面的特征进行分析）	期末上交指导教师教学课例分析1份
3	批改作业（试卷）	不少于2次/班/周
4	辅导答疑	不少于2次/班/周

4）课堂教学实践：教学设计及课堂教学实践是教师最核心的实践能力，也是一项综合实践能力，要将学科专业知识、教育教学理论知识应用在课堂教学中，能顺利完成教学设计及课堂教学（表10-5）。

表10-5　课堂教学实践任务及考核

序号	实践任务	实践要求及考核内容
1	完成1次新授课的大学指导教师与中学指导教师共同磨课过程	期末上交教学设计、上课用PPT、讲课视频、讲课实录、教学反思
2	完成新授课教案（包括课件、PPT）	
3	至少完成1节新授课的课堂教学实践	

5）教研实践：积极参加教研组的集体备课，以及学校组织的各项教研活动等（表10-6）。

表10-6　教研实践任务及考核

实践任务	实践要求及考核内容
参加教研组教研活动不少于2次	期末上交单独的教研活动记录及心得，也可以将其整合在个人总结报告中

三、取得成效与经验总结

东北师范大学"3+1+2"卓越中学教师培养计划自2017年开始启动，早期由教务处衔接各学院进行统筹安排，2019年正式确立教师教育研究院+学生所在学科学院联合培养的模式，即本科前3年由学科所在学院全面负责学生教学与管理工作，大四与研究生阶段则由学院负责学科课程教学与学生管理工作，同时教师教育研究院负责教师教育课程教学以及师范生的职业养成教育这一合作方法，同期面试选拔2020级"3+1+2"学生。学生年级按研究生入学年份作统一标注，以2019年为例，学生选拔范围实为各学院2016级本科生，2019年秋季学期进入大四学期，即"3+1+2"中的"1"阶段，将于2020年成为硕士研究生，故称2020级"3+1+2"学生，后续年级同理。2019年至今，共选拔、培养2020—2024级共5届学生，选拔人数为145人，详细信息见表10-7。

表10-7 2020—2024级"3+1+2"计划选拔学生信息

年级	学科所在学院	人数/人
2020级	文学院	6
	外国语学院	6
	数学与统计学院	6
	化学学院	6
	地理科学学院	6
2021级	文学院	9
	外国语学院	6
	数学与统计学院	8
	化学学院	8
	地理科学学院	4
	物理学院	5
2022级	文学院	6
	外国语学院	4
	数学与统计学院	6
	化学学院	6
	地理科学学院	3
	物理学院	2
	生命科学学院	3
2023级	文学院	6
	外国语学院	4
	数学与统计学院	6
	化学学院	6
	地理科学学院	3
	物理学院	2
	生命科学学院	3
2024级	文学院	5
	外国语学院	5
	数学与统计学院	1

续表

年级	学科所在学院	人数/人
2024级	化学学院	1
	地理科学学院	1
	物理学院	1
	生命科学学院	1

由此可知，2020级、2022级、2023级每次选拔培养30人，2021级为40人，2024级减少为15人。2023年7月，教育部制定并印发《教育部关于实施国家优秀中小学教师培养计划的意见》。东北师范大学位列首批试点高校，经学校讨论研定，首批"国优计划"统筹招生及管理工作由教师教育研究院负责，同时因其与"3+1+2"卓越中学教师培养计划有相似之处，故同年减少"3+1+2"卓越中学教师培养计划在理科学院的招生名额，2024级招生减少至15人。

东北师范大学"3+1+2"卓越中学教师培养计划作为响应国家政策号召、延续学校教育探索、回应学生自身发展需求的实验性培养模式，以培养卓越教师为目标，以本硕贯通为载体，以基础实践为枢纽，具有重要的经验价值及借鉴意义，但其运行过程中也逐渐暴露出一些制度上的不完善及需要后续改进的地方。在国家师范生培养从积累"量"到追求"质"的时代背景下，在培养具有研究生学历的研究型卓越教师浪潮来临之际，下文尝试总结其经验以供后续参考。[①]

（一）加强前期宣传，建立卓越引领式"3"阶段

目前主流的本硕贯通式培养计划，以"3+1+2"卓越中学教师培养计划为例，包括陕西师范大学、西北师范大学、天津师范大学等诸多高校在内，其根源来自"推荐优秀应届本科毕业生免试攻读研究生"政策，即我们常说的"保研"。[②]如前所述，东北师范大学"3+1+2"卓越中学教师培养计划即是嵌套在保研这一大框架下，在东北师范大学非公费师范专业本科生范围内，在大四学年初遴选具有卓越教师潜质的优秀在校生免试攻读全日制教育硕士；遴选实行"学分绩点+综合面试"的考核方式，在面试环节中对于学生的综合素质、职业倾向和从教潜质着重进行考查；遴选后按照培养计划，进行"1"阶段的课程安排和基础实践活动。由此观之，"3+1+2"卓越中学教师培养计划更多的是在"1+2"环

---

① 代蕊华，阙粤红. "国优计划"的战略意义、现实挑战及未来着力点[J]. 教师教育研究，2023（35）：10-15, 9.

② 王光明，苏丹，贾国峰，等. 教师教育本硕一体化培养模式的探索与成效——以天津师范大学"3+1+2"模式为例[J]. 学位与研究生教育，2017（12）：12-16.

节贯彻其培养思想及行为,而对于"3"阶段的学生则由其所在学院按照常规非公费师范专业本科生进行培养。学生关于"一理念四能力"的育成,一方面取决于其所在学院的办学特色,另一方面取决于其自身的学习志趣及从教理想。

理想的本硕贯通培养应当充分利用好"本+硕"学生在学期间的各个阶段,诚然在推免生的框架下,其选拔不可能在本科一年级确定,但应加强宣传,通过政策宣讲、老生经验谈以及各学院依照学科特色举行的特异性办学活动等渠道,保证学生在本科"3"阶段充分知晓、理解"3+1+2"卓越中学教师培养政策,使得兼具从教意愿与学习能力的学生在"3"阶段学有目标、学有动力、学有路径。

(二)完善中间过渡,确保教研融合式"1"阶段

学生在大四学年初通过选拔正式加入"3+1+2"卓越中学教师培养计划后,即面对"1"阶段的培养。尽管在以通识教育与学科教育为重点的"3"阶段培养过程后,学生已经初步掌握了教育探究的方法,具备一定的基于兴趣的内生动力和批判反思的思维习惯,掌握了学科研究的基本思想与方法,塑造了一定程度的人文与科学素养及较为坚实的学科素养,但仍面临着以下一些问题:对本学科知识体系、思想与方法的理解与整合不够深入;对于教育基本理论与技能的掌握不够充分;部分学生缺乏在全国一线名校的教育实践经验;教育素养与情怀还处于萌芽期等。这些问题客观上受培养阶段所限,卓越教师的塑造不可能在一朝一夕内完成,同时也受学生主观上的角色认同、学习投入、专业能力及职业愿景等多方因素的影响。兼之本科课程除必修课程外,有相当比例的课程可供学生在一定范围内自主选择,从而构筑个性化的培养方案。因此"1"阶段的学生往往会表现出"重学科而轻教育""重学科教育而轻教育学基础"等实际问题。

基于以上实际学情,"3+1+2"卓越中学教师培养计划在管理制度上进行创新改革,即以学科教学论导师为组长,实行"学科教学导师+学科导师+中学导师+教育学导师"的四导师协同指导制:由教师教育研究院以书院制方式管理师范生的养成教育与教育实践,设立专职的辅导教师组织建立师生学习、生活与成长共同体,帮助学生成长;协调相关学院、附属中学等组织开展教育实践并根据培养阶段的需要,为学生配备有丰富教学经验和指导热情的大学学科教学导师、学科专业导师和教育学导师以及中学实践导师作为共同指导教师,打造由大学导师、中学导师、师范生(教育硕士)共同参与、共同成长的培养共同体,从而帮助师范生整合学科知识,提升学科素养,开展教育实践、实践反思和论文研究。

在具体的培养活动中，基础实践成为"1"阶段最为关键的一环。实践基地——东北师范大学附属中学作为全国知名重点中学，一直秉承"为学生一生奠基，对民族未来负责"的办学指导思想，坚持立德树人，培育和践行社会主义核心价值观，探索形成了"主体性德育实践课程体系"。在其现代化、国际化的"学术型"课程结构体系框架下，以中国大学先修课为代表的拔尖创新人才课程，以剑桥大学技能拓展、集思堂创新思维训练为代表的国际直通课程，以该学校通识课程、博雅学堂课程、学术锤炼课程为代表的多元化校本课程，以及正在搭建的"智慧校园"带来创造性的"互联网+"学习方式变革为实习的学生带来了国内一流的学习、实践场域。历年的卓越教师基础实践总结调研显示，参加"3+1+2"卓越中学教师培养计划的学生，经过基础实践后，普遍反映在教学实践能力、职业体验及认识、自我反思等方面收获良多。

（三）确保后续追踪，建立多方共建式"2"阶段

依照培养计划，位于学制后期的"2"阶段，其培养核心在于深化学生的学科理解能力，强化教育的深度理解与学科的教育转化，开展反思性与研究性实践，着力提升教育教学研究能力与创新能力。由于"3+1+2"卓越中学教师培养计划带有实验性质，其每年招生数量较少，分布到各个学院均不到10人，部分学院只有1人或2~3人，因此进入研究生阶段，参加"3+1+2"卓越中学教师培养计划的学生会被编入各学院通过各种途径招收的教育硕士班级当中，在保证其既有的培养计划顺利执行的前提下，更多地交由学生所在学科学院进行日常管理，如班级组成、学生会建设、辅导员配置、年级学院特色教学及活动、评奖评优、就业创业等，以便于学生在自身专业学科氛围下能在角色认同、学习投入、专业能力及职业愿景等维度得到更好的发展。

然而，在客观条件下，学生教育层面如何坚持"学科与教育并重""学科教育与教育学原理并重""实践与研究并重"，学生管理层面如何多部门协调配合，都成为有待优化的问题。在这方面，我们可以参考芬兰[1]、日本[2]等教师教育先进国家的经验，以期更好地在"3+1+2"卓越中学教师培养计划全过程中完成对学生的卓越培养。

---

[1] 曲铁华，杨洋. 论芬兰的教师教育课程改革及其启示[J]. 四川师范大学学报（社会科学版），2022（49）：159-168.

[2] 韩烨. 日本教师硕士化培养的制度建设、实践经验及启示[J]. 中国高教研究，2023（10）：86-93.

第十一章
中国师范生发展影响因素探究

  影响师范生发展的因素是多层次、多方面的复杂集合，大到国家方针政策，小至学生个体因素，都会影响师范生的职业认同、从教意愿、专业能力和学习投入等方面的发展走向，最终关系到我国师范生的培养质量。为此，有必要探究影响师范生发展的各类因素。课题组选择了江苏、内蒙古、重庆、吉林、广西、云南、河北、黑龙江、云南9个省份的师范院校进行访谈调查，师范生专业涉及文理、艺术和教育三类，总计获取88份样本访谈资料。本章将结合文献和访谈数据等资料对师范生发展的影响因素进行分析。

一、教育政策导向

教师教育政策是国家对师范生培养和发展顶层设计的体现，引领着师范生培养的基本方向，基于社会与时代发展需要对师范生的培养规格做出整体要求，并对新教师队伍建设产生深远而持久的影响。

（一）教师教育政策引领师范生培养的基本方向

师范生培养为新教师队伍建设补充师资力量，既是我国教师队伍建设的基础工作，也是教师教育发展的重点任务。教师教育政策体现教师教育的国家意志，是师范生发展的一面鲜明的政治旗帜，引领着各类师范院校培养未来教师的基本方向。具体而言，主要体现在以下几个方面。

教师教育政策是基于我国的现实国情而制定和出台的。当前，中国特色社会主义进入新时代，开启了全面建设社会主义现代化国家的新征程。面对新方位、新征程、新使命，必须全面提升国民素质和人力资源质量，加快教育现代化，建设教育强国，办好人民满意的教育。基于现实国情对教育发展的要求，2019年3月，习近平总书记主持召开学校思想政治理论课教师座谈会，再次强调了教育应"努力培养担当民族复兴大任的时代新人，培养德智体美劳全面发展的社会主义建设者和接班人"[①]。为此，需要一批能够满足新时代中国特色社会主义发展需要，能够让党和人民满意的高素质、专业化、创新型教师队伍。2018年1月，《中共中央 国务院关于全面深化新时代教师队伍建设改革的意见》指出，当前教师队伍建设仍存在诸多问题，如师范院校支持力度小、教师专业化水平未满足发展需求、职业地位和待遇亟待提高、师资城乡结构不合理、管理体制机制不完备等，各级党委和政府要从战略和全局高度充分认识教师工作的极端重要性，把全面加强教师队伍建设作为一项重大政治任务和根本性民生工程切实抓紧抓好。教师教育政策是我国现实国情的体现，政策指导下的师范生培养和发展跟随国家总体事业的发展潮流而涌动，蕴含着教育建设和发展的时代底色。

教师教育政策规定新时代中国特色社会主义对新教师队伍建设的需求。教师教育政策涵盖"国家需要什么样的教师"的话语表达，反映了中国特色社会主义教师教育的目的和归宿。当下，我国需要办更加公平而有质量的教育，其中一方面就需要培养一批能够实施公平而有质量教育的新教师。因此，在相关政策中，

---

① 习近平主持召开学校思想政治理论课教师座谈会[EB/OL].（2019-03-18）[2024-03-15]. https://www.rmzxb.com.cn/c/2019-03-18/2312464.shtml.

公平和质量始终是师范生培养和发展的着力点。2007年至今，国家持续重视师范专业的建设，无论是曾经的"免费教育"政策还是如今的"公费教育"政策，其主要目的是振兴农村教育，引导各地建立鼓励优秀青年当教师特别是到广大农村地区从教的新机制。[①]2021年8月，教育部等九部门印发《中西部欠发达地区优秀教师定向培养计划》的通知，强调要加强中西部欠发达地区教师定向培养，造就一批有理想信念、有道德情操、有扎实学识、有仁爱之心的"四有"好老师。这些政策意在消解师资的城乡差距，教育公平的价值蕴藏其中，同时对师范生培养质量的规定与当前新时代中国特色社会主义发展对教师的要求是一致的。总之，教师教育政策内容中蕴藏着新时代中国特色社会主义发展对师范生培养和发展的目标取向和价值意义，规定着我国师范生培养和发展的基本大方向。

（二）教师教育政策描摹师范生素养的理想画像

政策对师范生发展的导向作用还体现在对师范生专业素养的要求上。2012年9月，教育部印发了《幼儿园教师专业标准（试行）》《小学教师专业标准（试行）》《中学教师专业标准（试行）》（以下简称《专业标准》），《专业标准》在国家层面从专业理念与师德、专业知识、专业能力3个方面规定了中小幼教师专业素质的基本要求，是教师实施教育教学行为的基本规范，是引领教师专业发展的基本准则，是教师培养、准入、培训、考核等工作的重要依据。为了明确国家对师范生专业素养的基本要求，建立师范生教育教学能力考核制度，2021年4月，《中学教育专业师范生教师职业能力标准（试行）》等5个文件发布，从师德践行能力、教学实践能力、综合育人能力、自主发展能力4个方面对师范生毕业时所要形成的职业能力提出了基本要求。这些专业素养相关政策规定指明了师范生专业素养发展的理想样态，成为相关院校设计师范生专业课程、考核师范生专业能力的标准依据。

近些年来，国家更加重视师范生的师德培养。《关于加强和改进新时代师德师风建设的意见》发布，提出要将师德师风教育贯穿师范生培养及教师生涯全过程，师范生必须修学师德教育课程，在职教师培训中要确保每学年有师德师风专题教育。在访谈中，针对访谈者提出的问题"你觉得社会能够为提高你对教师职业的认同感做些什么"，有师范生表达了这样的观点：

对正式从事这个职业的群体提高准入标准。虽然有的老师专业知识过关，但在师德方面可能不过关。作为教师，品德方面也得把握好。总之，社会需要提高

---

① 师玉生. 从公共政策七要素看我国师范生免费教育政策变迁[J]. 教育评论，2015（10）：19-22.

教师准入门槛。（师范生D-B-0-01）

　　该访谈对象表达的核心要义是希望国家和地方层面能够完善相关法律法规、规章制度，提高教师行业的准入门槛，特别是师风师德方面的门槛。出台相关政策，加强师风师德建设，完善师范生师德素养培养体制机制，有助于教师群体清风正气，为教师职业赢得良好社会声誉，这既是国家培养高素质教师的现实需要，又是师范生对教师行业的美好期望。

　　此外，国家更加重视师范生的教学实践素养。教师是一类需要在实践中反思的职业角色，培养师范生的教学实践素养对师范生适应教师工作、促进终身发展的作用举足轻重。2016年3月，《教育部关于加强师范生教育实践的意见》中指出，要转变师范生重理论轻实践的培养模式，加强师范生的教育实习环节。该文件从明确教育实践的目标任务、构建全方位的教育实践内容体系、丰富创新教育实践的形式、组织开展规范化的教育实习、全面推行教育实践"双导师制"、完善多方参与的教育实践考核评价体系、协同建设长期稳定的教育实践基地、建立健全指导教师激励机制、切实保障教育实践经费投入9个方面展开，对我国师范生培养模式的改革产生了深刻影响。在访谈中，有师范生谈到自己所在学校的培养方案中会设置有关教学实践的环节：

　　下学期学院会安排我们去初中实习，我觉得经过下学期的实习阶段后，我在专业能力方面会有进一步的提升……我这学期正在上微格课，因为是周四上课，所以在这学期上微格课的时候，我在周日就会提前准备，进行练课、磨课，当然也会在练课的过程中遇到一些问题，比如，微格训练是十多分钟，每个人讲十多分钟，在这个训练的过程中，我们可能只需要讲一个部分，但在讲这个部分的过程中我可能发现有一些问题导致整节课不完整，或者同学们觉得我讲述过程的结构不太完整，我就会在这个部分跟老师进行沟通，去请教老师。（师范生D-C-0-01）

　　在政策的指导下，师范生的实践教学培养逐渐被重视，并在专业课程中得到体现，观摩见习、模拟教学、专项技能训练、集中实习等多种形式的教育实践逐渐丰富，师范生的教学实践素养在这种实践取向的培养模式中得以成长。

（三）教师教育政策影响师范生发展的可持续性

　　教师教育政策不仅包括对师范生的培养要求，还包括对教师的权利义务、社会地位、就业待遇、发展前景等职业情况及其变动的表述，与教师群体的直接利益紧密相关，对师范生发展产生直接或间接的影响。

政策对教师的扶持直接影响师范生从事教育行业的意愿。教师的薪资待遇、工作性质是大多数师范生在选择教师职业时首先考虑的现实因素。2012 年 1 月，国务院办公厅转发教育部等部门印发《关于完善和推进师范生免费教育的意见》后，师范生免费教育在全国 28 个省份的师范院校中逐渐铺开，在改善和均衡薄弱地区师资配置、帮助寒门学子圆大学梦等方面取得了较为显著的效果。对于师范生而言，师范生政策所带来的直接或间接利益是他们更加乐于选择从事教师行业的重要原因。在访谈中，针对访谈者提出的问题"为什么选择师范专业"，不少公费师范生表达：

我觉得教师职业是一个铁饭碗，这是比较现实的一点。（师范生 D-B-0-03）

我感觉教师职业还是比较稳定一点。另外，我还会考虑收入、假期等。（师范生 D-B-0-02）

我平时学习投入的状态可能还稍微好一点，但对于大部分师范生来说，并且老师也讲，就是在公费师范生中，男生处于一种比较"躺平"的状态，因为公费师范生的毕业和就业肯定有保证，只要正常不挂科的学生都能毕业，而且学生只要毕业就有工作。（师范生 M-D-1-03）

选择师范生，一部分原因是自己想当老师，但是更多原因可能是家长希望我们当老师，而且公费师范生相对比较稳定，将来就业相对有保障。（师范生 M-B-0-02）

我会考虑薪资、待遇、地区，以及有没有编制。其实我觉得拿到编制还挺难的，如果拿不到话，我也不强求。（师范生 N-C-0-02/03/04）

从上述访谈内容可以看出，教师教育政策对师范生发展的可持续性影响是一把双刃剑。公费师范教育政策一方面利好了经济状况欠佳的家庭，就业的保障、体面的收入、稳定的岗位都是寒门子弟选择师范专业的重要因素；另一方面，这些因素又滋生了怠惰、"躺平"的专业学习态度，这与公费师范教育政策培养"四有"优秀教师的目标要求相悖[1]，不利于优秀准教师的培养和选拔。

另外，教师和学生的利益有时难以同时兼顾，利好学生的教育政策可能会损害教师的个人利益，导致师范生考虑选择教师职业时更加慎重。例如，2017 年 3 月，教育部办公厅发布《关于做好中小学生课后服务工作的指导意见》，要求学校延长学生在校时间，在正式课程结束后为学生提供作业辅导或者其他学习娱乐活动。这一政策的主要目的是帮助家长托管学生，进一步增强教育服务能力，但

---

[1] 房玲玲，杨颖秀. 师范生公费教育政策文本分析及政策建议[J]. 延边大学学报（社会科学版），2020，53（1）：124-132，144.

也在一定程度上导致任课教师在校工作时间延长、工作强度增大。在2022年东北师范大学教师发展学院教师工作强度调查中，开放式问题的回答资料显示，许多教师对课后服务持消极态度，一些教师表示"课后服务的延时让老师更加疲惫且对学生的作用不大""近三年每天太多的课后服务压得老师没有喘息空间"。

政策对教师的扶持有时会间接影响师范生从事教育行业的意愿。2018年7月，国务院发布《教育部直属师范大学师范生公费教育实施办法》，将师范生"免费教育"改为"公费教育"。免费师范生常被社会大众错误解读为因为家庭贫困而就读师范专业，削弱了教师职业的神圣感，这导致原本志愿从教的学生不愿意背负政策负担而放弃报考师范专业[1]，这反而不利于教师成为全社会尊重的职业。从"免费"到"公费"，突出了师范生"从教为公"的工作性质，将公费师范专业从"需要经济援助"的标签转变为"人民公仆"的精神尊重，这无论是在培养内涵还是社会地位上都有着质的改变。可见，政策通过影响社会大众对教师和教育的观念，进而间接影响学生对师范专业的选择以及师范生对教师职业的选择。

二、教师文化熏陶

教师文化熏陶是指在学校教育过程中，教师通过自身的行为、语言、知识和态度等，对学生进行的一种隐性教育。无论是自幼受教育经历，还是当前正在接受的师范教育，师范生的心中总会存在一个理想的教师模范，激励着自己不断精进专业素养。已有研究发现，师范生曾经遇到过一些可以作为榜样的教师会增强他们的从教动机。[2]此外，高校教师对师范生的指导质量以及所流露的人格魅力，同样也会在师范生的情感方面增强从教的内在驱动力。本次访谈调查中，许多师范生的回答印证了教师文化熏陶对师范生发展存在潜移默化的影响。

（一）优秀的教师模范激励师范生坚定从教信念

师范生受教育期间所树立的教师榜样促进师范生坚定从教信念。学生从身边可观察的教师榜样身上逐渐感受到教师的社会价值，希望能够重复模仿对象的发展道路。[3]在访谈中，有很多师范生都谈到类似的观点：

---

[1] 沈红宇，蔡明山. 公平价值的引领：从免费到公费的师范生教育[J]. 大学教育科学，2019，（2）：66-71，124.

[2] 刘伟，李琼. 为何从教：公费师范生与非公费师范生从教动机的多组潜类别分析[J]. 中国高教研究，2022（10）：61-67.

[3] 吴秋翔，林翌甲，宫颢韵. 为何选择师范教育专业？——基于县域高中毕业生大学专业选择的实证研究[J]. 中国高教研究，2022（12）：51-58.

因为我妈妈就是一名教师,她或多或少对我产生一些影响。我也挺喜欢教师这个行业,想奉献自己的一份力量,因此就想学习教育专业。(师范生 U-A-0-01)

我希望在未来当老师的职业生涯过程中,能够教出很多优秀的学生。在遇见我的高中语文老师和我高中班主任之前,我觉得我从来没有遇见过这么好的老师。我的高中班主任就是教历史的,我觉得就是他给了我一些方向,让我最后在专业上选择了历史。所以对我来说,我有这份传承的心,感谢老师!希望在未来当老师的过程中,我能够教出这样的学生,不需要他们感谢我,但我希望他们记得我。(师范生 D-C-0-01)

我高中的班主任对每个学生都特别负责,虽然他有时候表面上很凶,但是他给同学们一种内在很亲切的感觉。(师范生 D-A-0-01)

我考年级第一,年级主任请我出去吃炒粉。还有以前我的数学老师对我像栽培种子选手一样,有难题就扔给我,我做不出来,他还会很耐心地给我解答。我们班的人生病了,他第一时间开车将同学送去医院。(师范生 D-A-0-03)

如果未来要当老师,我首先希望自己的教学质量要过硬,因为能看到自己教出来的学生以后能走向更高的地方,然后为社会做出贡献是很开心的,这好像比自己拿了奖还开心。因为自己从小就不太被平等对待,也体会到不平等的那种感觉,所以我希望今后作为老师我能平等对待每一个学生。(师范生 N-A-0-08)

从访谈资料中可以了解到,许多师范生因为早年受教育经历中遇到的令他印象深刻的老师而强化了选择师范专业的内在动机。这些老师会在教学方面或者非教学方面,以某个特别事件的形式或者个人持久的人格魅力打动着学生,让学生获得教师职业价值的感性认知,获得从事教师行业的信念动力。"为自己指明方向""认真负责""外严内慈""高期望""关心学生"等类似的访谈关键词,均印证了一位好老师所带来的文化价值对师范生选择、发展教师职业的潜在、深远的影响。同时我们还必须看到,不是所有的教师在师范生心中都是正面的形象,师范生若在早年对教师形象产生负面影响,有可能对教师职业产生消极感受,或者有可能身体力行,修复早年留下的心理创伤。最后一个访谈对象谈到自己以前受到不公平的待遇,所以要求自己就任教师时平等对待每一位学生。

(二)有效的教师指导推动师范生专业能力快速成长

师范生在接受师范教育时,无论是理论还是实践的指导,教师渊博的学识、精湛的教学技能、高尚的人格魅力同样会让师范生在专业学习中内化于心,外化于行。在访谈中,有很多师范生都会谈到类似的观点:

我们有一门课的老师，我觉得他特别负责任，而且他讲得很好，所以我很喜欢上他的课。（师范生 M-A-1-01）

我印象最深的是教代数的老师，第一点是他讲课的时候很注重知识的衔接，讲某些知识的时候就会说：同学们，我们前一节提到了什么，我们前面也提到了什么，那么前面所提到的定理怎样可以用到我们今天的证明过程当中。第二点就是他讲课从来不用 PPT，单纯板书讲课。在听他上课的过程中，我们会被他这个人完全吸引。第三点是他课前会请同学回忆之前学过的内容，我们所有人的思路就会跟着他的思路来，在进入新课前，脑子里面已经将先前的知识预热了一遍，就不会有听不懂的感觉。第四点是他布置的作业难度适中，很多同学都能做。这几点让我们觉得这门课还可以，于是便有了学习下去的动力。（师范生 M-D-1-01）

我们专业有一个老师，我们都管她叫"妈"，她是我们专业的创始人，她专业知识深厚，上课的状态非常有活力、放得开，我们能感受到她上课的那种激情，这种激情非常感染我们。而且她在我们心里是一个很全能的老师，比如，她原来教过我们特殊儿童心理学，还有手语、儿童游戏治疗行为塑造与矫正等，感觉她就像百科全书一样。如果我们遇到了有关特殊儿童的问题，或者我们自己心理上不舒服的地方，她都会给我们很专业的解答。（师范生 M-D-1-02）

综合上述访谈材料可以看出，在谈及印象深刻的教师时，专业知识、教学技能、个性品质是师范生主要关注的评价指标。第一位访谈对象认为，教师负责任、讲得好会让他的学习情感投入得到增强；第二位访谈对象认为，上课不念PPT、能够引导学生温故知新、让所有学生都能学有所得，这些能力给予了他认真学习专业课程的内在驱动力；第三位访谈对象原本对特殊教育学专业并不满意，但她的理论教师专业知识深厚、课堂教学有激情、有活力，增强了她对特殊教育专业的职业认同感，进而提高了她的学习投入度。

三、办学理念指导

学校办学理念是学校办学行为的指导思想和精神内核，反映了学校的办学目标、教育价值观和教育理念。学校办学理念决定了学校要开展什么样的教育，以及培养什么样的人，对其师范生培养具有指导作用。课题组以东北师范大学为例，探讨其办学理念对本科师范生培养和发展过程的影响。

（一）学校办学理念定位师范生培养目标

东北师范大学确立了"尊重的教育·创造的教育"的理念，致力于培养有见识、有能力、有责任感的自主学习者，使学生具备扎实学识、创新精神、实践能力、国际视野和社会责任感，成长为卓越教师和未来教育家及其他高级专门人才，为国家造就堪当民族复兴大任的社会主义事业建设者和接班人。

在"尊重的教育·创造的教育"办学理念的指导下，东北师范大学教育学部将小学教育师范专业人才培养目标确定为"培养理想信念坚定、师德高尚、理念先进、理论扎实，具有宽广的国际视野，较强的教育教学能力、研究反思能力、终身学习能力，能够开展创新性教学实践及研究，具有教育家潜质、胜任多学科教学的小学卓越教师"[①]。

（二）学校办学理念指导师范生课程设置

在东北师范大学办学理念的指导下，小学教育专业从整体上设计与架构了师范生的课程与毕业要求。每一门通识教育课程、专业基础课程、专业主干课程、综合实践课程和选修课程均与师范生毕业要求——践行师德、学会教学、学会育人、学会发展这4个专业素养相对应，课程的学习促进毕业要求和人才培养目标的达成，最终落脚到"尊重的教育·创造的教育"办学理念的落实。

（三）学校办学理念指导师范生教学实施

学校的办学理念为"致力于培养有见识、有能力、有责任感的自主学习者，使学生具备扎实学识、创新精神、实践能力、国际视野和社会责任感"[②]。在此指导下，学校在师范教育教学活动过程中的一个突出特点是注重学习过程中学生主体性和能动性的发挥，重视学生的感知参与和实践体悟。在访谈中，针对访谈者提出的"在师范课程的学习中，有没有让你印象深刻的课程？"这一问题，一位师范生给出了回答：

印象特别深的是"课堂教学技能"这门课，这门课是在我们大三下学期开设的，我觉得挺有意思。在这门课中，我们先是做了三分钟自我介绍，老师说这是适应讲台的训练，然后是进行说课，之后是模拟课堂、教学设计，整个设计是层层递进的。大三下学期上完那门课之后，我们大四就去实习。上这门课的过程中，我就觉得收获特别大，相当于大一、大二之前积淀的那些知识在大三这门课上得到了转化和升华，最终落脚到课堂教学上。（师范生 M-D-0-01）

---

① 东北师范大学教育学部. 本科招生[EB/OL].（2017-06-19）[2024-03-16]. https://edu.nenu.edu.cn/rcpy/bksjy1/bkzs.htm.
② 东北师范大学. 本科生教育[EB/OL].（2024-01-10）[2024-3-16]. https://www.nenu.edu.cn/jyjx/bksjy.htm.

从访谈内容中可以看到,"课堂教学技能"这门课在教学实施上没有出现"满堂灌"的弊病,而是充分发挥学生学习的主动性,时刻要求师范生参与到模拟的课堂教学活动中,如让学生进行自我介绍、说课、课堂模拟、教学设计……师范生于学中做,在做中学,于实践中反思,在反思中实践,理论与实践有机结合,其教育教学能力、研究反思能力、终身学习能力都得到了发展。

四、课程资源建设

课程资源是师范生培养和发展过程中居于核心地位的影响因素。课程资源建设的好坏直接影响师范生培养质量,甚至影响师范生今后的职业抉择。

(一)理论性课程资源的影响

第一,理论性课程资源的组织富有系统性和逻辑性,有助于师范生在课程学习中层层递进、逐渐深入,形成较为全面系统的知识与技能结构。这一点在访谈资料中有所印证:

我们学习小学教育的课程,大一的时候是一些教育学基础课程;大二的时候是各学科方向的课,比如,语文方向的学现代汉语、古代文学,数学方向的学高等数学、概率论,得把这些学科东西学清楚;大三的时候开始学课程标准、教学设计与实施等。我觉得我们专业的课程逻辑很清晰。(师范生 M-D-0-01)

该师范生所在专业的培养方案首先安排教育学的基础课程,让师范生对教师、学生和教育教学有一个初步的、浅层的理论概念框架方面的构建,为之后深入学习教育教学理论打下基础;其次,安排学科理论课程,提高师范生学科素养,同时积淀先前所学的教育学基础理论;再次,深入学习与课程教学密切相关的理论,结合以往所学的教育学基础和学科知识,师范生能够积累比较丰富的理论概念,因而对课程标准、教学设计和实施的把握会更加得心应手;最后,在理论学习结束后及时安排教育实践环节,促进理论学习的实践转化。富有层次和逻辑的课程组织会让师范生更好地夯实理论基础,从而厚积薄发。

第二,理论性课程资源统整的丰富性影响师范生的学习投入。课堂所呈现的内容(如教材、主讲教师的多媒体课件等)并非唯一的课程资源,课前、课后的课程资源同样具有重要价值。

好多老师都会采用翻转课堂的授课方式,我们的高等代数课的流程是:先是我们自学内容,然后自己备课、做教案、做 PPT,之后我们去讲课,讲不明白的地方,老师再帮我们补充。他想锻炼我们的自学能力和授课能力。当然,他不是所有内容都让我们自己讲，而是会挑一两节相对简单的章节让我们去实践。每次讲一个半小时，分为4块内容，4个人为一组合作完成。（师范生 U-B-0-03）

教师采用翻转课堂的形式，由教师教转变为学生教，学生在课前、课后进行探究式学习，学生通过在网络查阅文献资料，自主学习并进行小组合作，一方面以其自身经验建构对教材知识的更加透彻的理解，另一方面统整了该理论课程的多方资源，师生互动性得到增强，师范生在该课程中的学习投入度提高，有利于师范生专业知识的夯实。

第三，课程理论与实践的结合影响师范生的学习质量。理论与实践并非二元对立的存在，理论知识的讲授也需要辅之以观摩、练习、模拟等以学生为中心的教学方法。理论课程实施过程中注重联系实践，有助于师范生获得情境性的感知，从而加快对知识的吸收和内化。针对访谈者提出的问题"你觉得当前学校培养模式有没有改进的空间呢？"，部分师范生的回答如下：

我觉得学校还是要加强一下老师的教学，要不断提升他们的教学水平。因为有的老师教学太过传统；有的老师上课不用PPT，就只是单纯讲课本，就很枯燥；还有的老师就单纯讲PPT，不跟学生互动，也会很乏味。（师范生 N-C-0-07）

这些通识课我觉得主要是太枯燥了，没有什么吸引同学的点，只是泛泛学一下，没有深入了解。每学期就那么三四次课，一次上三节，感觉没过多久课程就结束了。同时我也觉得没有深入学习到什么，可能是因为上课的方式比较枯燥吧，同学们都不愿意听。（师范生 N-B-0-06）

当前师范生理论性课程资源建设的发展趋势是理论与实践有机结合，以往传统的念教材、念课件等照本宣科式的教学方式已经无法适应师范生专业发展的时代需要，也无法满足师范生对教师教育的心理预期。一味坚持传统"满堂灌"必然会使课堂变得枯燥乏味，师范生厌烦、不感兴趣，从而降低学习投入，进而影响师范生培养质量。因此，在进行理论课程建设时，提高"金课"比例，降低"水课"比例才是高校教学的可持续发展之道。①

大三下学期要实习，所以我们上学期的课程是那种偏向实践类的理论课程，平时作业或者期末作业都是小组派同学上去讲课，讲课之前一般是小组合作完成一个教案，然后会有一个人上台展示，我更多时候会承担上台展示这个角色。然后，大一大二会要求所有同学都参加讲课比赛，初赛能锻炼一次，进入复赛还能锻炼一次，进入决赛还能再锻炼一次。总之，可以讲课的机会很多。（师范生 M-

---

① 陈武元，曹荭蕾. 如何促进我国高校教学从"良心活"向"用心活"转变——基于某研究型大学调查的思考[J]. 现代大学教育，2020，36（5）：92-101，112.

B-1-04）

理论课程不是单纯的理论讲授，也可以依托各种互动教学形式使其充满实践色彩。融合实践的理论教学更加符合师范生学习的实际需求，有利于师范生在进入真实教学情境之前锤炼专业素养，磨砺心理品质。

（二）实践性课程资源的影响

实践性课程资源是师范生提升专业能力的主要途径。在访谈中，许多师范生认为，教育实习和见习是对他们能力提升影响最大的培养环节。同时，学校安排的各种教学比赛也是重要的实践性课程资源，会对师范生专业能力产生影响。

在教学能力方面，我们的老师都很重视实践，恰巧实习的那个学期疫情很严重，正常来讲同学们都是要进行线下实操的，我们那一年只能对着腾讯会议讲。我们的老师非常注重讲课，会给大量的时间让我们去讲课，包括考核等都会安排这种讲课的形式，这对我教学能力的提升非常有帮助。（师范生 M-D-1-02）

我觉得实习对我能力提升的帮助更大一些，因为实习完全模拟了我们未来的工作环境。（师范生 M-D-1-01）

老师带我们参赛。教师技能大赛会让我们学到更多的技巧，进而提升自己。（师范生 D-B-0-03）

学校会设置一些赛事、活动让同学们参加，如师范生技能大赛、五项全能比赛，还有试讲比赛，以及其他一些演讲赛、辩论赛等，这些都能提高学生的能力。（师范生 N-C-0-06）

参与实践性课程资源既是师范生沉淀所学理论知识的过程，又是转化理论知识，生成融合了师范生的个人经验、体验、信念、情感以及对当下教育情境的直觉把握、综合的知识——实践智慧、个人实践知识与实践理论——的过程，通过对教育教学实践的经验探索、自我思考与建构过程，个体形成了一套对自己有用的认识和行动框架，在教育教学中无意识地、"自动化"地表现出来。[①]因此，实践性课程资源的质量对师范生培养和发展的影响不容小觑。

（三）区域性课程资源的影响

不同地区在自然环境、条件、历史等方面存在较大区别，呈现出独特的乡土风情、民风习惯和生活经历，应挖掘和使用这些资源优势，并将其嵌入课堂教学活动，在潜移默化中培养师范生的乡土意识，形成一种积极的乡土意识和正确的

---

① 王艳玲，荀顺明. 教师教育课程改革：一种整合的观点[J]. 教育理论与实践，2012，32（7）：36-39.

教师价值认同。[①]在对云南省保山市保山学院师范生的访谈中，课题组成员了解到该校的师范生课程设置：

访谈者：你们专业目前的培养目标是什么？

师范生 U-B-0-01：我们专业目前的人才培养目标就是立足保山，然后面向整个云南，辐射东南亚，但主要是服务边疆。

访谈者：具体在课程设置、课堂教学方法等方面是什么样的表现呢？

师范生 U-B-0-01：我们周一到周五都是有安排的，周一的话是经典导读，周二是粉笔画，周三是围棋，周四是普通话，周五是舞蹈课，都是教小学教师必备的一些基本技能。

访谈者：你觉得你们专业目前已有的这种师范生培养模式能够很好地满足你想要成为一名教师的需求吗？

师范生 U-B-0-01：我觉得我们学的课程很有特色，让我们在综合能力还有必备的各种技能技巧上都能有很好的收获。

该校同时开设围棋特色技能课程。围棋是保山市的区域特色资源。保山学院坚持扎根保山，立足云南，服务边疆，辐射东南亚，坚持为边疆民族地区培养能够"建好家乡、守好边疆"的合格人才，充分利用围棋这一资源设计本土化师范课程。围棋课程是保山学院培养"建好家乡、守好边疆"的合格师范生的缩影，是区域性资源融入本土特色课程培养师范生乡土意识的典型案例，有利于当地培养人才，并且留住人才。

再如，对江苏省南京市晓庄学院师范生的访谈中也可以看到，该校依托陶行知先生所提出的"小先生制"教育文化而开发了独特的区域性课程资源，该校师范生针对访谈者提出的"学校在师范生培养过程中，有哪些做法比较有助于你的专业能力提升，比如说特色教学方法，或是特色教育内容？"这一问题进行了回答：

今年正好是我们学校实行"小先生制"100年。晚上，我们是有晚课的，我们学自己选择的晚课，但都不是老师来上，而是那种有兴趣的同学来给我们上课，这样同学和老师之间的关系更亲密，关系比较融洽。（师范生 N-B-0-04）

"小先生制"是晓庄学院的独特教育标识，也是其难能可贵的特色课程资源。学校通过"小先生制"组织课程资源，开展课程活动，既满足了师范生"教"的本质属性，使其自觉锤炼自身教学本领，提升交流合作能力，又使师范生在特色课程资源的学习中逐渐形成了更加强烈的职业认同感和学校文化归属感。

[①] 吴靖. 试论地方高师院校教师教育课程资源的生态建设[J]. 中国大学教学，2018（10）：75-78.

五、学生个体特点

除国家、社会、学校、教师等外在因素，内在因素同样影响师范生的专业成长与职业选择。因此，有必要讨论在学习生活中，个体特点对师范生的影响。基于访谈资料的问题和回答情况，课题组成员主要总结出职业认同、学习能力、心理品质这3个个体特点对学生的影响。

（一）职业认同的影响

教师职业认同是指教师从心底接受教师职业，并能对教师职业的各个方面做出积极的感知和正面的评价，并愿意长期从事教师职业的主观心理感受。[1]教师职业认同分为内在价值认同和外在价值认同，前者指对教师职业本身的专业性、内容、模式等固有的工作属性的价值判断，后者指对教师职业的福利待遇、社会地位等社会属性的价值判断。

1. 职业认同影响师范生的从教意愿和职业选择

已有研究表明，职业认同会对师范生的从教意愿产生影响。[2]在访谈中，课题组成员了解到，多数师范生对教师职业均具有内在价值认同和外在价值认同，但倾向于更加青睐于其中的一种。更多持内在价值认同的师范生认为教师是教书育人的高尚职业，教育事业是国家和社会发展的基石，因此这种神圣感和使命感持续激励着他们选择师范专业并坚持投身于教育事业的理想信念。在当前国家引导乡村教育振兴的形势下，有师范生希望返乡从教，为国家乡村教育事业发展做贡献，这种责任感和使命感深刻影响着师范生的从教意愿和职业选择，其社会价值取向比较强。更多持外在价值认同的师范生主要考量教师的社会地位、福利待遇等现实物质利益，其专业选择和职业规划与个人未来生活及发展紧密相关，个人价值取向比较强。针对访谈者提出的问题"对教师这个职业你怎么看待呢？"，一些师范生给予了以下回答：

我觉得教师在我心里面处在一个很高的地位，它是一个非常好的职业，让我们的国家和社会有更多有用的人才。（师范生D-B-0-05）

中国未来的孩子们肯定需要知识，知识需要老师来推广，没有老师的话，文化就发展不起来了。想想当时，我应该为了我家乡的那些孩子们回去教他们。

---

[1] 魏淑华. 教师职业认同研究[D]. 重庆：西南大学，2008.

[2] 李佳丽，梁会青，赵楷，等. 场域理论视角下师范生从教意愿的影响机制研究——基于两所师范高校的调查分析[J]. 中国高教研究，2024（1）：79-85.

（师范生 D-A-0-01）

我见到过很多非常努力的孩子，他们想考更好的学校，他们真的发自内心地想学习，但是一些客观因素导致他们或许没有机会……我也体会过，我有几个好朋友是真的非常努力。我觉得那些乡村的孩子都是有潜力的，只是所在的环境制约了他们的发展，所以我想当老师，以帮助到更多的孩子。（师范生 D-A-0-02）

2. 职业认同影响师范生的专业素养的成长动力

在访谈对象中，有一部分师范生选择师范专业并非完全出于自身意愿，而是家长的劝导、他人的帮助、分数的制约抑或自身持"无所谓"的态度，教师职业对这一部分师范生来说属于"兜底"的职业，而其另有其他职业追求，这些都是职业认同感较低的表现。认同感低会使师范生处于"醉翁之意不在酒"的学习状态，尽管学的是师范专业，上的是师范课程，但其生涯目标并不是成为教师，因此也不会主动学习与教师、教育有关的知识和技能。

访谈者：你对自己的职业规划，其实就是给自己准备了两条路：一条路是考研，然后去学统计，最终去从事相关职业。如果考研失败，就走另一条路去当老师，对吧？

师范生 U-B-0-04：对，我现在也积极参加学生会，从事各种工作，以提升自身能力，这样争取以后简历能丰富一点。

到了高中，我最开始目标是想当律师，后来我发现律师专业分数太高了，我实在是够不上那个目标，后来觉得退而求其次当老师吧。（师范生 D-C-0-01）

（二）学习能力的影响

若要获得发展，仅仅靠外界力量支持是不够的。除了理论授课、完成作业等基本的学业任务，师范生还应当有自我发展的意识，提高学习的主动性和学习的效率。比如，学业规划能力要求师范生依据社会需要、学校要求、自身发展愿景和目标、兴趣爱好、时间空间等合理制定整体发展规划和日常学习计划；自主学习能力要求师范生制定学习计划，选择自己需要的学习内容，实施计划和监控实施效果等。

1. 学业规划能力

学业规划既是师范生对当前自身发展情况的主观定位，又是其长期职业愿景和短期学习目标与行动方案的客观呈现。针对访谈者所提出的问题"你在整个学习过程当中，会不会有意识地给自己做一些计划，比如列计划表？"，部分师范生的回答如下：

我不会精确到日，但是我会精确到每个学期，会在每个学期开始的时候列一些目标，然后在每个学期末看一看目标完成了没有。平常任务多的时候，自己理不清楚有哪些任务，我也会记下来，这样自己就清楚需要干什么了。（师范生D-B-0-04）

比如，早上起床之后，吃完早饭大概是九点到十点，之后会去回顾一下学过的数学知识，下午的话，基本上就是在图书馆，晚上可能会去散散步什么的。一般来说，周末我会花一天的时间去学习，花半天的时间去放松。（师范生M-D-1-01）

通过访谈内容可以看出，访谈对象对学习生活有所规划，有的属于长期规划，有的属于短期规划。通过规划厘清自己的学习目标、待办事项，有利于充分利用时间资源，提高效率。反之，如果缺少学习规划，师范生可能会在正式课程之余感到无所事事，被动陷入"躺平"的状态，不利于自己的师范生生涯发展。正如下面访谈者与访谈对象的对话：

师范生U-B-0-03：大一上学期比较努力，因为没有从高中的状态脱离出来，然后大一下学期和现在就开始放飞自我。

访谈者：那为什么会出现这样的差异呢？除了高中的影响之外，还有吗？

师范生U-B-0-03：就是没有明确的目标，也没有一个一块儿学习的搭子，每天就是上完了课程表上要上的课，然后写作业。之前考虑过考研，但就是停留在只知道考研、不知道要怎么做层面，其他什么也不知道。

访谈者：到目前为止也没有对自己大四之后是工作还是考研做一个规划吗？

师范生U-B-0-03：没有。

2. 自主学习能力

自主学习是学习者自觉确定学习目标、选择学习方法、监控学习过程和评价学习结果的过程、能力或个性特征，其在学习样态上凸显了学习者自我探索、选择和积极主动的学习特征，彰显了"时时可学、处处有学、人人皆学"的终身学习本质内涵。[1]从访谈的结果来看，师范生有着自主学习的意识和能力，具体表现在以下方面。

一方面，师范生能够自主明确能力短板。师范生不仅需要学习知识，还要在理解知识、运用知识的基础上锻炼各种技能，这样才能真正形成能力。为此，在师范学习的过程中，师范生只有明确自己的能力短板，才能形成短、中、长期发

---

[1] 张玉红，孙昊翔，田惠东，等.特殊教育师范生自主学习能力与学习适应的关系：从教意愿和年级的调节作用[J].中国特殊教育，2022（9）：88-96.

展目标和方向。

作为师范生,三笔字要写好了,然后就是能上台讲话,这是我需要锻炼的方面,因为我本身非常社恐,然后语言组织能力比较差。我希望自己在很多人面前讲话时能表现得落落大方,别畏畏缩缩的。(师范生 N-A-0-04)

另一方面,师范生能够自主夯实专业知识、锤炼专业技能。大学的专业知识更加深奥且庞杂,除去正常课程学习的时间外,还需要师范生额外拿出其他时间来巩固知识。另外,师范生最重要也是最基本的专业技能就是教育教学,而教育教学的基本形式是讲授。师范生通过家教等形式的活动模拟了课堂授课的情景,在面向他人传授知识的过程中,自己的心态、知识和技巧都得到了锻炼,为今后真正参与教育教学工作奠定了扎实的基础。

每天正常上课,我们专业课比较多,既要学习学科专业课,也要学习教师专业课,这样除去周六,基本上每天都有课。每天下课之后,我还会去图书馆自习,基本上一共八九个小时。(师范生 D-B-0-03)

比如,让我现在去一个高中或者初中直接讲课的话,我觉得我比别人强的一点是我不会紧张、不会怯场,心态比较好。因为这学期与上学期我都去小学和初中讲过课,不是讲历史课,就是讲团史课,有过这些经验。还有就是我主办过一些大型活动,我觉得这些对我挺有帮助的,所以我现在面对很多人都不会怯场。(师范生 D-C-0-01)

(三)心理品质的影响

心理特点也会影响师范生的发展。这些心理特点可能包括动机层面(如兴趣爱好)、意志层面(如毅力、自制力)、认知层面(如自我概念、自我效能感)的心理特点。

1. 兴趣爱好的影响

兴趣爱好会影响师范生选择从事教育事业,但不同师范生受到兴趣爱好这一因素影响的程度有所不同。

一方面,教育是一个互动性较强的工作,教师要长期与学生打交道,在交流中教书育人,与学生共同成长。比较擅长交流、喜欢小孩子或者喜欢教书育人这种感觉的学生会热衷于投身教育行业当中。在访谈中,针对访谈者提出的问题"你为什么想要报考这个师范专业",有很多师范生的回答印证了上述分析:

我喜欢当教师的那种教书育人的感觉。因为我也特别喜欢小孩子,就是单纯喜欢,然后就想去学小学教育专业。(师范生 U-A-0-05)

我比较喜欢小孩，就想学学前教育专业。（师范生 U-A-0-04）

我挺喜欢教师这个行业的，想奉献自己的一份力量，然后就想学习教育专业。教师这个职业我感觉是辛苦的，因为我感觉教师付出的努力和回报可能有一些不匹配，薪资有点儿不太理想，但即使这样，我也依然喜欢这个职业。（师范生 U-A-0-01）

接纳我的专业还是在大二，我们到一个融合教育的幼儿园去做帮手，第一次面对面接触到那群孩子的时候，我的心已经被他们融化啦。（师范生 M-D-1-02）

另一方面，教育的独特属性之一就是"教什么"，无论是教数学、教英语、还是教美术、教体育，都意味着教育这一行为必然不能独立存在，而需要以被教授的某些内容、某种事物作为教的载体。当个体希望选择与自己兴趣爱好紧密相关的职业时，首先会考虑以兴趣爱好作为生产活动的工作，再者兴趣爱好也可作为一种知识或者技能，个体会考虑以传授有关兴趣爱好的知识和技能作为生产活动的工作，也就是教育工作。在漫长的学生生涯中，师范生在各类学科领域进行深入的学习，对某一学科产生浓厚的兴趣，进而产生从事相关学科教育工作的想法，但是他们可能真正喜欢的不是教育，而是所教的学科。在访谈中，在谈及为什么想要选择教育类专业、从事教师工作时，很多师范生回答是因为兴趣爱好，例如：

高中喜欢历史，也就对这门课感兴趣，我对其他课没啥兴趣。（师范生 U-B-0-02）

不知道，我就是喜欢数学，学师范会好一点。（师范生 U-D-0-02）

总之，兴趣爱好是一种很强的个体内在驱动力，在很大程度上影响着师范生选择师范专业并坚定从事教师行业的信念。

2. 意志品质的影响

师范生的意志品质更多地影响其专业学习的效率和质量。师范生表现出的意志品质可能包括自主性、坚韧性、果断性、自制力和责任心等。[1]这些品质关乎师范生的决策过程、目标追求以及面对挑战时的坚持性和适应性。拥有优秀意志品质的师范生会表示，在大学中感受到生活的充实、教师的乐趣和教育的价值与意义。在访谈中，意志品质较强的师范生往往在处理困难时游刃有余：

遇到困难时，首先我的情绪肯定是消极的，但我会先暂停任务，不会逼着自己硬着头皮去学，我会先让自己休息一段时间，可能是出去放松，或者是睡觉，这些都是可以缓解内心疲惫的方法。我还会跟好朋友倾诉，讲述自己的问题，他

---

[1] 杨芷英. 浅谈师范生积极心理品质的培养[J]. 思想理论教育导刊，2016（12）：149-152.

可能会帮助到我,他的一些话可能会启发到我。(师范生 N-C-0-05)

师范生的学习生活中也存在一些不良诱惑,若师范生的自制力薄弱,就有可能陷入不自律的泥沼中,导致自身学习效率大打折扣,正如下面的访谈内容所印证的:

我觉得我的自制力不是很强,控制不住玩手机,有的时候躺在宿舍床上就不想起来。(师范生 D-B-0-02)

3. 自我认知的影响

师范生对自我性格特点的认知也影响了其职业选择偏向。在访谈中体现得比较突出的一点是,很多师范生不喜欢职场中复杂的人际关系,因此,他们选择师范专业是考虑到学生比较单纯,教师群体之间的人际关系也比较温和友善,这种喜好简单平稳生活的性格会引导他们选择教师行业。

我觉得教师这一职业面向的群体一般是比较单纯的孩子,不像其他工作面对的服务群体是很复杂的。所以我觉得,以我的个人能力和个人性格而言,我觉得我是比较适合而且喜欢教师这个职业的。(师范生 M-D-1-01)

师范生自我效能感也是影响其发展的重要因素之一。自我效能感是指个体对自己做出足够努力,成功完成具有挑战性的任务的能力的感知信心。[①]师范生的自我效能感体现在师范生对自我能否胜任教学工作和教师角色的感知信心,比如,感知自己能否处理好师生关系、能否支持学生的学习等。

担忧会有,怕自己教不好,或者对自己跟学生的关系没有处理好。(师范生 D-B-0-03)

我比较看重的就是成就感,如果我教的学生没有出成绩的话,我就会感到没有成就感,我觉得这会影响我从事教师这个行业。(师范生 M-D-1-03)

我觉得自己对教师这个行业相对来说更了解一点,因为我是学音乐的,接触过很多不同的音乐专业的老师,上过很多相关的课,我觉得凭我自身的一些理论基础和实践经验,我可以胜任这份工作,如果让我去上一堂音乐课,我会比较自信。(师范生 N-C-0-05)

六、社会舆论影响

社会舆论反映了社会公众的共同情感、价值观念和利益诉求,学生无论是在

[①] 龚映雪,李小保,杨艺琳,等. 未来时间洞察力对焦虑的影响:自我效能感和应对方式的链式中介作用[J]. 心理研究,2023,16(5):402-410.

选择师范专业时，还是后续制定职业规划时，都会或多或少地受到社会舆论环境的影响。

（一）传统观念下的舆论环境影响专业抉择

传统观念下的舆论环境提高了教师职业的社会地位，一方面有利于对抗社会现存的腐朽守旧的性别偏见、家族观念，为其提供文化与精神阵地，特别是在我国中西部的相对落后地区；另一方面，有助于增强师范生对教师职业的内在认同感。在他们眼中，教育是冲破社会糟粕桎梏、改变下一代观念和命运的有力武器，这有利于师范生坚定从教信念，努力提高专业素养，为家乡的教育事业做出贡献。

在我们村里面，村民们普遍认为女孩子将来都是要嫁出去的，读书对于家族来说没什么意义，他们也认为读书没有什么用。非常幸运的是，我的父母并没有那么想，他们就一直坚持让我读书，因此我才能走出大山，来到这里，让我见识到外面更广阔的世界。从那以后，我就觉得我应该努力往教师这个职业靠拢，将来的话，我想走进这种乡村中，让更多的人意识到读书是一件很好的事情，而且让乡村的孩子能够接受教育，而不是说小小的年纪就辍学回家。（师范生 U-A-0-11）

访谈中，课题组成员发现，师范生报考师范专业可能并非出于自身意愿，而是受到父母、亲戚等的劝说甚至要求。在中国传统文化和传统观念下，教师是一个高尚的职业，被视为传递知识、启迪智慧的重要人物，是社会发展的基础工程师。韩愈《师说》有言："师者，所以传道受业解惑也。"尊师重道是我国历代传承的传统文化，教师职业的神圣性深深镌刻在很多长辈的观念里，受到社会公众的广泛认可。另外，有编制的教师职业是很多人向往的"铁饭碗"，在福利待遇上都十分体面，其稳定性也是很多家长看中的方面。因此很多家长希望孩子填报师范专业，希望他们之后的生活能够稳稳当当。但有时候，这种希望违背了孩子的意愿。

我来这个地方是被我家人逼着来的，是我家人说教师工作稳定，然后我才来的。师范专业越来越不好找工作，生育率降低了，学生和学校都会变少，而且感觉在学校学的东西也没什么用。就业渠道也窄，如果毕业后不能当老师的话，那几乎就没有别的工作了，除非考研，但我也不想考研，不喜欢。现在我就是正常学习，毕业后找个班上，也没有其他想法了。（师范生 N-A-0-04）

由此可以看出，该生选择师范专业完全是父母的意愿，其本身并不喜欢师范专业。从师范生个体来说，这种现象可能导致师范生今后抱着得过且过的态度对待学习生活，对其自身未来发展产生消极影响。从国家和社会的层面来说，非自愿报考师范专业的个体并不在少数，国家和社会对教育事业的投入用在了不适合从事教师职业的个体身上，从某种程度上造成了资源的不合理配置，从而对整体师范生培养质量产生消极影响。

在传统的舆论场域下，个体很可能形成对教师职业的刻板印象：

感觉教师这个职业比较适合女孩子。我感觉选专业的时候，适合女孩子就业的专业就不多，要么是教师，要么是医生，工科很多专业并不合适女生。（师范生 N-B-0-06）

我爸妈说女生适合当老师，所以我就选了。（师范生 U-A-0-02）

有调查研究发现，截至 2019 年，女生就读师范专业的机会已经是男生的 6.1 倍。[1]在中国的传统社会舆论场域中，教师在社会公众的潜意识中被认定为一种女性化职业。在家庭和社会的影响下，青少年可能会形成对教师职业的性别偏见。[2]女性可能会在潜意识中形成对教师职业刻板印象的认同，从而更多地选择教师职业。

总之，社会的舆论场域是传统文化、传统观念的现实表征，直接或间接地左右着个体是否选择师范专业。

（二）高度期望下的舆论环境影响职业选择

教师职业在社会中具有特殊地位，被视为传递知识、塑造未来的重要职业。人们普遍期望教师具有高尚的职业道德、深厚的专业知识和出色的教育能力。"人类灵魂的工程师""园丁"等美誉在提升了教师职业的社会声誉的同时，也将高度的期望寄予了教师。特别是在新时代中国特色社会主义现代化建设的征程中，教师职业的历史责任与使命在社会公众的舆论场域更是上升到了前所未有的高度，社会对教师的评价和期待往往存在理想化倾向，媒体、家长、社会人员对待教师失范行为的态度几乎是"零容忍"，在这种高度期望的社会舆论环境下，师范生深知教师在学生成长过程中扮演着重要角色，他们的言行对学生有着深远的影响，因而可能导致师范生在学习和未来从业过程中因能力不足而感到焦虑。

现在当老师一点儿也没有想象得那么轻松，一方面，我感觉老师教学生很难，包括课后服务之类的；另一方面，现在跟家长沟通也挺难的，班级微信群等

---

[1] 王伟宜，谢德胜. 谁在就读大学里的师范专业——基于 1982~2019 年师范生性别和城乡来源的考察[J]. 华南师范大学学报（社会科学版），2023（1）：38-47，205.

[2] 徐梦杰，张民选. 中小学教师性别失衡问题及对策研究[J]. 教育发展研究，2021，41（Z2）：107-115，124.

很考验人。（师范生 U-C-0-01）

  跟其他职业相比，教师这个职业操心会比较多，可能需要有更多耐心。对于那些比较调皮的孩子，老师要想办法怎么提升他们的成绩，如果他们心不在学习上，老师就要想办法跟家长沟通，但不是所有的家长都是能够理解人、体谅人的。（师范生 D-C-0-01）

  环境对一个老师的成长真的太重要了，特别是这几年，我看过一些新闻，嗯……那些有关教师的不太好的新闻，而且之前我问过其他一些师范生，他们甚至不想做教师了。（师范生 U-A-0-07）

  我害怕我的教学风格不太适合一些学生，因为我觉得每个学生需要不同的教学方法，不能用同一种方式去对待所有的学生。可是我又害怕顾及不到每一个学生的特点或者性格等，害怕因为我的这些疏忽可能使他们从心理上对学习产生抵触情绪。所以，我希望我能达到顾及所有学生情绪的状态。（师范生 U-B-0-03）

  当前社会对教育质量和教师素质的要求越来越高。随着教育改革的深入，教师不再是传统意义上的"教书匠"，更承担起了培养学生的创新能力、批判性思维等多方面能力的任务。在这种背景下，师范生需要不断更新知识和技能，以满足社会对高质量教育的要求，这无疑增加了他们的心理负担。

  比较担忧、心存顾虑的是专业知识和技能方面。比如，因为现在的学生感觉跟以前的学生不太一样了，借助网络等渠道，他们懂得也比较多，所以对于老师专业知识和技能这方面要求也比较高。还有一个是班级管理方面，比如，前段时间特别流行小萝卜刀，如何对其加以管理就很麻烦。总之，班级管理特别不容易，会有各种想象不到的难管的学生。（师范生 U-C-0-01）

  当然，除了这些消极的影响，高度期望的社会舆论环境也持续激励着师范生，给予他们对教师行业的憧憬和信心。在访谈中，有许多师范生都表达了类似的想法，如"社会如此看重教育，我们必须努力学习，不辜负国家和社会对教师的期待，为教育事业做出贡献"等。总之，社会舆论环境对师范生的影响是双重的，必须辩证地看待其影响，充分发挥社会舆论对我国师范生培养和发展的正向支持作用，为教师队伍群体建设一个包容、温和的舆论场域。

第十二章
中国师范生专业素养发展的学校诉求
——基于五所学校初任教师的调查

精准把握从师范生到初任教师的过渡与衔接，是推进教师持续学习与发展的意义所在，是落实教育高质量发展的必然要求，越来越得到校长的关注和重视。

从师范生到初任教师是一种身份的转变，也是一个新职业的开始。初任教师正式入职、走上教书育人的工作岗位后，依然需要继续经历和完成教师"学教"的四大主题——学会像教师一样思考（think）、学会像教师一样认知（know）、学会像教师一样感知（feel）、学会像教师一样行动（act），而且"必须学会将思维方式、认知方式、感知方式和行为方式整合为一种有原则的、快速反应的教学实践"[①]，更加准确地说，是"学会像专家型教师一样"思考和行动。

---

① 玛丽莲·科克伦·史密斯，沙伦·费曼·尼姆塞尔. 教师教育研究手册：变革世界中的永恒问题[M]. 范国睿，等译. 上海：华东师范大学出版社，2017：711-712.

一、师范生专业素养的教育意义

为加快新时代教师队伍建设,锻造教育可持续发展的内生力量,从校长视角就师范生转变为初任教师的专业成长展开研究,可以帮助师范生尽快完成从大学"学生"到中小学"教师"的角色转变。

(一)师范生专业素养能够提升教育教学质量

初任教师能否顺利地完成入职适应过程,关系到高素质、创新型、专业化教师队伍建设的成败。初任教师入职初期的经历会对教师职业生涯发展产生深刻的影响。为了满足优质教育的均衡发展,教师专业能力的提升便成为学校管理的重要环节。2018年9月,《教育部关于实施卓越教师培养计划2.0的意见》发布。该意见指出,要培养素养全面、专长发展的卓越小学教师。在小学教师队伍中,初任教师既是学校未来发展的主力军,更是未来卓越教师的储备力量。小学初任教师的专业能力发展不容忽视,快速提高其专业能力的水平对于提升学校教育教学质量有着重要意义。为此,要全面落实高校教师与优秀中小学教师共同指导教育实践的"双导师制",为师范生提供全方位、及时有效的实践指导,推进师范专业教学实验室、师范生教育教学技能实训教室和师范生自主研训与考核数字化平台建设,强化师范生教学基本功和教学技能训练与考核。

(二)师范生专业素养推动教师承担育人使命

教书育人是教师最重要的职责担当。初任教师入职时已经通过在其所经历的基础教育和高等教育中的"学徒观察",获得了许多关于"学习与教学""学生与教师""人的发展与教育"等几乎所有教育知识的"先入之见"。这些"先入之见"又常常具有持续性、反弹性、正误性、过滤性、交互性等特点,而且在日复一日的体验中持续地被增强,进而被合法化,从而直接制约初任教师持续"学教"的自觉意识。特别是在当前我国开放的教师资格制度环境下,越来越多的初任教师并非师范生出身,入职前并未接受过完整、规范的师范教育;即便是师范生出身,也无法保证在职前师范教育经历中彻底消除基础教育阶段"学徒观察"所形成的不利于教师持续专业学习与发展的消极影响。[1]

教师专业实践具有缄默性、情境性、不确定性、社会文化性等复杂性特点,初任教师在参加培训、研修等活动中所进行的学习绝非单纯的个体内在心智活动

---

[1] 杨跃. 新任教师学习与发展:质变学习视野中的挑战及支持[J]. 教师发展研究,2022,6(2):64-71.

（即独白式的"获得型学习"），也并非单纯的共同体成员之间的对话、互动（即对话式的"参与型学习"）。时代对教师提出的"成为教育变革者"、成为"工匠、实践者和变革者三种角色的水乳融合"[①]的卓越教师等角色期待，正是质变学习理论视野中包括初任教师在内的所有教师持续学习与发展的目标追求。

（三）师范生专业素养促进学校高质量发展

高质量教师是高质量教育发展的中坚力量，是促进学校高质量发展的关键核心。教育部等八部门印发的《新时代基础教育强师计划》提出，"坚持质量为重。服务教育高质量发展要求，加强高质量教师队伍建设，推动地方政府、学校、社会各方深度参与教师教育，强化师范院校在教师教育体系中的主体地位，推进职前培养和职后培训一体化，创新师范生教育实践和教师专业发展机制模式，提升教师培养培训质量"。职业心理认同是教师职业责任的重要基础。高度职业认同能够激发教师职业理想，引发其积极的职业行为，是教师自主专业发展的重要动力来源。

初任教师的加入，能够激活学校教师队伍沉闷的现状，特别是对教师队伍年龄结构偏大的学校，更能促进教师队伍的梯次发展，为教师队伍带来新鲜的时代气息，使学校更加充满朝气和活力。

因此，为加快新时代教师队伍建设，锻造教育可持续发展的教师队伍，为中国师范生培养提供建议和咨询，探索职前培养与职后培训有效衔接培养方式，研究者通过面对面的访谈方式深入了解更多校长对初任教师的需求。

二、师范生专业素养的现实反思

中小学校长作为中小学运行的实际操作者和中小学教师的实际管理者，拥有最大的发言权。为了解初任教师的职业认知与职业认同状况，我们采用了访谈校长的方式，设计了开放式访谈问题，探究现今的社会需要怎样的中小学教师，中小学教师应具备哪些素质才能胜任中小学教师这份工作，从而为师范生的在校学习提供有针对性、建设性的建议，并进一步提高师范生的就业竞争力。

本次调查共整理了5份访谈材料，为方便调查者根据访谈材料对初任教师素养情况进行整理分析，我们对所整理的访谈材料进行编码，编码规则具体如下：①学校类别：九年一贯制学校（A）、独立小学（B）。②校长：用1、2、3、4、

[①] 程红艳，陈银河.教师成为教育变革者：中国卓越教师培育的应有之义[J].山西师大学报（社会科学版），2020（2）：88-94.

5 表示。

（一）研究对象

本次访谈的 5 位校长均为长春市中小学学校法人，其中九年一贯制学校校长 2 人、独立小学校长 2 人，九年一贯制学校小学部校长 1 人。其基本概况见表 12-1。访谈学校名称用数字代替，校长姓名用字母代替。根据表 12-1 中的数据，目前教师队伍中有 80%以上是师范类专业，符合教师队伍建设的专业需求。各个学校近 3 年都有初任教师的增加，新建学校招收初任教师更多，如第 4 校长所在学校于 2019 年投入使用，近 3 年初任教师有 80 人，约占教师总数的 50%。

表 12-1 访谈对象所在学校情况表

校长序号	所在学校性质	学生情况	教师情况	近三年初任教师数/人
1	九年一贯制学校	3 个校区，学生 3000 余名	325 名教师，其中师范类 309 名	5
2	独立小学	12 个教学班，358 名学生	38 名教师，都是师范类	2
3	独立小学	16 个教学班，530 名学生	48 名教师，其中师范类 19 名	2
4	九年一贯制学校	53 个教学班，2222 名学生	161 名教师（合同制 81 名），其中师范类 102 名	80
5	九年一贯制学校	小学部 21 个班级，1100 名学生	小学部有 59 名教师，其中师范类 51 名	6

（二）研究设计

研究主要采用非结构型访谈、以一对一访谈的方式进行，获得 5 个访谈录音和 5 份访谈记录。根据访谈录音以及访谈记录表，研究者将其整理成文字资料。

本次访谈问题具有开放性，如"您认为近 3 年来师范院校的毕业生整体有哪些特点，他们在教育教学岗位上发展的持久力和发展力如何""您认为师范类初任教师中比较突出的问题有哪些，产生这些问题的影响因素有哪些""您认为学校可以采取哪些培训和措施帮助初任教师解决这些问题""您认为师范院校或者师范专业的初任教师和非师范院校或非师范专业的初任教师有哪些区别""您认为这些'初任教师'在师范院校学习期间应该特别加强哪些方面的学习，才能更好地适应教师岗位"等问题，采用逐一预约访谈的形式，研究以者聆听为主，不做干预。

（三）研究内容

研究者逐一深入5所学校，对校长、校级领导就师范生的有关问题进行访谈，汇总提炼校长的意见和建议。随着时代的发展，师范生入职后表现出新的特点，也呈现出一些新的问题，需要学校有针对性地关注和解决。初任教师的成长不是一蹴而就的，根本在于自觉生长的热情。在接受完系统的学科理论学习后，进入新岗位的初任教师欠缺的是真实的课堂体验、充足的工作信心和坚定的职业信念。

1. 师范院校毕业生的整体特点

从师范院校毕业的初任教师综合素养高，表达能力强，具体表现为：在开展班级指导、实施课程育人、组织活动育人等方面，强调教育"育人为本"的本质要求，落实"立德树人"根本任务；在注重专业成长、主动交流合作两方面，突出终身学习、自主发展，以及在学习共同体中不断提升专业水平的意识和能力；在素质能力方面，能够遵守教师职业道德规范，具有一定的课堂教学、信息技术应用和学习指导等教育教学能力和学术水平；在实践经历方面，熟悉中小学课程标准和中小学教育教学工作。所以，师范院校毕业生在教育教学岗位上发展的持久力和发展力较强。

从师范类院校毕业的初任教师年轻有活力，个性特质强。初任教师富有朝气和活力，比较积极向上，年轻教师的到来同时促进了老教师的成长，促进了教师队伍的"新陈代谢"和梯次队伍建设。新时代的初任教师也显现出鲜明的个性特质，不再盲目信服和跟从，更倡导个性民主，更主张满足个体化要求。

从师范类院校毕业的初任教师学历水平高，学科实力强。他们各学科的学科知识均较为扎实，入职后学习能力强，理论与实际联系较好，能较快速地进入教师角色，能够很好地运用教育学、心理学知识进行学科教育，同时能给予学生更多关爱，也能与家长进行良好沟通，在自身方面也能较好地进行自我调节，有更持久的发展力。

2. 师范类初任教师中比较突出的问题

师范生走上教师工作岗位后，会逐渐感觉后劲不足，尤其是新课标、新教材、新方法对教师提出了更高的要求。但现阶段教师培训基本上以大规模集中培训为主，培训内容多以系统知识、教学技能和方法讲授为主，辅之以参观或观摩，师生间以及学员间的有效互动、案例分析和现场个别指导等相对较少，没有形成教师主动去"接受任务、学习理解、自我实践、应用课堂"的良好机制，难以调动参训教师的学习积极性。再加上教学工作繁忙，使刚刚参加工作的初任教师表现出很多问题。

第一，角色定位不明晰，敬业精神不足。部分毕业生着装随意化，体现出年轻教师没有职业形象的认同感；语言网络化，说明其中国语言文化的传承性不强；思想陈旧化，在教学中常常用自己学生时代接受教育的方法教育现在的学生；行为无界限化，急于与学生打成一片，而忽略了身正为范的教师形象。多数毕业生对编制很热衷，但是对薪水并不满意。部分毕业生民主意识过强，缺乏奉献精神，对教师职业的特殊性缺乏理解，没有明确的发展愿景。对学生的爱心不够，没有全情投入。

第二，责任定位不清晰，工作经验不足。与人沟通能力不够，不能与家长、学生进行有效的沟通。初任教师经验不足，与学校的教育环境、教育集体以及学校文化融入较慢，自身生活安排与教学工作的时间安排有时存在冲突，不能很快协调、调整。刚刚毕业的初任教师，大多数是独生子女，没有经历太多的困难和挫折，因此在人际交往、组织协调能力等方面缺乏经验，很难处理好工作中出现的一些复杂的问题和突发性事件。初任教师的基本功不够扎实，没有长期坚持训练师范生技能，使得必备技能有一定欠缺。"三字一画"水平不高，口头表达能力亟待加强，课堂控制能力差。所以初任教师就会出现自身知识足够，但在知识传授方面存在困难，不会激发学生的学习兴趣和创新能力等。

第三，学科体系不了解，教学能力欠缺。对于刚从师范院校毕业或工作时间较短的年轻教师，从事教学所需的学科专业知识并不欠缺，但这些知识要在教学实践中被激活而成为有效服务教学的活知识还需要一个过程，这个过程就是"学"与"教"的相互转化过程。初任教师缺乏灵活处理教材的能力，通常来说，他们对教材不够熟悉，不能很好地吃透教材，因而他们对教材的重点和难点、知识之间的联系和迁移，以及如何才能让学生更容易理解知识，如何对教材进行有效补充等把握不足。这就导致很多初任教师往往不能灵活地运用教材，而是采用照本宣科的上课方式。此外，在上课的过程中，学生的提问、错误、好奇心等都可能是有教育意义的课程资源，而初任教师很难灵活地运用这些教育资源对学生进行进一步的启发。尽管初任教师在走上教师岗位前都进行过教育实习，但是短短一个多月的实习还不足以让他们获得熟练的教学技能，让他们自信地走上讲台，自如地应对课堂中可能会发生的各种状况。初任教师第一次站上讲台，通常都会比较紧张，有的甚至大脑一片空白，事先准备的内容都忘记了，如果不照着教案念，根本就无法讲下去。在这种情况下，能顺利地应付40分钟就很不容易了，至于学生的反应和学习效果则是他们无法顾及的。教育情境是复杂多变的，无论课前的教学准备多么充分，在课堂上也随时有可能发生意想不到的偶发性事件，这些事件如果处理妥当，会转化为不可多得的教育机会。然而初任教师由于教育实践经验不足，很难对课堂上的突发事件进行及时、妥善的处理。

第四，缺乏对学生的有效管理。初任教师普遍感到在管理学生行为上存在一定困难，较难进行课堂纪律的维持和课堂气氛的控制。初任教师通常会把大部分的精力和注意力集中在完成教学任务上，而往往会忽视学生的纪律。虽然他们意识到了有必要进行课堂管理，但由于对松严度把握不准，管理方式不对，可能会出现威信不足，管不住学生；或者太过严厉，师生关系紧张等现象。事实上，良好的课堂秩序不是靠强硬的纪律达到的，而提高教师的课堂教学艺术和学生的自控能力才是关键。

初任教师在任职之初之所以会出现各种各样的问题，主要是因为他们实践经验不足，缺乏必要的实践性知识。实践性知识是教师在实际的教育教学中通过对教学情境和教学事件进行反思而形成的。初任教师需要不断地总结教学经验，丰富自身的实践性知识，才能更好地应对复杂多变的教育情况。

3. 学校的系统培训和帮助措施

第一，开展初任教师入职后的系列培训。学校培训应着眼于加强初任教师对当代教师职业、教师师德规范、教师职业素质的认识，确立敬业爱岗、为教育事业奉献智慧才智的正确思想。教学常规培训应着眼于使初任教师明确学校教育、教学工作的基本流程、规范、要求和教师的基本职责，规范初任教师的教育教学行为。教学技能培训应着眼于培养初任教师将理论运用于实践和把握教学基本功的能力，进行备课、说课方法的训练。首先，学校应建立帮助初任教师快速适应工作环境的机制，为初任教师构筑美好愿景，帮助初任教师拟定课堂教学规范，有目地观察和反馈初任教师的课堂，帮助初任教师实现教学实践和风格的多样化，对初任教师进行综合评价，帮助初任教师减轻"过关课"的压力，以构建新老教师之间的和谐共赢局面。其次，学校应确定各层次教师的工作目标，为初任教师提供良好的工作和生活环境，健全学校管理制度，完善教育质量评价体系。为促进初任教师职业的成长，积极引导初任教师利用不同方式不断向有经验的老教师学习。例如，可以有效利用听课制度。初任教师需针对听课目的，灵活选择听课内容，结合自身特点，不断调整听课方法，有针对性地倾听、观察和思考，使自己在不断地模仿、借鉴及反思中摸索到解决自身教学问题的策略，强化听课反思。最后，学校应积极引导初任教师加强自我修养，内省慎独，培养塑造良好性格，让初任教师明白自己身上所承担的责任，以平常心应对各种挑战，努力做一名合格的人民教师。

第二，开展新老教师结对。学校应充分发挥骨干教师的"传、帮、带"作用，给每个初任教师配师傅，开展定单式讲座、师徒听课、议课等，从师德、班级管理、课堂教学等方面引领初任教师成长，这是促进初任教师快速成长的最有效的路径之一。

第三，成立青年教师工作坊。学校应通过开展初任教师读书、赛课等活动，促进初任教师专业成长；通过搭建初任教师成长平台，使其练好演讲、朗读、钢笔字、粉笔字等基本功，促进教师自主成长；关心初任教师的困难和需求，通过集体和伙伴的影响，增强他们的职业幸福感。此外，高校也应该尽可能多地提供师范生参加实践教学的机会，增强他们实际应用和操作的能力，使他们在实践中体会并掌握教育规律和技能。

4. 师范类和非师范类初任教师的区别

访谈中，抽样地区师范类毕业的教师居多。L校长认为，师范生和非师范生在综合素质上有明显区别。师范生接受过与教育相关的培训，如课件、板书、教学实践等，而非师范生在这些方面的能力较为缺乏。师范生的优势更加明显，比如，可以申请更多职位，更容易进入重点学校。在面试过程中，师范生的表达能力会更好，更符合学校的招聘要求。大部分报考师范专业的学生考虑未来从事教育工作，所以在大学期间会更加注重实际教学。除了基础专业课程外，师范专业的学生还需要学习很多课程，比如最重要的教育心理学等，这样他们将来可以使用更好的教学技巧，而非师范专业的学生通常不会学习这些课程。C校长认为，非师范类教师比师范类教师更珍惜和热爱这份工作。Q校长则认为，师范类院校的毕业生有良好的就业观，喜欢自己从事的职业。师范类院校的毕业生掌握着系统的专业知识和教育教学理论以及一定的教育教学技巧。非师范类毕业生的职业认同感不强，本着先就业再择业的态度上岗，对工作岗位没有清醒的认知，知识储备不足。师范专业的学生在大学期间有教育心理学、教学法、教育学等与教学实践相关的必修课，但非师范专业不开设这类课程，非师范专业的学生在这些方面的知识有些不足，但是这类知识是可以通过后期学习来弥补的。

访谈中一位校长深情寄语师范生：

你们要坚定自己成为一名教师的初心，保持对教育的敬畏和热爱。只有真心热爱，才能在教育的道路上走得更远。你们要秉持耐心和爱心，耐心地引导学生，让他们感受到你们的关注和爱。只有这样，你才会真正走进每个学生的心里。教育是一个不断进步的过程，即便是走上讲台多年的我们都需要持续学习。

希望你们敢于创新，不断探索，不断学习和提升自己。只有不断挑战自己，才能在教育的道路上走得更远、更稳。亲爱的师范生们，教育是一条充满艰辛和挑战的道路，也是一份充满幸福和成就的职业；教育是一种神圣而崇高的事业，也是一项需要坚韧和智慧的事业。在这条路上，你们将面临各种挑战和压力，但是只要坚定前行，不断努力，你们就能成为有真才实学、拥有爱心和耐心的好教师。（校长A-5）

北京教育学院崔艳丽教授对北京市中小学502名新任教师[①]进行了调查，得出了以下结论。[②]

第一，新任教师职业认知比较积极，对学校氛围的认识水平最高，认为能胜任教师职业。新任教师的职业认知比较积极。新任教师普遍认为学校氛围良好，认为自己能够胜任教师这一职业。新任教师普遍认为自己得到了较好的职业支持，其中同事支持大于领导支持和组织支持。

第二，新任教师对职业收入水平的满意度不高，在学历层面有显著差异。本科学历的新任教师对工作收入的满意程度显著高于硕士研究生学历的新任教师。教师收入一直是全社会关注的话题，虽然近年来教师待遇得到一定程度的提高，但与新任教师的个人期望还存在一定差距。目前在新任教师群体学历水平普遍提高的情况下，学历越高的新任教师对收入的期望也越高，当与其他行业进行横向比较时，难免会因收入差距产生一定心理落差。

第三，新任教师职业认同总体水平较高，职业价值观维度得分最高。新任教师职业行为倾向在所教学段及是否师范类毕业方面的差异显著。在职业行为倾向维度上，小学新任教师得分显著高于中学新任教师，非师范类院校毕业的新任教师得分显著高于师范类院校毕业的新任教师。由于学生的特点，小学教师在班级教学组织管理和学生指导方面需要做的事情普遍比中学教师多。因此，小学新任教师必然会在职业行为上投入更多精力。对于非师范院校毕业的新任教师来说，从职业本身要求来看，由于他们在校学习期间缺乏教育教学专业训练，入职后需要付出更多努力来适应职业生涯初期的各项教育教学任务和要求，必然会付出更多的时间和精力在职业行为上；从个体角度分析，非师范类毕业生就业时选择范围更广，选择教师这一职业可能是其深思熟虑或多方比较后的更理性、自主的选择，因此在职业行为投入上会更加主动。

第四，与未担任班主任的新任教师相比，担任班主任的新任教师认为学校给

---

① 此处的"新任教师"同前文的"初任教师"，不同研究者称呼不同。
② 崔艳丽. 中小学新任教师职业认知与职业认同现状及建议[J]. 北京教育学院学报，2020，10（5）：18-23.

自己提供了更好的发展机会和发展空间。究其原因，班主任工作虽然辛苦，但对教师来说，这是一个更"重要"、要求更高的岗位。新任教师认为，一入职便担任班主任工作是学校对他们自身工作能力的认可，是发挥自身才能的机会。同时，学校层面也会对班主任提出更多的专业要求，提供更多的专业培训。因此，担任班主任的新任教师普遍认为学校给自己安排了重要的工作岗位和更多的职业发展机会与发展空间。

这些调查研究结果也进一步让我们认识到，应对师范生有全面了解和有效引导，使师范生对教师职业的期待更切合实际，这样他们入职后会在工作中投入更多精力，投入越多，收获就会越大，他们就会更加喜欢教师这一职业，由此形成良性循环。

三、师范生专业素养的学校需求

本次访谈体现了中小学校对初任教师的素质需求，从校长视角表现出对师范生的成长期待。

（一）丰富实践经验

参与此次调查的 5 位中小学校长一致认为，专业技能是初任教师应具备的素质，其中包括完成教学任务的能力、课堂掌控的能力、驾驭教材的能力、掌握教学方法的能力及掌握现代教学手段的能力。

第一，完成教学任务的能力。完成教学任务是教学最基本的目的，完成教学任务即教师能完成教学目标，学生能够达到教学目标的要求。这是初任教师应具有的最根本、最基本的能力。

第二，课堂掌控的能力。它是指管理学生、管理课堂、组织管理教学的能力。这是教师完成教学任务、保证达到教学目标的基础。只有掌控好课堂节奏，调动起课堂气氛，让学生共同参与，师生才能在相互合作和探究中学习，才能完成预设的及生成性的教学目标。

第三，驾驭教材的能力。在知识量急剧增大的信息时代，知识更新迅速，教师不可能把所有的知识全都传授给学生，而且学生的时间、能力有限，没有必要完全掌握所有知识。这就需要初任教师选出最稳定的基本原理、基本概念并将其作为教学的重点，具有较高的驾驭教材的能力，善于把握学科的基本结构，了解学科的发展动向和最新研究成果，只有这样才能让学生接触到最重要、最高效的知识。

第四，掌握教学方法的能力。在教学实践中，初任教师能够根据学生兴趣、年龄及心理特点和教学内容的性质等，运用多种教学方法，如启发式教学、讨论式教学、范例教学法、探索研讨法等，以提高学生的学习效率，促进学生对于知识的掌握。

第五，掌握现代教学手段的能力。随着时代的发展、社会的进步，新媒体新技术在实际教学中的运用日益普遍。[1]初任教师应能掌握一定的信息技术能力，这样更能够丰富课堂，提高学习的趣味性。[2]

（二）提高师德修养

访谈中，5位校长多次谈及职业认同和良好师德的重要性。作为一名初任教师，一定要先想清楚自己工作的价值和意义，对自己的职业要有认同感，才会在工作中全力以赴、不遗余力。有校长谈到：

教师专业化成长是一条漫长的道路，入职前三年尤其关键。作为新老师，你要有一种钻研的精神，一种持之以恒的品格。作为新老师，你要有一种奉献的情怀，一种进取的精神。作为新教师，你要有一种追寻的志向，一种向往的力量。（校长A-1）

教师是学生成长中的重要朋友，是学生学习路上的引路人。教师应该尊重、理解、善待、帮助每一位学生，要以广博的学识、高度的责任感、健全的人格及仁爱之心，引领学生学会学习、健康快乐成长。作为教师，要充分尊重学生的人格，真正读懂学生，使学习成为师生互动的过程，在这个过程中，既有理性的思考，又有情感的交流与心灵的沟通。教师要和学生手牵手地站在一条战线上，师生的生命才会融在一起，学生才会喜欢教师。只有具有良好的师德，才能保证教师走上岗位后敬业爱生。只有热爱孩子，热爱教育，教师才能扎根这份事业，坚定信念，始终如一；才能不断提高个人思想政治素质；才能学会思考教育问题，积极把先进的教育理念转化为教师的行为等，从反思中提升教学研究水平。

下面选择5位师范类初任教师的成长案例，来分析初任教师的成长轨迹。

案例1：P老师，毕业于吉林艺术学院，钢琴专业。参加工作后由于学校需要，由小学音乐教师改任教小学语文教师并承担班主任工作。这对她来讲完全是一个全新的挑战。由于爱岗敬业，苦心钻研，抓住各种机会参加赛课和教学研究，她逐步提升自己的教学、班级管理和研究能力，走上了学校中层岗位。在

---

[1] 吴正宪，武维民. 在心中种下一颗优秀的种子——给新任教师的建议[J]. 中国教师，2020（10）：71-74.
[2] 张海霞. 教师素质之探究——中小学校长对新任教师的期望对师范生的启示[J]. 科教导刊，2012，8（上）：124-126.

2023年长春市中小学基于数字化环境下信息技术与教学深度融合应用展示交流活动中，她的课例"中国美食"荣获小学组一等奖。先后获得全国中小学信息技术创新与实践活动教学实践评优赛项一等奖，第十五届全国小学信息技术与教学融合优质课大赛二等奖，吉林省中小学教育教学信息化大赛一等奖，曾在吉林省电化教育馆"网络学空间人人通"应用普及专项活动调研会中代表学校进行汇报，长春市南关区"中小学教师信息技术应用能力提升工程2.0管理者网络研修班"进行主题交流。现在，她已经成长为长春市小学语文学科骨干教师。

案例2：B老师，毕业于长春大学光华学院，英语专业，在校期间积极参加社团和业余教研活动，表现出很强的综合能力。入职工作后，B老师在英语教学上下大功夫钻研教材教法，课堂教学体现出活泼灵动的教学风格。2018年成为长春市南关区教学骨干。参加了各级各类比赛，取得了非常突出的成绩，在一系列赛事中提升了专业能力。先后获得2018年区英语学科"说题解意"大赛特等奖，2019年区"优化作业设计，促进学生发展"系列活动特等奖、区小学青年教师教学技能大赛一等奖、市小学教学名师评选现场课一等奖，2020年获得全国中小学优秀教师英语大赛优质课评选活动一等奖，2021年获得全国小学信息技术与教学融合创新优质课二等奖。

案例3：H老师，在校期间，学习成绩优异。参加工作后，因为连续生了两个孩子，成长得比较晚。但是个人勤奋钻研，谦虚好问，在项目化学习、小学语文大单元学习、语文作业设计与研究等方面取得了突出的成绩，现在，H老师成为长春市南关区学科骨干教师。

案例4：Z老师，在校期间，是学校学生会成员。入职后，一直从事小学语文教学工作。特别勤勉钻研，珍惜各种培训和成长机遇，始终坚持听课、反思、备课、上课、再反思的循环策略，提出以情为核心的"四情并茂"语文教学主张，取得了多项研究成果。成长为吉林省小学语文学科带头人和长春市中小学卓越教师。

案例5：Y老师，是小学数学教师中数量不多的男性教师。为人特别谦和朴实，亲近学生。在信息技术优化教学方面有独特的研究。多次进行电子书包、"纸笔课堂"的智慧课堂教学展示课，是优秀的省市骨干教师。

分析5位教师的成长发展轨迹，可以看出他们有以下共同点：①在校师范生培养期间，都积极参加多种活动，学习成绩良好，综合能力强；②都很好地利用了身边的各种教学资源和有利机遇，积极参与优课竞赛、教学研究、实验创新以及名师团队，并取得了优异成绩，从教师专业发展阶段角度来看，他们很快度过了新手阶段、胜任阶段，较为顺利地进入职业成熟阶段或优秀骨干教师阶段，并积极探索着未来的发展思路；③对教育工作充满热情，有持续的工作热情和刻苦钻研的精神，承担了学校很多重要的工作，不断汲取新的教学营养。

（三）强化职业认同

一所学校有其独特的文化传统和鲜明的办学理念，用共同的愿景目标和蓝图规划带领全体教师努力实践。正如笔者曾经所在的曙光小学提出的幸福教育办学思想：以"办一所师生眷恋的幸福学校"为办学宗旨，让学校成为师生收获幸福的重要地方，更能让教师获得认可感和成就感，深深依恋学校。一所幸福的学校，就像一个幸福的大家庭，让大家彼此相亲相爱，荣辱与共。[①]对于初任教师，某小学主要采取基础培养，主要是抓好课堂教学常规，在备课、上课、听课、评课、课后反思等方面进行培训指导，并要求初任教师结合学校"青蓝工程"与老教师或者骨干教师结好对子，多听课，多反思，多动笔，尽快成为合格的教师。每学期对初任教师进行量化考核，要求每名初任教师每学期听课不少于30节，至少"磨出"一节精品课，至少参加一项科研课题的研究，至少读2本教育教学书籍并做好笔记，总结出一个典型的成长故事。

幸福教育理念影响下的幸福教师修业修身，勤谨博学，儒雅仁爱，对教育充满热情，对学生充满热爱，对自己充满期待，教师获得了满满的职业幸福感。

同时，初任教师可以通过参与学校各种活动进行体验交流；可以通过经历学校管理的各种事件，对经历的关键事件进行深入思考；可以通过和其他教师研讨交流，进行反思对话，增加对学校理念的理解与认同。

四、师范生专业素养的培养建议

初任教师的专业成长不仅仅关系到其自身的专业发展，也关系到整个教师队伍的稳定性和整体发展走向。因此，从师范生在师范院校期间的学习培养，到成为初任教师后的学校培训，都指向于提高其个人专业素质，使其成为适应新时代高质量教育要求的好教师。

（一）积极关注师范生专业素养的成长性特征

1. 做好个人规划，提高知识储备

"凡事预则立，不预则废"，做任何事情，只有在做之前有一个明确的目的和

[①] 朱辉. 幸福教育的理论与实践研究[M]. 北京：世界图书出版公司，2021：17-18.

方向，才能在开展的时候比较顺利地进行。初任教师刚刚迈入校园，怀揣梦想。初任教师经过师范院校的系统教育，专业的知识和能力结构已基本形成了。现在不是他们一切从零开始、搭建"四梁八柱"的时候，而是立足实际、充实经验、填补空缺的时候。初任教师要重视个人发展规划设计，加强实习期的有效锻炼，在这个过程中真正获得实战的经验，而不是走过场；课余时间也可以跟同学组织一些练习小组，互相讲课，互相点评；寒暑假期间，可以去听课和见习，或者去当志愿者参加支教活动；及时进行反思、总结、改进，从"经验型"教师向"科研型"教师转型，重视学科专业知识的积蓄。关于教学论、课程论、教学法等，师范院校的专业课程设置要更具有专业性、实践性、综合性。初任教师要充分利用网络优势，学习新思想，掌握新方式，运用新理论，提高教学效果；根据教育教学原则和规律，把握好各学科新课标，熟悉教材，灵活运用教学方法；根据课堂教学需求，扎实练好钢笔字、毛笔字、粉笔字、简笔画、普通话等基本功，甚至包括写板书时，黑板上的哪个位置该写什么内容都要注意。

"订单式"培养也是一个很好的策略，即学校应依据初任教师的实际需求来安排培训计划，而不是凭空臆想的所谓的系列"高端课程"，事前与学员做深入交流，或座谈，或问卷调查，了解他们真正关心的事情、真实遇见的问题，掌握他们的困惑，了解他们的实情，哪怕是看似过分的诉求和过于个性的需求，都一概搜集上来，真正做到心中有数、有的放矢，提高培训的针对性和有效性。

2. 建立人际关系，提升协同能力[①]

入职初期，很多初任教师都被人际关系所困扰。教师与有些职业不同的是他们要频繁与人打交道，还是与正在发展的学生打交道，同时，与领导、同事、家长等打交道，学生、领导、同事、家长构成了他们工作中的主要人际交往对象。

首先，与领导之间多理解支持。领导的职责决定其一定要对学校进行管理，要制定规章制度，要对不良的现象提出自己的建议……所以，作为领导者，一定要有管的策略，管与被管之间就是一对矛盾。而作为一名教师，应该做到理解领导的行为和决策，配合领导的工作，如有不同的意见，要通过正当渠道向领导提出建议。如果能对领导多一点理解，那么领导和教师之间一定能构建和谐的关系，从而促进学校整体工作的开展。

其次，与同事之间多合作沟通。教师可以在创建和谐团队的过程中体会工作的快乐，不仅享受合作后的结果，同时享受合作的过程，因为合作不仅是工作的

---

① 吴正宪，武维民. 在心中种下一颗优秀的种子——给新任教师的建议[J]. 中国教师，2020（10）：71-74.

需要，更是交流感情的需要；要多一些尊重和感恩，在享受别人的贡献时真心地表达感谢；真心地欣赏别人的优点，用心营造一种相互欣赏的、愉悦的氛围。

再次，与家长之间多换位思考。教师应使家长从心而发地尊重自己，体会沟通与交流的重要性；在交流中，使家长了解到自己的良苦用心，要理解家长与自己交往时的情绪发泄；要从教育者的专业出发，包容、接纳家长的不容易，给家长提出适当的建议，让家长感受到自己对学生的用心、贴心；在和家长接触中要保持"君子之交淡如水"的状态，不收任何形式的馈赠。只有这样，教师才能在与家长的交往中做到真正的平等和相互尊重。

最后，与学生之间多宽容有爱。师生关系是由相应的教育关系决定的，其核心问题是教育观念。满堂灌的课堂教学把学生看成知识的接收器，在教学过程中，学生无条件地接收教师所传授的一切知识。在这样的教学背景下，师生关系是主从型的，学生在教学关系中只是一个个缺少生命活力的"知识储存器"。而素质教育的理念是把学生当成人来教育，是以人的发展为核心的教育观念，教育教学的根本任务是促进人的发展。"做一个读懂并理解学生的好老师"不容易，要真正读懂"学生心理"这本书，充分尊重、理解学生，成为学生喜爱的知心朋友，做学生值得信赖的合作伙伴。平等、民主、友好、和谐的师生关系对学生的成长格外重要，不亚于空气对人的价值。正如有校长在访谈中提出的：

新教师更要注重仁爱温情，静待花开，做一名懂孩子的教师，不丢下任何一个孩子，并为每一个孩子提供帮助，给孩子更多的可能，给孩子一个美丽的期待。良好的教育生态不是帮助某一个人、某一部分人成长，也不是帮助人在某一方面发展，而是对所有人都有帮助，对人的成长的各个方面都有指导。教育是慢的艺术，慢是教育的规律。作为一名教师，要懂得教育规律，不受个别功利现象的影响，不忘教育初心，始终坚守教育使命，教书时更不忘育人为本。（校长 B-3）

"读懂、理解"的核心是尊重，尊重每一位学生的认知规律。

总之，初任教师在与人打交道时，多为对方想一点，多考虑一点对方的感受，让别人因为自己的存在感到高兴。同时，要有一双发现快乐的眼睛，有一颗能感受快乐的心，激发自己有一个好心境去工作、生活，提高自己的生活质量。

3. 树立学习榜样，明确成长目标

在教师队伍建设中，榜样的力量必不可少。榜样是看得见的哲理，应将弘扬向模范致敬、向先锋看齐、向榜样学习的精神，作为新时代背景下初任教师培养与成长的重要途径。有校长在访谈中谈到：

你们要以教育家为榜样，大力弘扬教育家精神，牢记为党育人、为国育才的初心使命，树立"躬耕教坛、强国有我"的志向和抱负，自信自强、踔厉奋发，在强国建设、民族复兴的新征程上，做启迪心智、传承文明的"大先生"。（校长A-4）

在初任教师培养的过程中，可以让他们通过学习身边的榜样，促进师德师风的良好发展。

树立榜样、明确成长目标可用来培养师范生的专业素养，具体可从以下几方面着手进行。

首先，发现榜样，感受精神召唤和向上力量。让初任教师发现和确立自己最敬佩的榜样，讲述他们的事迹和故事，用他们的大德大爱唤醒自己的教育初心。这些榜样犹如璀璨星辰，指引着初任教师前行的方向；这些榜样犹如盏盏明灯，让初任教师不再迷茫；这些榜样犹如涓涓细流，让初任教师心头充溢着感动，充满着温暖，澎湃着力量。每每在交流他们的故事中让人热泪盈眶，每每在重读教师的誓词中让初任教师更加坚定信仰，每每在找寻榜样的过程中更深刻感受到国家的召唤和担当的力量。[1]

其次，争创榜样，收获美丽心情和前行动力。榜样引领，强调的是效能感。有校长谈到：

新教师要多扬长补短，发展自己。每个人都有自己的长处和短处。长处要竭力彰显，以赢得学生的敬慕；短处要尽力弥补。教学能力的提高离不开借鉴他人的经验，要向优秀同行学习。多听听好老师的课，多读一读专业杂志，多借鉴前辈的教案教法。（校长A-4）

最后，做好榜样，播种温暖希望和理想信念。在全面育人的过程中，初任教师，特别是很多承担班主任工作的初任教师更要做好学生的榜样。班主任的示范在每一个细节中，在对待每一个孩子的表扬中，在处理每一个问题的态度中。陶行知先生说，真教育是心心相印的活动，唯独从心里发出来，才能打到心灵的深处。这些日常的微不足道的小事，恰恰是影响学生的最有效的无声教育。

教师是知识分子群体，是民族的中坚，教师的风范引领着社会的风尚。我国历代知识分子不仅创造了中华优秀文化，而且胸怀天下，抱有报国之心。"先天下之忧而忧，后天下之乐而乐"的范仲淹，"天下兴亡，匹夫有责"的顾炎武，就是中国知识分子的代表。历代教育家都乐教爱生、具有仁爱之心。这些教育家爱生如子，努力培养学生成为国家栋梁之才。他们也深刻认识到教师不仅要授业，更要传道；既是经师，更是人师，正所谓"千教万教教人求真，千学万学学

---

[1] 朱辉. 榜样引领：班主任典型育德的立"标"定"向"[J]. 中小学班主任，2021，10（19）：19-20.

做真人"[①]。这也应该是所有教师的共同追求。

在教师队伍建设中，榜样的力量必不可少。一批又一批满怀梦想、充满热情的师范生走向教师工作岗位，这一阶段是他们职业生涯发展过程中最具可塑性的阶段。如何让他们迈向专业成长的"快车道"，提升职业素养和教育教学能力，是一个常探常新、常践常得、常悟常进的教育课题。

（二）切实回应师范生专业素养的现实性需求

研究者认为，初任教师任职前后的培养和培训衔接尤其重要，师范类院校、中小学、大学、各级行政部门应该形成一体式培养模式，为促进师范生—初任教师—骨干教师—卓越教师的成长形成协同式共同体。

1. 关注初任教师兴趣追求，提高职业认同

中小学初任教师的自我意识强烈，他们非常重视职业是否符合自己的个人兴趣和理想追求。学校和上级教育管理部门应重视了解初任教师的个人兴趣和理想追求，帮助他们找准个人兴趣、理想追求与教师职业的密切结合点，帮助初任教师充分发挥个人特长和兴趣，进而实现他们的理想追求，这样可以极大地提高其职业认知水平和职业认同水平。

师范院校应对师范生开展准确、科学的职业认同教育，使其对教师职业形成恰当的期待。在职前阶段，师范院校应对师范生开展准确科学的职业认同教育，职业认同也是美国准教师的第一课。师范院校应为准教师展示一个真实的教师职业图景，以让准教师认识并思考从教中可能遇到的现实问题与困境，避免因理想主义与过度承诺而在遇到工资过低、环境艰苦、教师技能不足以及教师教育缺乏等问题时理想破灭。

2. 优化初任教师培育机制，激发成长动力

初任教师的成长不是一蹴而就的，发展的根本在于自觉生长的热情。为激发教师成长动力，学校需要汇聚各方资源，为初任教师搭建平台，唤醒初任教师的成长自觉，给初任教师安排诸如班主任等"重要"岗位，让初任教师承担"重要"职责。初入职场，初任教师"实现自我价值"的心理需求强烈，如果学校在工作安排中能够让初任教师感受到学校对自己的重视，对自身能力和价值的认可，他们对职业的认知会更加积极，职业认同水平更高。具体来说，学校可从以下方面着手。

[①] 顾明远. 以教育家精神锤炼强教之师[J]. 上海教育，2023，（12）.

第一，建立培育机制。建立自上而下的层级管理体系，包括初任教师培训制度、"青蓝工程"、师徒结对制度、多维立体实践体系、骨干教师"室坊站"带教工程，积极探寻初任教师发展模式，从制度上进一步提升初任教师成长的层次性和可持续性。

第二，铺设多元渠道。将初任教师培养培训作为区域和学校教师队伍建设的重点工作，注重对国培、省培项目初任教师专项培训的支持，统筹国、省、市、县、校五级教师培训资源，完善教师培训责任体系，强化行政推进，充分调动和发挥师训教研、电教、高校等各方面的积极性与主动性，多渠道做好初任教师学科专业培训，有效提高初任教师的学科业务素养。

第三，优化培训方法。做好初任教师岗前培训，帮助他们尽快完成从大学"学生"到中小学"教师"的角色转变，为走上工作岗位和胜任教学工作系好第一粒扣子。将教师校本研修活动及成果进行量化，计入研修学时，督促初任教师主动提升专业素质。

3. 优化初任教师专业环境，拓展成长空间

学校应重视对初任教师组织层面的支持。学校在给初任教师安排"重要"岗位，让他们承担"重要"职责的同时，也要给他们提供更有力的支持，特别是要从组织管理角度形成系统的初任教师发展支持机制，持续为初任教师提供有效的专业指导与情感支持，让他们感受到组织支持的力量。这样的支持能够有效提升初任教师的职业认知和职业认同水平。在一位位名师、骨干教师的精心引领和关爱下，一批批初任教师向深处扎根，拔节生长。骨干教师的示范引领营造了浓郁的教师专业发展氛围，形成了引领初任教师专业发展和自身成长的共同体。

"活动式"搭梯，促使初任教师从被动走向主动。"教师学习共同体——名师引领行动"成为孵化初任教师的温床。围绕"理念引领、内涵引领、课堂示范引领、情怀影响引领"四条主线，依托骨干教师，可以开展"浸润式""内塑式"的研修培训活动，以骨干体系示范引领，促进初任教师专业发展，有效激发初任教师专业发展的内驱力和学习力，提升他们的职业境界，营造健康向上、积极奋进的氛围和榜样示范效应，唤醒并带动更多渴求成长的初任教师，使初任教师学习及成长从被动走向主动。

"任务式"驱动，促使初任教师从接受走向融入。"青蓝"结对一体化考核，从师德师风、班级及课堂教学管理、教学的"研、备、作、阅、评"五环节等方面培训和指导初任教师，帮助他们缩短角色转换期，快速融入学校的教育教学工作。针对青年教师个性特色，指导其逐步做到"学做教师、会做教师、做好教

师、做名教师"。

"主题式"驱动，促使初任教师从问题走向探索。主题推动是初任教师专业成长的一条快车道。基于实际问题的生发，以教师、教研组、学校层层设题，即基于问题确定主题，从时间上将主题研训活动划分为自主研修、集中培训、指导研磨、成果展示等阶段。以名师引领行动推进学科教研的广泛开展和效能提升，达到以点带面、全面开花、硕果盈枝的目的。

4. 优化初任教师群体文化，提升成长品质

榜样教育是加强公民道德建设的重要途径。树立典范，让初任教师在榜样激励中成长。学校在进行初任教师培训时，多邀请本地、本校名师与初任教师互动，让初任教师多角度了解、感受本地、本校名师的成长经历、教育智慧、身为人师的价值与幸福，以激励初任教师努力前行。引导初任教师阅读名家著作，滋养他们的心灵，锤炼他们的师德。名师和专家高尚的人格魅力、勇于进取的专业精神会感染、激励初任教师在成长的道路上主动发展、主动完善、主动超越。扎实研修，让初任教师在求效务实中成长。通过集体备课、公开课、研讨课展示、主题研修等形式研究教学，开展岗位练兵，完善观课、议课、评课流程，细化校本研修学时认定办法等，提升初任教师研修水平。

5. 优化初任教师发展平台，丰富成长路径

带教跟学，推动初任教师在引领模仿中成长。利用初任教师"专业时光"活动时间，集中修炼专业技能，提升专业素养，发展专业能力。以"五课三赛一测"为抓手，促进青年教师提高业务能力。每年定期举行"推门课、公开课、汇报课、研讨课、示范课""教学能手赛、思政大练兵、创新课堂大赛""青年教师业务能力测试"等活动，为青年教师搭建自我展示的平台，迅速提升初任教师课堂教学水平。鼓励初任教师参加各级各类教学竞赛，促使他们在备赛过程中全面提升专业素养。

搭建平台，推动初任教师在实践研究中发展。鼓励、引导高学历初任教师开展教育教学实践课题研究。一般来说，硕士及以上学历初任教师的研究能力更强，如果学校能够帮助他们将研究优势转化为提升教育教学水平的策略，既能帮助高学历教师搭建实现自身价值的平台，又有助于学校深入开展教育教学改革创新。

（三）不断凝练师范生专业素养的发展性目标

师范生的成长目标是成为学生喜欢的好老师，成为人民期盼的教育家。

第一，师范生应该是热爱孩子的人。教育工作是以心换心、"用心灵塑造心灵"的工作，要做到这一点，老师必须喜欢孩子。所以，好老师要感到跟孩子交往是一种乐趣。

第二，师范生应该是精通他所教学科知识的人。在学生心目中，教师应是有智慧、有学识、善思考、酷爱知识的人。一位教师的知识越深湛，视野越宽广，各方面的科学知识越宽厚，他就不仅是一名教师，而是一位教育者。

第三，师范生应该是懂得心理学和教育学的人，懂得而且能体会到缺乏教育科学知识，就无法做好孩子们的工作这一点。正如一位校长谈到：

教师是一个专业性很强的职业，教师不仅要有丰富的专业知识储备，更要有教育学心理学的专业素养。（校长 B-2）

好老师应该了解儿童心理特点和发展规律，尊重儿童的个体差异。

第四，师范生应努力成为教育家。教育家精神是高质量教师队伍建设的首要向度。教育家精神形成的内在机制是教师基于教育实践的自我内化，将教育家精神不断转化为执教的理想与追求。外在机制则在于将教育家精神融入教师队伍建设的培养体系之中，如师范生培养、教师职前职后培养、教师职业发展等各个环节，不断加强师德师风建设，坚定教师的教育信仰。[1]

---

[1] 柳海民. 教育强国建设的实践路径[J]. 中国教育学刊，2024（1）：1-6.

第十三章
中国师范生发展改革举措

　　基于我国师范生发展的总体现状以及面临的挑战，展望未来师范生发展的改革举措，我们仍需秉承"高质量"的发展基调。通过坚持长周期培养与终身追踪服务、宽素养基础与融合教师教育、高质量目标与大中小一体化、强化专业标准与提高吸引力、突出文化特色与学科前沿性等关键举措，促进我国师范生培养的高质量发展，为高素质、创新型教师队伍建设提供源源不断的基础力量，推动新时代教育强国的建设。其中，坚持长周期培养与终身追踪服务聚焦培养时间，宽素养基础与融合教师教育明晰了培养内容，高质量目标与大中小一体化确定了培养目标，强化专业标准与提高吸引力提供了培养依据，突出文化特色与学科前沿性点明了培养亮点。

一、长周期培养与终身追踪服务

师范生培养是一个长期性、周期性、持续性的过程。其中,每一个阶段都面临着特定的成长需求与关键事件,需要借助外界力量给予其专业性支持。2018年,教育部印发《关于实施卓越教师培养计划2.0的意见》,提出"面向培养专业突出、底蕴深厚的卓越中学教师,重点探索本科和教育硕士研究生阶段整体设计、分段考核、有机衔接的培养模式"。2019年,中共中央、国务院印发《中国教育现代化2035》,提出要"强化职前教师培养和职后教师发展的有机衔接。夯实教师专业发展体系,推动教师终身学习和专业自主发展"。2022年,教育部等八部门印发《新时代基础教育强师计划》,再次强调要强化师范院校在教师教育体系中的主体地位,推进职前培养和职后培训一体化,提升教师培养培训质量。无论是新时代教师教育现代化发展的总体要求,还是从教师职业专业化发展阶段出发,构建一个支持师范生长周期培养与终身追踪服务的支持体系都是必要且重要的,这将为师范生专业成长提供持久且有力的推动力与保障力。

(一)长周期培养:提供充足的发展力量

师范生作为准教师,必须使自身职业能力发展与中国式教育现代化的理念相契合,才能成为合格的现代化教师。师范生迈向优秀教师的成长过程是一项具有终身性、波澜性、复杂性等特征的职业生命历程。因此,师范生的培养体系必须坚持一体化、长期化、层次化,兼顾师范生专业成长的全周期、全过程。[①]在纵向上,要打通师范生培养层次,构筑师范教育连续体;在横向上,要促进多方联动、关注师范生的全方面成长。从纵向深入与横向拓宽两个方面为师范生长周期培养提供支持,将有力推动师范生高质量发展。根据人才培养实际,师范生各培养环节的投入都可以通过"制度—资源—人力"三角模型的调整来实现。[②]因此,实现师范生的长周期培养,也要通过制度管理、资源配给、人力协调等方面进行建设,为师范生长周期培养的落地实施提供稳定的三角支架。

1. 创新师范生培养模式

培养模式的创新是促进师范生长周期培养的稳定动力。20世纪末至21世纪

[①] 龙宝新,王甲. 高质量发展背景下师范生公费教育体系扩充研究[J]. 教育发展研究,2023,43(22):11-20.

[②] 叶飞,尹珺瑶,田鹏. 基于供需匹配视角的教育硕士培养模式创新研究[J]. 研究生教育研究,2023(3):47-52.

初,我国出现了多元化教师培养模式,主要有北京师范大学、东北师范大学推行的"4+2"模式等。随着教育现代化的不断发展,我国教师教育层次结构不断上移,"学士—硕士—博士"的培养结构逐步升级替代当前"专科—本科—研究生"的师资培养的层次结构。[①] 当前,许多高校在师范生"本硕一体化"培养上进行了多样化尝试,形成了"3+1+2""3+3""4+2""3.5+0.5+2"等多种长周期培养模式。[②] 未来仍应继续完善构建以本科师范教育为基础,以研究生层次教师为更高目标的培养体系,将本、硕、博3个阶段有机衔接起来。[③]

一是加强各层次培养一体化。教师教育培养一体化是世界教师教育的变革趋势。高等院校要从顶层设计层面为师范生长周期培养做好规划。培养方案要立足长周期培养的"长期性",建立各层次连续贯通的培养计划,以培养合格教师应具备的教师知识、教师能力与教师精神为宗旨,综合设计课程与实践;关注从本科到硕士的"阶段性",以师范生能力发展规律为依据,灵活划分教学阶段,防止本科阶段与硕士阶段的机械割裂;关注师范生成长的"个性化",在统一培养的基础上提供个性化的课程计划,赋予学生一定的选择权。

二是由"历时性模式"向"共时性模式"转变,实施"共时性"的交叉育人模式,推动知行合一。[④] 我国教师教育知识体系中一直存在学术性与师范性如何平衡的问题。因此,在推进一体化培养的基础上,应进一步加强师范生教育理论知识与教学实践技能的有机融合,在促进本硕博一体式发展的过程中贯彻"共时性"理实交叉模式,这能够为师范生提供足够的时间完成"学习教育理论—深入一线见习、实习、研习—实践反思与学习新理论"的循环往复学习过程与持续生成专业实践能力。

三是构建责任制的组织管理,在落地实施上为师范生长周期培养做好保障。长周期的师范生培养模式对其管理与评价工作提出了更高要求,在培养中要明确师范生管理的职责主体,避免学术管理与行政管理权责混乱、本科阶段与硕士阶段管理割裂等问题,加强不同管理主体间的协作与沟通,形成稳定、长期的师范生管理部门;在此基础上,还要发挥管理在师范生培养中的关键作用,以提升育

---

① 王建平,曾姝倩. 中国式教师教育现代化:历史逻辑、时代要求与未来进路[J]. 东北师大学报(哲学社会科学版),2024(1):42-51.

② 王玲玲."六年本硕一贯制"涵养卓越教师教育——访南京师范大学教师教育学院院长杨作东[J]. 教育家,2018(13):51-53.

③ 李广,张明威,秦一铭. 中国式教师教育现代化的政策取向、模式建构与知识创新[J]. 现代教育管理,2023(8):67-78.

④ 张松祥. 基于职业教育实践教学经验:师范生教育实践的弊端与匡正[J]. 中国职业技术教育,2021(31):71-76.

人成效为宗旨，选取科学、多样的师范生管理与评价方法，形成管理与教学的交互优化机制。

2. 开发系统化高质量学习资源

系统化高质量学习资源是提升师范生长周期培养质量的关键。延长师范生培养周期的首要目的是提升师范生的培养质量。"长周期培养"不是时间的一维延长，而是师范生发展空间的扩展、全生命周期的延长，致力于使师范生以更加专业、更加具有发展潜力的姿态进入教育现场。当前师范生培养中易出现资源供给单一化、片面化，理论与技能培养割裂等问题，因此如何为师范生提供系列化高质量学习资源，真正实现高质量的长周期培养，是当前师范生培养场域下的重要问题。

一是灵活融合师范生的理论与技能培养课程。长周期的培养对"本硕一体化"的师范生专业基础知识与专业教学技能提出了更高要求，一方面，要优化专业知识课程，包括教育教学理论与学科知识课程，为教师教学打下坚实的知识基础；另一方面，要优化教学技能课程，包含在校课程与校外实习等，并与师范生的理论、知识结合起来，发展其教育教学能力、实践反思能力。在此基础上，要坚决摒弃理论与技能培养割裂的桎梏，以循环上升、有机融合的形式构建理论与实践课程资源。

二是依托多样资源发展师范生综合能力。21世纪需要发展学生的核心素养，在教育教学的过程中从知识导向转向素养导向，注重发展学生的跨学科能力、问题解决能力等适应其终身发展的高阶能力。这就对作为未来教师的师范生提出了更高的能力要求。

三是数字化资源助推师范生专业成长。党的二十大报告明确指出，"推进教育数字化，建设全民终身学习的学习型社会、学习型大国"。一方面，应充分利用国家中小学智慧教育平台、省级优质课程资源共享平台等现有各类权威性网络教育资源；另一方面，高校应根据实际情况，建立支持师范生学习的案例库、资源库、专题库等数据化校本课程。高质量数字化资源不仅能够提高师范生的数字素养，而且能够进一步促进师范生的专业成长。①

3. 构建教师教育共同体

构建师范生培养主体的多方合作格局是师范生长周期培养的必然路径。新时

---

① 屠明将. 关系性生产：师范生实践性知识发展的第三空间路径[J]. 黑龙江高教研究，2024，42（2）：124-129.

代高质量师范生培养体系对政府、地方、高校乃至中小学的交互合作程度提出了更高要求，需要为师范生培养提供全方位、多层次、宽领域的成长支持，同时也需要教学研共同体、同伴互助共同体等各主体内部的共同体建设，以为师范生的长周期培养提供必要的支持。

一是不断推进实施"三位一体"协同培养机制，协调师范生培养的关键主体。建立目标统一、权责清晰、互惠共生的"地方政府—高校—中小学（幼儿园）""三位一体"协同教师教育培养机制，能够有效解决教师教育过程中师范生实习成效低等制约教师专业发展的瓶颈问题。[①]由政府制定师范生长周期培养的顶层设计，为落地实施提供政策性引导；各地方、各部门在政策引导下，结合本地基础教育现场需求、师范教育发展需求，制定适当的师范生长周期培养规划，搭建地方性支持环境；高校作为师范生培养的最主要场域，应在政策引导与地区需求之下，积极探索师范生长周期培养路径，与中小学校建立联合培养路径，促进师范生长效发展。由此形成地方政府、高校、中小学（幼儿园）"三位一体"的自上而下、各主体积极参与的师范生长期培养合作网络。

二是联结师范生培养的同级主体，进行主体内部的合作。通过师范院校之间、高校教师与一线教师之间的合作，推动师范生高质量发展。一方面，完善师范生培养的协同联动机制。2022年，教育部开始实施"师范教育协同提质计划"，按照"1+M+N"的发展模式，"建立组团发展、协同提升的工作机制"[②]，推动各大高等师范院校进行联合研究与培养，推动优质资源、实践基地共建共享，在合作间迸发新灵感，探寻师范生长周期培养的新路径；另一方面，继续完善师范生培养的"双导师制"，促进高校教师与一线教师共同开展教育教学研究合作，双方共生共长。高校教师与优秀中小学教师共同指导教育实践，为师范生提供全方位、及时有效的实践指导，发挥高校与一线优秀教师在提高师范生培养质量方面发挥高效耦合作用。

三是构建以师范生为主体的同伴互助共同体。同伴学习作为一种形式灵活、沟通深入的互助型学习方式，能够发挥同辈群体的民主交流、感同身受等优势。师范生同伴互助共同体通过师范生之间的经验交流、资源共享感悟，一方面能够帮助师范生找寻到个体化"教师自我"的价值与策略，另一方面通过他者的经验

---

① 李广. 教师教育协同创新机制研究——东北师范大学"U-G-S"教师教育模式新发展[J]. 教育研究，2017, 38（4）：146-151.

② 教育部办公厅关于实施师范教育协同提质计划的通知[EB/OL]. （2022-02-09）[2024-05-22]. http://www.moe.gov.cn/srcsite/A10/s7011/202202/t20220222_601227.html.

分享，师范生可以从中认识到自己优势及不足，不断反思并获得成长。[①]

（二）终身追踪：提供持续的专业支持

2022年，教育部办公厅在《关于进一步做好"优师计划"师范生培养工作的通知》中强调，要跟踪支持职后发展，加强个性化指导。教师本身就处在教学内容不断更新、教学环境不断变化等充满不确定性的职业环境中，且教师面对的培养主体是学生，学生面临着愈加不确定的未来世界，需要具备应对未来世界的学习能力与创新思维。随着学习型社会的不断深入，教师教育的一次性终结教育已不适应社会发展和教育的需要，教师需要不断扩展、更新知识体系。因此，为教师终身发展提供适应性支持，保证教师工作质量与幸福感，是目前需要各方协力完成的重要工作。

基于"终身追踪"这一需求，应在已有的长周期职前培养阶段基础之上，根据师范生入职与离职的关键时间节点，将教师入职后的工作生涯划分为新手期、熟手期与专家期，对师范生职后生涯进行全方位的追踪，以求促进师范生的终身发展。

1. "启航"：助力新手型教师职业适应

职初期教师即使在职前阶段具备了一定的教育教学能力，但在初入职场仍会面临生活环境、工作状态、人际交往等职前教育中几乎未涉及的挑战，必然要经历较长时间的适应与调整过程。[②]职前培养与职后发展的衔接期，是教师新生力量培养的关键期，也是初任教师从师范生向合格教师转型的关键时期[③]。教师入职初期的适应与成长不仅关系到教师自身的专业发展，也关系到整个教师队伍的稳定性与未来发展。因此，教师教育相关部门要提升职前职后一体化指导能力，优化教师教育体系，助力职初期教师顺利"启航"。

一是突破以往职前职后割裂的教育模式，优化教师教育体系。当前，师范生培养场域中存在职前培养与职后培训割裂的问题，阻碍了新手型教师的适应与发展。高等师范院校应积极探索融合职前职后的新型教育模式，不仅要把师范生培养成为合格教师，也要关注师范毕业生如何"华丽转身"为中小学校优秀初任教师。

---

① 屠明将. 关系性生产：师范生实践性知识发展的第三空间路径[J]. 黑龙江高教研究，2024，42（2）：124-129.
② 陈向明. 新手教师面临的典型困境及其可能对策[J]. 中国教师，2023（8）：24-29.
③ 邱畅，贺芳. 中国大陆学龄人口变动与师范教育规模调整研究[J]. 教师教育论坛，2019，32（9）：43-49.

二是以职初期教师为切入点，提升职前职后一体化指导能力。当前有些高等师范院校的师范生职前培养与职后培养的能力和投入度存在巨大鸿沟，因此教师教育相关部门应承担起职前职后衔接的任务，为师范生建立教育档案袋，及时回访追踪，与中小学校联合探索多样衔接方式，如进行职前培训、教学指导、职后观察、心理疏导、生活支持等，帮助职初期教师尽快适应新环境并进入工作状态。

2. "护航"：帮助熟手型教师高效发展

休伯曼（Huberman）将教师生涯发展阶段划分为职前期、职初期、能力建构期、热情与成长期、职业挫折期、职业稳定期、职业消退期和离职期。[1]由此可见，师范生进入职场，经历过职初期的适应阶段之后，进入职业生涯的最重要阶段——"在职期"。在这一阶段，教师的专业能力飞速发展，要经历复杂多样的成长机遇与困境。教师能否由新手型教师成为熟手型教师，进而发展成为专家型教师，在很大程度上取决于这一阶段有无良好的发展环境、能否获得丰富的发展资源。因此，教师教育相关部门应关注这一阶段在职教师的发展困境，提供适应性支持，促进教师专业能力提升，为在职教师的专业发展"护航"。

一是关注教师发展困境，及时提供适应性支持。师范生熟悉工作环境后，便要着力进行自身专业知识与能力的再次发展，需要接受持续性的专业培训。但随之而来的是，个人生活与工作的压力也会不断增大，从而引发一系列阻碍教师专业发展的问题。教师教育相关部门应该关注到阻碍教师专业发展的教师职业倦怠、培训质量、工作环境等问题，及时追踪教师发展状态并提供适应性支持，为教师提供高质量、高效率的工作环境与培训环境，不断激发教师更新和重塑教育理想。

二是提供丰富发展资源，助力在职教师专业发展。在职教师要想获得高质量发展，必然要有丰富、有序、优质的资源作为支撑。教师教育相关部门要联合中小学校，为教师提供在线课程、线下培训、课题指导等优质资源，还可以通过举办优秀教师回校交流等活动，促成优秀教师与职前教师的互动交流，在交流中使优秀教师"回望来时路，坚定前行心"。

3. "远航"：推动专家型教师持续发展

对教师职后阶段的追踪绝不是形式主义的关怀，而是聚焦于"终身追踪"，

---

[1] 郭顺峰，李光. 职前教师教育价值弱化的表现、成因及应对——教师成长的视角[J]. 成都师范学院学报，2022（11）：45-53.

即关注教师职业生涯末期的工作状态，保证整个职业生涯周期工作质量的稳定。同时，良好的离职关怀也是让在职教师干得安心的重要保障之一，有利于教师队伍的稳定、长远发展。因此教师教育相关部门要关注教师的离职状态，并引导教师再次发光发热，帮助教师"远航"。

一是关注职后期教师状态，助力教师平稳过渡。角色理论强调，退休实际上是一种角色的脱离，即个体社会身份的丧失与功能角色的剥夺，这种角度的丧失可导致个体产生焦虑或者抑郁，由此对教师工作产生深刻影响。[1]因此，教师教育部门要负起终身追踪师范生成长的责任，利用在培养与追踪过程中形成的师范生档案，为离职教师提供个性化的关怀与指导，帮助教师离职时期工作状态与个人情绪的平稳过渡。

二是追踪离职教师去向，促进专业知识的再应用。2018年，教育部、财政部印发的《银龄讲学计划实施方案》提出，面向社会公开招募一批优秀退休教师等到农村义务教育学校讲学，发挥优秀退休教师引领示范作用，以促进城乡义务教育均衡发展。因此，教师教育部门应积极响应政策，动员优秀退休教师再次回到教师队伍当中去，继续发光发热，这既有利于退休教师的心态调整，又能为师资队伍建设、教育质量提高贡献一份力量。

二、宽素养基础与融合教师教育

高质量教师是高质量教育发展的中坚力量。习近平总书记在中共中央政治局第五次集体学习时强调："强教必先强师。要把加强教师队伍建设作为建设教育强国最重要的基础工作来抓，健全中国特色教师教育体系，大力培养造就一支师德高尚、业务精湛、结构合理、充满活力的高素质专业化教师队伍。"[2]2022年，教育部等八部门联合印发《新时代基础教育强师计划》，指出"以提升教师思想政治素质、师德师风水平和教育教学能力为重点，筑基提质、补短扶弱、做优建强、全面提高教师培养培训质量，整体提升中小学教师队伍教书育人能力素质，促进教师数量、素质、结构协调发展，为构建高质量教育体系奠定坚实的师资基础"。新时代如何"强师"，即"如何培养出高质量的教师"？这一问题成为新时代教育发展对教师教育提出的时代追问。

---

[1] 李莉，徐建华. 对小学临退休教师管理问题的调查研究——以一位教师退休引发的风波为例[J]. 黑龙江教育（教育与教学），2023，1421（4）：9-11.

[2] 新华社. 习近平主持中央政治局第五次集体学习并发表重要讲话[EB/OL].（2023-05-29）[2023-06-02]. https://www.gov.cn/yaowen/liebiao/202305/content_6883632.htm.

（一）宽素养基础的框架体系

"强师"离不开职前师范生培养和职后教师专业发展这两个阶段的合力，在职前师范生阶段，践行"宽素养基础"的理念是师范生培养与发展的应有之义。所谓"宽素养基础"，即"师范生学科素养和教育素养的同频共振"[1]，意指师范生培养中既重视深度的学科素养，又兼顾其教育教学能力与教育教学研究能力，使得师范生以深厚的学科理解作为专业根基，以扎实灵活的教育教学能力作为育人之本，以科学的教育教学研究能力作为发展的不竭动力。从结果视角来讲，宽素养基础是师范生经过职前教育后所应表现出来的基本素养。"宽素养基础"中的"宽"具有两个层次的意涵：从狭义上来讲，所谓的"宽"即指教师素养的跨度，强调教师素养的全面性与综合性；从广义上来讲，所谓的"宽"同时包含教师素养的深度，在强调教师素养的全面性与综合性的同时，关注教师素养的深度。本研究中的"宽素养基础"即采用广义上的解释，既在横向上关注师范生全面性和综合性的素养，又于纵向上关注师范生素养的精深程度。

1. 学科知识是教师素养结构的关键部分

学科知识是师范生学习的核心内容。学科理解力即对学科知识体系来龙去脉及学科思想方法的理解。深化学科理解即强化师范生对学科基本结构的认知和理解，使其深度掌握任教学科的基本原理、态度和方法，掌握学科思想和学科方法，进而形成准确的教学表征。在师范生发展过程中强调学科理解的目的在于夯实学科教学的学科知识基础。美国教育学家舒尔曼（Shulman）指出，教师应具备学科知识（content knowledge）、课程知识（curricular knowledge）和学科教学知识（pedagogical content knowledge）。[2]其中，学科知识是指学科领域内部的规律、内在结构和概念等，这是教师进行教学工作的学科基础。结构主义教育家布鲁纳（Bruner）指出，教育的目的在于使学生形成学科的基本结构，促进理智的发展。[3]这里所指的基本结构是指学科的基本原理、规律及其形成所依赖的态度和方法，学习学科基本结构能有效促进人的认知结构发展，推动理智发展。师范生作为准教师，需要对任教学科具有深刻的理解力，对任教学科的历史发展脉络、基本结构、学科思想和学科方法具有清晰的认知和掌握。学科特性是教师组

---

[1] 李广. 从"长、宽、高"三个维度立体化"强师"[N]. 中国教师报，2022-05-11（013）.

[2] Shulman L S. Those who understand: Knowledge growth in teaching[J]. Educational Researcher, 1986（2）: 4-14.

[3] 杰罗姆·S. 布鲁纳. 教育过程[M]. 上海师范大学外国教育研究室，译. 上海：上海人民出版社，1973：12.

织教育教学活动的重要依据。首先，深刻的学科理解有助于教师根据学科特性和特定知识有效组织安排教学活动。其次，学科知识是教学的内容载体，深刻的学科理解有助于教师灵活转化知识形态，使得知识由学科形态活化为教育形态。最后，深刻的学科理解是教师专业发展的根基，教师以自身的学科理解为根基进行生长，开展教育教学研究活动，促进教育教学实践发展。

2. 知识转化是教师重构知识的重要能力

知识形态转化是指知识不同性质、状态的调整与转化，是教师将学科知识以符合学生认知发展水平的标准加以改组改造的过程，使得学科知识由学科形态转向教育形态，由理论形态向实践形态转化，由静态向动态转化，由结果向过程转化。素养导向下的教育拒斥单一知识传递的理念，强调学生核心素养的形成与发展。这就要求教师抛弃原有的灌输式、填鸭式的理念，转向理解与生成的教育。教师在教学过程中就需要对理论化、静态化、结论化的学科知识体系加以改组改造，使学科知识实践化、动态化和过程化，更加符合学生核心素养发展的需要。美国教育学家杜威（Dewey）认为，教师的教材和学生的教材是有区别的。[1]教师要将系统的学科知识加工改造成适合学生认知发展水平的经验知识，其中涉及教师对经验的改造，尤其是教师要将系统完善的学科知识体系转化为学生所能直接经历的经验或者活动。布鲁纳提出了"将任何学科基础都可以用适当的形式教给任何年龄的任何人"的论断，并且提出了认知表征理论，认为儿童的认知表征遵循动作性再现表象模式（enactive modes）、映象性再现表象模式（iconic modes）、符号性再现表象模式（symbolic modes）的认知表征顺序，这就要求教师对学科基本结构加工以适当的表征形式进行转化，使得学科知识符合学生的认知发展阶段。[2]另有学者认为，教材中的知识是学科专家所得到的专家结论，而对学生适应社会和未来发展至关重要的是专家的思维模式[3]，必须将教材中的专家结论转化为专家思维，才能帮助学生形成和发展核心素养。知识转化能力是教师教学的内功。教师要对教材中的知识体系进行改造和转化，将静态化、理论化的学科知识学习改造为过程化、经验化的动态体验过程，将学科专家结论的外在传递转变为专家思维的内化学习，使得教学遵循学生的身心发展规律，符合学生心理发展的阶段性特征。

---

[1] 杜威. 民主主义与教育[M]. 北京：人民教育出版社，1990：195.
[2] 杰罗姆·S. 布鲁纳. 教育过程[M]. 上海师范大学外国教育研究室，译. 上海：上海人民出版社，1973：27.
[3] 刘徽. 大概念教学：素养导向的整体教学设计[M]. 北京：教育科学出版社，2022：32.

3. 实践迁移是教师职业适应的关键要素

实践迁移力指教师将所学习到的创新思想方法在真实职业情境中进行验证和提升的能力，这是由师范生角色向教师角色顺利过渡的基础能力，其实质是教师将创新性理论应用于实际教学情境的能力。培养师范生实践迁移能力，一方面有助于推动师范生身份向教师身份的过渡与转化，增强师范生的职业适应性；另一方面有助于构筑教育理论与教学实践的桥梁，推动教育教学理论与实践的应用与发展。在职前阶段，师范生在学习过程中学习和积累了大量学科知识、教育教学知识和情境性知识等，若要将上述内容有效施教于学生，就需要师范生关注教育教学情境的变化，注意由师范生学习情境向教师教学情境的实践迁移。在职后阶段，教师在实践反思的基础上所形成的创新性教学思想和方法需要进行验证和提升，教师需要主动改变教学条件和教学环境，这需要教师做到在不同职业情境下的迁移应用。师范生实践迁移力的培养需要多方面的努力，高校方面可以通过组织师范生教学大赛、微格教学、见习和实习活动等，为师范生提供实践迁移的应用机会，以促进师范生将所学教育教学理念应用于教学实践环境；师范生个体应树立主动实践迁移的意识，积极地将理论应用于实践中以进行验证和升华，这是师范生实践迁移力提升的关键。切实提升师范生实践迁移力是实现师范生角色向教师角色平稳过渡的重要抓手，是促进教师将理论与实践结合起来的有效手段。

4. 反思研究是推动教师成长的内驱力量

反思研究力即教师在实践反思批判中发现、提出、分析与解决教育教学问题的能力，是教师专业发展的不竭之源。教师的反思研究力具有两个方面的表现：一是教师的实践反思能力；二是教师的教育研究能力和学术思维。教师的实践反思和教育研究相互融通，互为手段，构筑了教育理论创新与实践发展的桥梁，共同促进教师教学实践和理论的发展提升。一方面，实践—反思取向是实现教师专业化发展的最佳路径[1]，反思被认为是一种促进教师专业发展的重要途径，对教师的专业成长起到举足轻重的作用[2]；另一方面，教师的实践反思与教育研究融会贯通，密不可分。研究型教师是教师教育培养的重要目标之一[3]，教师的教育研究能力成为教师素养不可或缺的部分。教师在面临教学实践问题时，要在反思的基础上厘清教学问题的本体，梳理教学问题的条件，尝试分析教学问题的本

---

[1] 王春光. 反思型教师教育研究[D]. 长春：东北师范大学，2007.
[2] 宋明钧. 反思：教师专业发展的应有之举[J]. 课程·教材·教法，2006（7）：74-78.
[3] 宁虹，刘秀江. 教师成为研究者：教师专业化发展的一个重要趋势[J]. 教育研究，2000（7）：39-41.

质，提出问题解决的可能假设，并且在实践中验证假设，直至教学问题最终得到解决。实践反思是一个螺旋上升的教学问题澄清—教学问题解决的循环过程。学术思维和教育研究能力贯穿其中，发挥着重要作用。首先，问题的识别、澄清和分析都需要教师具有敏锐的问题意识和学术思维，由此教师才能够有效批判、分析和厘清教学问题的条件与本质。其次，教师需要具有主动教育研究的意识和学术思维，在搜集相关文献资料和已有实践境遇的基础上提出较为科学的假设，设计严谨可靠的教育科学研究以验证假设，进而解决所面临的实践困境。最后，教师实践反思的成果不仅可以用来解决自身所面临的实践问题，也可以进行学术性表达，以供教育理论与实践领域的共同体进行分享和交流，这也离不开严谨的学术思维和科学的研究表述。教师的反思研究力是教师专业发展的不竭动力，其培养是师范生发展阶段中需要重视的关键环节。

5. 数字应用是应对未来社会的重要利器

数字应用力是指教师应用数字技术手段实施教学，更新教学内容，创新教学表现方式，培养学生数字化意识的能力。信息科技不断发展，生成式人工智能、脑－机接口等颠覆性技术问世，教育也正在进行数字化转型，教师亟须具备数字应用力。国内外对教师数字素养（digital literacy of teachers）进行了大量研究，欧盟提出了 7 个教师数字素养框架，其核心要素为数字化教学、数字化内容创造、数字化交流协作、数字化安全、数字化评估。[①]2022 年，教育部发布《教师数字素养》这一教育行业标准，指出教师数字素养是指教师适当利用数字技术获取、加工、使用、管理和评价数字信息和资源，发现、分析和解决教育教学问题，优化、创新和变革教育教学活动而具有的意识、能力和责任，明确教师数字素养框架由数字化意识、数字技术知识与技能、数字化应用、数字社会责任和专业发展 5 个维度构成。数字应用力是教师数字素养的体现，这是数字时代背景下的教师所应具备的未来素养，其价值一方面在于教师有效利用数字技术开展教育教学工作，以数字技术赋能教育，推动课程与教学的数字化转型；另一方面在于培养学生的数字化意识和数字化能力，即培养学生的数字化素养，为学生更好地适应数字化时代背景下的社会发展和终身发展奠定基础。在师范生发展阶段，数字应用力是课程设置中的重要一环，学校应开设相关的数字知识与技能课程，以培养师范生的数字化思维和应用能力。

---

① 闫广芬，刘丽. 教师数字素养及其培育路径研究——基于欧盟七个教师数字素养框架的比较分析[J]. 比较教育研究，2022，44（3）：10-18.

（二）宽素养基础的价值实现

"宽素养培育"是教师教育的基本培养理念，教师教育应以宽素养中的"五力"发展作为师范生基础素养培养的关键目标。所谓"五力"，即"宽素养培育"中突出强调的学科理解力、知识转化力、实践迁移力、反思研究力和数字应用力，这是师范生所要发展的关键能力和必备品格，也是高质量教师培养的前提基础。"五力"能够在师范生与教师、教育教学环境等主体的互动中得以生成、理解与应用，并且为未来的教师职业奠定扎实的学科基础、教育教学基础，给教师专业发展提供强劲的发展动力。"五力"围绕师范生中心形成了立体化的师范生素养系统，横向上包括学科素养、教育教学素养、教育研究素养和数字素养，纵向上涉及知识由学科形态向教育形态的转化、由理论形态向实践形态的活化和由简单情境向复杂情境的迁移，这些共同构成了师范生"一体五力"的素养基础模型。

"宽素养基础"是师范生培养的指导准则，教师宽素养基础"五力"框架是在"宽素养基础"理念下的具体表现，其实现有赖于教师教育的变革与发展。以高质量的卓越教师作为教师教育的目标，构建系统的师范生培养体系，是实现师范生高质量发展的关键路径。师范生宽素养基础的发展要依托中国特色的教育体系。我国教师教育的融合性体现在教师教育培养阶段的一体化、培养主体的协同化和课程体系的综合化。首先，相比于师范教育，我国的教师教育体系注重职前教师培养和职后教师发展的一体化，需要构建一体化教师教育培养目标和培养方案，建构职前师范生培养和职后教师发展的有机衔接。其次，在教师教育培养主体的协同方面，我国的教师教育体系探索生成了"U-G-S"教师教育创新培养模式[①]，将高师院校、中小学校和教育行政部门紧密联系起来，推动师范生深入中小学校的教育实践中，将教育教学理论与教育教学实践结合起来，促进师范生宽素养基础"五力"的培养。

三、高质量目标与大中小学一体化

大学培养师范生应坚持高质量发展目标，培养卓越教师、教育家型教师。培养高质量教师是实施教育强国战略的需要，是推进教育现代化的必由之路，是办好人民满意教育的必然需求。高质量目标的实现需要实施大中小学一体化。大中

---

① 刘益春，李广，高夯．"U-G-S"教师教育模式实践探索——以"教师教育创新东北实验区"建设为例[J]．教育研究，2014，35（8）：107-112．

小学一体化包括队伍一体化、知识体系一体化、能力发展一体化 3 个方面。

（一）高质量目标的内涵意蕴

在师范教育的培养目标方面，要制定高质量的发展目标，大力培养卓越教师、教育家型教师，而不是普普通通的教师。制定高质量师范教育发展目标，绝不是发展教育的权宜之计，而是教育事业历史性发展的需要、教师队伍建设客观现状的需要和创新型人才培养目标实现的需要。

1. 卓越教师的素养构成

对教师的发展境界，通常可有两种价值判定：经师和人师。卓越教师首先应该是人师。回到现实的教学实践中，人师的教学境界是：教师能够教人以道义，教人以知识，教人以智慧，教人以发展；善于在自己的教学中，给学生以学习的兴趣、向上的精神、创造的激情和社会的责任感，这样才可能成为卓越教师。具体来说，卓越教师的理想规格应包括专业精神、专业知识、专业能力三方面。[①]

第一，专业精神朴实高尚。卓越教师应能认识到，社会发展中最重要的探索是开发资源，而最难开发的资源是人的资源。所以，开发人的资源是崇高的事业，是太阳底下最光辉的事业。这不仅仅是责任感的问题，而是对教育事业发自内心的热爱和喜欢。充满爱心、无私奉献是专业精神的集中表现。当好一名教师，首先要充满爱心。教育过程是一个教学相长的过程，作为一名卓越教师，应该能够从教育中感受到作为教师的乐趣和自己的人生价值。

第二，专业知识融会贯通。一名卓越教师应具备的科学的知识结构包括 4 个方面：通识性知识、本体性知识、条件性知识和实践性知识。通识性知识是教师所拥有的有利于展开有效教育教学工作的普通文化知识。教师的学科理论要达到精深的程度，必须先有广博的基础，有学科理论的广博，才能有系统的知识和简约化的理论。本体性知识是教师所具有的任教学科的专业知识。一名卓越的教师，必须清晰地知晓本门学科知识的学科思想，即学科知识的逻辑架构、诠释架构或学科内容的逻辑主线，这样才能够引领学生沿着这样的逻辑主线掌握学科知识，做到教师能清晰地教，学生明白地学。条件性知识是指帮助教师有效进行教育教学活动的教育学科知识，具备条件性知识的教师能把传授知识的过程变成一种艺术的呈现过程，学生能把接受知识的过程变成一个艺术的享受过程。实践性知识是教师经过长时间有意识的积累而形成的教育教学智慧或各类成功的教学经

[①] 柳海民，谢桂新. 质量工程框架下的卓越教师培养与课程设计[J]. 课程·教材·教法，2011（11）：96-101.

验。有长时间的累积，才会形成个性化、独到化，乃至富有规律性的方法，这些方法就是实践性知识。

第三，专业能力卓著出色。教师专业能力一般涵盖教育能力、教学能力、教管能力、教研能力等。教育能力即教师具有寓教于学的能力，形成教育能力的根本意义在于促进学生成人。教育能力要求教师能够将思想品德教育与学科知识教学有机结合。教学能力是一名卓越教师必须具备的成功完成教学任务的专业能力，形成教学能力的根本意义在于促进学生成才。教学是促进学生成才的重要途径，卓越教师通过提高自身的教学能力，进而提高学生的学习能力、实践能力和创新能力，培养学生学会知识技能，学会动手动脑，学会生存生活，学会做人做事。教管能力即教师所具有的对于学校、班级、团队、活动等的管理能力，形成教管能力的根本意义在于促进教育成功。卓越教师的专业能力不仅体现在教书育人中，还体现在对于教育过程中的各种组织、团体及其活动的有效管理。教研能力即教师从事教育教学研究的能力，形成教研能力的根本意义在于促进教师成器。教研不仅是每一名教师必备的基本能力之一，而且是每一名教师提高教育质量和自身素质的重要途径。学校中的教育科研包括领导层面的教育管理、教师层面的学科教学、学生层面的思想品德教育以及班主任管理、班主任工作等。

2. 教育家型教师的内涵建构

教育家型教师是新时期对教师角色的新期望，下文从角色期待视角建构教育家型教师的内涵。

首先，教育家型教师是具备坚定的政治立场和教育情怀的榜样教师。教育家型教师具有虔诚、纯粹的教育情怀与信念，他们对待学生具有教育情感和耐心。教育家型教师执教的立足点是发展所在学校、区域乃至整个国家的教育事业。教育情怀是教育家型教师执教的动力之源。

其次，教育家型教师是具有精湛业务能力的榜样教师。教育家型教师应该是能够扎根教育实践，结合自己的工作实际，对个人经历和从实践中总结出的经验进行不断描述和深度诠释，挖掘教育活动的深层含义，最终形成自己的教育思想或者丰富已有教育思想与理论的"反思性实践者"。教育家型教师是终身自我发展的榜样教师，教育家型教师需要教师在成长中进行自我赋能，不断追求自我的提升与发展，同时更要以学生终身发展为核心目标，将他们培养成新时代具有"生命自觉"之人。

最后，教育家型教师是能够示范引领和服务区域教育发展的榜样教师。教育家型教师不仅是学生的示范和服务者，而且是教师的示范和服务者。教育家型教师的身份已经超越了教师，而是具有教师教育者的身份。教育家型教师的领导性不仅体现在教育教学实践领导，而且包括教育教学理念的引领。教师的专业成长离不开专业发展共同体的作用，教育家型教师成长于共同体并能"反哺"共同体，成为其他教师学习效仿的对象，是他们专业成长中的榜样教师，可以说，教育家型教师具有教师和教师教育者双重身份，既是学生的示范者和服务者，也是其他教师的示范者和服务者，并能够推动区域内甚至是国家的教育发展。

总之，教育家型教师是以教师为主体、以发展为取向、以培养教育家为目标的优秀教师群体。教育家型教师是长期身处教育教学一线，有较高的政治站位与坚定的教育信仰，能够扎根实践、深耕理论、创新课堂并形成可以推广的教育实践模式与理论体系，能够以积极自觉的心态促进自身发展与学生终身发展，并且在教师专业发展共同体中起到示范引领作用、带动区域内外教师乃至教育发展的榜样教师。

（二）高质量目标的时代价值

百年大计，教育为本。教育大计，教师为本。"教师是教育工作的中坚力量，没有高水平的师资队伍，就很难培养出高水平的创新人才，也很难产出高水平的创新成果。"[1]教育肩负着时代重任，需要在新的历史起点上全面推进高质量教师队伍建设，建设党和人民满意的高素质专业化教师队伍。新时代高素质专业化创新型教师队伍对推动教育高质量发展具有先导性、基础性和全局性作用，是对新时代教育"谁来培养人"的深切回应，突出了中国社会"兴国必先强师"的普遍共识。

卓越教师和教育家型教师是新时代高素质专业化创新型教师队伍的先锋，是实现高质量教育发展的领军人才，是广大教师专业发展的现实追求和教师个体意义的最大实现。面对社会的发展与变迁、文化的传播与交流，理想的教师形象也会随之变化，但不变的是教师将自己的教育情怀与国家发展紧密联系起来的教育信仰，是能够运用先进的教育理念、广博的知识、扎实的教学影响学生的专业态度，是不断学习、勇于革新与批判的发展诉求，是能够走在同行前列的进取精神，是有意愿成为更优秀自己的不懈追求。师范教育高质量发展目标是新时代教师专业发展的必然选择，也是实现教育高质量发展的动力。

---

① 钟启泉. 为了未来教育家的成长——论我国教师教育课程创新的课题[J]. 教育发展研究，2011，33（18）：20-26.

（三）高质量目标的实现需要大中小学一体化

高质量目标的实现需要借助大中小学一体化。大中小学一体化是指大学、中学、小学教师要明确大中小各个学段都是阶段性与连续性的统一，应将其看成一个整体，避免学段之间的割裂。一体化既是教师教育时间维度的一贯，也是教师教育场域维度的一体；既是培养内容（课程）的一以贯之，也是培养资源（教师）的相辅相成；既是高等师范院校、综合型大学教师教书育人目标的向下融通，也是中小学师资队伍建设的向上攀升。大中小学一体化，可以从教师队伍、教师学科知识、教师能力等方面进行思考与探讨。

1. 构建教师发展共同体，大中小学教师队伍一体化

各个学段的教师有其各自的优势。大学教师的优势集中在研究上，大部分是某一领域的专家，有着雄厚的科研实力。中小学教师一般已经具有非常丰富的教学经验，更贴近教育实践。因此大学、中学、小学各个学段的教师应该形成教师发展共同体，形成一体化的教师队伍。高层次、规范的大学与中小学合作的特征包括合作广度扩展，不局限于教育教学领域；合作深度加深，建立长时间的连续学习机制；合作支持机制规范化；为有效合作提供环境支持。[1]在大中小学教师专业化发展之路中，思考教师发展共同体的合作形式，明确发展共同体的合作内容尤为重要。共同体成员要通过民主协商的方式，明确共同体的发展愿景，同时制定相关规章制度和任务目标，使成员形成对共同体文化的高度认同，让共建、共享、共生成为全体成员的共识。合作的方式要灵活，可以是全体成员参与，也可以是部分成员组队；可以因工作项目而合作，也可以因课题研究而合作等。[2]合作要保持教师独立思考的权利，追求共同体成员的共同成长。合作内容要广泛，包括集体教研活动、听课评课、教学资源共享、课题研究等多方面。数字化时代为教师共同体的发展增加了新的合作方式，拓宽了合作内容，赋能大中小学教师研训高水平提升，教师教学高质量发展，教师沟通高质量跨越，教师学习高标准达成。当然，一个良好的教师专业学习共同体内部必须包含行之有效的机制，这是促进教师专业学习共同体建设与教师专业发展的有利条件。学校应当建立有关共同体的评价与奖励机制，定期进行多元化、多主体、多层次的评价可以帮助专业学习共同体及时发现自身短板并加以改进，在建构教师内部运转协作机制时，也应当充分考虑组织内部各成员的自身异质特性。大中小学之间的合作不

---

[1] 孙丽丽. 论大学与中小学合作对中小学教师专业发展的影响机制[J]. 基础教育，2010（12）：37-42.
[2] 张红. 教师专业发展共同体的模式探索与机制建设[J]. 中小学管理，2022（9）：36-38.

是静止僵硬的机制，而是动态发展的过程，是彼此开发、共同提升、多元一体、共享成果的过程。在这个过程中，教师发展共同体可以更好地理解和使用教材并发展优质校本教材，促进优质教材资源的生成与发展；完善教师专业知识，提升教师的合作能力和研究能力，促进优质教师资源的生成与发展；建设校园优质人文环境资源和课堂优质人文环境资源，促进优质教育环境资源的生成与发展。

2. 纵向贯通横向融通，大中小学教师知识体系一体化

学科知识是支撑教师专业成长的基础。学科教育研究不能简单地"自上而下"，满足于"一般教育学+学科例子"的做法，而是必须植根于学科本身，"自下而上"地深入研究学科本质对学生思维发展的影响，揭示各门学科教与学的"个性"，发现和提炼各个学科教育的特定规律。[1]然而，如果大中小学教师对知识的认识只停留在固定的教学阶段，不能以更开放、更广阔的视野纵向审视学科知识，也就难以发现学科的特定规律，教师专业发展也会缓慢。教育并非简单地将生命悬置于价值丛林，而是扶持生命向着一个高远的目标生长。只有教育者深刻理解学科知识，挖掘不同阶段知识的关联性与整体性，以一体化的视角看待教育教学，才能帮助学生顺利完成不同学习阶段之间的过渡。教师不只是"教书匠"，更是知识的研究者和生成者。教师要生成学科知识，不仅需要精通擅长自身的学科知识，还需要不局限于自己所教的学科，博览群书，开阔眼界，拓宽视野。大中小学教师要拥有融合不同科学的知识，促进知识的融合发展，推进教育教学知识创造生成，推进教育理念和实践的创新。大中小学教师应打破学科壁垒，融合各学科知识体系、基本思想与基本方法，通过问题导向、实践行动、理论引领、平台建设等方式，探索各学科知识体系之间的联系，促进跨学科知识与交叉学科知识生成，不断推进教育教学知识更新，实现教育教学专业知识融合发展。[2]此外，教师还要注重跨学科学习的意识、方法和能力，从履行教师职责的角度考虑知识传授和教学方法整合之间的平衡，为将来跨学科主题教学奠定基础。[3]只有不同学科之间相互合作沟通，共享学科边界知识，才能形成良好的学科生态，充分发挥学科之间的协同育人功能。总之，通过纵向贯通、横向融通，以开放的思维面对学科知识的联通与融合，完善一体化知识体系，可以推动大中小学教师专业发展，最终达成高质量教育目标。

---

[1] 周彬. 教师教育专业知识：生成、积累与课程转化[J]. 教育研究，2021（7）：37-47.
[2] 李广，张明威，秦一铭. 中国式教师教育现代化的政策取向、模式建构与知识创新[J]. 现代教育管理，2023（8）：67-78.
[3] 陈举. 职前教师教育课程设置的学科限度与跨学科路径[J]. 教师教育研究，2023（6）：16-21.

3. 深度优化能力结构，大中小学教师能力发展一体化

学者在谈论教师能力发展时，往往将大学教师与中小学教师割裂开，导致教师群体能力发展不均。各学段教师应该思考其他学段教师能力优势，以一体化的视角分析大中小学教师的各项能力，并将其纳入自身的能力结构中。一是教学能力与研究能力并重。中小学教师不重视研究，造成教学研究能力较弱；大学教师忽视实践的重要性，导致理论与实践脱离。教不研则浅，研而不教则枯。在工作状态下研究，只有以研究的态度工作，用科学的理论指导教育教学实践，提升自身教研能力，并将研究成果运用于备课、课堂教学等常规教学，才能常教常新。二是德育衔接能力，大中小学各个阶段的教育者都是德育者，任何一名教师都既是教学者，也是教育者。但是受到评价指标的影响，大中小学教师存在德育衔接能力不足的问题。大中小学教师的德育衔接意识应该得到增强，把本学段的德育教学放到整体德育视野中来进行设计和安排。[①]师范院校、综合院校等教师主要输送单位应将德育衔接相关内容作为学生综合素质能力考核的重要内容，从源头上使教师树立德育衔接意识，提高德育衔接能力。[②]

四、强化专业标准与提高吸引力

1966年，联合国教科文组织和国际劳工组织在《关于教师地位的建议》中强调，教师职业应被视为一门专门的职业以来[③]，教师专业发展已经成为各国教师教育改革的焦点之一，而决定教师专业发展有力保障的教师专业标准备受社会各界的关注。强化专业标准是评价师范生专业化程度高低的重要指标，是教师专业化发展的指南，也是提高教师队伍质量的重要前提。高水平的师范生专业标准是提高教师的专业地位的重要保障，也是推动师范生个体专业发展的内在条件，完善师范生专业标准是教师专业发展的必然选择。我国在借鉴国外教师专业标准的基础上，于2012年颁布了《幼儿园教师专业标准（试行）》《小学教师专业标准（试行）》《中学教师专业标准（试行）》，但尚未针对某一学科或院校类型研制具体的师范生专业标准。强化师范生教育的专业标准，能为师范生专业发展规划指明方向，对师范生个体专业素养的阶段性成长具有参照性的指导意义。从长远来看，强化师范生教育的专业标准，是教师职业的专业化程度受到社会认可，从而提升教师职业的吸引力、吸纳优秀人才从教的重要途径，是教师教育一体化建

---

① 夏梦颖，陈代波，张智强. 大中小学德育教师队伍衔接问题研究[J]. 思想理论教育，2014（5）：63-66.
② 李晓燕. 大中小学德育衔接的困境与出路[J]. 学术论坛，2016（12）：177-180.
③ 万勇. 关于教师地位的建议[J]. 外国教育资料，1984（4）：1-5.

设过程中的有效策略。

（一）制定专业标准：回应师范生培养目标

1. 教师专业标准的内涵意蕴

所谓教师专业标准，是指国家教育机构依据一定的教育目的和教师培养目标制定出的有关教师培养和教育工作的指导性文件。它具体规定了教师专业结构要素中的各项实施准则和方法。[1]

就教师专业标准的基本理念，有学者指出，首先，教师专业标准应有底线理念，教师专业发展是一个无止境的进程，教师专业标准发挥着"兜底"功能。其次，教师专业标准应具有整体性、动态性、层次性和具体性。

就教师专业标准的构成，有学者认为，可从多个维度对教师专业标准进行划分，有内部标准与外部标准之分、机制与体制标准之分、微观与宏观标准之分、纵向与横向标准之分。在具体的标准维度划分上，有学者提出了教师专业标准由学、艺、品、绩、乐构成。[2]此外，教师专业标准还有国际标准与本土标准之分、职前与职后标准之分、能力标准和内容标准之分、导向与细则标准之分等。在众多划分中，通用标准、形式标准和内容标准构成了我国建构教师专业标准的三大板块。通用标准包括区域标准、学科标准、学段标准、教师发展阶段标准。形式标准是体现指标间相互关系的框架，可以将通用指标设为一级，将专门指标设为二级，将内容指标设为三级。内容标准阐述的是具体内容和细则，由专业基础、工作效果、专业发展、教学能力几方面构成。[3]

就如何建立教师专业标准，有学者提出，教师专业标准应体现出普遍性和先进性。普遍性是指教师专业标准要具有国际共识，先进性是指教师专业标准要有特色，能超越既有的框架，体现为国际性与文化性。文化性也指本土性，指教师专业标准的制定既要遵循普遍的国际共识和规律，又要能基于本国的文化特征进行创新、引领国际。[4]这种对共性与个性的分析，学界有一定的共识。

2. 教师专业标准的多维构成

教师教育存在3个基本问题：培养怎样的教师、怎样培养教师和培养的教师

---

[1] 熊建辉. 教师专业标准研究[D]. 上海：华东师范大学, 2008.
[2] 段兆兵, 王守恒. 教师专业标准：理念、构成与建设[J]. 安徽师范大学学报（人文社会科学版）, 2010 (1): 19-23.
[3] 折延东. 论当代我国教师专业标准的合理内涵与理想框架[J]. 教育科学, 2010 (3): 52-57.
[4] 檀传宝. 建立教师专业标准应当考虑的三个问题[J]. 教育科学, 2004 (2): 36-37.

怎么样。教师教育的理论与实践就是围绕这3个基本问题展开的。教师教育从产生、发展一直到今天都在围绕这3个问题不断深入探究。2010年前后，我国开始新一轮的教师教育改革。这次改革以教师专业标准为核心。2012年，教育部发布《幼儿园教师专业标准（试行）》《小学教师专业标准（试行）》《中学教师专业标准（试行）》。2013年，教育部印发《中小学教师资格考试暂行办法》《中小学教师资格定期注册暂行办法》。2014年，教育部印发《关于实施卓越教师培养计划的意见》。2017年，教育部印发《普通高等学校师范类专业认证实施办法（暂行）》的通知。2018年，《中共中央 国务院关于全面深化新时代教师队伍建设改革的意见》《教师教育振兴行动计划（2018—2022年）》印发。2019年，《中国教育现代化2035》《教育部关于实施全国中小学教师信息技术应用能力提升工程2.0的意见》印发。这些文件指导广大教师教育工作者的研究与实践，积极推进教师专业发展，并不断随着时代的变化对教师的能力、素质等提出更新、更高的要求，从而推动教师的专业化进程。这标志着我国教师专业化进程与国际同频，进入教师标准规范化的新阶段。

（二）遵循教师专业标准：促进师范生专业发展

教师专业标准作为引领教师专业发展、提高职前教师和职后教师素质能力的基本要求，应该具有明确合理的目标、丰富而先进的内容和完善的制度保障。

1. 目标上：科学定位，体现对教师职业的人文关怀

在教师专业化进程中，学者围绕着教师"职业性"这一特性展开了大量细致的研究，涉及教师作为一种职业的诸多方面，如职业理念、职业道德以及职业所要求的基本知识与技能等。这些研究成果不断丰富和完善着教师标准。然而，对于教师"职业性"之外的特性研究则显得不足，要使教师能够幸福地从事工作，还需要对教师的"存在性"进行进一步研究和思考，从而制定出能提升出对教师职业吸引力的专业标准。[1]

教师首先是以"人"的身份出场，以人的身份选择教师作为职业，成为作为"教师"的人。从事教师职业必须遵循职业规范要求，增强教育教学能力，完善自我品德修养，从而建立一个符合这一职业标准要求的教师形象。只有我们深刻理解了教师的本质，将教师视为"人"，才能筑建起人性的专业标准。未来的教师的形象及与学生的关系将更多地体现主体间性，在教师专业标准中也应

---

[1] 郭兴举. 论存在主义的教师观[J]. 教育学报，2006（3）：75-79.

形成这种导向。①

2. 内容上：完善结构，彰显对教师能力的系统要求

现行教师专业标准和教师资格考试标准只是合格教师的基本专业要求。其标准侧重在职前培养阶段和资格考试上。2013年开始的国家教师资格考试制度规定了教师合格的标准，但这只是对教师入职的基本要求。从教师的专业发展角度来看，单一的教师资格认证考试只是对职前教师培养效果的一个考查。虽然我国有教师职称评定制度，但这一制度不能反映出对教师的要求。要进一步实现教师专业化发展，还应以教师专业发展理论为基础建立不同层次的教师标准。

3. 保障上：强化支持，加强对教师发展的专业支撑

从问题解决的视角看，要通过学科的建立发展教师教育，提升教师专业化程度，教师教育学要回答和解释我们前面所提及的三类基本问题：面向未来我们需要什么样的教师；如何培养优质教师；如何评价教师。一是面向未来我们需要什么样的教师。这类问题涉及教师的本质、教师的地位与作用、教师观、教师的培养目标、教师的标准等诸多具体问题，是对教师的本源性思考，是对教师存在意义的探寻，从而衍生出对教师教育的基本目的、功能、价值等的研究。二是如何培养优质教师，也就是教师教育专业领域的研究。这类问题主要涉及和包含教师教育课程研究、教师教育教学研究、教师教育技术研究三大类。三是如何评价教师。教师专业素养评价是对所培养出来的教师的素质、能力等做出评估，以保证教师培养质量，并由此衍生出对培养条件和过程的评价，如教师教育所涉及的教师、学生、教材、课程、教学、培养机构、效果等进行全面评估，以对教师教育改进有所反馈。

（三）强化教师专业标准：提升教师职业吸引力

强化师范生培养的专业标准，是提升师范生的质量、培养未来优秀教师，从而反哺基础教育的重要举措。从长远来看，更为专业化的职前培养也意味着教师专业地位的提高，更为专业的育人工作能够吸引更多优秀的人乐于从教、善于从教，提升教师的职业吸引力。

1. 教师职业吸引力的内涵阐述

职业吸引力是指职业自身衍生出的综合声誉、发展前景、福利待遇等因素对

---

① 吴传刚. 我国现行中小学教师专业标准改进研究[D]. 哈尔滨：哈尔滨师范大学，2020.

劳动者产生影响的能力。[1]其不仅影响着劳动者的择业兴趣，更影响着劳动者是否会持续从事某一职业，可以说，职业吸引力是作为主体的职业与作为客体的在职人员和求职人员之间相互作用的结果。[2]一类职业是否以及具有多少吸引力，和它与其他职业的状态比较、优秀人才的参与程度等方面息息相关。教师职业吸引力是指教师这一职业所具备的影响能力，这一能力能够促使择业者感兴趣并愿意选择教师作为职业，并促使在职教师认同教师职业和长时间任教。

2018 年，《中共中央 国务院关于全面深化新时代教师队伍建设改革的意见》强调，要"吸引和稳定优秀人才从教"，并"不断提高地位待遇，真正让教师成为令人羡慕的职业"。这体现出，提高教师职业吸引力是新时期我国教师队伍建设的目标之一。

2. 专业标准何以提升职业吸引力

一方面，从源头上追溯，教师专业标准影响教师职业吸引力，与教师教学工作和学生发展密切相关。教师专业素养过关、专业化程度高，必定体现在其日常的学校教学工作当中，教学质量高，学生获得全面且充分的发展，社会才会对教师职业更为认可，教师职业才更加具备职业吸引力。因此，教师职业吸引力的源头在于教师队伍的专业化程度，促进教师队伍的专业化需完善教师专业标准，尤其在教师教育职前职后一体化的过程中，依据教师专业标准提升师范生培养质量，是增强教师专业性、提升教师职业吸引力的重要一环。

另一方面，强化师范生培养的专业标准，提高师范专业的专业性，是吸引高考考生选择师范专业与教师职业、吸引师范生留在师范专业和继续从事教师职业不可或缺的一项措施。高考志愿填报过程中，学生填报的专业在很大程度上意味着选择了其今后从事的职业方向，越是胸怀理想的考生，其憧憬所学专业和所从事职业就越富有激情与挑战性，越是希望通过专业化的学习来实现自己的职业愿景与人生价值；与此同时，考生家长也在考虑不同专业所代表和意味的职业发展前途。再如，教师职业吸引力的影响因素不仅与劳动强度、工资待遇有关，还与其工作的趣味性与丰富性、职业发展空间有关。[3]实地调研过程中，有部分师范生提到，教师职业的发展空间不大，教学工作大多循环往复，即使有机会能够提升自身的教学与管理能力，也未必能达到自己心目中的理想工作状态——教师专

---

[1] 邬志辉，秦玉友. 中国农村教育发展报告 2013—2014[M]. 北京：北京师范大学出版社，2015：137.
[2] 周兆海. 薪酬激励与制度吸纳：农村教师职业吸引力的提升路径[J]. 当代教育科学，2016（6）：20-23.
[3] 高英哲，高龙刚，高洪民. 关于中小学教师职业吸引力的社会调查[J]. 中国成人教育，2011（10）：83-86.

业化水平低，专业发展不理想，长期处于"内耗"状态，是导致优秀青年不愿投身教书育人工作的重要原因。

因此，若想提升教师职业、师范专业吸引力，就应增强师范生培养的专业化水平，促进师范生培养的内涵式发展。

3. 以专业标准助推教师职业吸引力

首先，师范教育培养应以高专业标准筛选优秀人才，可以吸引优秀学生进入师范专业学习，减少低质量师范生，提高师范生入职率。在此基础上，一些国家的教师教育已呈现出显著的培养成效。例如，英国的教育标准局从 2012 年开始实行"职前教师教育督导框架"，重点督导培训机构选拔高质量学员，通过提高教师教育准入标准，吸引优秀人才进入教师队伍。[1]芬兰的中小学教师均需通过 5 年的专业学习，严格筛选和精心培养的专业化教师队伍获得的是社会的认可和大众的推崇，高专业标准是吸引优秀人才从教的魅力所在。[2]因此，通过强化专业标准推进师范生培养过程中人才筛选机制的完善，能够带动准教师队伍专业化水平的提升，是增强教师职业吸引力的有效方法。

其次，提升教师职业吸引力，需要严格的教师资格授予与聘任制度加持。我国职前教师教育培养体系应以自身实际发展状态和具体建设情况为基点，可结合他国教师教育制度建设的合理且有效的经验，持续把控师范生通往教师职业的准入门槛，强化对教师资格授予制度与教师聘任制度的规约，用严格的专业标准控制职前教师教育的"出口"，倒逼师范专业培养体系的完善和师范生专业素养的提升，从而提高准入教师的专业化水平，提升教师职业的吸引力。

五、突出文化特色与学科前沿性

我国师范生的未来发展将紧密融入中国特色的教师教育现代化实践中。深入理解其发展变革需深刻认识到，彰显中国特色的文化传统是师范生发展深层的心理根基，具有时代特征的学科前沿是师范生发展重要的外源动力。在新时代中国师范生发展改革过程中，我们应当兼顾本土地域特色和多元学科文化，传承和创新师范文化传统，重塑和发展学科文化体系，同时融合新时代学科前沿理论与方法，加快师范生培养方式和发展范式的现代性变革。

---

[1] 王璐. 提升职业吸引力、提高职前教育质量——英国教师教育改革最新趋势[J]. 比较教育研究，2012，34（8）：20-24.

[2] 石佳巍. 芬兰教师职业吸引力探析[J]. 西北成人教育学院学报，2016（2）：86-90.

（一）突出师范文化特色，厚植教育家精神

1. 吸纳传承文化传统，涵养教育情怀

新时代师范生发展以中国特色的师道传统和师范文化为思想基础，离不开教育家精神的高位引领。我国早在2018年教育部印发的《关于实施卓越教师培养计划2.0的意见》中就倡导"推动师范生汲取中华优秀传统文化精髓，传承中华师道"。新时代提出的教育家精神更是浓缩了中国师道文化的精髓，体现了坚定的文化自信。[①]将学习和弘扬教育家精神融入师范生培养的全过程、各环节，不仅能够与师范生产生情感联结，影响师范生情感和教育观念的形成，培育师范生的教育情怀，同时也能够鼓励师范生在实践训练的过程中潜心探究教育问题，做好行动研究，总结教育经验。[②]

以教育家精神指引师范生发展，一是挖掘中国师道文化基因，系统梳理教育家精神图谱。从孔子因材施教、教学相长等教化思想，到韩愈传道、授业、解惑的教育理念，再到教育家型教师的新时代教育创新，教育家精神是自古至今一代代中国教育家在长期教育实践中形成与发展的精神特质和集体人格。未来中国师范生培养需激活中华传统的教育教学思想，提炼教育家精神的具体表征和典型事例，为未来师范生发展引航、画像。二是扎根本土教育经验，反思提升教育家实践智慧。教育家精神兼具文化理性和实践理性，源于教育实践，服务教育实践。实践智慧的生成是教育家教师培养的关键环节，是教育家精神外化的突出表现。新时代高校师范生的未来培养，需要引导师范生反思借鉴教育家型教师教育实践成果，在具体的教育情境、课堂教学中发现和解决真实的教育问题，促使师范生将教育家精神内化于心，外化于行。

2. 创新转化文化资源，凸显地域特色

中国师范生发展因区域、城乡等差异具备多元文化资源，这也决定其凸显地域性特色的现实诉求。从国家战略发展角度来看，促进区域教师流动是实现基础教育优质均衡发展的必要措施，未来教师是突破"定人定岗"制度壁垒的可流动群体，因此需要有更能适应各类学校办学基础教育能力的未来师范生。[③]然而，

[①] 蒋纯焦，李瀚文. 论中国特有的教育家精神的历史逻辑与实现路径[J]. 思想理论教育，2024（1）：106-111.

[②] 张茂聪，李琰. 以高质量教师教育赋能教育强国战略：逻辑、挑战与现实进路[J]. 天津师范大学学报（社会科学版），2024（1）：97-105.

[③] 柳海民，杨宇轩，柳欣源. 中国师范生：政策演进、现实态势与发展未来[J]. 华南师范大学学报（社会科学版），2023（5）：119-133，243-244.

就当前师范生培养现状来看，不同层次师范院校仍然存在不同的现实短板，如地方师范院校存在人才培养目标同质化、课程设置缺乏地域特色、乡土情怀缺失等问题。①在未来教师的培养过程中，深耕中国大地开展师范教育，聚焦区域、城乡等文化差异，发挥地域特色的文化优势，有助于促进地域性教育资源的创新运用，提升师范生文化适应性教学能力，对于推进区域、城乡教育均衡优质发展，建设高质量高水平教师队伍具有重要的现实意义。

师范生发展要立足区域、城乡、学校等文化特色，学会多元文化资源的创新转化。一方面可以开设符合区域、乡村等文化的课程体系，引导师范生认识和掌握区域、城乡文化的特点，学会基于区域、城乡文化等差异，挖掘和利用地方性、乡土性文化资源，探索符合当地学生文化需求的适应性教学；另一方面可以开展区域、乡村等教育实践活动，以乡村教育实践活动为例，采取实地体验或基于乡村沉浸式体验等多种措施，让师范生通过乡村实践、义务支教、参观实习等实践活动，深入了解乡村社会发展状况及教育诉求。②基于此，高校师范生培养不仅要着眼于充分发挥区域文化优势，构筑基于文化自信自强的教育定位，促进教育均衡发展，还要关注城乡文化交融与互补，为乡村教育注入新的活力，培养兼具城市教师素质且适应乡村教学的未来教师。

（二）构建学科文化体系，引领共同体发展

1. 重塑教师教育文化，赋能专业成长

良好的教师教育文化为师范生的成长提供了条件保障，对师范生职业认同、专业发展具有重要的促进作用。然而，从文化溯源来说，受到国际教师教育理论的深刻影响，我国教师教育文化自觉性的阙如，引发了教师教育文化中师范性不彰、功利思想抬头、文化精神失落和主动性的缺场等问题。③从文化现状来说，尽管教师教育体系经历开放性重构和现代化转型，但是综合院校教师教育文化淡漠和师范院校教师教育文化衰微成为师范生专业成长的现实阻点。因此，各类院校师范生培养的重点应坚守教师教育本位立场，积极构建或重塑教师教育文化。

其一，优化教师教育文化的校园环境。教师教育改革既是教师教育体系的重构，涉及教师教育的组织与安排问题，同时也是教师教育文化的再造，涉及师范

---

① 阮红环，刘佳. 地方高师院校课程文化的"在地性"追求[J]. 黑龙江高教研究，2023（4）：34-38.
② 曲铁华，张妍. 新时代乡村教师队伍建设：历史成就、基本经验与发展愿景[J]. 河北师范大学学报（教育科学版），2023（5）：46-53.
③ 王星霞，高广骋. 教师教育文化自觉的阙如与实现[J]. 教育研究与实验，2016（3）：27-29，63.

文化的传承与发展问题。①重塑教师教育文化不仅要在师范生培养目标、课程设置、教育实践、学习评价等软性配置中渗透教师教育文化元素，还要依托校园景观、文化墙、展示板、文化标语等硬性支持，接受教师教育文化潜移默化的影响。

其二，创设教师教育共同体的文化氛围。高校可以通过开展小初高大一体化、教师教育论坛、学术沙龙、专题报告等活动形式，加强高校教师教育者和基础教育学校之间的合作与交流，增进教师教育不同文化主体间的交流互鉴，以共同体合作打造和谐共生的师范生发展文化生态。

其三，构建教师教育实践的专业情境。高校可以通过师范生微格训练、技能比赛、实习指导等课程与活动，为师范生创设真实的教育实践情境，激发师范生的学习投入，使其掌握从教的专业技能，在专业情境的浸染之下，深化师范生的专业理解，提升师范生的专业能力。

2. 融通多元学科文化，培养复合人才

师范生的培养需要发挥教师教育学科对多元学科文化的有效牵引，为培养复合型教师人才提供文化支持。服务国家教育战略需求，高师院校创新发展的重点应在构建具有独特优势的学科体系，推进学科的纵深发展，形成以教师教育学科和文理基础学科为核心的重点学科集群，厚植学科的特色优势，实现学科的高端突破与全面引领。②以教师教育文化为核心的多元学科文化的综合化发展，不仅可以全面构建学科文化体系，有助于高师院校学科水平的整体提升，也可以满足多元文化融合的学生发展需求，增强师范生学科理解力和学科转化力。

为此，适应新时代教育需求，未来师范生培养体系及其发展方向需要进行深刻变革。一方面，打破传统学科边界，培养跨学科素养师范生。传统的教师教育模式过分强调单一学科文化的重要性，导致师范生在学习过程中忽视各学科之间的联系。师范生的培养可以通过搭建学科综合化的课程平台，开设项目式、主题式等实践活动，实现学科界限的突破，拓展师范生的学科视野，丰富师范生的跨学科学习体验，在学科交叉点中激发他们的创新思维和创造潜能。另一方面，整合学科知识，培养复合型教师人才。复合型教师人才是我国教育面向未来高质量发展的迫切需求。在师范生培养中，我们要依据学科间的知识联结与融合规律进行课程设计与实施，引导学自主掌握学科知识的整合，构建复合型知识结构，让他们在掌握专业知识的同时，不断发掘自己的发展潜力，具备跨学科乃至跨文化

---

① 周兴国，方芳. 教师教育改革中的师范文化传承与发展[J]. 教师教育研究，2019（1）：1-5，11.
② 陈时见，李培彤. 师范大学：时代命题及其主张[J]. 教育研究，2023（3）：151-159.

的教学能力，从而在实际教学工作中发挥出更高的综合素质，不仅能够运用多元化的教学方法对知识进行跨学科整合，同时具备将融合性知识体系转化为适用于不同文化背景学习者的能力和策略。

（三）聚焦时代前沿理论，更新培养内容

1. 加强国际交流合作，汇聚教育资源

开展国际交流与合作是拓宽师范生学术视野、提高其研究能力的重要途径，是汇聚教育资源的重要手段。进入新时代，要以习近平新时代中国特色社会主义思想为指导，坚持教育对外开放不动摇，主动加强同世界各国的互鉴、互容、互通，形成更全方位、更宽领域、更多层次、更加主动的教育对外开放局面。[①]高校应利用自身学科优势和资源，努力加强国际科技交流合作，提升层次和水平，便于师范生接触教师教育的前沿理论和热点知识，感受多元的研究风格和学术环节，打破师范生的思维定式，激发和提升其原始创新的潜力和能力；有利于弥补学科在人才、研究设施等方面的短板，整合高校教育资源，为师范生提供更多学习机会；有利于提高学科在前沿领域的创新能力和国际影响力，形成"引进来"和"走出去"的良性循环。[②]

首先，高校应加强与境外高水平院校的交流与合作，共享优质教师教育资源，积极推进双方联合培养、学生互换、课程互选、学分互认，提高师范生赴境外观摩学习比例，采取赴境外高校交流、赴境外中小学见习实习等多种形式，拓宽师范生国际视野。其次，高校应积极参与国际教师教育创新研究，加大教师教育师资国外访学支持力度，学习借鉴国际先进教育理念经验[③]，有效利用世界一流教育资源和创新要素，实现师范人才培养的优势互补和强强联合，探索当今世界的人才需求方向，培养具备专业素养、国际视野、为党育人、为国育才的教师队伍。

2. 聚焦国家战略需求，更新专业知识

服务国家战略需求是培养师范生的基本准则，是促进师范专业建设和人才培

[①] 教育部等八部门全面部署加快和扩大新时代教育对外开放[EB/OL].（2020-06-18）[2024-05-01]. https://www.gov.cn/xinwen/2020-06/18/content_5520156.htm.

[②] 姜凡, 高志勇, 周子龙, 等. 追求学科特色、聚焦国家战略需求和科学前沿——中南大学矿业工程学科建设世界一流工科的策略及启示[J]. 现代大学教育, 2023（3）：97-103, 113.

[③] 教育部. 教育部关于实施卓越教师培养计划2.0的意见[EB/OL].（2018-09-30）[2024-01-22]. http://www.moe.gov.cn/srcsite/A10/s7011/201810/t20181010_350998.html.

养的必然选择。对需求把握不准、认识不足，发展就会迷失方向、失去动力，所以教师教育专业需与国家需求同频共振。在新时代建设教育强国战略背景下，党的二十大报告对教育、科技、人才进行统筹部署，指出"全面提高人才自主培养质量，着力造就拔尖创新人才"。在培养拔尖创新人才的过程中，高水平的师资队伍是提升教育核心竞争力的必然要求与中坚力量，师范生作为教师队伍的后备力量，必须在国家战略需求的引导下，不断更新专业知识，适应时代发展，从而解决现实问题。

首先，师范教育协同提质是促进教师教育专业知识均衡发展的重要举措，高校可通过与政府主管部门、中小学校等主体协同合作，推动教师教育专业知识持续更新。①其次，高校在服务于国家重大战略需求的价值遵循下，坚持自主创新，联系中国实际，在理论研究和实践探索中破解教师教育学科难点、热点问题，形成具有中国特色的教师教育前沿性知识。最后，高校可以根据国家战略需求对专业课程进行更新和调整，引入最新的教育理论和学科知识，确保师范生培养的质量和适应性。

3. 依据学科前沿问题，开发交叉课程

学科前沿问题可以为师范生发展提供方向指引，使高校更新师范生培养内容信息来源，有利于提升师范生跨学科的综合素质。师范生是未来的教育工作者，学科前沿问题体现了最新的学科发展和研究成果，可与师范生发展相辅相成。师范生需要通过学习这些前沿问题，不断更新和扩展自己的知识体系，提高专业素养。同时，学科前沿问题的研究也需要师范生的积极参与和贡献，以推动教育领域的发展和进步。随着科学技术的加速演进，教师教育研究不断拓展深度和广度，学科交叉融合呈加速发展趋势，前沿问题的解决高度依赖跨学科研究。在人才培养跨学科转向背景下，高校需加设学科交叉课程，尤其是研究生阶段，以宽厚式基础教育的方式促进师范生拓宽多学科知识广度和学术视野，进而有效回应未来知识生态与人才培养提出的新挑战。②

首先，在培养目标上，高校应以跨学科问题解决为核心，培养师范生多元的学科背景与强大的学习能力。其次，在课程设置上，高校应设置多种课程类型，如通识课程、专业课程和选修课程，传统课程与交叉课程实践训练并重，确定专

---

① 李广，张明威，秦一铭. 中国式教师教育现代化的政策取向、模式建构与知识创新[J]. 现代教育管理，2023（8）：67-78.
② 袁丽，王梦霏. 中国教师"拔尖创新人才培育素养"框架及培养路径研究[J]. 教师教育研究，2023（6）：7-15.

业重点和聚焦领域，使师范生在掌握特定学科深入专业知识的基础上进一步涉猎相关领域的基本知识。最后，在运行机制上，高校应建立弹性教师聘任制度，便于教师流动与互聘，提供交叉课程所需的多学科师资，同时强调课程资源高度共享，丰富学生选择权。①

（四）立足学科前沿知识，反哺教学思维

1. 兼顾师范性与专业性，构建前沿培养体系

师范性和专业性融合发展是新时代教师教育的重要特征，是创新师范教育的重要路径，有利于克服教学和科研分立的状态，形成相互促进、相互滋养、相互支撑的关系。师范生应该平等参与到前沿科学研究中，在大平台开展的科研工作中培养系统、严谨的科学思维。

首先，在专业知识的培养上，高校应重视夯实师范生专业知识，充分发挥全国重点实验室、国家重大科技基础设施、省部高层次研究平台、国家重大课题等前沿资源在育人中的重要支撑作用，不断促进科学研究与高层次人才培养深度融合。②其次，在专业技能的训练上，高校应加强与中小学校、教研机构、教师培训等单位的合作，深入实地进行实践和研究，在扎实学科知识的同时磨炼教育教学技能。最后，在专业态度的养成上，不同师范院校之间应通过合作成立培养联盟，探索构建多元培养平台，充分利用各自优势资源，在教学、科研、指导教师等多方面，实现师范人才培养的优势互补和强强联合。例如，支持师范院校与理工科院校、科研院所、科普教育基地等合作，加强科学教育、工程教育教师培养；与相关产业园区及企业等合作，加强中等职业教育教师培养。③

2. 推进教育数字化变革，培养创新型教师

推进教育数字化是师范生知识创新的必由之路，是构建网络化、数字化、个性化、终身化师范教育体系的有效方式。推进教育数字化变革，需要一批有数字化教育意识和实践经验的优秀教师的引领，这就意味着新时代师范生需要掌握数字化教育的基本理论知识，并且要学习如何应用数字化教学手段和工具，从而提高课堂教学效果。此外，师范生还需要具备创新和实践能力，学会如何探索和开

---

① 张晓报. 美国研究型大学跨学科专业教育的实践及启示[J]. 高校教育管理，2019（5）：92-103.
② 教育部. 聚焦前沿，融通创新，开放协同——北京大学基础学科高层次人才培养[EB/OL].（2023-12-19）[2024-1-22]. http://www.moe.gov.cn/fbh/live/2023/55658/dxjy/202312/t20231219_1095142.html.
③ 教育部办公厅. 教育部办公厅关于进一步做好"优师计划"师范生培养工作的通知[EB/OL].（2022-09-26）[2024-01-24]. http://www.moe.gov.cn/srcsite/A10/s7011/202209/t20220930_666329.html.

发更丰富的数字化教育资源。

首先，高校应制定数字化教育发展战略，通过制定明确的师范生数字化教育发展战略，明确数字化教育的目标和发展方向，为实施数字化教育提供指导和支持。其次，高校应建设数字化教育平台，通过将线上与线下教学相结合，深化信息技术助推教育教学改革，优化师范生数字化学习环境，将人工智能、虚拟现实等新技术与师范生培养课程全方位融合，建设虚拟教学实践和研究场域，提高实践的真实性、情境性、交互性，为师范生开展模拟教研提供便利。最后，高校应为师范生提供数字化教育培训，提升师范生信息技术应用能力，包括教育技术的基本知识、数字化教育工具和平台的应用等方面的培训，增强师范生的数字化教育意识和技能，并鼓励师范生进行创新实践，通过数字化手段和工具，设计教学模式，实施教学方法。

3. 建设学科前沿研究团队，优化教育教学方式

建设学科前沿研究团队是高校提高人才培养能力的有力保障，也是优化教育教学方式的坚实基础。高校通过建设学科前沿研究团队，聚集国内外优秀的学者和科研人员，鼓励教师积极参与科研项目，开展前沿学科研究，不断提升高校教师的学科研究水平，提升师资质量，从而将最新的学科研究成果应用于对师范生的教学实践中。虽然目前教育数字化是大势所趋，但教育承担的育人职责却远不止于此，归根结底，社会所需的未来学习者应该是具备终身学习能力的人，而非会使用先进技术的人。所以，在信息化时代，高校更应重视优化教育教学方式。

首先，在研究团队建设中，高校可以通过建立教育技术办公室来培训、帮助和支持教师接受技术知识、教学知识和内容知识等方面的培训，熟悉现代技术工具，将前沿科学问题转化为师范生的教学内容。其次，在教学方法上，教师应坚持以学生为主体、以问题驱动为核心，开展启发式、探究式、讨论式、参与式等多种教学方法改革，教会学生在评判、反思中汲取已有的知识，进而内化并创造出新的知识。[1]最后，在教学评价中，高校应关注师范生学习过程和个体差异，利用大数据、云计算和学校智慧管理平台的收集数据和及时反馈机制，实施立体评价，开展对各年级学习情况的全过程纵向评价。[2]

---

[1] 王长平，吴文哲. 新时代师范人才高质量培养的若干思考[J]. 教育研究，2022，43（4）：142-147.
[2] 刘云生. 学生立体评价的探索构想[J]. 人民教育，2020（21）：17-21.

后　记

　　党的二十大报告提出，"教育、科技、人才是全面建设社会主义现代化国家的基础性、战略性支撑"。在"教育-科技-人才"的动态关系网络中，教育被置于优先发展的战略地位，成为连接科技与人才的核心载体。百年大计，教育为本。教育大计，教师为本。教师的质量直接决定我国教育的质量与水平。师范生作为教师队伍的后备力量，其培养质量关乎我国教师队伍质量。党的十九大以来，我国师范生发展由"关注数量"转向"关注质量"，师范生培养走向高质量、内涵式发展阶段。为深入贯彻党的二十大精神、加快推进中国式教育现代化、大力推进教育强国建设、健全中国特色教师教育体系，我国先后颁布了一系列重要政策文件，如《教育部关于实施国家优秀中小学教师培养计划的意见》《新时代基础教育强师计划》《教育部关于实施卓越教师培养计划 2.0 的意见》《中共中央　国务院关于全面深化新时代教师队伍建设改革的意见》等，以期通过提升我国师范生的专业素养，培养造就一支师德高尚、业务精湛、结构合理、充满活力的高素质专业化创新型教师队伍。

　　高素质师范生的培养既是新时代教育强国的核心议题，也是实现中华民族伟大复兴的战略性工程，更是师范大学"两代师表"共育的根本追求。东北师范大学始终秉持"为基础教育服务"的办学特色、承担"培育一流基础教育师资"的教育使命、传承"强师报国，求实创造"的东师精神，累计培养了 30 余万名优秀教师和各类专门人才，被誉为"人民教师的摇篮"。为深入贯彻落实习近平总书记关于教育的重要论述以及党的二十大精神，延续贯彻《新时代基础教育强师计划》等政策宗旨，东北师范大学教师教育研究院联合教师教育、基础教育、农村教育等学科，继《中国教师发展报告 2019：中小学教师队伍建设的成就、挑战与举措》《中国教师发展报告 2020—2021：中小学教师职业幸福感发展态势、面临挑战与提升举措》《中国教师发展报告 2022：中小学教师工作强度现实审视、面临挑战与调适策略》后,以中国师范生发展为切入点,总结师范生发展取得的历史成就、研判师范生发展面临的严峻挑战、描绘师范生发展的未来愿景,旨在为我国师范生发展提供理论依据、现实参考与智库咨询。

本书撰写分工如下:前言,柳海民、秦一铭;绪论,李广、何巧艳、秦一铭、李红瑶、李长春、于珊;第一章,柳海民、杨宇轩、秦占民;第二章,梁红梅、王梦瑶、崔校鹏;第三章,李广、董盈含、秦一铭、甘溢汝、张瀚文、于珊;第四章,李广、王建平、秦一铭、董盈含、张钰崙、王坤、刘思琪、宋佳珍;第五章,朱红月、秦占民;第六章,李广、秦一铭、郑知寒、王梦淮、靳婷婷、班龄茹;第七章,丁浩然、柳欣源;第八章,王爽、秦占民;第九章,赵岚、张聪、林丹、杨进、邓涛、平翠、包春竹、朱丹平、林聪、尹瑞萍、王子凡、胡静、唐燕、肖一凡、王慧敏、文浩天、赵艺新;第十章,陈雨宁、王世博;第十一章,梁红梅、柳欣源、吴崇文、王梦寒;第十二章,朱辉、张聪、王世博;第十三章,李广、王奥轩、苑昌昊、单思宇、张福慧、甘溢汝、李长春、赵宇飞、李伟平、宋佳珍、孙慧莹、袁嘉穗;后记,李广、秦一铭。全书由李广、柳海民、秦一铭负责统稿。

本书在调研过程中,得到了东北师范大学党委学生工作部以及各省(自治区、直辖市)高等学校的鼎力配合与协同落实;在调研资料整理过程中,得到了东北师范大学教育学部、教师教育研究院等部门与单位的专家、学者和研究生的专业帮助与智力投入;在出版过程中,得到了科学出版社的大力支持与专业指导,在此一并表示感谢!

希望本书能够为新时代师范生培养提供数据支持、理论支撑与政策咨询,加快推进新时代教师队伍建设。尽管我们本着严谨、认真、负责的态度全力以赴投入本书的撰写工作,但因水平有限,时间紧迫,加之任务量巨大,本书难免有不足之处,恳请方家批评指正!